21世纪法学系列教材

诉讼法系列

公证法学

主　编　马宏俊
副主编　程　滔

北京大学出版社
PEKING UNIVERSITY PRESS

图书在版编目(CIP)数据

公证法学/马宏俊主编. —北京:北京大学出版社,2013.4
(21世纪法学系列教材·诉讼法系列)
ISBN 978-7-301-22298-0

Ⅰ.①公… Ⅱ.①马… Ⅲ.①公证-法的理论-中国-高等学校-教材 Ⅳ.①D926.6

中国版本图书馆 CIP 数据核字(2013)第 051480 号

书　　　名:	公证法学
著作责任者:	马宏俊　主编
责 任 编 辑:	郭薇薇
标 准 书 号:	ISBN 978-7-301-22298-0/D·3294
出 版 发 行:	北京大学出版社
地　　　址:	北京市海淀区成府路 205 号　100871
网　　　址:	http://www.pup.cn
新 浪 微 博:	@北京大学出版社
电 子 信 箱:	law@pup.pku.edu.cn
电　　　话:	邮购部 62752015　发行部 62750672　编辑部 62752027
	出版部 62754962
印　　刷　者:	北京大学印刷厂
经　　销　者:	新华书店
	730 毫米×980 毫米　16 开本　23.25 印张　438 千字
	2013 年 4 月第 1 版　2013 年 4 月第 1 次印刷
定　　　价:	40.00 元

未经许可,不得以任何方式复制或抄袭本书之部分或全部内容。
版权所有,侵权必究
举报电话: 010-62752024　电子信箱: fd@pup.pku.edu.cn

前　言

2012年3月28日，一颗平凡而又伟大的心脏停止了跳动，我国民事诉讼法学界的泰斗、中国政法大学著名学者杨荣馨教授驾鹤西去。杨老师一生致力于民事诉讼法学、民事执行法学和公证法学的教学和研究，三年前就和我商量共同出版一套民事程序法系列丛书，其中的《公证法学》和《律师法学》委托我来担任主编，邀请业内的有识之士共同撰写，体例新颖，视角独特，既反映了学科的特点和司法实务的脉搏，又荟萃专业人士的智慧，表达了业内的呼声，并且高瞻远瞩地按照社会发展规律预测未来的发展走向，是理论联系实际的力作。在杨老师的精心策划和组织领导下，我约请了业内的一些年轻才俊，完成了初稿。正在和杨老师共同审稿中，他老人家走完了光辉而平静的一生。当我在重症监护病房探望他时，尽管他已经无法和我说话了，通过师母的解读和他的点头示意的深情，我看到了他对未竟事业的希冀和遗憾。我就默默地下决心，一定要尽快出版这两本书，以告慰老师的在天之灵！

三年来，国家的法治建设和司法改革发生了很大的变化，《刑事诉讼法》、《民事诉讼法》都进行了修改，公证体制的改革也在进一步深化，法学教育也在进行改革，公证行业从过去的闭关自守发展到现在走出国门，取长补短，探索中国特色的公证发展道路，队伍建设、业务发展和社会关注都有很大的提升。尽管问题还存在很多，各种差错也见诸报端，毕竟公证制度已经成为中国法治建设不可或缺的重要组成部分，社会各界也对公证给予必要的关注，理解和认知也在不断增强。这就更需要我们发现问题，借鉴他国，建设中国特色的公证法律制度。

在具有中国特色的社会主义法律体系中，律师制度和公证制度都是重要的组成部分，法科院校中的很多学生都将充实到律师队伍中去，但是，在现有的诸多院校中，很多学生根本就没有上过《律师法学》和《公证法学》的课程，在校期间，也缺乏实际操作的训练，对职业法律人的基本思维方式和职业技巧几乎都不了解，对法律职业道德的修养和训练更是知之甚少，院校教育和实际需求出现了严重的脱节。有鉴于此，我们邀请从事公证制度研究的学者以及从公证实务的专家，进行系统、比较研究并形成本书，作为法科学生的教材来弥补以上的缺憾。

本书作者们多是在中国公证界比较有影响的杰出人士，并且大都担负一定的领导工作，我们又专门邀请了年富力强的公证员王京、段伟及中国政法大学袁钢副教授来对全书进行了审读。还邀请了在京的一些人士专门开会修改书稿，部分章节退归原作者做了部分修订和删减，个别章节做了补充甚至重写，最后经本人审阅定稿。可能还有很多不尽人意之处，甚至错误也在所难免，敬请读者批评指正。本书体例是杨荣馨教授策划的，全书的纲要由我提出，观点基本上是学界和业内的共识，作者的写作风格和创新之处尽量保留，文责自负。各章节分工如下：

马宏俊　中国政法大学教授、公证法学研究中心主任（第一、十章）

詹爱萍　深圳市龙岗公证处二级公证员（第二、三、七、十五章）

李全息　昆明市明信公证处公证员（第四章）

程　滔　中国政法大学副教授（第五章）

张冰洁　北京市西城区人民法院法官（第六章）

蒋笃恒　北京市长安公证处一级公证员（第八、九章）

王　京　北京市方圆公证处公证员（第十一章）

周志扬　北京市公证协会会长、长安公证处主任、一级公证员（第十二章）

秦世平　深圳市公证处主任（第十三章）

段　伟　中国公证协会副会长、昆明市明信公证处主任、一级公证员（第十四章）

单　彬　天津市司法局司法考试处处长（第十六章）

邵云龙　北京市方圆公证处二级公证员（第十七章）

马宏俊

2012 年冬于北京

目　　录

第一章　公证制度概论 ……………………………………………… 1
第一节　公证制度的概念 …………………………………………… 1
第二节　公证制度的特征 …………………………………………… 2
第三节　公证制度的功能 …………………………………………… 4
第四节　公证与其他证明活动的区别 ……………………………… 6

第二章　公证制度的历史发展 ……………………………………… 8
第一节　中国公证的起源 …………………………………………… 8
第二节　秦汉——公证文化的衰落与私证文化的起搏 ………… 10
第三节　唐——公证文化的复苏与私证文化的勃兴 …………… 13
第四节　宋——国家公证、民间私证的空前活跃时代 ………… 15
第五节　元——国家公证与民间私证的急剧逆转时代 ………… 21
第六节　明清——公证与私证文化的稳中求变与推陈出新 …… 24

第三章　公证机构与公证人 ……………………………………… 32
第一节　公证机构与公证人的基本理论 ………………………… 32
第二节　公证机构和公证人的立法背景 ………………………… 36
第三节　公证机构和公证人的热点前沿问题 …………………… 40
第四节　公证机构和公证人的法律实践 ………………………… 45
第五节　公证机构和公证人的案例评析 ………………………… 50
第六节　公证机构和公证人的问题与建议 ……………………… 51

第四章　公证管理 ………………………………………………… 56
第一节　公证管理的基本理论 …………………………………… 56
第二节　公证管理的立法背景 …………………………………… 58
第三节　公证管理的热点前沿问题 ……………………………… 60
第四节　公证管理的法律实践 …………………………………… 62
第五节　公证管理的案例评析 …………………………………… 66
第六节　公证管理的问题与建议 ………………………………… 68

第五章　公证行业的职业道德 …………………………………… 71
第一节　公证职业道德的基本理论 ……………………………… 71
第二节　公证职业道德的立法背景 ……………………………… 76

第三节　公证职业道德的热点前沿问题 …………………………… 78
　　第四节　公证职业道德的法律实践 ………………………………… 86
　　第五节　公证职业道德的案例评析 ………………………………… 89
　　第六节　公证职业道德的问题与建议 ……………………………… 90

第六章　公证活动的基本原则 …………………………………………… 94
　　第一节　公证原则的基本理论 ……………………………………… 94
　　第二节　公证原则的立法背景 ……………………………………… 96
　　第三节　公证原则的热点前沿问题 ………………………………… 97
　　第四节　公证原则的法律实践 ……………………………………… 108
　　第五节　公证原则的案例评析 ……………………………………… 113
　　第六节　公证原则的问题与建议 …………………………………… 116

第七章　公证法律效力 …………………………………………………… 119
　　第一节　公证法律效力的基本理论 ………………………………… 119
　　第二节　公证法律效力的立法背景 ………………………………… 128
　　第三节　公证法律效力的热点前沿问题 …………………………… 133
　　第四节　公证法律效力的法律实践 ………………………………… 136
　　第五节　公证法律效力的案例评析 ………………………………… 140
　　第六节　公证法律效力的问题与建议 ……………………………… 146

第八章　公证档案 ………………………………………………………… 152
　　第一节　公证档案的基本理论 ……………………………………… 152
　　第二节　公证档案的立法背景 ……………………………………… 154
　　第三节　公证档案的热点前沿问题 ………………………………… 155
　　第四节　公证档案的法律实践 ……………………………………… 157
　　第五节　公证档案的问题与建议 …………………………………… 161

第九章　公证收费 ………………………………………………………… 163
　　第一节　公证收费的基本理论 ……………………………………… 163
　　第二节　公证收费的立法背景 ……………………………………… 165
　　第三节　公证收费的热点前沿问题 ………………………………… 167
　　第四节　公证收费的法律实践 ……………………………………… 169
　　第五节　公证收费的问题与建议 …………………………………… 171

第十章　公证法律责任及救济 …………………………………………… 174
　　第一节　公证法律责任的基本理论 ………………………………… 174
　　第二节　公证法律责任的立法背景 ………………………………… 182

第三节　公证法律责任的热点前沿问题 …………………… 183
　　第四节　公证法律责任的法律实践 …………………………… 188
　　第五节　公证法律责任的案例评析 …………………………… 197
　　第六节　公证法律责任的问题与建议 ………………………… 198

第十一章　公证活动的一般程序和特别程序 …………………… 201
　　第一节　公证程序的基本理论 ………………………………… 201
　　第二节　公证程序的立法背景 ………………………………… 204
　　第三节　公证程序的热点前沿问题 …………………………… 207
　　第四节　公证程序的法律实践 ………………………………… 209
　　第五节　公证程序的案例评析 ………………………………… 231
　　第六节　公证程序的问题与建议 ……………………………… 234

第十二章　不动产领域中的公证业务 …………………………… 236
　　第一节　不动产公证的基本理论 ……………………………… 236
　　第二节　不动产公证的立法背景 ……………………………… 241
　　第三节　不动产公证的热点前沿问题 ………………………… 244
　　第四节　不动产公证的实务探析 ……………………………… 248
　　第五节　不动产公证的案例评析 ……………………………… 250
　　第六节　不动产公证的问题与建议 …………………………… 252

第十三章　保全证据公证业务 …………………………………… 255
　　第一节　证据保全公证的基本理论 …………………………… 255
　　第二节　证据保全公证的立法背景 …………………………… 258
　　第三节　证据保全公证的热点前沿问题 ……………………… 259
　　第四节　证据保全公证的法律实践 …………………………… 262
　　第五节　证据保全公证的案例评析 …………………………… 264
　　第六节　证据保全公证的问题与建议 ………………………… 268

第十四章　强制执行公证业务 …………………………………… 270
　　第一节　强制执行公证的基本理论 …………………………… 270
　　第二节　强制执行公证的立法背景 …………………………… 271
　　第三节　强制执行公证的热点前沿问题 ……………………… 273
　　第四节　强制执行公证的法律实践 …………………………… 276
　　第五节　强制执行公证的案例评析 …………………………… 279
　　第六节　强制执行公证的问题与建议 ………………………… 282

第十五章　其他公证事务···284
　　第一节　其他公证事务的基本理论·································284
　　第二节　其他公证事务的立法背景·································286
　　第三节　其他公证事务的热点前沿问题·····························294
　　第四节　其他公证事务的法律实践·································298
　　第五节　其他公证事务的案例评析·································314
　　第六节　其他公证事务的问题与建议·······························320

第十六章　涉外公证···325
　　第一节　涉外公证的基本理论·····································325
　　第二节　涉外公证的立法背景·····································332
　　第三节　涉外公证的热点前沿问题·································333
　　第四节　涉外公证的法律实践·····································337
　　第五节　涉外公证的案例分析·····································341
　　第六节　涉外公证的问题与建议···································343

第十七章　涉港澳台公证···344
　　第一节　涉港澳台公证的基本理论·································344
　　第二节　涉港澳台公证的立法背景·································347
　　第三节　涉港澳台公证的热点前沿问题·····························349
　　第四节　涉港澳台公证的法律实践·································351
　　第五节　涉港澳台公证的案例分析·································354
　　第六节　涉港澳台公证的问题与建议·······························357

第一章 公证制度概论

【内容提要】

本章解读公证的概念和法律特征,揭示公证在市场经济中预防纠纷、减少诉讼等作用。

【关键词】 公证 特征 功能

第一节 公证制度的概念

"公证"作为一种特殊的证明活动,发端于拉丁语 nata,其意为抄录文书并取其要领、备案存查。[①] 法学词典将公证定义为:"公证机构根据当事人的申请,依照法定程序,对法律行为及有法律意义的文件和事实确认其真实性和合法性的一种活动。与法院审理案件的诉讼活动不同,这是一种非诉讼活动。"[②]《中国大百科全书》认为公证是"国家公证机构按照公民、机关、团体、企业事业单位的申请,对法律行为或者有法律意义的文书、事实,证明它的真实性与合法性的非诉活动。公证是国家司法制度的组成部分,是国家预防纠纷、维护法制、巩固法律秩序的一种司法行政手段"。[③] 可见,对于公证的概念,多是从公证制度的功能、证明对象和公证活动的程序等方面进行界定的,其中涉及了公证活动的主体、程序、性质等方面的内容。

我国的公证制度正处在改革之中,关于公证制度的定位、功能等基础性理论还在不断地摸索,所以时至今日,学界仍然无法统一公证的概念。如在司法部开展公证制度改革之前,公证机构属于行政机关的组成部分,"公证机构"等字眼出现频率很多;而现在,多称之为"公证机构"。又如,对于申请人的界定,有的使用"当事人",有的使用"公民、机关、团体、企业事业单位",有的使用"自然人、法人或其他组织"。虽然学界对公证的概念莫衷一是,但随着 2005 年《公证法》的出台,尤其是该法第 2 条的规定,在一定程度上统一了公证的概念。《公证法》第 2 条规定:"公证是公证机构根据自然人、法人或者其他组织的申请,依照法定程序对民事法律行为、有法律意义的事实和文书的真实性、合法性予以证明的活动。"

---

① 吕乔松:《公证法释论》(增订版),台湾三民书局 1984 年版,第 1 页。
② 《法学词典》,上海辞书出版社 1980 年版,第 122 页。
③ 《中国大百科全书·法学》,中国大百科全书出版社 1984 年版,第 168 页。

在定义公证行为的时候要避免停留于注释法学的研究方法[①]和静态的研究方法。[②] 公证制度总是随着国家社会生活而不断变化,在对公证下定义时应该注意以下两个方面:首先我们不应该局限于法律法规的现有规定,不能仅仅从法律条文去推断公证的含义,不要为既有制度作注解,必须要有一定的超越性和反思性[③];其次要明确界定某一制度的基本属性必须要立足于现实的国情,不要期望能给古今中外所有的公证行为都给出统一的定义。

定义任何一种行为,无非包含行为主体、对象、行为描述三个部分,而法律行为由于具有一定的法律效果,所以在定义公证行为的时候,除了前述三个部分之外,还应该包含公证法律效力的规定。据此,公证行为的概念具体应该包括以下四个方面的内容:第一,界定公证行为的主体,这里主要指公证职权的行使者(公证机构)以及公证行为的其他参与者(如公证申请人);第二,界定公证行为的客体,即公证行为作用的对象(如有法律意义的事实),台湾地区学者将其称为"公证标的";第三,公证行为的效力,即经过公证的事项具有哪些法律上的效力;第四,对公证行为的客观描述,这是对公证活动直观的、形式上的概括,可以串起以上四个部分,最终形成一个完整的定义。

根据上述对于公证定义的分解,本书以《公证法》中对于公证的概念为基础,同时借鉴其他关于公证概念的各种观点,试给我国的公证行为作如下定义:公证是公证机构根据自然人、法人或者其他组织的申请,依照法定程序对民事法律行为、有法律意义的事实和文书的真实性、合法性予以证明,并依法赋予证明力、执行力以及使法律行为成立等效力的活动。[④]

第二节 公证制度的特征

公证制度对于保障经济的健康发展,维护国家法制,保持社会秩序的稳定,保护公民、法人及其他社会组织的合法权益,具有积极的促进作用。作为我国司法体制的重要组成部分,公证制度具有如下主要特征:

(一)公证活动具有专属性

根据我国现行法律的规定,公证机构作为行使国家法律赋予的公证证明权的主体,依据事实和法律、法规,独立办理公证事务,不受其他单位、个人的非法

---

① 比如在《公证暂行条例》施行时期,"公证处是国家公证机构,属司法行政机关领导"的规定几乎成为"公证权是行政权"这一观点的主要依据。而在公证机构改制的过程中,大多数公证机构从以前的国家机关改为事业单位,学者们又纷纷提出"司法权"、"司法证明权"、"证明权"等新名词。

② 如将公证权一概界定为"私权"、"社会权"或者一味界定为"国家权",却不能用动态的研究方法,不能从公证权性质发展变化过程的角度入手,公证的相关理论在不同的阶段总是不同的。

③ 唐庆发:《论公证权的性质》,载《中国司法》2008年第1期。

④ 这里的公证效力定义采学界通说。关于公证效力的概念以及构成后文将作详细的论证。

干涉。这里包括两层含义:(1) 公证证明主体的专属性。公证机构是唯一专职行使公证证明职权的机构。同法院的审判权一样,公证机构办理公证事务是独立的、排他的。(2) 公证效力的专属性。公证机构出具的公证书是唯一具有法律规定的公证效力的证明,除法律和国家的特别规定外,其他任何机关、单位组织出具的证明均不具有此种公证效力。①

(二) 公证活动具有独立性

公证作为一种代表国家行使证明权的特殊中介活动,为保证其真实性和合法性,必须保持中立即自身的独立性,不受外界任何非正常因素的干扰,公证的独立性是公证法律服务活动的本质需要。公证的独立性具体表现在:第一,行使职权的独立性,即公证机构依照法律独立行使自己的职权,不受行政机关、社会团体和个人的非法干涉。公证机构实行社会化、自治性的独立管理机制,只对法律负责。第二,承担责任的独立性,即公证机构以自己的财产对外承担责任。公证的责任应当由公证机构独立负担,国家不对错误的公证结果承担任何赔偿责任。

(三) 公证是一种特殊的证明活动

证明就是用证据来明确或表明客观事实。凡是运用已经掌握的材料、经验或者事实表明、断定人或事物的真实性的行为都是证明。公证行为本质上就是一种证明活动,其证明对象为民事法律行为、有法律意义的事实和文书,其证明标准就是证明对象的真实性与合法性。

公证行为之所以是一种特殊的证明活动,其特殊性主要体现在:首先,公证证明的对象是没有争议的法律行为和有法律意义的事件、文书。当事人之间对证明对象没有争议,是公证的前提。如果有争议,则应当在争议解决后再办理公证。② 这一点是明显不同于诉讼中的证明的,也区别于一般社会上的证明行为,这些证明活动不需要以无争议为前提,其证明的目的主要是为了解决争议,寻求公认的证明结果。其次,公证证明活动有着自身的一套规则和程序,而且法律赋予了证明结果以特定的法律效力,而一般的证明活动除非有法律特别规定,一般是不具有法律效力的。公证证明具有其他证明活动所不具有的证据效力、强制执行效力以及证明法律行为成立的效力。

(四) 公证具有公益性、非营利性

《公证法》第 6 条将公证机构定性为"依法设立,不以营利为目的,依法独立行使职能,承担民事责任的证明机构"。其中,独立行使职能和不以营利为目的,是公证机构性质的重心,或者说是公证机构性质的两个基本特征,而"不以

---

① 孙红梅:《公证——一种预防性的法律证明制度》,2007 年吉林大学优秀博士论文,第 10 页。
② 张霞:《公证证明责任研究》,2006 年安徽大学优秀硕士论文,第 5 页。

营利为目的"更是宗旨和核心。充分理解和把握公证机构的非营利性质,有利于充分发挥公证在促进社会进步与和谐中的作用。①

公证收费标准的法定性、公证收入利润的不可分性以及公证收费目的的公益性体现了公证机构非营利特征:首先,公证证明活动虽然要收取费用,但其收费标准为国家定价或国家指导价,并非像营利组织那样,可以随时根据市场行情的变化来调整价格。其次,收取公证费主要是为了满足开展业务所需的基本成本,而不是为了赚取利润。公证业务收入扣除正常开支结存下来的盈余,应主要作为公证处的发展基金,用于改善办公条件、发展事业或培训人员等,而不能像营利企业那样主要用于分配或按出资比例分红。② 作为事业法人的公证处,无论其采取何种组织方式,全部收入构成其法人资产,司法行政机关不得对公证处的法人资产进行平调和征收,在国家法律规定的范围内依法适用和监管。

第三节 公证制度的功能

公证制度是保障实体法正确实施的程序性法律制度,是国家司法制度的重要组成部分。③ 党的十四届三中全会《关于建立社会主义市场经济体制若干问题的决定》中,将公证的功能明确界定为证明、服务、沟通和监督四个方面,司法部《关于深化公证工作改革的方案》则进一步重申了公证的这四项功能。

国家设立公证制度的目的是为社会提供普遍证明力的公证证明,并通过公证证明活动及公证法律服务,引导公民、法人和其他社会组织遵守法律法规,规范法律行为,预防纠纷,减少诉讼,保障国家法律的正确实施。可以说,公证制度是保障市场交易的安全阀,预防违法行为的过滤器,也是国际交往的通行证。公证制度的功能主要包括以下几个方面:

(一)保障社会信用

在现代市场经济中,大部分交易为信用交易,一个人没有履约能力而作出履约承诺,或有履约能力而拒绝履约,交易就无法完成,这是信用风险的表现之一。为了控制这样的风险,就有必要建立一套严格、规范的信用管理体系。而构建信用体系又是一件复杂的工程,其中涉及社会的方方面面,需要由法律执行者、市场中介服务者和市场主体共同完成。

公证与社会信用体系有着天然的联系,公证制度最初就是为了降低交易中的信用风险而逐步发展起来的。在实行公证制度的国家,信用体系发达而完善,

---

① 李全一:《公证机构的非营利性质》,载《中国公证》2006年第1期。
② 同上。
③ 田平安主编:《律师、公证与仲裁教程》,法律出版社2002年版,第286页。

但公证仍是社会信用管理的一个最简便、最有效的工具,是满足个人及各种社会组织信用需要的最快捷的信用产品。①

公证活动通过特定的程序使社会成员无法以不诚信的方式达到某种目的,进而降低社会消耗,保障社会的公平和效率,这主要可以从以下两点体现出来:首先,一项公证服务的程序一般包括对当事各方主体资格合法性的审查、对经济行为合法性、真实性的证明。履行这些程序的过程本身,就是法律行为规范、信息披露、信用调查、信用约束的过程。② 其次,公证机构的公益性和公证人职务的双重性,决定了其在社会信用管理、信用服务上拥有其他国家机关和商业性中介机构所无法替代的重要作用和业务优势。

(二)预防社会纠纷

在司法体系中,公证是最先介入公民、法人和其他社会组织的民事活动,具有防微杜渐、完善法律行为、预防纠纷、减少诉讼、促进经济社会稳定的作用,是社会主义法治的第一道防线。法律行为、有法律意义的文书经公证机构公证,有助于消除纠纷隐患,促进当事人依法履行,达到预防纠纷、减少诉讼的目的。

公证具有的预防纠纷的功能,但并不意味着经过公证的事项完全避免了发生争议的可能。一方面我们要看到公证制度在预防社会纠纷中起到的积极作用,同时也要客观看待其预防纠纷的功能。毕竟公证只是第一道防线,公证重在预防而非解决纠纷。

(三)维护法交易安全

我国的公证证明方式是真实性和合法性统一构成的实质性证明方式。只有这样,才能更大地发挥公证的安全保障作用,从我国目前公证现状来看,公证大部分是实质审查,极少的一部分是形式审查。

市场经济就是法治经济,在发展经济的同时也要注重法治环境的建设,市场经济的主体在进行商品交易的过程中都必须要遵循法律,这样才能保证经济秩序的稳定和长期健康发展。可见,法律保障交易安全是经济发展的一个决定性因素。除了作为法律工作者的作用之外,公证员也是法律安全的担保人。公证员必须审查他经手的文件证书是否和法律相符,这样就可以避免诉讼,引起动荡。

如何确保经济活动中法律的安全呢?如果仅仅靠经济主体自律是不现实的,它们都是以追求利益最大化为终极目标的,在这个过程中很可能会规避法律或者作出违法的事情;如果想全部靠政府来保障法律安全的话,又会产生政府干

---

① 中国公证员协会编:《公证与经济发展国际研讨会论文集》,法律出版社2003年版,第149页。
② 李长友:《公证与我国社会信用体系之构建——美国信用体系考察随想》,载《中国公证》2007年第10期。

预经济的隐患。公证员兼具公与私的身份,是保证签订契约各方法律安全的最佳人选。

第四节 公证与其他证明活动的区别

证明活动的形式是多种多样的,其中有些证明活动很容易与公证证明混淆,所以从本质上分清公证证明与其他证明活动的区别,有利于我们正确理解公证概念,掌握公证制度的基本原理。

(一)公证证明与一般证明活动的区别

一般的社会主体,如公民、法人和其他组织都可以出具证明文书证明相关事实,但这样的证明活动与公证活动有着明显的区别:

第一,有无公信力的不同,即两种证明活动所获得的社会认可程度不相同。公信力是指在与公众交往活动中获得信任的能力以及公众对于某活动的心理认同。公证文书在世界范围内都得到大多数国家的承认;而一般的公民、法人等出具的证明文件却无法得到社会普遍的承认。有的国家对于社会的一般证明,需要经过考证后方可接纳,有的国家甚至根本不予考虑。出现这种区别就在于公证证明是由独立享有公证权的公证机构作出的,法律规定了公证文书具有普遍的证明效力;而一般证明的证明效力没有法律的确认。

第二,两者证据效力强弱有差别。一般的证明文书只是一种普通的民间书证,"人民法院应当辨别真伪,审查确定其效力";而"对经过公证证明的法律行为、法律事实和文书,人民法院应当作为认定事实的根据",除非"有相反证据足以推翻公证证明"。

(二)公证与认证

根据《维也纳领事关系公约》规定,我国驻外大使、领馆可以接受在驻在国的我国公民的申请,办理公证事务。认证是对公证而言,是专门国家机关对经过公证证明的事项予以认可、确认的活动,主要是是指领事认证。领事认证是指一国的外交、领事及其授权机构在涉外文书上确认公证机构、认证机关或者某些"相应机关"的最后一个签字或者印章属实。办理领事认证的目的是使一国出具的公证文书能为另一国有关当局所承认,不致因怀疑文件上的签名或印章是否属实而影响文书的法律效力。

认证与公证的联系在于两者都是一种证明,都是由一定的机构的证明行为;其主要区别在于公证要对证明对象的真实性与合法性进行证明;而认证只是审查公证文书是由盖章所表明的公证机构或签字的公证人所出具的,是形式审查的一种,不对文书内容的真实性、合法性负责。①

(三)公证证明与诉讼中的证明

诉讼证明是指司法机关或当事人依法运用证据确定或阐明案件事实的诉讼活动,它包括民事诉讼证明、行政诉讼证明、刑事诉讼证明,在此主要以民事诉讼证明为例来论证其与公证证明的区别:

第一,受理范围不同。公证证明受理的是非诉讼事件,即非争议性的事件;诉讼证明受理的是争议案件,即当事人已发生争议诉请法院就有关事实予以确认。

第二,证明主体不同。公证证明是由公证机构按照法定程序,对证明对象的真实性、合法性予以证明的活动,其证明主体是公证机构;而诉讼证明则存在于特定的诉讼活动中,证明的主体包括法官、原告、被告,证明结果的取得,是几方共同活动的结果。

【问题与思考】

1. 什么是公证?
2. 公证的特点是什么?
3. 公证的作用是什么?
4. 试述公证和认证的区别。

---

① 时显群主编:《律师与公证学》,重庆大学出版社2005年版,第318页。

第二章 公证制度的历史发展

【内容提要】

本章解读了中国的公证制度的起源,以及从国家公证向民间公证、从私证向公证转变的发展历程。

【关键词】 公证起源　历史发展　民间公证　国家公证

第一节　中国公证的起源

一、中国公证发端于西周

我国公证制度发端于西周时期,本书拟以下列史料佐证之。这些史料来自于陕西出土的西周中期的青铜器及其铭文。西周统治者在继承殷商"受命于天"的神权观念的基础上,进一步提出了"以德配天"、"敬德保民"、"明德慎罚",明礼重礼,实行礼治,因此各种作为神圣的祭祀用品的青铜礼器——钟鼎盤盂即被刻上各种铭文,记录土地转让交换等重要交易行为的全过程,并成为周王室认可的具有法律效力的凭据。

（一）《卫盉》

此青铜器出土于1975年陕西省岐山县董家村,是周共王三年时器,铭文共132字,完整地记载着一次以土地使用权为标的物的交换转让契约形成的全过程,其铭文[①]大意为:周共王三年的一天,周王在豐京举行建旗的礼式,矩伯庶人从裘卫那里收取价值八十朋货贝的瑾璋（一种玉制礼器）,交换自己的一千亩田,矩伯又从裘卫那里取得赤琥两个,麂賁两个,贲鞈一个,作价二十朋货贝,交换自己的三百亩田。裘卫便把这件事陈告给五大臣;这五个执政大臣便命令三有司亲临现场主持授田。交易双方相关人等,为此举行宴会、酒食款待,并铸器为凭,一方面庆贺获得土地,另一方面取得人证、物证,希望裘卫家族及后代万年永远保用。

（二）《五祀卫鼎》

此鼎与《卫盉》同时同地出土,为周共王五年时器,铭文共132字,亦完整记录了一宗田地与田地的交易过程中所经历的司法程序。铭文对田地交易的内

---

① 铭文原文详见胡留元、冯卓慧:《长安文物与古代法制》,法律出版社1989年版,第60页。

容、程序以及履行担保等,均有详细记载,大大丰富了《卫盉》铭文的内容。铭文①大意为:周共王五年的一天,裘卫把他和邦君厉交易土地的事呈告给五大臣,在五大臣面前,裘卫以五百亩田地交换邦君厉的四百亩田地,双方当面表达交易之意愿,五大臣于是承认契约成立,让邦君厉宣誓。而后便命令三有司及史官,带领踏勘田地四至。邦君厉到达现场交付田地给裘卫,办理了移交手续,厉的家人、管事以及其他相关人员也到了现场。裘卫的臣下们于是设宴送礼,以表庆贺。裘卫以此铸制鼎器,希望裘卫家族及后代万年永远保用。

(三)《九年卫鼎》

此鼎与《卫盉》、《五祀卫鼎》同时同地出土,为周共王九年时器,铭文共195字,记载了裘卫和矩、颜陈的林地交易的全过程,这桩交易没有通过官方程序,亦未立誓成辞,仅双方合意,以口约达成协议,由第三人在场作证,封疆立界,即时交付。铭文②大意为:周共王九年的一天,矩得到裘卫的一辆高级马车以及车上的配件,矩的妻子姜得到了裘卫的三两帛。矩便将私有林地给了裘卫。但由于矩已将这块林地分封给颜陈,该林地现为颜陈占有、使用,因此要取得该林地上属于颜氏的林木,裘卫还需要和颜陈做交易,裘卫为此分别给了颜陈、颜陈的妻子以及颜陈家管事各种礼物作为对价。矩这才派遣管事寿商合意办理此事,踏勘林地并交付给裘卫。于是,首先在林地四周封土为界;接着,对于参加勘封田界的人都进行送礼以取得人证物证;最后,举行受田仪式。裘卫将此铸制宝鼎,作为确认所有权和子孙继承权的法律凭证,希望裘卫家族及后代万年永远保用。

二、分析与考证

我们将上述周共王三年的《卫盉》、周共王五年的《五祀卫鼎》与周共王九年《九年卫鼎》作一比较,就会发现其存在显著区别:一是交易的标的物不同,前两器一个是田、物交易,一个是田、田交易,而《九年卫鼎》则是林地和物的交易;二是《卫盉》、《五祀卫鼎》中土地交易需要官方介入,而《九年卫鼎》则仅有交易双方合意并交付,并不履行报官程序,交易行为即告生效。原因何在?周共王为政时期是西周中期,是王(国)有制变动的过渡时期,周共王三年至五年,周王所有制虽有所削弱,但大体上原封赐给诸侯的土地——"公田"仍实行所有权与使用权分离,周王仍是名义上的土地所有者,诸侯仅得就对土地的使用权进行处分,当然,周王作为土地的最高所有者,还保持征收贡赋的权利,因此,对土地使用权的处分,仍然要经过周天子的认可,其表现形式即:在这些受封土地的使用权的移转过程中,介入公证——国家的公力监督和效力认可的程序。对上述《卫盉》

---

① 铭文原文详见胡留元、冯卓慧:《长安文物与古代法制》,法律出版社1989年版,第63页。
② 同上书,第67页。

与《五祀卫鼎》两铭文进行参照考证，就可以窥见其"公田"使用权交易的生效要件中有"呈报官方，求得认可"的法定程序。而这一交易双方达成协议后履行告官的程序，有学者认为"官府的认可具有法律公证的意义"，"三有司作为专门处理这种交换活动的机构和官职，他们实际上起到了契约公证人的作用"，这种中国古代国家政权对不动产交易的干预，是由土地国有制决定的。① 即使现代国有土地使用权出让、转让等亦规定须介入公证程序，从一定意义上而言，亦不能不说是古代传统做法的传袭和延续。

但是，值得注意的是，奴隶制经济在西周中叶以后逐渐呈现出繁荣的局面，古典商品经济得到了长足的发展。随着地方经济的发展和诸侯势力的扩大，以周王为代表的最高所有权的观念发生了动摇，一些奴隶主贵族在役使奴隶和农奴耕种受封之"公田"外，又役使其开垦荒地、山地、林地，周王也时常把一些荒山野林完全交给臣下，这就出现了一块块不征贡赋、不尽义务的"私田"，贵族对这些私田具有完全的所有权。随着私田的出现和大小贵族手中私有财产的增多，私有财产的交换和流转活动愈来愈频繁，这些私有财产，因交易主体拥有完全的、独立的所有权，立契交易的过程中则相对自由，自然不受官府的强制干预监督，无须官方认可，亦不必举行形式主义的宣誓仪式，仅以无利害关系的第三人（即旁人、中人等）在场作证即可。周共王九年的《九年卫鼎》即为该种交易关系的典型例证，其所记载和反映的私有林地的交易过程并不通过官方，也不必立誓成辞，仅需交易双方口约合意，取得人证物证并铸制鼎器籍以为凭即可。这里必须强调说明的是，私田的出现及增多并不等于侵吞、隐匿和埋没了公田的存在，而是仍以公田为主导和基础，在所有制上呈现出公田和私田并存的状态。如此，即说明缘于"私田"的出现而产生的"私证"并不是对原先完全"公田"时代的"公证"的抹煞、颠覆和替代，而是仍以"公证"为主导，作为"公证"的补充而与"公证"并存。这一模式延续传承至今未有改变。现代法律证明制度体系，亦是法律授权行使公共证明职能的"公证"与民间由族人邻里之威望诚信人士进行的"私证"并存的，二者之间，国家法律"公证"为主，民间传统"私证"为辅。事实上，许多不必介入"公证"的领域，民间"私证"所发挥的作用亦不可小觑。

第二节 秦汉——公证文化的衰落与私证文化的起搏

一、国家公证向民间私证转变的历史契机

由西周经过春秋到战国中期，一方面是早期商品经济的继续发展，即这种商

---

① 孔庆明、胡留元、孙季平编著：《中国民法史》，吉林人民出版社1996年版，第18—22页。

品经济仍然基本上控制在作为家族代表的官府手中。因此,此间的契约制度无论如何发达总是带有国家行政干预的性质。这种官府垄断加上家族的宗法关系,又在另一方面大大限制了民法的发展。按周代的税制,国家仅对公田征税,称为"籍",也就是说,私田尚未得到国家的承认。至春秋时期,鲁国率先实行税制改革,不分公田、私田,一律按亩征税,称为"税亩",公田、私田一视同仁,这意味着私田的合法性由此得到了国家的正式承认。因此,在田地等不动产或重要动产的买卖交易的法律保障体系中,公证、私证仍并行存在。

然而,从战国中期的商鞅变法开始,中国古代的民法史转入了另一个阶段。以往宗法"分封"式之土田制度,至战国时已大有不同。所谓"土可贾",即土地可以用贵重货物换取。这就是说,在春秋时期的社会情势下,世卿贵族之间土地争夺激烈,诸侯领地日益扩大且有"私家渐强,公室渐弱"之趋势,但名义上土地的支配权仍操之于国君。贵族阶级虽可以政治手段取得,但私人买卖土地似乎并非易事,尚须履行严格的法律手续,如公证、私证等。追入战国以后,虽然土地国有制仍为主流,但各国大都实行国家授田制,将国有土地授予个体农民或有功之人,土地一经授予,可以子孙传袭,以为世业,时间既久,往往变为个人私有。从理论而言,允许土地自由买卖即是土地私有化的基本标志,战国中期之后,阶级地位趋于分化,最下层小领主阶级之有田者,大都成为小地主,而困于赋税负担或豪贵债贷剥削者,则出卖其土田,土田于是成为私人自由买卖之标的物,较为完整、彻底的私有土地制度,亦至此开始。从此,就法律证明制度体系而言,也进入了一个转折的时期——公证文化的衰落与私证文化的起搏。

二、秦汉的证明制度文化及背景分析

(一) 秦

秦在春秋至战国初期,在经济、文化、国力等方面远逊于东方各诸侯国,因此,为其他东方诸侯国所轻视,甚至不让秦国参加诸侯会盟。至秦孝公时代,任用商鞅变法,适应时势进行了较为彻底的封建性经济、政治改革,实行"重农抑商"、"事本禁末"政策,一跃而为战国七雄中实力最强的国家。至秦始皇统一六国后,仍信奉和宣扬"上农除末,黔首是富",颁布了"令黔首自实田"[①]的律令,令占有土地的人向官府报告占有土地的数量,从法律上承认土地私有并加以保护。由此可以推知,土地业已成为私产并受到法律保护,而分封制下的原有贵族领主势力,已基本归于消灭。但是,需要指出的是,尽管秦"用商鞅之法,改帝王之制,除井田,民得买卖"[②],然此买卖多以恃强凌弱的土地兼并方式进行,带有

[①] 《史记·秦始皇本纪》。
[②] 《汉书·食货志上》。

明显的强买性质,并无平等可言,有时甚至连买卖形式也被省略,而表现为赤裸裸的强夺硬占,因此根本不需要也不可能需要无利害关系的第三方——公证或私证介入进行监督证明。再者,土地私有制系以鼓励农业生产为本位为目的,何况秦王朝从建立到灭亡,只有短短的15年时间,土地几乎不可能被本末倒置完全纳入商品流通的范畴。因此,不难理解,现有秦代史料中尚未发现有关土地交易的记载,自然更谈不上作为见证和保护平等、自愿交易的法律制度——国家公证或民间私证的介入了。

(二) 汉

"汉承秦制",秦的土地私有制、地主经济、中央集权等,在汉朝都基本保持下来。但是,西汉前期在理论上强调"重本抑末"的同时,实际上也放宽了对商人的限制,改变了秦王朝对经济事业的粗暴干涉,准许私人经营冶铁、制盐,以至铸钱等获利巨大的工商业。直至汉武帝时期实行"罢黜百家、独尊儒术",推行轻重政策以后,这一情形方才有所改变。

首先,关于"罢黜百家、独尊儒术",最有价值的部分体现在限田思想——"宜少(稍)近古,限民名田",合乎井田制的古意但不恢复井田制,而对私人占有土地的数量进行限制。①

其次,轻重论主张把国家采取经济、行政手段对国家经济进行调节、干预和控制与国家政权机构直接从事部分工商业经营活动这两种方式结合起来。

这里,值得特别提出的是,上述限田主张在客观上使得土地兼并现象得到了一定程度的缓解和遏制,轻重论毕竟也仅仅主张国家对部分工商业进行强制干预或直接经营,并非对所有领域全盘参与,事实上随着国家经济的恢复和发展,国家也无力对所有的经济领域无一例外进行全盘参与。因此,从一定意义上说,在以土地等不动产或特殊动产等为交易标的的商业领域,仍可窥见点滴难能可贵的平等价值体现,自然,以平等为基础的法律证明制度也在这样的历史夹缝中获得了一线生存的契机。当然,由于在汉代尤其西汉中期后,受土地兼并的影响,国有土地大量转变为私有土地,并且,不可思议的是,这种私人土地所有权的主体不仅包括各级官吏、商人、普通自由民,甚至包括皇帝、王侯。皇帝本是封建国家的至尊,掌握国有土地的处分权。本来帝王统治天下,应当家国相通,无私家观念。然而,汉代土地私有化的狂潮,可能造成逐君篡权之基础,为避免此种隐患,连皇帝自身也不由自主地卷入和参与,不惜打破传统观念,为个人广购私田。汉成帝就曾因"置私田于民间"而被诸臣劝谏。② 由此可见,国家土地所有权已不复是两汉土地所有权的主要形式。私人土地反而占了支配地位。既然土

---

① 赵靖主编:《中国经济思想通史》(1),北京大学出版社2002年版,第535—538页。
② 《汉书·五行传》。

地等财产私有,那么财产的交易自然仅需要无利害关系的第三人证明即民间私证,无须公证介入。凡此种种,导致了与不动产法律保障密切相关的国家公证制度渐渐销声匿迹归于沉寂,而国有土地的私有化则成就了民间私证的生存条件,使得民间私证从此渐渐起色,日益勃兴。

第三节 唐——公证文化的复苏与私证文化的勃兴

至唐代,处于封建社会的繁荣阶段,一方面尽管土地私有与国有仍然并存,法律上亦认可"公私田"之分,但对于国有土地实行了较为彻底的均田制改革,对土地买卖行为进行了限制,并由官府介入对买卖契约进行"公验"以监督土地买卖;另一方面,唐代封建商品经济的发展与财产关系的复杂化,毕竟为民事法律的发展提供了一个可靠的基础。因此,从中国民事法律发展的全过程来看,唐代民法也已进入了一个新的阶段。① 相应的,与商品民事经济关系息息相关的法律证明制度也由此迎来了崭新的发展阶段——国家公证制度的复苏与重生、民间私证文化的繁荣与勃兴。

一、唐代均田制之历史背景

两汉时期,土地私有权虽得以巩固和发展,但大体上土地国有的色彩还比较浓厚,这一时期的私有地权还只是一个不完整的法权,因此,才会有汉武帝对商人土地的直接剥夺,才会有西汉后期层出不穷的"限田"动议,也才会有王莽新政中的土地"王有"政策。② 但不管如何,汉代土地私有化的逐渐升级仍然使得土地买卖较为发达,以后的历史虽时有起伏,但总的趋势还是土地私有的日益发展与土地买卖的频繁。三国两晋南北朝时期,是中国分裂割据、政权更迭的时期,由于战乱与相对稳定局面交递出现,商业发展也呈现起伏不定的反复过程。由于对经济专制垄断,抑商囚工,再加上战争虏掠和封闭的田庄、壁坞经济,使商品经济和与之相应的民事法律关系,必然受到抑制和破坏。③

这一时期仍处于中国古代社会的私有化时期,所有权的核心是土地,土地的所有权形式,一是国家所有的官田,一是地主和农民所有的私田。其特性是私有土地所有权的不断被肯定,国有色彩不断减弱。尽管土地私有权是此期最主要的土地所有权形式,但中国封建社会一直存在土地国有权。国家从法律上仍然注重保护土地国有权。曹魏的屯田制、西晋的占田令、刘宋的占山令、北魏的均

---

① 张晋藩:《中华法制文明的演进》,中国政法大学出版社1999年版,第280页。
② 齐涛主编:《中国古代经济史》,山东大学出版社1999年版,第27—28页。
③ 孔庆明、胡留元、孙季平编著:《中国民法史》,吉林人民出版社1996年版,第185页。

田制都把土地视为国有,是以国有土地为基础的土地分配与经营制度。各朝还颁发诏令,限制侵夺公田,从民事权利关系上看,法律注重保护土地国有权。①

唐初沿袭北魏的均田制,在全国范围内比较彻底地推行了均田制度。隋末长期的大规模战争所造成的人口流亡,使得国家占有大量无主土地,这是全面推行均田制度的有利条件。均田制意即"均给天下民田"之制,就是利用国有土地对各种受田对象进行授田的制度,受田者对于所授给的国有土地只拥有使用权,而不具有所有权,因此,如果允许私人将国家所授之田转卖他人,则意味着国有土地已转化为私有,均田制的实施就失去了基础。

但从各朝颁布的均田诏本身来看,虽然对土地买卖都有限制,但这种限制可谓越来越松。至唐代,此种限制条件之约束力更加微弱,似已形同虚设。尽管如此,均田制毕竟是建立于土地国有制基础之上的,因此土地买卖在形式上程序上仍十分严谨,须由国家公权介入进行"公验",获得官府认可后,买卖契约方才正式生效,并受到法律保护。

二、唐代契约制度及公证、私证史籍

由于唐代是我国封建经济的高度发展时期,财产关系非常活跃,契约的种类也大为增多。唐称契约曰"市券"。"市券"契约的种类有买卖、租佃、租赁、借贷、抵押、质押、合伙、雇佣等,法律对立契和管理作出了具体规定。其中买卖契约是唐代最普遍的契约种类,有关的法律规定也最多。买卖契约分为不动产和动产两类,其中公有田地、房产、奴婢、马牛驼骡驴等不动产或贵重的动产的买卖契约,必须经官府公验,大量的涉及其他私有不动产或动产标的的契约,则仅须"见人"、"知见人"在场作证即可。

(一)公证

凡买卖田地房产、奴婢、马牛驼骡驴等物必须立契,官府有专门的管理机构,依法严加管理。唐代改称"文券"为"市券"。市券不仅盖有官印,还要有官府批示,官府统一规定了市券的格式和文字。

前文已述及,唐代对不动产土地的买卖有一定的限制。一是对许可买卖的土地范围作了限制,尽管这一限制已相当宽松。《田令》规定只有贵族、官僚所得赐田、五品以上官员的官勋田、永业田可以自由买卖。百姓的永业田只能在供丧葬费用或迁居的情况下才可以出卖。口分田也是如此。二是土地买卖必须符合法定的程序,应首先向官府提出申请,得到官府批准发给的文牒并经公验后方可进行。三是订立土地买卖的契约中须写明土地四至,连同土地上的附着物随之转让。

---

① 孔庆明、胡留元、孙季平编著:《中国民法史》,吉林人民出版社1996年版,第188页。

唐代法律还规定部分动产买卖如奴婢、马、牛、驼、骡、驴的买卖必须在三日内于市司订立契券并经公验，交纳税金，使买卖行为在法律上生效，一方面有利于官府对贵重动产买卖的管理和控制，另一方面稳固和肯定契约双方的交易行为，以保护买卖双方的合法利益。《唐六典·太府寺·京都诸市令》即规定："凡卖买奴婢、牛马，用本司本部公验以立券。"

（二）私证

唐代对涉及私有财产物品的契约格式、内容没有作出硬性规定，只是强调立契的前提是双方当事人"两情和同"，即双方合意，格式内容则遵从民间习惯。根据当时的民间习惯，契约双方往往邀请第三人——"见人"、"知见人"对双方的立契行为现场予以见证并在契约上签押。

由于均田制以土地国有制为前提，并非将所有土地都用于受田，而只限于国家所有的公田，对于原来属于私人所有的土地则未纳入均田范畴。因此，到了唐代中后期，随着均田制的破坏，私有土地又开始独领风骚，以土地公有制为依托的买卖契约及其所嵌入的公证程序又渐渐被历史漠视而沉入低谷，但这样的低谷阶段并不是死亡的表征，而是一种暂时的休眠，其在等待新的时代、新的契机中蓄势待发。

第四节 宋——国家公证、民间私证的空前活跃时代

一、宋代的商品经济背景

在中华法制文明史上，两宋是继唐之后成就最辉煌的朝代。古典商品经济高度发展，商业活动极为活跃，打破了封建农本自然经济的压抑和沉闷，焕发出新的生机，并在中国整个封建历史长河中独领风骚。商品经济的繁荣同时也推动了民事法律关系的复杂化，极大地丰富了民事法律的内容，使得两宋民事法律大放异彩，成为中国民法史上一个陡起的高峰，具有划时代的意义。

宋代商品经济的活跃体现在：

1. 土地的商品化。由唐至宋，均田制彻底瓦解，土地私有遂成为不可动摇之制度。相对于唐代而言，宋代国家所直接控制的土地为数更加有限，只占全国耕地的十分之一左右，官田在整个土地所有体系中尤显弱势，而土地私有制度则完全居于主导地位。更由于宋代推行"不立田制"、"不抑兼并"政策，允许官僚、地主以经济手段任意购置、兼并土地，甚至国家也参与其中，加上封建社会后期商品经济的发展，各种形式的国家土地所有制日趋衰弱，地主土地私有制迅速发展，以致两宋官田趋于私田化和官租趋于私租化成为土地所有权关系变动中的一大特点。因此，土地之转移，除一小部分官田外，其权力并不操之于国家而操

之于私人。宋朝的法律也适应这种新的变化,对地主土地所有权进行保护。

2. 民事主体范围空前扩充。土地的自由买卖以及租佃制的普遍确立,使得中小地主与自耕农数量迅速增长,佃农也成为租佃制下的国家编户,摆脱了以往部曲制下人身依附于主人的私属身份。商人的社会地位得到提高,被认为是"能为国致财者也",不再列入"市籍",甚至取得了科举入仕从政为官的权利。最足以说明问题的是过去"律比畜产"、作为所有权客体的奴婢也逐渐向民事权利主体地位过渡、转化。

3. 商品经济的繁荣使得宋代开始大量使用纸币,"每一交易,动即千万"①,并形成了一大批与官府争夺商业利益的富商巨贾。官府同样运用法律手段,追求最大商业利益。在这样的背景下,人们义利观念也发生了前所未有的变化。秦汉以来"贵义贱利"、"讳言财利"的传统观念受到了冲击。从官府到士大夫,争相言财言利,成为一种新的时代风尚,调整民事关系的法律规范也得到新的丰富和发展。

4. 社会经济的繁荣也带动了科学技术的进步,造纸、印刷、指南针、火药、天文学、医学、数学等领域取得了巨大成就,反过来又推动了经济的发展。

5. 在治国理念上,宋朝为了加强中央集权,十分重视法制建设,推行以法为治,认为只有"法制立,然后万事有经,而治道可必"。② 陈亮曾就汉唐宋三朝法制进行比较总结:"汉,任人者也;唐,人法并行也;本朝,任法者也。"③

二、宋代契约制度及公证、私证文化的活跃

宋时,所有权制度区分为不动产所有权和动产所有权。不动产主要指田宅,谓之产、业,所有权人为业主。动产包括六畜、奴婢等被称为物或财物,其所有人称物主。在不动产所有权中,土地是核心,土地买卖、土地所有权是宋朝法律的重要内容。因此在涉及土地房产等不动产以及奴婢、马牛驼骡驴等特殊动产为标的的契约时,法律在强调双方当事人"合意"的同时,还要求必须有牙保、写契人亲书押字,并经官府投税过割方为合法,其中投税程序具有一定的官方公证的含义,用以防止危害国家或他人利益的行为发生。而涉及一般动产的契约则相对要求宽松。

(一)公证

1. 买卖契约

买卖有不动产买卖、动产买卖两种,不动产买卖有绝卖和活卖之分,"绝卖"

---

① 孟元老:《东京梦华录》卷二。
② 《续资治通鉴长编》卷一三四。
③ 《陈亮集》卷一一,《人法》。

即所有权转移后永不回赎,又称"永卖"、"断骨卖"或曰"倒祖";"活卖"又称典卖,在一定期限内可以收赎,逾期不回赎则成绝卖。在宋代,不动产实行绝卖的较少,更为普遍的是典卖。

出于预防土地纠纷和增加政府税收的需要,宋代对频繁的土地买卖施以严格的管理,土地买卖程序的各个环节都有严密的规定,"官中条令,惟交易一事最为详备,盖欲以杜争端也"。[①] 根据条令规定,一宗不动产买卖需要履行下列程序:

首先,在田产交易之前,卖主的土地所有权凭证要经过官府验证。为了从法律上确认土地的私有权,北宋初期就已出现官府正式承认土地所有权的凭证——红契。只有持有红契者,方才表明其对土地拥有合法的所有权,也才能进行处分。因此,在买卖交易之前,官府需要对其权利凭证进行验证,确认其所有权的合法性后方能处分。

其次,订立土地买卖契约时,要先问亲邻。北宋律令规定了亲邻优先购买权,到了南宋,这个法令得到认真地执行,同时又增加了宗亲的吝赎权。但是,为限制滥用亲邻优先购买权利,《宋会要辑稿》载:"出卖田地窃虑民间被人阻障,称'某处可作宅基,某处可作坟地,候他(人)承买修治栽莳了毕,用亲邻取赎',致不敢投状。今应承买官差之人,已给卖后与免执邻取赎及承买。"就是说,"只要官府验证已给卖的土地,再不许借口可作宅基、坟地而行使吝赎权。承买官差是一种公证的行为"。[②]

再次,立契付钱后,买卖双方还须把契约送到官府验证、盖印即投契纳税。法律规定,不动产所有权的转移必须经官府承认,交纳契税,然后由官府在买卖契约上加盖公章,甚至"凡嫁资、遗嘱及民间葬地,皆令投契纳税"。可见,立契必须经官印押,目的在于收税,附带也有公证的意义。《庆元条法事类·赋役门》规定:"民间典买田产,就买官契投纳税钱",州县"敢有违戾,即重加黜责"。所有"立券投税者,谓之红契",又叫赤契。红契既是已纳税的标志,又是对买卖契约合法性的确认,具有公证的含义,同时也是土地所有权的凭证。一旦发生争讼,就是无可置疑的证据。

最后,将土地所承担的各种税额由卖主名下转到买主名下即"过割",卖主必须同该土地脱离关系即离业。根据法律,典卖田产皆为合同契,钱主、业主各收其一,业主必须离业。只有经过这些程序,土地交易方才合法有效。《名公书判清明集》中也辑佚了许多条款,诸如"应交易田宅,并要离业,虽割零典买,亦不得自佃赁","又诸典卖田宅投印收税者,即当官推割,开收税租"。

---

① 袁采:《袁氏世范》卷三,《田产宜早印契割产》。
② 转引自孔庆明、胡留元、孙季平编著:《中国民法史》,吉林人民出版社1996年版,第431页。

除土地等不动产外,对于重要的、特殊的动产的买卖,也要求立契。宋沿袭唐代的做法,《宋刑统·杂律》规定:"诸买奴婢、马、牛、驼、骡、驴,已过价不立市券,过三日,笞三十,卖者减一等"。"即买卖已讫,而市司不时过券者,一日笞三十,一日加一等,罪止杖一百。"依法贵重物品特别是有生命的交易物,交易时都必须立市券,市券由代表政府专门管理市场的市司发给,这种市券是交易物品的证明,也是交易双方权利义务的约定,立市券也是纳税的必经手续①,因此,立市券的法律程序具有国家公证的意义。

2. 招投标

北宋在官有田地的买卖、租佃过程中开始采取"投标"和拍卖唱价的方式,并以法加以规定。熙宁七年(1074 年),出卖户绝庄田实行"实封投状",购买者自愿报价承买,密封投状,由官府检视各购买者"投状"的报价,按最高价格出卖。此种由官府现场监督检视"实封投状"并当面"拆状"的做法,与现代招投标过程中介入公证监督极为类似。

3. 遗嘱

宋代的继承制度沿用唐代规定的同时,又针对新出现的问题增加了"户绝资产"、"死商钱物"的内容,完善了遗嘱继承制度,形成了比较复杂、完善的继承制度体系。

所谓户绝,即无男性子嗣之户。北宋时遗嘱继承一般以户绝为前提,而且遗嘱继承人被限定在五服缌麻以上亲和本宗的范围内。天圣四年(1026 年)颁布的《户绝条贯》在详细规定了户绝遗产继承顺序之后,特别指明:"若亡人遗嘱,证验分明,依遗嘱施行。"②实际上是允许采取立公证遗嘱的方式确认或剥夺女儿对户绝资产的继承权。南宋时期私有观念加强,遗嘱继承的规定越来越明确。遗嘱应"自陈,官经公凭",或"经官投印",由官府进行公证,或由族众进行见证,否则即视为"私家之故纸",所立遗嘱无效。

对于"死商钱物"的继承,由于宋代内地及海外贸易发达,商人客居他乡,死于异地,其财产的处理是民事关系中较为复杂的。《宋刑统》新增"死商钱物"一门,汇集唐中后期和五代时期的敕令节文并予以改动完善,区别不同情况分别作出规定:第一,如有随行之人,相随之人应持官府的公证文书前来收认继承;第二,如死亡客商无一人相随,则先由官府保管,类似现代公证机构的代为保管遗产之业务,并通知其原籍追访亲属,待继承人前来认领,依数酬还;第三,客死的外商在海外的直系亲属亦可以认领财物。

如此详尽完善的财产继承制度前所未有,对于女子继承权的确认也是最早

---

① 孔庆明、胡留元、孙季平编著:《中国民法史》,吉林人民出版社 1996 年版,第 379 页。
② 《宋会要辑稿·食货》。

的;对外商遗产的处理原则既考虑外商利益,又兼顾国家主权。充分体现了私有观念的深化,反映了古代民事法律已经进入一个新纪元。

(二) 私证

与前述公证文化并存的,还有同样活跃、同样普遍运用于民间各类契约订立中的私证制度。

1. 租佃

前文已述,宋代田地分为官田、私田,均允许买卖、租佃。官田本身为数不多,有的出卖之后即为民田,有的租给农民耕种,收取租税。国家出卖或出租田地,都发给土地所有者或占有者合法性凭证——"户贴"、"公凭"或"契券",拥有这些凭证,以后农户可以凭此继承、典卖或转佃土地。私有田地在宋代占居绝对比例,田主也多半不会自行耕种,而是将田地租佃给农民耕种,这样,田地租佃关系就迅速发展起来,并成为普遍的主要的剥削形式。宋代的民间私田租佃所立契约有如下特点:(1)租佃契约的要素包括立契时间、租地人、租地缘由、所租田地坐落、亩数、价钱以及履约保证、违约赔偿等;(2)契约由田地承租方当事人单方签押,出租方则无需签押;(3)由于系私有田地的租佃,国家采取"任依私契"、"官不为理"的态度,故而不加强制性干预,契约的订立仅需"两情和同"并由见人见证即可,国家承认契约的法律效力。

2. 典卖

典卖事实上是特殊的买卖关系,是宋代财产交往中最普遍、最活跃的形式。典卖田产有严格的程序,包括需要办理验证契约、交纳契税即"经官投印"的公证程序。典卖人身的契约则仅需证人作证即可,其特点表现为:(1)典卖人身,典期六年;(2)先收典价款,为典主劳动六年届满即可赎身;(3)有疾病死亡以及犯罪违法行为由本人自负;(4)疾病或死亡无法履行典身契义务的由其兄替代;(5)立约人是卖身人与其兄共同签押;(6)既有保证人担保,又有四位证人在场作证。

3. 借贷

宋代的货币制度的发展使得借贷规模和范围越来越大,甚至发展成专门的经营借贷的产业——"行钱"业。借贷方式也多种多样,有立保借贷现钱、抵押借贷现钱以及以抵押或质押借贷的方式赊购货物等。

私人借贷契约的订立,只要两情和同并且符合法律规定的利率范围,立契即具有法律效力。《宋刑统·杂律》规定:"诸公私以财物出举者,任依私契,官不为理。"所谓官不为理并非官府不予管理,而是允许民间自由设定权利义务关系,自愿立契之后即具有法律效力,官府不予干涉。一般而言,借贷都需要保人担保,保人既是借贷契约的见证人,又是清偿债务的担保人,按照法律规定,"如负债者逃,保人代偿"。

此外,宋代繁荣的商贸活动中,大量商品货物的买卖、抵当、质当等都需要第三人从中撮合并见证立契,因此逐渐诞生了一种专门以居间为业的居间人,称为"驵侩"、"牙人",北宋中期牙人的数量剧增,有"贾区多于白社,力田鲜于驵侩"①之说。牙人除居间民间商贸外,还参与官府的经贸活动。如蜀茶园户输茶借粮,"每岁春,官司预券借粮,必以牙侩保任之。及输之日,验引交称,又由牙侩主之"。② 朝廷开办的市易务也招募牙人,充任本务行人牙人,评定货物价格,介入买卖、抵当、质当等商业活动。牙人参与买卖契约的签订成为交易活动的法定程序,并发展成为一种普遍的商业交易习惯。有牙人参与的契约,在契约履行过程中发生障碍,牙人将出面干涉,如发生诉讼,牙人是主要证人,发挥证人的作用。

三、书铺——中国最早的公证机构

宋代商品经济繁荣所带来的法律证明制度的完善,不仅表现在前述国家公证、民间私证文化的活跃,而且还表现在公证、私证相互结合,相互渗透,相辅相成,充分发挥了法律证明制度在敦促商品经济发展中的作用,诚如前文所述之牙人,也为朝廷招募聘用,以带有官方的身份介入商业交易活动,发挥沟通、媾和、见证、监管的作用,即是宋代独树一帜之做法。此外,更为标新立异、颇具研究价值的是,宋代在公证、私证文化相互作用、影响和撞击的过程中,新生了一种前所未有、堪称一绝的专业代书、证明机构——书铺,多数学者认为宋书铺即是中国古代最早的公证机构。尽管它只是在宋代出现并短暂存在,但它的意义在公证制度发展史上是不可取代的。

宋代的书铺有两种,一种是专门刊印书籍并售卖营利的书铺,一种是专门承办各类公证事务的书铺,这是宋代的新生事物,本书仅论述承办公证事务之书铺。

在宋代,官府明文规定公证书铺的职责范围有:(1) 代人起草诉状,并且必须依照官府规定的格式书写。朱熹《朱文公文集》中《约束榜》卷载:"官人、进士、僧道、公人听亲书状,自余民户并各就书铺写状投陈"。(2) 为案件当事人之供状提供代书并对供状的真实性予以证明。胡太初《昼帘绪论·听讼篇》曰:"引到词人供责,必须当厅监视。能书者自书,不能者,止令书铺附口为书,当职官随即押过"。(3) 验证田产买卖契约的真实性、合法性。在黄榦《勉斋集》卷三三中记载了《陈安节论陈安国盗卖田地事》之案例,足以印证书铺的这一职能。该案例为:当事人陈安国仿其弟陈安国手迹,伪造契约,盗卖家产。陈安节

---

① 《文庄集》卷十三。
② 《续资治通鉴长编》卷三三六。

上告官府,官府审讯之时"唤上书铺辨验,亦皆供契上'陈安节'三字皆陈安国写"故而法官采证书铺辨验结果,判罪于陈安国。(4)证明婚姻关系。罗烨《醉翁谈录》中载录了《黄判院判戴氏论夫》一案,法官在审判中认为戴氏与王贡士之婚约因无书铺与牙人的公证而不足为信,并以此为据作出判决。(5)为应试举人办理应考手续。根据规定,赴礼部应考举人须先向书铺投纳文卷试纸,书铺接收后加以验审,书押盖印之后送交贡院。在考试时,书铺还需对进场应试之人进行辨认,核验身份,以防止冒名顶替。(6)为参加铨试者和参选者办理审核验证手续。宋代铨选人才,宗室子弟经吏部考试合格后方可参选文职差遣。临考前同样由书铺负责验明正身。昭熙三年(1192)年吏部规定:"引试日,官员各合冠带入试,令书铺户责状识认正身"。参选官吏也必须携带相关文书到书铺办理验证手续。《吏部条法·考任门》规定:"诸参选者,录自出身以来应用为书,并同真本于书铺对读。审验无伪冒,书铺系书,其真本令本官收掌,候参部日尽赍赴本选,当官照验。"①

从书铺的上述职能活动可以看出,书铺职责范围与现代公证机构已相当近似。

第五节　元——国家公证与民间私证的急剧逆转时代

一、元代的土地制度

元代的土地,仍然分为官田和私田,与前代不同的是,元代官田数量急剧扩大。也就是说,自汉唐以来"官田益少"的发展趋势至元代陡然改变,许多在唐宋时期已经基本消失了的国有土地形式又得以复现,并在社会经济生活中占据着重要地位。元代官田中,数量和规模最大的是屯田。屯田作为一种田制,自曹魏之后基本处于废弛状态。然至元朝,"屯田制不但得以恢复,而且规模之大、分布之广、成效之显著,超过了历史上任何一个王朝"。②

从土地的来源途径而言,宋代"以钱买田"的方式更为普遍,是由商品经济发展决定的,也是土地私有制不断深化和发展的正常轨道。不同的是,元代贵族对土地的占有,则走的是"以权占田"的途径,这是土地占有关系方面一个严重逆转。土地兼并在权力因素的强烈作用下,呈现出畸形发展状态,土地国有制非正常地得以扩张和膨胀,这种背离历史发展的土地占有状态直接导致不动产民事法律制度的同步异变。

---

① 参见杨一凡主编:《中国法制史考证》第五卷,甲编,《历代法制考·宋辽金元法制考》,中国社会科学出版社 2003 年版,第 286—289 页。
② 齐涛主编:《中国古代经济史》,山东大学出版社 1999 年版,第 276 页。

由于依靠国家政治权力建立起来的官田,在其管理、经营上必然带有很大的强制性,因此,作为土地管理的法律方式的国家公证与民间私证也转换角色,本末易位,自封建社会开始之际就居于次要地位的国家公证此时却陡然得势,无论实施力度和运用范围均超过了私证,这在中国古代法制史上是极端不正常的现象。

二、元代的契约制度及公证文化

在元代的民事法律规范中,物权的范围包括动产和不动产两部分。元朝法律规定,不动产和贵重动产的买卖、典卖、质押、租佃、转佃等都必须订立书契。至元八年开始,"凡有典卖田宅,依例令亲邻、牙保人等,立契画字成交"。要求一切田宅交易都必须郑重立契,还要求立契之后要依例验契投税,赴官押印,履行公证程序。

(一)公证

元代土地国有制的复辟和回潮,使得国家不得不加大力度,过多地将精力投入于对土地的管理上,以维护土地国有的大局。公证作为国家权力干预不动产交易的法律程序,由此得到了前所未有的强化和运用。

1. 买卖或典卖契约

典与卖不同,卖是绝卖,卖契称为"死契",所有权彻底转移。典转移的只是占有使用收益权,原业主仍保留所有权。

对于田宅等不动产买卖或典卖,元更强调"经官给据"、"立账问邻"、"订立书契"、"投税过割"四个法定要件,这在典卖田宅的契式中都可以见到。首先需要说明的是,后三个条件是前代法律已有的规定,但"经官给据"乃元之独创,是元代国家重视保护土地所有权,对土地交易实行契前契后"双保险"管理的体现,也是古代民法史上独有的制度。在宋代,在立契交易前只要卖者土地所有权的合法凭证——红契经官府验证属实,即允许处分交易。元代则增加了一道"经官给据"的手续,使得土地买卖程序更加繁琐复杂。

不仅如此,对于重要动产的买卖如人口、牲畜等,元代也规定必须立契,并与不动产一样,需要履行"赴务投税"、"验契印押"的纳税与公证程序,其合法性方才能够得到正式确认和法律保障。

2. 租佃契约

元代朝廷掠夺了大量土地,官田数量剧增,国家一般将官田租佃给百姓耕种,并依法保护永佃权。法律规定了田地租佃和转兑佃的法定程序,根据规定,享有永佃权的人户,若将田地转兑佃与他人,允许订立私约,也不要求问账亲邻的程序,但同样必须经官批准、缴纳官租,履行公证验契手续并登记附簿,办理过割手续。

3. 典质契约

根据法律，典质田产不仅要报官给据，而且须要写立合同文契一式两份，然后履行"赴务投税"之公证程序。

4. 居间担保

元代买卖交易的居间人即牙侩也有官牙人和私牙人之分，元沿宋制，对牙侩进行依法管理，但是，由于对牙侩的行为限制过于严格，反而在一定程度上抑制了牙侩行业的作用，也阻滞了商贸发展和经济交往。如至元十年，批准中书省呈奏："……今后凡买卖人口（奴仆）头匹（牲畜）房屋一切物货，须要牙保人等与卖主买主明白书写籍贯住坐去处，仍召知识卖主人或正牙保人等保管，画完押字，许令成交，然后赴务投税。仍令所在税务，亦仰验契完备，收税明白，附历出榜，遍行禁治相应。"①这就是说，牙侩居间买卖活动，买卖交易行为本身除牙人居间作证外，还须强制性地介入国家公证程序，验契收税，方才有效。这无疑等于限制了牙人居间作用的自由施展和充分发挥。

5. 航运契约

为适应海外贸易发展，元代制定了较为严格的调整航运之法，对运输契约进行管理。比如，对于船舶雇佣契约的内容和形式就作了规定，并要求于半月内到官府呈押，履行公证验契手续。后来发展到对于船舶的标准和出航也作了规定，规定舶商大船需要取得"公验"，小船需取得"公凭"之后，方准出海贸易，手续不齐备或夹带私货或填写货物不实或"转变渗泄作弊"者，均予以治罪。

（二）私证

由于元代官府干预经济领域的范围十分广泛，公权几乎渗透社会经济的方方面面。因而纯粹的民间私证介入的民间私契范围尤显狭隘。如对于祖遗财产的分析，一般要求订立分业文书，并有见人在场见证、签押，以免发生争执。

再如借贷契约，元代对借与贷的法律概念作出了明确解释"以物假人曰借，从人求物曰贷"，借贷契约除了借贷当事人外，一般要有中人、保人或见证人签字画押。

此外，与前文所述红契的规范交易程序相对应的是，民间为避免交易的繁复程序以及规避纳税，也存在私立的白契，白契没有公据、立账、契凭的过程，有的白契上只有出卖人和中见人画押，有的甚至连中见人也没有。

---

① 孔庆明、胡留元、孙季平编著：《中国民法史》，吉林人民出版社1996年版，第487页。

第六节　明清——公证与私证文化的稳中求变与推陈出新

一、明清时期的不动产制度及经济背景

根据《明史·食货志》，"明土田之制，凡二等：曰官田、曰民田"，可见明代土地主要有官田和私田两种，官田的来源主要是元旧有官田以及战乱中的抛荒地，属于国家所有，由国家或交由地方各级政府租佃给农民耕种，官府收缴租税，或以赏赐方式授予贵族功臣经营，可以世袭，但不得自由买卖，或实行军屯、民屯、商屯，实际上即国家与军人、民人、商人之间的一种土地租佃关系。民田即私人所有的土地，包括皇室、贵族功臣、地主、农民、商人所有的土地。明代为招诱流亡，移民垦荒，实行奖励垦荒的政策，规定"开垦成田，永为己业"并允许土地自由买卖，使得土地私有达到前所未有的高度。明中期以后，土地兼并迅猛发展，造成土地高度集中。如此一来，全国耕地总面积中，百分之七、八十以上重又回到私人手中，归属私田之列，官田比重则大大缩小，到了后期大部分官田又属权旁落，成为勋臣贵族的私产。

除了官田、私田以外，还有一种非主流的土地所有制形式即宗族所有制。中国封建社会的宗族组织，发展到明代，其组织已经相当严密，以族长为代表的宗族，成为有独立财产、能够参与民事活动的主体。

至清朝，土地制度在最初则经历了一个较为曲折的发展历程。满州贵族还在关外时期，实行的是"计丁授田"制度，国家按丁数为标准对土地进行再分配，从而否定了关外地区原实行的封建地主土地私有制，以法律强制确认为国家所有，实为八旗公有，即所谓"有人必八家分养之，地土必八家分据之"。① 这一"计丁授田"实际上又重蹈覆辙，造成了土地历史发展中一个短暂的回潮和倒退，但它同时也发挥了战乱时代开垦荒田组织农业生产的作用，因此入关以后继续延承"计丁授田"的思路，推行圈地令。但是此后，圈地活动所招致的社会大动荡的严峻形势，迫使清政府不得不改变政策，宣布："自后圈占民间房地，永行停止"，"永免圈占"，并开始实行"更名田"。由于长时间战乱，明朝皇室宗亲或逃亡不知去向，或遭到沉重打击而殒灭，他们所拥有的土地为农民实际占有、耕种。为了确立这部分土地的产权，以招诱农民，奖励垦荒，清政府即发布"更名田"令，以土地的实际占有人为合法的所有人，不准旧主"认业"，也就是将明朝藩王的土地"给与原种之人，改为民户，号为更名田，永为世业"。② 使得农民对于明朝王室藩产土地的占有合法化。

---

① 《天聪朝臣工奏议》卷上，第36页。
② 《清朝通典·食货》。

清朝的土地同样也有官田、私田以及宗族田地之分,其土地关系与明代相比,还有新的特点,"旗地"是旗人依靠政治特权而占有的土地。由于清朝是以满洲贵族为主体的封建政权,民族色彩自然也反映在民事立法上。如:为了维护旗人的特权,保证旗人在经济上的优势,法律严禁汉人典买旗地。但由于入关后,许多旗人不事生计,生活贫困,因此不断发生向汉人典卖土地的现象,康熙、乾隆王朝曾多次定例,重申禁止民人典买旗地事宜,同时,对于已经典卖的旗地,由官府支付一定地价强制赎回。并规定"凡红契典卖的旗地,可全价予以回赎,白契典卖的旗地,则仅付半价或不给价回赎"。① 之后又取消了红白契之分,而一律以年限为据,规定以"十年为率"进行回赎。但是,旗地、旗房的典卖仍禁而不止,使得清政府不得不考虑变通处理。至咸丰二年,户部提出"私相授受若仍照旧例禁止,殊属有名无实。准互相买卖,照例税契升科"。② 同治四年进一步规定顺天直隶所属旗地,"俱准旗民互相买卖,照例税契升科"。③ 同时还规定"民人契典旗地,以二十年为限,限内准回赎,无力者许绝卖"。④ 与此类似的屯田也趋于私有化,清朝法律严格保护屯田作为国有土地的所有权,康熙十五年《侵占屯田惩罚条例》,禁止隐匿、盗卖屯田,但至清中叶以后,在土地国有制走向私有化的浪潮中,屯田也趋于私有化,购买者只要报官税契,按亩升科,即可取得土地的合法所有权。

为确认和保护各种形式的土地所有权,明代以元末所有权关系之混乱为鉴,采取了新的方式,编制了核实田亩的黄册和鱼鳞图册,同时规定对于"盗卖、侵占、冒认他人田宅"者严格予以治罪。巧合的是,"与现代'公证人'一词相接近的词'公正人'也出现在明代土地清丈活动中"。⑤ 至清代,有关田土的文凭印契更为详细。

特别值得注意的是,在北宋时期零星的永佃权记载,至明中叶更加复杂化,出现了地权分化,即"田面权"与"田底权"分离的现象,这就形成了"一田两主"的所有权形式。"一田二主"就是同一块土地的上层称为田皮、田面,佃户拥有使用收益权成为皮主,下层称为田根、田骨由原田主所有,称为骨主、田主。皮主享有永佃权,只要履行交纳佃租的义务,即可以将所佃之田"视同己业",可以任意使用、继承、典押、转租、出卖田面权,骨主不得干涉和过问,也不得随意撤佃或另行招佃,但保留田底所有权。若皮主将田面转佃、再转佃,则形成一田三主或一田多主的情况。这种"田面权"与"田底权"的分离是商品经济的发展促进土

---

① 《大清会典事例》卷一三五。
② 《户部则例》。
③ 《户部则例·田赋》。
④ 同上。
⑤ 肖文、邹建华、毕宜才:《中国古代公证》,载《中国公证》2003年第2期。

地所有权与耕作权分化的表现,它是中国土地的重要变革。明代永佃权的发展以及由此引起的田面权与田底权的二元分轨,是商品经济冲击下租佃关系复杂化在法律上的反映。它为清朝永佃权的进一步发展,提供了重要的基础。同时,"一田二主"的在全国的广泛流行,也反映了传统租佃关系的新变化以及新租佃关系的影响力。

随着农业经济的恢复和提高,工商业也有所进步。本来经过唐宋时期商品经济的发展,到了明清时期,中国的市场经济应当有一个较大的繁荣和发展,但是一方面,走向没落的封建专制主义制度却负隅顽抗,重拾"重农抑商"、"重本抑末"之故旧,以更加严密的法律,对商品交换进行控制和约束。这种专制主义的法律制度,对商品经济的发展产生了很大的抑制作用。但是另一方面,即使在这样的抑制和桎梏中,明清时期商品经济的发展进步仍然势不可挡,并且还带动了民事法律的同步发展:

首先,民事主体更加复杂化,明代的民事主体既包括官吏、士、农、工、商、奴婢以及法定的所谓贱民,也包括店铺、牙行等一些具有组织性质的民事主体,这是商品经济发展的表现,反映了历史发展的趋势,尽管这些民事主体基于不同的身份层次,各自所享有的权利和义务仍有着明显的差异。

其次,私有观念越来越强,传统的重农抑商、重本抑末政策也受到了挑战,明末清初黄宗羲、唐甄便针锋相对地提出"工商皆本"、"农商皆本"的主张,这种意识领域的新思潮是对传统农本思想的革命和超越,为民事法律规范的进一步充实和发展提供了精神动力和理念支持。

再次,民事法律也出现了集中化的趋向。尤其到了清朝末年,工商业资本发展更成气候,已有相当规模。国家、私人都积极举办和投资工商业和金融业,外国资本也投向中国市场,民事法律关系空前活跃起来,各种物权制度、债权制度、契约制度、股份制度、专利商标制度等,都不断新陈代谢、推陈出新,更随着资本主义萌芽的产生和渗透,新事物、新现象层出不穷,甚至出现了现代意义的公司雏形,尽管鉴于各种原因仍然未能制定出一部单行的民法典,但却形成了多元层次、形式庞杂、内容详尽的民事法律渊源,为单行的《民律草案》的制定奠定了基础。

二、明时期的契约制度及公证、私证文化

明代的契约制度在宋元的基础上进一步向前发展,无论在契约适用领域的普遍化还是在契约形式的种类上,都较前代有了较大的发展。在不动产买卖、典卖、租佃、租赁、典当、抵押,以及借贷、雇佣、合伙等各个领域,都普遍采取契约制。而各个领域的契约形式多种多样。为了保证契税的征收,提高契约的法律效力,一般要求除当事人如卖主、债务人、佃户要签押(买主、债主、田主无须签押）外，中人、保人也要附署之，并负有连带责任，以明确当事人的权利义务，同时还强制规定采用官印契纸，以减少民间因草契发生纠纷。凡是依法成立的契约，均具有法律的强制力，受到法律保护。

明代简化了买卖契约的订立程序，首先，仅强调不动产买卖与奴婢买卖必须税契印押，履行公证程序，田宅买卖还要过割赋税。然而在民间，更普遍流行的还是未经税契印契的"白契"。至于牛马驴等重要动产的买卖，已不再像过去那样强调公验契约、投税印押程序了。其次，明代法律还废除了唐宋元律中买卖田宅先问亲邻的规定，不再硬性要求土地买卖"先问亲邻"，但该传统习惯在民间仍然保留了下来。现存卖田、卖房契式中就有"投请房族，无人承买"的惯语。

（一）公证

商品经济的不断发展，买卖活动的日益频繁，使得买卖契约成为最主要的契约形式。根据明律，买卖田宅等不动产，须履行公证验契、投税过割的法律程序，并将纳税凭证粘连于原契后，即所谓契尾，然后骑缝加盖官府公印，成为红契。同时还须将应付赋税转移登记于买方名下，即所谓过割。

明代典卖法律关系也日臻成熟，不仅典卖田宅条款首次入律，使得典权法律化，而且明确区分了典、卖的概念和界限。《大明律·户律·田宅门》规定："盖以田宅质人而取其财曰典，以田宅与人而易其财曰卖，典可赎，而卖不可赎也。"公证验契、投税印押是典卖田宅的必经程序。除了契税之外，"过割"也是法定手续。经过过割改换户名，明确纳粮当差的责任，"以杜异日假捏之弊"。① 典卖法律条款在明代律文正文中正式予以体现，这在整个中国古代法制史上尚属首次，从一个侧面说明了明朝时期地主经济发展的成熟。清朝也沿袭了这一规定。不仅如此，质当、抵押也同样首次被纳入律文正文中，说明这些法律关系已逐渐规范化和条文化了，这是中国民法史上的一个明显进步。

（二）私证

1. 动产买卖契约

买卖动产，除了奴婢牛马驴等重要动产及大宗交易须订立书面契约外，一般无须订立契约。明初曾下令放赎奴婢，法律限制蓄奴，规定奴婢买卖必须纳税印契，并禁止买卖良人为奴。大明律明确规定典卖的标的物是物而不是人，"凡将妻妾受财，典雇与人为妻妾者，杖八十，典雇女者杖六十，妇女不坐"。② 这反映了商品经济发展的要求。但是随着土地兼并的日益加剧，许多破产农民迫于生计不得已而鬻妻卖女，也有地主富户以自己的奴婢配人为妻作为交换条件，使人卖身于己。于是法律的这一限制便形同虚设，事实上卖身为奴或买卖奴婢的情

---

① 《大明律·户律·田宅·典买田宅》。
② 《大明律集解附例》。

形十分普遍。但不论是卖身为奴还是买卖奴婢,一般都要订立卖身契。然而基于"违禁"和"避税"的双重考虑,民间更加普遍流行的是采取私下订立"白契"方式,不经税契印押,而只邀请中见人见证、签押。

2. 租佃契约

从明代开始,随着土地私有化的升温,永佃权发展更加成熟,并在此基础上派生了"一田二主"、"一田三主"的特殊关系的永佃权,使得租佃关系进一步趋于复杂化,租佃契约也增加了新的内容。法律不仅要求租佃、租赁必须立契,而且契约内容、格式不尽相同。租佃契约形式上分为两种,即地主招佃的招佃契式和农民承佃的承佃契式,有的在契式中明确限制转佃,有的则允许转佃,这些契式一般都有保人见证担保或中见人在场见证。

3. 借贷契约

借贷一般以质押或抵押借贷的形式出现,必须订立契书,这一书面契约,一般也要求提供保人进行担保和见证,或由中人在场见证签押。明朝时期,随着超经济的人身奴役的削弱,在债务关系明确禁止"役身折酬",债主不得强制债务人或其妻妾子女用劳动代偿债务,即使债务人同意将其妻妾子女役身折酬的也要施以杖刑。

4. 合伙契约

随着商业发展,商业规模扩大,明代合伙契约已走上规范化,并出现了中国古代最早的合伙契约的契式,并且"合本求财"的合伙契约格式中明确表示由"中见某人"在场证明。

5. 牙人

由官府设定法定的买卖中介人,即居间人,是唐宋以来的传统。明朝仍然沿袭这一制度,设置官牙行、埠头,并予以严格管理,他们的职业必须经官府认可,要有相当的资财,并具有评质论价的技能和权威,方才能行使职责,在交易中说合双方、议定价金并充当证人。

6. 遗嘱

从现存大量有关遗嘱"批契"中,可以看出遗嘱继承是法律继承以外的一种流行的继承方式。遗嘱继承多采用书面形式,为确保其真实性,订立遗嘱时须有族人或见证人在场,并须画押。

以上分析,显而易见,私证所介入的领域较公证而言,丰富得多,广泛得多,这是明代商品经济发展的自然结果。商品经济的发展,促进了土地关系的商品化,使得构成土地二元权属体系的国有制和私有制已经扭转乾坤、本末归位——土地国有制又趋衰弱、私有制重占优势,体现了封建土地发展规律的自然走势,也说明了封建土地制度体系以及与之息息相关的法律证明制度体系至明代又步入了一个常态发展的轨迹。

三、清时期的契约制度及公证、私证文化

契约制度发展到清朝,已经成为建立财产关系和人身关系的普遍法律形式。继大明律把典卖、质当、抵押三种法律关系纳入法律正典之后,清代又进一步从法律上完善各种制度。清代的契约无论从种类上和数量上都超过以前各代,其主要契约形式有不动产绝卖契约、活卖契约(典卖契约)、租佃契约、租赁契约、借贷契约、雇佣契约、抵押契约、合伙契约、卖身契约、卖婚契约等。到了清末,随着财产权利关系的不断扩大,各种契据、合同、凭证更加名目繁多,如承揽合同、预定货物合同、铺底合同、析产契书、提货单据、保单、汇票、期票等。

首先,规定买卖、租赁、雇佣、合伙、借贷均以契约为凭,"民间执业,全以契券为凭……盖有契斯有业,失契即失业也"。契约样式有官版契纸,也有民间手写契,民间契约必须符合国家的法律,否则无效。官府强调使用官方契纸订立契约,以保证契约格式的统一,防止因伪契而发生纠纷。但遗留下来的契据文书中,也有不少是立约人自备纸张,按照官版契纸格式书写的。

其次,与前代一样,不动产与动产的立契方式和程序与也存在区别。由于不动产田地的使用收益关系到利益的归属和社会的稳定,因此受到所有权人和国家的重视,一般规定田宅等不动产的买卖以订立书契、验契投税、推收过割作为不可或缺的要件。而对于动产,由于物主享有不受限制的占有、使用、收益、处分之权,并且不因物的遗失而丧失物主权。因此,一般动产的买卖、典押原则上不需要订立书契,只有马牛等重要动产的买卖以及当铺典押的动产,才要求立有契纸,有时还需要第三人在场见证。这里,特别值得注意的是,清代法律禁止奴婢买卖,自然也不可能存在奴婢买卖需要投税印押的公证程序规定,尽管这事实上并不能阻止民间仍然普遍存在买卖奴婢的现象。不仅如此,到后期,甚至连不动产典卖中原有的投税过割的公证程序也取消了,因此,与明代相比,纳入公证范畴的契约种类又有减少,这表明公证相对削弱的发展趋势。

再次,为了保护家长对财产的处分权,规定凡买卖田宅物业契约的订立,必须由家长做主,并出面与钱主或钱主亲信"署押契贴"。若家长在化外或阻于战争,一时难返,须"呈报州县,给予凭由,方可商量交易",卑幼如"专擅典卖质举倚当,或伪署尊长姓名,其卑幼及牙保引人,并当重断,钱业各还两主"。①

(一)公证

清承明制,田宅买卖仍以"能否回赎"为标准区分绝卖、活卖。而绝卖、活卖在契约上的不同表现,在明代以前只是一种习俗,约定俗成。到了清代则在法律上作了明确规定,乾隆五年《大清律例》增加规定:"嗣后民间置买产业,如系典契,

---

① 《宋刑统·杂律》。

务于契内注明回赎字样;如系卖契,亦于契内注明绝卖,永不回赎字样……。"

更为不同的是,明代以前,规定绝卖与典卖一律必须纳税,清前中期仍沿袭明制,但到了清后期则有了新的变化,明确区分典当与绝卖,并规定仅有绝卖才须纳税。当然,在税契印押的同时,还要将卖主的土地和应纳的赋税过户于买方名下,即所谓"推收过割",以使"田各有主,循主责粮差"。按照交易惯例,"凡契税过割者称为红契,具有某种公证意义,未税契过割者为白契,举证效力逊于红契"。① 但白契在民间的广泛流行,使得大清律中对不税契者的惩罚难以完全实现。因此为保护契约的履行,签订契约时一般由中人、保人签押,并负法律责任。至于推收过割的方式,清则不同于明。明代田产过割时,买卖双方可重立文契,表明租税的过割转移,此种文契称为推单或扒单,到清代,则由出卖人立加割契,并由买人支付"加割价",加割契亦须见人在场见证、签押。

此外,出于保护旗地的特殊要求,旗地租佃也不同于一般的田地,所以必须经官府公验,发给执照。清代前期和中期对旗产实行"推顶给照"制度,民人佃种旗地,州县发给印照收执,不准私相授受。到了后期,旗地在民间事实上已逐步纳入典当、典卖甚至绝卖的范畴,并且往往私定白契,这就出现了官发执照与私立契约的矛盾,为解决这一矛盾,采取变通办法:仍坚持不准买卖,但准许推当、转当即典卖、转典、典卖、转典过程可以写立字据,其名称不准称契约,只允许称为推约和当约,同时也间或要求介入公证验约、发给印照(但无须纳税)的程序,实际上换汤不换药,并不能从实质上阻止旗地买卖现象。

(二) 私证

1. 租佃契约

随着永佃权的确立和"一田二主"的发展,租佃契约在清代更加发达,出现了永佃契约与田皮租约。由于订立这类契约相对自由,国家不加干涉,一般仅由见证人见证签押即可。

2. 租赁契约

清代租赁契约内容也较前代丰富,主要有租赁房屋、店铺、牲畜等。租赁契约的内容视租赁标的的不同而有不同,如租房、租赁铺底一般写明房屋坐落、租银数额、交付办法以及履约保证等,租赁铺底内容更为具体详尽,还涉及铺内家具问题,租牛契约除写明所租之牛、租银外,还涉及标的物的孳息归属问题。但不管是何种租赁契约,均由承租人、中人共同签押。

3. 借贷契约

民间抵押借贷契约,内容包括借方立约人、贷方姓名、借贷数额、利率、借贷期限、违约责任、抵押物、立约时间等,契约同样由立约人、中见人共同签押。

---

① 张晋藩:《中华法制文明的演进》,中国政法大学出版社 1999 年版,第 410 页。

4. 雇佣契约

到了清朝后期,商品经济的进一步发展,资本主义萌芽在农业、手工业、商业等各行业中缓慢生长出来,这必然在雇佣法律关系表现出来。主要标志是出现了无人身依附的、比较松散的、自由的新型主雇关系,雇佣契约一般载明立约人、雇工所从事的工作、工钱数额及支付、违约责任等,几乎不再有人身依附关系的色彩了。雇佣契约很多只由双方议定即可,有的也邀请中人见证签押。

5. 合伙契约

随着合伙经营的不断发展,特别是合伙经营的股份化,合伙契约的内容也丰富了许多,出现了扩股、退股、转股以及散伙的契书。

6. 牙行

清朝为了整顿市场秩序,也沿袭明朝建立了牙行制度,《大清会典事例》规定:"凡城市乡村通商之处,陆有牙行,船有埠头,为客商交易货物。并选有抵业人户充应,官给印信文簿,附写客商、船户住贯、姓名、路引、字号、物货数目,每月赴官查照,不许私充。"

7. 汇票

中国古代的票据主要是汇票,始于唐之"飞钱",宋称之为"便钱"、"便换",明以后称为"会票",到清代已经发展成为一种重要的流通手段,发挥商贸异地托收结算以及转移财产、偿还债务的作用,票据制度逐步走向成熟。清代已有了期票和即票的区分。汇票除立会票人签押外,还有"见票"、"见友"等签押,这是票据的见证人制度,是早期票据较为通行的一种方式。在专营汇兑业务的票号出现以后,才逐渐取消这种见证制度。

以上有关清代公证、私证制度的史料分析,可以看出,清代在沿袭和遵循明代法制轨迹进行发展的同时,亦根据本朝之时代特点,因时制宜,稳中求变,推陈出新,大大丰富和充实了公证、私证的内容,甚至已或多或少地吸收和含纳了一些西方法律的新元素。

【问题与思考】

1. 如何理解中国公证的起源?
2. 秦汉时期的证明状况是怎样的?
3. 唐宋时期的证明制度特点是什么?
4. 元明清时代的证明制度有哪些变化?

第三章 公证机构与公证人

【内容提要】
本章通过对比分析,阐释了公证机构和公证人的性质、权利义务、法律地位。
【关键词】 公证机构 公证人

第一节 公证机构与公证人的基本理论

一、国外公证机构与公证人概述

当今世界各国之公证机构设置模式,大体可概括为如下五种[①]:第一,设置平等的自负盈亏的公证人事务所,这种方式为法国首创,后来德国、西班牙、比利时、意大利、日本、韩国等纷纷效仿,形成了一种在全球范围内有代表性的公证组织类型;第二,设置教会管辖之下的公证人事务所,这种体制主要存在于英国及其海外领地;第三,在法院内部设置公证处,这种方式以我国台湾地区为代表;第四,设立国家公证处,原苏联和前东欧各社会主义国家和我国传统公证都属于这种类型;第五,由地方行政机关兼办公证事务,这主要是针对未设公证处的地方所采取的一种便民措施,不是一国公证机构的主流。此外,各国在选择以上几种模式之一作为本国主导公证机构体制模式的同时,一般也依法授权本国驻外使领馆行使公证职能,以弥补本国公证制度之不周延。概观之,上述五种模式虽大相径庭、相去甚远,但各自为政、各具特色、各有千秋,无对错之分,无是非之辩,唯均有各自生存之土壤。

而上述各种类型的公证机构中,公证人的法律定位亦是有所区别的:

第一,设置平等的自负盈亏的公证人事务所。在这一公证体制模式中,公证人在定位上既是国家公务员,又是独立的法律执业者,如《法国公证机构条例》第1条规定:"公证人是为从事下述辅助性司法活动而设立的公务员,即受理当事人必须或愿意使真实性得到确认的一切文件和合同,赋予其公证效力,并负责确定证书的日期,保管正本,提供副本和抄本",《德意志联邦共和国公证人法》第1条规定,"公证人使为了证明法律事实和预防纠纷而设置的独立的公职人员",为了确保公证人的国家公职人员身份,一方面,法律上明确公证人为终身

[①] 叶自强:《公证机构设置问题探讨》,载梁慧星《民商法论丛》(第2卷),法律出版社1994年版,第201—216页。

职务,严格控制公证人的数量,公证人执行职务中须使用刻有代表国家的国徽或州徽的职务印章,赋予公证书法定的强制执行力,并规定公证职业为非营利性质,这样,既保证了公证人有稳定的业务量和稳定的收入,又有效防止公证人的不正当竞争,从而维护了公证行业的国家公信力。另一方面,又规定公证人为独立执业者,这种独立性体现在:首先,公证人独立办理公证,处于中立人地位,独立于国家,独立于当事人,独立行使法律赋予的职权,监督机关不得干预其具体执业行为,同时,也不允许公证人兼任接受薪金的公职;其次,公证人在经济上也是独立的,其独立执业的前提是缴交身份保证金和执业风险金,其薪金收入不由国家财政负担,而从当事人支付的公证服务费用中取酬,并自行承担执业风险;再次,公证人执业采取设立个人事务所或合伙型、合作型公证人事务所的形式,德国甚至允许公证人在监督机关许可的情况下可以拥有数个事务所,但不管如何,这种独立执业形式并非是自由的,它要受到一定的限制,如《法国公证法》就规定公证人必须居住在政府所指定的地点,《德意志联邦共和国公证人法》也规定公证人必须在被指定的地点履行其职务,其居所必须设于职务地内。

第二,设置教会管辖之下的公证人事务所,这种体制主要存在于英国及其海外领地;由于英国属于判例法国家,没有制定统一的公证法典,在历史上有多种类型公证人并存,其中普通公证人、地区公证人、教会公证人和在英国海外地区进行业务的公证人,虽然适用的法律有所不同,但无一例外都要受到教会的管辖,此外,还存在一种完全不同于上述类型的公证人,即在威尔士开业的公证人,这类公证人执业活动受法院管辖,公证人由大法官办公厅所辖皇家书记官所指定,并且只有已获开业许可的诉状律师方可提出申请,它与台湾地区公证制度既相类似又有区别。现在,在英国和威尔士只有两种公证人即斯克莱温公证人和一般公证人,他们都由坎特伯雷大主教的"资格办公室"委任,并可在英国及威尔士各地执业,且同期执业的公证人人数没有限制。公证人的职务活动主要是认证文件作为海外所用,很少涉及国内的法律事务,国内法律事务通常由律师处理,并且公证人对其所公证的事项仅进行形式证明,不对内容负责,法律也仅赋予公证书具备一般证据的效力,公证的职能大多与律师或律师雇员的职能结合在一起,所以公证职能并不独立,公证制度处于弱势发展状态。

第三,在法院内部设置公证处,这种方式以我国台湾地区为代表;在台湾地区,20世纪30年代国民党政府在组织起草公证法规时,就责成有关法律人士对公证制度比较发达的大陆法系国家进行过深入研讨,经研究认为中国教育落后,大多数人知识水准和道德修养不高,如准许自设公证人事务所,恐怕流弊丛生。因此1935年,国民党政府司法院颁布《公证暂行法规》时,否定了设置"公证人事务所"的思路,规定在地方法院设立公证处,指定推事专办或兼办公证事务,同时接受法院监督。1943年国民党政府正式颁布了《公证法》,基本上因袭此制,只是个别地方有所改进,规定"公证事务,于地方法院设公证处办理之,必要时得于其管辖区域内适当处所设公证分处","公证处置公证人,荐任,办理公证事务",经公证人考试及格者,具有推事、检察官任用资格者,曾任律师、司法行政官、法院书记官者均有资格得以荐任。1975 年和 1980 年台湾当局应形势需要,两度重修公证法,但修订的幅度很小,仍然保留了以往的公证体制模式,将公证处设于地方法院内部。在这种法院公证人之体制模式下,公证人的定位同于公务员,法院之公证人及佐理员(辅助法院之公证人办理公证事务者)分别由法官、书记官兼任,职务行为包括"公证书之作成"和"私证书之认证",前者为实体证明,后者为形式证明,公证人只能对亲自听到、看到或以其他方法亲身体验的事项办理公证,否则只能办理认证。基于法院公证人的公务员身份,其职务行为被视为一种准司法活动。

在英国威尔士,也存在类似于台湾地区的这种公证体制模式,公证人由法院任命,在法院管辖下从事公证活动,但二者仍有明显的区别:其一,台湾地区的公证人由法院法官兼任,在身份上属于国家公务员,威尔士的公证人则由已获得开业许可的诉状律师兼任,不属于国家公务员;其二,台湾地区的公证人的执业处所为公证处,系法院内部的一个职能部门,而威尔士的公证人则因公证与律师职能合一而执业于律师事务所。

值得提出的是,近年来,随着社会生活和经济交往的日益复杂多样化,对公证的需求也日益增多,公证业务量亦迅速发展,旧的公证规范显然有些不堪重负,于是,台湾地区也着手修订公证法,经过努力,修正公证法于 1999 年颁布,2001 年 4 月实施,新公证法主要引进了民间公证人制度,但未一步到位全面推行民间公证人制度,而是采用了民间公证人和法院公证人二者并行的双轨制,这是台湾方面虑及民众认知程度和社会稳定使然。关于民间公证人的任命,就性质而言,在台湾地区有公法上的契约行为及行政处分两种学说,前者系仿日本将公证人之任命视为公法上的契约行为,需要任命者与被任命者双方合意;后者为台湾之通说,认为公证人之任命为单方行政处分行为,非公法契约行为。[①] 民间公证人执行的职务行为内容同样包括公证与认证,但民间公证人由于自行收取报酬,不受国家俸给,故不适用有关国家公务员的法律规定,其身份介于公务员和自由职业者之间。

第四,设立国家公证处,原苏联和前东欧各社会主义国家和我国传统公证都属于这种类型;在这种体制模式下,公证处系国家行政机关的一个组成部分,受司法行政部门的领导,公证处按行政等级区划设置,具有等级性,但公证处之间互不隶属,各自独立,只是办证权限及管辖范围有所不同。我国于 1982 年颁布

---

① 司法部律师公证工作指导司编:《中外公证法律制度资料汇编》,法律出版社 2004 年版,第 665 页。

的《中华人民共和国公证暂行条例》在起草时,"正值 80 年代初期,除了苏东国家的有关资料可供参考外,西方国家的同类资料完全是一块空白。尤其是当时我国刚开始实行改革开放政策,高度集中的计划经济模式基本未变,而这正是苏东国家之公证组织的制度基础,正与我国合拍,于是我国便搞了国家公证处制度"。① 国家公证处体制下,由于公证处为国家行政机关,公证员在身份上理所当然被定位为国家公务员。

第五,由地方行政机关或其他机构、人员兼办或代办公证事务,这主要是针对未设公证处或无公证人的地方或公证人因故不能执行职务时所采取的一种便民措施,不是一国公证机构的主流,各国一般根据本国实际作出适宜本国的具体规定,不能一概而论。也就是说,一国公证制度不可能面面俱到,各国在选择以上几种模式之一作为本国主导公证体制的同时,因势利导,因地制宜,采取一些灵活便捷的途径,以解决本国公证体系之疏漏。如德国,除专职公证人外,还可根据需要任命律师公证人,专职公证人可以与律师兼公证人为共同执行职务进行联系或成立共同事务所,同时,于专职公证人、律师公证人丧失职务、被解职时,还可任命公证托管人代行公证人职务。如果公证托管人违反职务义务,则公证人协会和该公证托管人作为连带债务人向被害人负责,国家对公证托管人违反职务行为,则不承担责任。② 再如日本,根据《日本公证人法》的规定,在法务局或地方法务局及其支局管辖区域内,如无公证人,或公证人不能执行其职务的,法务大臣可指定在该法务局或地方法务局及其支局工作的法务事务官,在其管辖区内执行公证人的职务。有关公证人职务的规定适用于执行公证人职务的法务事务官。同时,在公证人因病及其他不得已的原因不能执行职务时,还可委托其同一法务局或地方法务局管辖区域内的公证人代理,代理公证人执行职务应以被代理公证人的名义进行。而在公证人死亡、免职、丧失职位时,还可由其所隶属的法务局或地方法务局局长命令该法务局或地方法务局管辖区域内的其他公证人兼任,兼任者执行职务应以自己的名义进行。

上述各种不同类型的公证机构,总体上仍可以法系之概念作为衡量尺度和分水岭,将其归入大陆法系和英美法系两大阵营。英美法系各国,以公证职能由律师兼任为主流,公证处于弱势发展状态,公证人的身份地位并不独立。而大陆法系各国,尽管其各自的公证机构运行模式不尽相同,但在公证人身份的性质定位上却表现一致,公证人在身份地位上始终无一例外地归属于国家公务员或公职人员。

---

① 叶志强:《公证机构设置问题探讨》,载梁慧星主编:《民商法论丛》(第 2 卷),第 216 页。
② 司法部律师公证工作指导司编:《中外公证法律制度资料汇编》,法律出版社 2004 年版,第 692—693 页。

二、我国公证机构与公证人概述

新中国的公证机构经历了一个漫长而曲折的发展过程。1946 年哈尔滨人民法院率先设立了公证处,奠定了新中国公证制度的基础。1951 年中央人民政府委员会颁布了《中华人民共和国人民法院暂行组织条例》,规定公证由市、县级人民法院办理,推动了公证制度的发展。1958 年后受极"左"思潮的影响,公证制度几近取消,直至粉碎"四人帮"后,公证制度才得以恢复和重建。借鉴原苏联的经验,司法部于 1980 年发布了《关于公证处的设置和管理体制问题的通知》,规定在直辖市、省辖市、县设公证处,暂不设公证处的市县由所在地的基层人民法院设公证员(或由审判员兼)办理公证业务,公证处归司法行政机关领导[1],1982 年国务院颁布了《中华人民共和国公证暂行条例》,进一步明确公证处是国家公证机构,公证处受司法行政机关领导。

随着计划经济体制向市场经济体制的转变,我国也着手进行公证改革,对公证体制作了全新的整合。按照 2000 年 7 月国务院颁发的《关于深化公证工作改革的方案》精神,"现有行政体制的公证处要加快改为事业体制。改制后的公证处应成为执行国家公证职能、自主开展业务、独立承担责任,按市场规律和自律机制运行的公益性、非营利的事业法人",同时鼓励各省组织新设合伙制合作制公证处试点工作,原先仿苏联模式设立国家公证处的公证体制格局有所松弛和分化,现今除一部分偏远落后地区保留行政机关性质的国家公证处外,大部分地区的公证处已剥离演变为事业法人性质,此外,选择一部分地区作为试点设立自负盈亏的按市场规律运行的合作制公证处,这部分公证处除组织形式相对自由开放外,在公证行为性质、公证业务范围、公证人权利义务、公证书效力、公证制服规格、配套惩戒制度等方面,对其并无不同规制。

第二节　公证机构和公证人的立法背景

一、公证机构

(一) 关于公证机构的性质定位

从我国公证机构的发展史可以看出,不论是古代由多元职能一体化的官府统一行使公证职权,还是近代法律革命中借鉴西方于法院中设立公证部门办理公证事务,履行公证职务的要么是行政机关,要么是司法机关,总之,公证职能部门归属于国家机关。新中国成立前后仍然沿袭这一做法,由人民法院办理公

---

[1] 田平安:《律师、公证与仲裁教程》,法律出版社 2002 年版,第 293—296 页。

事务。公证制度在恢复和重建时期,尽管有所调整,主要采取在直辖市、省辖市县设置独立的公证机构专门履行公证职能,并且将公证机构划归司法行政机关领导,仍然保留了公证机构归于"国家机关"的公共属性和地位。1982年《公证暂行条例》进一步肯定了这一调整定位。

《公证暂行条例》之后,至《公证法》颁行,这期间公证机构经历了诸多的性质变更的争议,最终仍无统一定论。

第一,1992年9月10日,司法部在《关于设立省、自治区公证处有关事宜的通知》规定:"新成立的省、自治区公证处,应按照改革的精神定为事业单位,是独立的法人单位",自此,全国各地开始了公证机构体制"事业化"改革的尝试。由于"事业"性质在我国仍沾带着"准行政"、"次政府"的因素,因此,这一阶段的改革按步就班,循序渐进,争议无多。

第二,中共十四届三中全会《关于建立社会主义市场经济体制若干问题的决定》中指出,公证机构是具有证明、服务、沟通、监督职能的市场中介组织。而正是这一"市场中介组织"的提法,被放大理解为公证市场化改革的先声。

第三,根据中共十四届三中全会的"市场中介组织"精神,公证开始推行市场化改革。2000年司法部陆续下发了《关于开展合作制公证处试点工作的通知》、《关于设立合作制公证处的规范性意见(试行)》以及《关于深化公证工作改革的方案》,彻底改变了传统公证机构统属"国家机关"的一元化性质定位,依照市场规律和自律机制自觉将公证机构身份多元化:据统计,截至2006年,全国有3146个公证处,其中,保留国家行政机关性质的公证处有1553个,占总数的49.36%;事业法人性质的公证处有1555个,占总数的49.43%;改革中新设的合作(伙)制公证处试点有38个,所占比例为1.21%。[①] 后改革时期,鉴于公证改革的诸多负面影响,经过理性反思和慎重抉择,2006年至今,各地陆续开展撤销和收并合作(伙)制公证处试点工作,因此,现有的合作(伙)制公证处已经所剩无几了。

第四,在《公证法》起草过程中,公证机构的性质定位问题一直成为争议的焦点。针对我国现阶段公证机构行政、事业、合作(伙)制三种体制并存的局面,立法者们虽几经讨论,几易其稿,仍然游移不定,一时难以对公证机构性质问题下一定论。时任司法部部长张福森在对《公证法》(草案)进行说明时提到:"公证是否属于国家职能,公证处是否为国家公证机构,今后仍可以进一步研究,法律对此可不作规定,只要确定公证机构独立行使公证职能,独立承担民事责任,就能够满足公证机构开展公证工作的需要"[②],采取"不作规定"的方式回避了关

---

① 参见王公义主编:《公证实务知识问答》,中国社会科学出版社2006年版,第22页。
② 张福森:《关于〈中华人民共和国公证法(草案)〉的说明》。

于公证性质定位的争议。因此,正式出台的《公证法》第 6 条以模糊立法略过了公证性质定位问题,规定"公证机构是依法设立,不以营利为目的,依法独立行使公证职能、承担民事责任的证明机构"。这表明,对我国公证机构的性质进行明确定位的时机还不够成熟,有待进一步探索研究。

(二)关于公证机构的权利义务

公证市场化改革前后,公证机构的权利义务截然有别:

关于公证机构的权利,从表面上看,似乎改革前后的公证机构均有权根据自然人、法人或者其他组织的申请,依法独立行使公证职能,不受任何非法干涉,有权办理各类公证证明事务和非证明事务,并收取相应的公证费用,其实,前后二者之间在本质上存在着天壤之别,这种差别实际上可以大体概括为"权力"与"权利"之别。公证改革前,公证处是国家机关或事业法人,当然地代表国家行使证明权,公证职能具有"类行政"或"准司法"的性质,被视为公共职务行为,公证收费被计入国家财政收入,统一归国家财政管理和支配。同时,为了确保这一公证权的正常行使,公证机构拥有配套的其他相关权力作保障,如管辖权、调查权等。公证改革后,其应有的"类行政"或"准司法"性质被悄无声息地弱化,一体变成了含糊其辞的"民事"主体,管辖权、调查权等配套权利也无从谈起,遂逐一遭到取消。而缺乏"调查权"等作保障的略带有"民事"性的"公证职能",其效力优势和信用价值事实上是有所减弱和淡化的。

关于公证机构的义务,以往有鉴于公证机构以"国家机关"面目示人,纳入国家行政编制,依法履行国家公职,不存在所谓"竞争"问题,自然遵照有关国家机关的职务义务规范约束之,这样的约束对于公证职务行为的对象而言,存在非对等性。公证改革逐渐褪去公证机构之"公"属性,一方面,将公证机构与当事人演绎成一种特殊的专业的"民事"法律服务关系,而基于法律地位相对对等化的当事人对于"公证机构"的高度专业性的需求,法律自然适应此种市场需求加重了公证机构的职业义务;另一方面,将公证机构与公证机构之间的关系加入了市场竞争的元素,而为了防止这种竞争的非正当化,法律亦添加了过去不曾有过的"竞业禁止"义务。

二、公证人

(一)关于公证人的性质定位

当前,我国公证机构多元性质并存,公证员的身份也是多元化的,在不同性质公证机构内执业的公证员身份并不相同。行政性质的公证机构中,公证员仍保留国家公务员身份;事业法人性质的公证机构中,又有全额拨款、差额拨款、自收自支之分,不同的事业型公证机构中公证员身份地位并不相同。相较于公务员而言,全额拨款公证机构中的公证员身份与公务员最为接近,其余依次递减;

合作制公证机构中,公证员的身份地位则类似于私营企业职工。《公证法》第16条规定,"公证员是符合本法规定的条件,在公证机构从事公证业务的执业人员"。以此来确定了中国公证员的的职业定位。

(二)关于公证人的权利义务

一般而言,大陆法系国家对公证人的权利义务要求较英美法系国家严格。英美法系国家较为笼统,一般只要求公证人履行适当的注意、勤勉义务,保持中立性,避免利益冲突的风险等等。大陆法系关于公证人权利义务的内容则较为具体详尽,并且各国规定大同小异。由于公证人依"国家公务员"身份履行公证职务(只是履行的方式有所差别),因此有关公务员的权利大多也适用于公证人。至于公证人的义务,则主要包括:(1)一般职务上的义务:公证人必须信守其誓言,忠诚执行其职务,不得为与其职务上义务不相容之事,必须拒绝对明显谋求不法或不正当目的的行为给予协助,在任何时候其言行均应表示出值得人们的尊敬和信赖;(2)公证人不得兼任带有薪金的公职;(3)公证人必须接受当事人的公证请求,无充足理由不得拒绝执行职务;(4)公证人必须在被指定的地点履行其职务,法国公证法规定违反此项义务者视为自动辞职,在司法部长听取法院意见后,可以建议政府替换之;(5)公证人有使用本国语言文字制作公证书的义务;(6)保密义务,公证人对于执行职务时得知的事情负有保密义务,对于所制作的公证书原本及附属文件,除为躲避事变外,不得携出事务所;(7)回避义务,如《德意志联邦共和国公证人法》第16条即明确规定"为避偏袒之嫌,公证人可以主动回避",《德意志联邦共和国证书法》第6条更明确了公证人为本人、配偶、现在或过去的直系亲属以及这三类人的代理人办理的意思表示公证书无效;(8)公证人的告知释疑义务,如《德意志联邦共和国证书法》第17条规定:"公证人应了解当事人的事实意愿、澄清事实,向当事人说明公证事项所涉及的法律,在笔录中准确地记录当事人的意思表示。公证人应注意避免错误和疑义,不使无经验的和老实的当事人受到损害","对事实是否符合法律或对当事人的真实意愿有怀疑时,公证人应与当事人交换意见","公证人应向当事人提出并在笔录中注明适用外国法律或对此存在的疑义",《日本公证人法施行规则》第13条之一规定:"公证人在对法律行为制作公证书或给予认证时,如对该法律行为是否有效,当事人是否已作相当考虑,或是否有进行该法律行为的能力有怀疑时,须提请有关人员注意,并使其作出必要的说明","公证人对非法律行为的事实制作公证书时,如对会受该事实影响的私权关系有怀疑,与前款同样处理";第13条之二规定:"公证人应代理人申请制作公证书时,须在公证书制作后三天内把下列事项通知本人,但代理人如是本人的雇员或同居人时除外……。"

在我国,公证市场化改革之前,有关公证员的权利准用国家公务员的相关规定。为了确保包括公证员在内的国家公务员依法履行职务,国家制定相关法律规范赋予公务员执行职务所必要的权利。根据《国家公务员暂行条例》,国家公务员享有下列权利:(1)非因法定事由和非经法定程序不被免职、降职、辞退或者行政处分;(2)获得履行职责所应有的权力;(3)获得劳动报酬和享受保险、福利待遇;(4)参加政治理论和业务知识的培训;(5)对国家行政机关及其领导人员的工作提出批评和建议;(6)提出申诉和控告;(7)依照本条例的规定辞职;(8)宪法和法律规定的其他权利。根据《公证法》规定,公证员的权利主要体现在:公证员有权获得劳动报酬,享受保险和福利待遇;有权提出辞职、申诉或者控告;非因法定事由和非经法定程序,不被免职或者处罚。

有关公证员的义务内容也经历了重大变革。过去,国家公务员必须履行的义务也被援引适用于公证员。《公证法》实施后,公证员更加突出了法律服务提供者的"专业性"素质,以应对市场的复杂情况和多重需求,公证职能行为如有瑕疵也被要求承担"民事责任"。这样,公证员的义务显然大大加重了,在法律规定上主要表现为除了对公证员规定职务义务外,还规定道德义务,双重义务集于一身:一方面,关于公证员的职务义务,根据《公证法》第22、23条的规定,包括公证员应当遵纪守法,恪守职业道德,依法履行公证职责,保守执业秘密。还包括禁止公证员有如下行为:(1)同时在2个以上公证机构执业;(2)从事有报酬的其他职业;(3)为本人及近亲属办理公证或者办理与本人及近亲属有利害关系的公证;(4)私自出具公证书;(5)为不真实、不合法的事项出具公证书;(6)侵占、挪用公证费或者侵占、盗窃公证专用物品;(7)毁损、篡改公证文书或者公证档案;(8)泄露在执业活动中知悉的国家秘密、商业秘密或者个人隐私;(9)法律、法规、国务院司法行政部门规定禁止的其他行为。另一方面,关于公证员的道德义务,主要规定于《公证员职业道德基本准则》中,共计27条,内容十分丰富全面,可概括为四大方面:(1)忠于事实忠于法律;(2)爱岗敬业规范服务;(3)加强修养提高素质;(4)清正廉洁同业互助。

第三节 公证机构和公证人的热点前沿问题

一、"以人为本"之语源及现代语义

据史籍记载,"以人为本"最初源于《三国志·刘备传》,刘备"举大事者,必以人为本"一语,其所指之"人",即民众、百姓,"以人为本",系以民为资本之意,表明刘备欲举国为政,必笼络民心、以民为重、关注民情的"民本治国"思想。因此,此"以人为本"之含义与现代稍有不同。

现代"以人为本"之语义更为宽泛,"以人为本"之"人",既包括作为个体的

人,也包括群体意义上的人,体现在法律上即表述为自然人、法人及其他组织。"以人为本"之"本",则为根基、指南、本位、中心、目的、起点、归宿之意。如此就不难理解,"以人为本"即指的是以人为根本,"以人为主体和动力,以人和人的需求(包括物质的和精神、人格的需求)为出发点和归宿,以人和人的自由全面而充分的发展为最高标准、尺度和价值考量"。[①] 它是尊重人的自然本性、崇尚人性化、体现人文关怀、提倡科学发展观、构建和谐社会主题下所必然衍生的基础意识和精神导向。

法治国家的"以人为本"命题囊括了十分丰富的价值内涵,隐含了十分深刻的价值意义:首先,以人为本要求国家或政府在行使公共权力、管理公共资源、选择行为方式时,其职责理念、制度安排、规则设计、程序选择等都必须顺应和遵循人的本性的自然发展轨迹,一切决策都应该为了人、关爱人、尊重人,以人本为根本指向;其次,以人为本不仅仅是一种理想或目标性的终极关怀,更是一种程序性的实现过程,也就是说,人本的目的本身必须借助人本的过程和方式实现方才真正契合"以人为本"的本意。这就意味着"国家或政府的任何一项以人本为指向的实体性制度安排和决策,都应是以人本的过程和方式作出的,又以人本的过程和方式被操作"[②];再次,现代"以人为本"与中国古典"民本"思想有本质的不同,现代"以人为本"是在"民主"与"法治"视野下,对"以人为主体"、"以人为本位"的注解和概括,而中国古代的"民本"思想是在极权的"专制"与"人治"框架下的治国举措之一,"人"本身作为"君主专制"的对象是没有地位可言的,所谓的"以人为本"只能寄望于个别"仁君"的恩赐与施舍,从而采取"民为贵、社稷次之、君为轻"的"仁政"而已;最后,"以人为本"与"以物为本"截然有别,前者真正将人视为主体,把人当作人,使人成为人,后者则将"物"尊奉为首位,使人成为"物质"的奴隶,实际上是"拜金主义"的代言者,在当下的法学界,就存在"人文主义"与"物文主义"理论之争,实质上即"以人为本"与"以物为本"价值取向在法学领域的体现。

和谐社会必仰赖和谐法治,而现代法治的和谐,同样要贯穿"以人为本"之理念,否则即非"良善之法治",更谈不上"和谐"二字。现代立法首要主张和诠释的"权利本位"、"意思自治"等原则无不是"以人为本"理念在法治领域的最好注脚。换言之,合乎现代市场经济发展理念的法律制度设计必然是以尊重人的本性为核心内容的,一切意义、一切价值都应是围绕着人并且为了人而开展的,即"以人为本",从新的价值角度对个体进行重新衡量和界定,实行权利本位,充分重视个性解放,个体权利的自主行使,个体能量的自我发挥及个体价值

[①] 孙莉:《人本的过程性与权力运作过程的人本性》,载《政法论坛》2007年第1期。
[②] 同上。

的自由实现,从而使得市场经济能够获得来自主体的新的内在活力而得以良性循环和深入发展。于公证而言,长期以来,一直秉承"以人为本、为民服务"的宗旨,身兼"法治"和"公信"的双重特性和优势,致力于预防纠纷,减少诉讼,在法治社会的诚信体系中发挥着举足轻重的作用。

二、对"以人为本"的认识

从公证法律服务的角度来看,以人为本的本意是提倡现代社会应以"人"为核心,一切都应围绕"人"进行,体现为了人、关爱人、尊重人的科学发展思路。这其中所指的"人",涵盖的是宽泛的、不特定的、作为社会人的概念,无论公证制度如何改革,公证证明权理论上都应归属于公证机构,公证机构是当然的证明职能主体,公证员只是公证机构中的从业人员,以公证机构的名义具体办理公证事务、实施职务行为而已。

《法国公证机构条例》开门见山,第1条即规定:"公证人是为从事下述辅助性司法活动而设立的公务员,即受理当事人必须或愿意使真实性得到确认的一切文件和合同,赋予其公证效力,并负责确定证书的日期,保管正本,提供副本和抄本"[①],明确将公证员定位为公务员。而以法国为蓝本的国家如德国、日本等国的公证法律体系莫不如此。如《德国公证人法》第1条规定:"公证人是为了证明法律事实和预防纠纷而设置的独立的公职人员",第2条规定:"公证人职业为非营利性质"[②],开篇就郑重地为公证之"公"进行了法律界定。当然,法国的"公务员"与我国的"公务员"在任命方式、工作程序、管理模式等方面本身就存在着区别,这是国情、体制、传统、惯例、文化、背景之迥异使然,不可避免。我们不能一叶障目,因其"公务员"(公证人)执行职务行为模式的相对宽松自由而全盘否认其"公务员"(公证人)身份地位上的"公"性。其实,所谓借鉴、移植、接轨,必须概览对方国家的体制全貌,做到心中有数,并结合本国国情审慎为之,既不能盲从和跟风,也不能不负责任地随意取舍、断章取义,更不能依个人偏好用一种"有过之而无不及"之方式勉强拼接和证成。

那么公证改革本该如何把握和体现"以人为本"的价值取向?首先应当明确,我们必须在公证证明职能主体确定地唯一地归属于公证机构的前提下,再谈及"以人为本"的价值取向方才有意义;其次,应将以人为本之"人"还原为不特定的"当事人",恢复"以人为本"本来的含义——以当事人为本位;再次,在"以当事人为本"的服务宗旨下,尽量调动公证人个体的积极性、创造性、自觉性、能

---

① 司法部律师公证工作指导司编:《中外公证法律制度资料汇编》,法律出版社2004年版,第675页。

② 同上书,第679页。

动性,适当赋予公证人一定的"自由裁量权"的空间,允许公证人根据自己的认知能力就个案具体情况作出个性化处理,以更好地满足当事人的意愿和需求,更务实地服务于"以当事人为本"。也就是说,公证人适度的"自由裁量权"不能无限夸大,"自由裁量权"本身是为了实现"以当事人为本"服务的,在价值意义上也是附随"以当事人为本"而存续的;最后要说明的是,以人为本既是一种终极价值目标,又是一种方式和过程,人本的目的需要通过人本的过程来证成和实现,只关注人本的目的而漠视人本的过程不是真正的"以人为本",这既是现代法治"程序正义"理念的应含之意,也是"以人为本"的现代公证程序所应当遵循的。换言之,公证制度不仅应重视"人本"的结果,更要在实现"人本"结果的过程中追求程序的"人本"。

三、《公证法》所体现的"以人为本"

关于公证证明职能的主体,《公证法》明确为公证机构,由公证机构独立行使公证证明职能。《公证法》第 6 条规定:"公证机构是依法设立,不以营利为目的,依法独立行使公证职能、承担民事责任的证明机构。"对于公证员,《公证法》第 16 条则规定:"公证员是符合本法规定的条件,在公证机构从事公证业务的执业人员。"在此基础上,《公证程序规则》等又作了进一步明确,如《公证程序规则》第 4 条规定:"公证机构应当根据《公证法》的规定,受理公证申请,办理公证业务,以本公证机构的名义出具公证书。"第 5 条规定:"公证员受公证机构指派,依照《公证法》和本规则规定的程序办理公证业务,并在出具的公证书上署名。"从这些规定可以看出,公证立法始终牢牢把握公证制度的根基,在公证职能主体的归位上,立场坚定,旗帜鲜明,坚持以公证机构为核心,明确公证机构不以营利为目的,依法独立行使公证职能,并以本公证机构的名义出具公证书。其立法思路完全围绕公证机构这一主体来架构整个公证制度大厦,与市场经济所要求的"权利本位"、"意思自治"相匹配,鼓励和提倡这一"以人为本"的大服务理念。

那么,《公证法》如何体现这一"以人为本"的大服务理念呢?具体表现在:

1. 从《公证法》的立法意图看,关于我国公证制度设计的本意以及它在法律体系中的地位和使命,与大陆法系国家较为相似,"均在保障民法私权自治原则的基础上,实现国家对重大经济活动与公民的重要法律行为的适度干预","同时又尽可能地避免直接干预所带来的负面影响"。[①] 市场经济是法治经济,有赖于国家运用法治手段维护和保障良性的市场秩序。公证作为政府适度干预的法治手段之一,必须以市场主体为本位,致力于满足市场主体的需求,服务于市场

---

① 宫晓冰:《中国公证制度的完善》,载《法学研究》2003 年第 5 期。

经济,激活沟通市场要素。市场经济又是信用经济,无疑对成熟而完善的社会信用体系有着迫切的需求和天生的依赖。当前,我国的社会信用体系尚不完善,常有"诚信危机"、"诚信陷阱"现象,因此,借助公共信用媒介不失为一个妥善而现实的权宜之计。由于市场经济要求权利本位,鼓励充分竞争,被赋予自由平等精神和个体价值追求的众多市场主体基于不同的利益和需要形成多层次的复杂的对抗和协调、冲突与合作关系。为实现各自利益的最大化,各主体应尽量考虑节约成本支付、减少交易风险,因此他们本能地希望能够借助一种媒介———一种既能够发挥事前救济的预防性功能,又让主体各方均感信赖和安全的公共力量的介入,一方面向其提供专业法律服务,沟通交易双方,规范交易行为,增强主体风险预测与防范意识以及风险规避与应付能力,另一方面,能够监督市场正常运行,维护市场稳定秩序,为主体提供良性的市场竞争环境。故而国家通过设置公证制度,赋予专门的公证机构专门行使公共证明职能,一方面体现"以人为本",努力为私权自治提供法律保障,另一方面发挥公证兼备间接性、法治性、中立性、服务性的特点和优势,恰好满足现代市场关于转变政府职能的需求,来实现国家对社会经济生活的间接调控和适度干预,以预防纠纷的产生,减少不必要的诉讼,避免社会矛盾,维护市场和社会秩序的稳定。

2. 奉行当事人自愿主义。根据我国《公证法》,在我国的公证制度中,大多公证事项实行自愿公证原则,《公证法》所指向的法律、行政法规很少规定必须公证的内容。因此,公证在程序的启动上具有被动性、消极性,原则上非经当事人自愿主动申请不可启动公证程序。当事人有选择公证和不公证的自由,也有选择这个公证人和那个公证人为自己办理公证的自由,在公证办理的过程中有充分表达自己意志的自由,公证人不得直接为当事人作出意思表示。公证制度中当事人自愿选择主义和自主处分主义是"以人为本"在非诉法律服务领域的直接延伸,它要求体现公证程序的公开性、参与性和自治性,使当事人能够真正地了解公证,参与公证,并在申办公证的过程中能够作为自主的主体参与平等地对话、交涉、抗辩、监督,并达到控制公证人权力滥用的目的,以此达到真正公正的公证。这就在更大的程度上体现了关心人、尊重人、为了人、服务人的公证价值取向。

3. 真实性、合法性原则。《公证法》规定,公证机构办理公证,应当遵守法律,坚持客观、公正的原则,要求对公证事项的"真实性、合法性"进行审查并予以证明,不符合真实性、合法性标准之事项不能予以公证,这就能够做到在尊重当事人意愿的基础上防止其滥用权利之虞。

4. 《公证法》明确规定公证机构"不以营利为目的"。尽管公证是一种有偿服务,需要向当事人收取向其提供服务的相应费用,但这种收费并不以营利为目的,公证本身定位为独立于市场之外的非营利的法律服务方式和非诉救济途径。

因此,它能够保障当事人在成本最低化的条件下,理性地作出自主选择和判断,以实现其利益的最大化。

5. 公证具有双重性,能够实现法律服务与间接管理之双重功效。国家宏观调控手段的间接性要求调动和借助中介的法律性服务性手段得以实现。公证机构被视为社会中介服务组织,但它与律师等其他中介法律服务主体不同,它天然具备居中的中立性、公益性、非营利性,行使公共性质的证明职能,需要站在中间的立场上,用不偏不倚的态度,以保障国家公共利益不受侵害为前提,以尊重当事人的自主意志为原则,在整个公证程序中极尽所能引导对立双方在法律允许的框架内充分表达意愿、抉择行为、权衡利弊,决不容许偏袒或倾向任何一方。鉴于此,法律又承认并赋予公证不同于其他中介行为并高于其他中介行为的公定力和公效力,以实现主体对公正公平、平等有序、自由竞争、安全交易、预防纠纷及公力救济之渴望。

6. 公证机构是公共证明职能的统一行使者,以公共职能与公共信誉作后盾出具证明,并且《公证法》仍然认可和保留了公证传统的三大效力:法定证据效力、强制执行效力、法律要件效力。因此,它能够取信于民,成为公民实现自我权利保护的有效途径之一。有赖于此,公证亦承担着政府行政行为无法担当的职能。现代的公证不仅仅限于证明,而且作为公共信用平台,集证明、监督、沟通、服务等多元功能于一身,通过证明法律事项的真实性合法性,监督法律行为具体操作的规范化透明化,提供证前证后服务和宣传咨询服务,来沟通市场主体之间的经济行为,活跃市场要素,促动市场的积极良性发展。

第四节 公证机构和公证人的法律实践

一、公证机构的设置

根据《公证法》第8条,设立公证机构应当具备的条件为:(1)有自己的名称;(2)有固定的场所;(3)有2名以上公证员;(4)有开展公证业务所必需的资金。根据《公证法》第9条,公证机构的设立程序为:由所在地的司法行政部门报省、自治区、直辖市人民政府司法行政部门按照规定程序批准后,颁发公证机构执业证书。之后,《公证机构执业管理办法》对此进一步细化和明确,规定:(1)省、自治区、直辖市司法行政机关应当按照公证机构设立原则,综合考虑当地经济社会发展程度、人口数量、交通状况和对公证业务的实际需求等情况,拟定本行政区域公证机构设置方案,对公证机构设置数量、地区分布、执业区域划分等作出安排,并可以根据当地情况和公证需求的变化进行调整。公证机构设置方案及其调整方案,应当报司法部核定。(2)公证机构的开办资金数额,由省、自治区、直辖市司法行政机关确定。(3)设立公证机构,由所在地司法行政机关组建,逐级报省、自治区、直辖市司法行政机关审批。(4)申请设立公证机构,应当提交设立公证机构的申请和组建报告、拟采用的公证机构名称、拟任公证员名单及相关证明材料、拟推选的公证机构负责人的情况说明、开办资金证明、办公场所证明等材料;如需配备新的公证员的,还应当依照《公证法》和司法部规定的条件和程序,报请审核、任命;为了贯彻《公证法》规定的"公证机构不按行政区划层层设立"的精神,《公证机构执业管理办法》还要求各公证机构按照以下原则冠名:① 在县、不设区的市设立公证机构的,冠名方式为:省(自治区、直辖市)名称+本县、市名称+公证处;② 在设区的市或其市辖区设立公证机构的,冠名方式为:省(自治区)名称+本市名称+字号+公证处;③ 在直辖市或其市辖区设立公证机构的,冠名方式为:直辖市名称+字号+公证处。(5)自治区、直辖市司法行政机关审核后应作出批准设立或者不予批准设立的决定。对准予设立的,颁发公证机构执业证书,并报司法部备案;对不准予设立的,应当在决定中告知不予批准的理由。(6)公证机构变更名称、办公场所、分立、合并或者变更执业区域的,应当由所在地司法行政机关审核后,逐级报省、自治区、直辖市司法行政机关办理变更核准手续并报司法部备案。公证机构变更负责人的,经所在地司法行政机关核准后,逐级报省、自治区、直辖市司法行政机关备案。此外,对于经批准设立的公证机构以及公证机构重要的变更事项,省、自治区、直辖市司法行政机关还应当于批准决定作出后20日内,在省级报刊上予以公告。

二、公证人的任免

(一)公证人任免条件

根据《公证法》第18条规定,担任公证员,应当具备下列条件:(1)具有中华人民共和国国籍;(2)年龄25周岁以上65周岁以下;(3)公道正派,遵纪守法,品行良好;(4)通过国家司法考试;(5)在公证机构实习2年以上或者具有3年以上其他法律职业经历并在公证机构实习一年以上,经考核合格。此外,按照《公证法》第19条,从事法学教学、研究工作,具有高级职称的人员,或者具有本科以上学历,从事审判、检察、法制工作、法律服务满10年的公务员、律师,已经离开原工作岗位,经考核合格的,也可以担任公证员。

免职条件:根据《公证法》的规定,不得担任公证员的情形有:(1)无民事行为能力或者限制民事行为能力的;(2)因故意犯罪或者职务过失犯罪受过刑事处罚的;(3)被开除公职的;(4)被吊销执业证书的。公证员有如下情形的,予以免职:(1)丧失中华人民共和国国籍的;(2)年满65周岁或者因健康原因不能继续履行职务的;(3)自愿辞去公证员职务的;被吊销公证员执业证书的。

(二) 公证人任免程序

《公证法》及《公证员执业管理办法》则对公证员的任职、免职均有十分详尽具体的规定：

任职程序：由符合公证员条件的人员提出申请，经公证机构推荐，由所在地的司法行政部门逐级报省、自治区、直辖市人民政府司法行政部门审核，省、自治区、直辖市司法行政机关应当自收到报审材料之日起 20 日内完成审核。对符合规定条件和公证员配备方案的，作出同意申请人担任公证员的审核意见，填制公证员任职报审表，报请司法部任命，并根据司法部下达的任命决定向申请人颁发公证员执业证书，同时书面通知其所在地司法行政机关；对不符合规定条件或者公证员配备方案的，作出不同意申请人担任公证员的决定，并书面通知申请人和所在地司法行政机关。

如公证员变更执业机构，则应经所在公证机构同意和拟任用该公证员的公证机构推荐，报所在地司法行政机关同意后，报省、自治区、直辖市司法行政机关办理变更核准手续。公证员跨省、自治区、直辖市变更执业机构的，经所在的省、自治区、直辖市司法行政机关核准后，由拟任用该公证员的公证机构所在的省、自治区、直辖市司法行政机关办理变更核准手续。

免职程序：由所在地司法行政机关自确定该情形发生之日起 30 日内，报告省、自治区、直辖市司法行政机关，由其提请司法部予以免职；如系被吊销公证员执业证书的，由省、自治区、直辖市司法行政机关直接提请司法部予以免职；如系提请免职的，则应当提交公证员免职报审表和符合法定免职事由的相关证明材料。司法部应当自收到提请免职材料之日起 20 日内，制作并下达公证员免职决定。

此外，不论是任命、免职或经核准变更执业机构之何种情形，省、自治区、直辖市司法行政机关在收到司法部任免决定或者作出准予变更决定后 20 日内，均应当在省级报刊上予以公告。司法部对于决定予以任命或者免职的公证员，也应当定期在全国性报刊上予以公告，并定期编制全国公证员名录。

(三) 公证人的专业职务

公务员职位类别按照公务员职位的性质、特点和管理需要，划分为综合管理类、专业技术类和行政执法类等类别。公证员属于专业技术类别。尽管公证改革已改变了公证员的性质地位，但是，准照公务员专业技术类别评定公证员专业职务的惯例并没有改变。

根据中央职称改革领导小组于 1988 年 3 月 1 日转发的司法部《公证员职务试行条例》，公证员的专业职务依履行岗位职责的专业知识、学识水平、解决实际问题的能力和工作成就以及学历和专业工作经历为主要依据，划分为：公证员助理、四级公证员、三级公证员、二级公证员和一级公证员。其中，公证员助理和四级公证员为初级职务，三级公证员为中级职务，二级公证员和一级公证员为高

级职务。各级公证员职务均有各自的任职条件和岗位职责,以下分述之:

1. 公证员助理

任职条件:

高等院校(系)法律专科毕业生和中等法律学校毕业生,见习1年期满,经考核合格,初步掌握必要的法律基础知识和公证业务知识,基本了解办证程序,能办理公证业务中的有关事务性工作。

岗位职责:

(1) 处理群众来信,接待群众来访,代写申办公证的有关材料;

(2) 收发和管理文件,发送公证文书,整理、装订和保管公证案卷,统计公证事项;

(3) 接待公证申请人,审查申请人的资格,核实证件、证明材料,制作谈话笔录;

(4) 协助公证员调查、取证、办理其他辅助性工作。

2. 四级公证员

任职条件:

获得法学硕士学位,获第二学士学位,获研究生班结业证书,高等院校(系)法律本科毕业生见习1年期满,高等院校(系)法律专科毕业生担任公证员助理2年以上,经考核合格,基本掌握法律基础知识和公证业务知识,能独立承办一般的公证事项。

岗位职责:

(1) 处理群众来信,接待群众来访,解答有关公证事项的询问,办理其他公证处委托调查的事项;

(2) 独立承办一般的公证事务;

(3) 协助三级以上公证员办理公证事项;

(4) 办理其他公证事务。

3. 三级公证员

任职条件:

获得法学博士学位;获得法学硕士学位、获第二学士学位、获研究生班结业证书,担任四级公证员2年以上;高等院校(系)法律本科和法律专科毕业生担任四级公证员4年以上,经考核具备下列条件者,可聘任或任命为三级公证员:

(1) 能比较系统地掌握法律知识和公证业务知识;

(2) 熟悉办证程序,能独立承办公证事项;

(3) 有指导四级公证员工作的能力;

(4) 初步掌握一门外国语。

岗位职责：

（1）处理群众来信，接待群众来访，解答有关公证事项的咨询；

（2）办理公证事项；

（3）指导四级公证员以下的人员工作；

（4）办理其他公证事务。

4．二级公证员

任职条件：

获得法学博士学位担任三级公证员2年以上，高等院校（系）法律本科以上毕业生担任三级公证员5年以上，经考核具备下列条件者，可聘任或任命为二级公证员：

（1）系统掌握法律知识和公证业务知识，具备同本职工作相适应的其他学科知识；

（2）有丰富的公证业务经验，能办理较复杂的公证事项，解决公证业务中遇到的疑难问题，工作成绩显著；

（3）有指导三级以下公证员工作的能力；

（4）能提出公证理论研究课题，并组织、承担研究工作和写出较高水平的专业论文或论著；

（5）掌握一门外国语。

岗位职责：

（1）办理复杂的公证事项；

（2）指导三级公证员以下人员的工作和业务进修；

（3）组织、承担公证专题研究工作；

（4）研究、解决公证业务活动中遇到的疑难问题。

5．一级公证员

任职条件：

大学本科以上毕业生担任二级公证员5年以上，经考核具备下列条件者，可聘任或任命为一级公证员；

（1）具有丰富的法律知识和公证业务知识，并掌握同本职工作有关的其他学科知识；

（2）能够解决公证业务上的重大疑难问题，具有全面指导公证业务工作的能力，工作成绩卓著；

（3）能提出有重要意义的公证理论研究课题，并能组织、承担、指导研究工作和写出较高水平的专业论文或论著；

（4）熟练掌握一门以上外国语。

岗位职责：

(1) 办理重大、疑难的公证事项，研究解决公证业务中遇到的重大疑难问题；

(2) 指导二级公证员以下人员的工作和业务进修；

(3) 组织、承担、指导公证理论研究工作。

以上各级公证员的任职资格，需经相应的公证员职务评审委员会评审。初级公证员评委会由县司法局组建，负责评审公证员助理、四级公证员；中级公证员职务评审委员会由地（市）司法局组建，负责评审三级公证员；高级公证员职务评审委员会由省、自治区、直辖市司法厅（局）组建，负责评审一、二级公证员。司法部宏观指导全国公证员职务的评审、聘任或任命工作。各级公证员职务应由所在公证机构根据本单位工作需要和主管部门核定的合理结构比例、限额，在评委会评审的符合相应条件的公证人员中聘任或任命。四级、三级公证员职务的聘任或任命需报司法厅（局）备案；二级、一级公证员职务的聘任或任命需报司法部备案。聘任或任命的期限一般不超过五年，根据工作需要，可以连聘连任。

第五节　公证机构和公证人的案例评析

案例：各地公证机构改革典型

案情：

2000年1月全国首家合伙制试点公证处——深圳市至信公证处成立，宣告了公证改革试点工作的启动。它改变了传统公证制度采用行政体制的架构，采用合伙制运行形式，但在行政上、业务上仍受深圳市司法局的领导，同时，作为国家法律证明机构的本质不变、公证人员行使证明权的身份不变、公证书的法律效力不变。此后各地合作制公证处改革试点工作陆续铺开，至2006年全国共有38家合作制公证处（占全国公证机构总数的1.21%），但总的来说是在边立边破中开展的，有了不同性质、不同体制公证处的并存的竞争。《公证法》颁布后，各地不同程度地启动了新一轮改革，改革虽因地制宜、各具特色、不尽相同，但均着眼于从体制上进行整合，彻底清除不正当竞争之根源，力图回归公证性质一体化。如：山西省太原地区原有省、市、区三个层级和行政、事业、合作制三种不同体制的公证处，层级、体制不同的公证处，由于机构性质不同、人员身份不同、运作方式不同、法律依据不同，造成了执业地位不平等，管理机关又无法对其用一个统一的制度进行监管。在机构整合的探索中，太原总结出"归并层级、统一体制、合理布局、分区执业"的思路。2006年11月，太原据此完成了全市公证机构的重新整合工作，新组建的城南、城北、城西三家市级公证处开始挂牌营业。此次公证机构改革,被形象地概括为"三级归一级(市级)、三制并一制(事业体制)、十处合三处(城北、城南、城西)、一城划三区(迎北、迎南、河西)",撤销了原有的合作制公证处,创造了颇有成效的"太原模式"。① 再如,2007年10月南京地区公证机构也完成了新一轮的改革,一方面,取消了以往省、市、区三级划分,全部设为市级,把南京地区的省市区三级公证机构变为一个层级,便于服务质量的跟踪管理,也统一了收费标准,还防止了公证中作假事件的发生;另一方面,统一了公证处体制,终止南京市第三公证处股份合作制试点,全市公证处统一按事业单位运行。② 经过这样的整合之后,目前全国范围内合伙制/合作制公证处已经为数不多了。

评析:

公证行业的不正当竞争可以归结为纵向和横向的不正当竞争,前者来自于在同一地区按行政层级设立的多个公证机构之间,后者则来自于在同一地区设立的多个不同体制的公证机构之间。对于纵向的不正当竞争,《公证法》第7条规定了解决的思路:公证机构按照统筹规划、合理布局的原则,可以在县、不设区的市、设区的市、直辖市或者市辖区设立;在设区的市、直辖市可以设立一个或者若干个公证机构。公证机构不按行政区划层层设立。而对于横向的不正当竞争,《公证法》则没有明确。但事实上,横向的不正当竞争——体制多元化的问题才是当前公证行业面临的根本性难题。也正因为如此,本案例中的各地公证机构在新一轮的改革中才会不遗余力、各尽所能、各显神通,不单单局限于解决纵向的行政层级问题,而是勇于超越《公证法》规定的框架,对《公证法》中未决的横向的体制多元化问题也进行了大胆的、积极的探索和实践。

第六节 公证机构和公证人的问题与建议

一、行政体制

主张统一组建行政体制公证机构者多为在公证改革中仍保留原行政体制不变的公证机构人士,在已改革为事业体制的公证机构中也有少数求稳的保守者也持这一观点,希望回归行政机关体制。但这一主张似乎存在政策、法理和立法的多重障碍。在政策方面,根据2000年7月《关于深化公证工作改革的方案》规定,现有行政体制的公证处要尽快改为事业体制。今后,不再审批设立行政体制的公证机构。在改革过渡期内,边远、贫困地区及近三年人均业务收入不足3

---

① 参见 http://www.shnotary.com/nplaw/nplaw.asp?lawid=1378,2007年12月22日访问。
② 参见 http://www.njdpc.gov.cn/jryw/shehuiyufazhan/6004404.htm,2007年12月22日访问。

万元的公证机构,可以暂时保持原行政体制不变,但应按事业单位的模式管理和运行。因此,原在公证改革中保留行政体制不变的公证机构继续以行政机关体制运行,这不成问题,但对于已变更为事业体制的公证机构而言,欲重归行政体制则是不现实的。在法理方面,现代市场经济的发展倡导"小政府"、"大社会"的理念,要求转变政府职能,充分尊重市场主体的自主性,并于市场失灵时进行间接的、必要的、适度的干预,而这一干预手段的间接性,要求其必须借助媒介——既能够代表政府行使公共职能,又能够满足市场兼备法治与信用的双重属性(因为市场经济既是法治经济又是信用经济)的"次政府""亚政府"手段来实现。而公证制度设置的最初目的正是为了"在保障民法私权自治原则的基础上,实现国家对重大经济活动与公民的重要法律行为的适度干预,以预防经济纠纷的产生和避免可能发生的社会矛盾,维护经济活动的正常秩序和社会的和谐、稳定"。[①] 既然,公证被作为政府对市场进行间接干预所借助的法治手段之一,那么公证机构当然必须满足政府干预的"间接性"要求,在体制上、地位上不能完全与政府机关本身等同,而只能以"次政府""亚政府"的身份完成适度干预的职责。在立法方面,《公证法》明确规定公证机构是依法独立行使公证职能、承担民事责任的证明机构,既然公证机构承担的是"民事责任",若因过错致使当事人受损则由公证机构承担民事赔偿责任,而不是根据《国家赔偿法》实行国家赔偿,那么组建统一的行政体制公证机构就缺乏立法的支持。

二、合作制

有业内人士主张,公证人合伙制将是较为可行的选择,应是我国公证体制未来的发展方向。[②] 但是,合作制公证处的发展在目前正遭遇来自政策、法理和立法的多重困境,尚待进一步解决。首先,在政策方面,合作制公证处试点在公证改革初始,获得了来自政策的大力支持,但之后由于体制多元化所引发的不正当竞争,造成了公证行业的一度混乱,政策上就有所调整,不再允许新设合作制公证处。因此,倘若今后重新选择合作制作为统一的公证机构模式,首先必须跨越政策的障碍。其次,在法理方面,如前所述,公证作为政府进行间接干预市场的法治手段,采取合作制的市场化运行模式,就意味着公证自身已被纳入市场并参与市场竞争,根本无法做到置身于市场之外,这与它代表政府执行公共职能的"次政府""亚政府"的身份极不相符。再次,在立法方面,从《公证法》的规定来看,公证机构是依法设立,不以营利为目的,依法独立行使公证职能、承担民事责任的证明机构。合作制公证处可以做到依法设立,但绝不可能满足"不以营利

---

① 宫晓冰:《中国公证制度的完善》,载《法学研究》2003年第5期。
② 周志扬:《公证机构设置的改革思路辨析》,载《中国司法》2005年第10期。

为目的"的要求。另外,鉴于目前我国的法律体系中涉及公证内容的基本法仍将公证视为国家公权,并以此为基准进行相关的立法,倘若未来公证采取统一的合作制模式,那么就可能牵一发而动全身,需要全盘修改我国目前的法律体系,这将是一个浩大的工程。

三、事业体制

也有业界人士提出"如果能够确定事业单位为公证改革的终极目标,且在相关人事、财税配套措施能够落实的情况下,公证处由机关转为事业单位虽不能说是最佳方案,但却是唯一的一条风险最小的出路"。[①] 笔者也深表赞同,并认为组建统一的事业体制的公证机构具有契合政策、法理、立法的三重优势。首先,《关于深化公证工作改革的方案》明确,改制的公证处应成为执行国家公证职能、自主开展业务、独立承担责任、按市场规律和自律机制运行的公益性、非营利的事业法人。同时,现在政策上已有所调整,不再允许新设合伙/合作制公证机构。因此,组建事业体制的公证机构不失为当下最符合改革政策精神的选择。其次,在我国,事业单位不同于完全的政府行政机关,但又执行部分的公共职能,具有"次政府""亚政府"的性质,同时其自身独立于市场之外,不参与市场竞争,与公证作为政府"间接"干预市场的法治手段的身份最相契合;再次,根据《公证法》的规定,公证机构是依法设立,不以营利为目的,依法独立行使公证职能、承担民事责任的证明机构。事业体制的公证机构本质上要求以"以处为本"为根基,在依法设立之后,既可完全做到不以营利为目的,又可基于其自身具备的"公"属性优势而依法赋予其独立行使公证职能,同时还可以基于其不同于完全的国家机关的特殊性要求其承担特殊的民事责任。此外,由于目前我国基本的法律体系大致保留了传统公证之"公"职能定位,一切仍围绕公证之"公"属性来进行立法,尚未随公证改革的市场化而改变。因此,对公证机构实行事业单位的体制定位,不但能够满足"不以营利为目的"的要求,而且有资格胜任依法独立行使公证这一带有"准行政"、"准司法"性质的公共职能,同时又有能力承担起法律所规定的特殊的民事责任。更重要的是,可以省去修改我国法律体系中与公证有关的基本法内容的麻烦。

倘若未来公证改革采取事业体制作为统一组建公证机构的模式,那么,本书建言,对《公证法》作如下修改和完善:

1. 尽快对现有的不同体制的公证处进行解构重组,统一实现向事业体制公证处的皈依,以尽快实现公证主体法律身份与行为定位的统一性,防止公证职能之行为目标的多元化。至于公证机构的设置,仍按照《公证法》规定的原则进

---

① 刘疆:《公证改革的10个基本问题》,载《中国公证》2003年第1期。

行,但可以在公证法的相关解释或实施细则中对公证机构的"不以营利为目的"的定位予以统一明确,对于公证机构的体制模式予以一体化,根除公证机构多种体制并存现状带来的不正当竞争的隐患,既维护了公证已赢得的社会信誉,又符合公证队伍发展壮大的目标,还可以真正、全面地杜绝来自纵向和横向的不正当竞争。

2. 在事业体制框架下,大致可以保留现有立法中与之不悖的有关公证三大效力、法定必须公证、公证法律责任等内容。需要强调的是,由于公证被视为带有公共性质的职能行为,因此,基于公共职能行为产生的公证法律责任不应是一种完全的、纯粹的民事责任,而是一种兼有"公"内容的特殊民事责任。

3. 公证人员管理方面,首先,设定严格的入行条件,并实行公证员统一任命制度,以入行的高标准高要求保证公证队伍人员的高素质、高智识。其次,提升整个公证职业的品质,可以借鉴大陆法系国家采取公证员限额制和公证员终身制,使得公证职业不仅仅只是一种职业,更是一种身份的标志和荣誉的象征,那么公证执业者对这一来之不易的职业才会视如生命,备加珍惜。再次,对于执业公证员的教育和监督。一方面,要通过加强其政治思想、道德修养、业务素质、专业知识的教育和学习,提高公证人的思想道德层次和专业服务水平。另一方面,公证员的执业不仅受公证协会的监督,而且可以借鉴大陆法系国家,采取司法部的绝对监督和检察院、人民法院的经常性依法监督相结合的监督机制。最后,对于公证员采取双重惩戒制度,公证员的违反职责的行为,不仅要受错证赔偿制度的惩处,还要类推适用法律对公务员的惩戒机制。因此,严格地说,这是一种特殊的民事法律责任。

4. 公证质量管理方面。既然公证为"公",就当植根于"公",置公益、公信、公效于首位。因此必须特别重视和强化公证质量,才能真正发挥公证效力,服务于社会公益,从而维护公证的公信度。除了目前实行的公证质量自查、上级组织的不定期质量抽查、质量评定等制度外,应尽早建立全国公证联网制度。当然,由于公证本身是一种代表国家行使的公共职能行为,不再有不正当竞争的困绕,也不存在商业机密问题,因此,共建平台、资源共享、互通有无不仅是必要的,而且是可能的。而健全公证人个人网络档案,强化公证的网络化管理,将不符合质量规定的公证书直接置于网络中进行公示,这不仅有助于全面提高公证质量,而且这样的管理方式同时也是一种公开监督制度,更是一种严厉的惩错机制。

5. 健全整个社会诚信制度,营造良好的诚信大环境。同时,基于公证本身作为一种社会公共信用媒介的特质,建议在贯彻和实施《公证法》过程中更加关注和宣传诚信至上原则,就公证人的执业诚信提出更高更专业的要求,赋予公证人更多更充分的执业手段以强化其执业诚信保障,并对公证人的失信行为实行更为严厉的惩处机制。同时注意防止惩处机制失灵,加强惩处机制的落实到位,形成"一处失信、处处受惩、事事被动"的威慑力量,让公证人为其失信行为付出较其所得利益高昂得多甚至触及生存危机的代价。

以上三种观点中,主张统一组建事业体制公证机构的观点占绝对主流地位。事实上,组建事业体制公证机构不但与公证制度的本质相契合,有利于我国公证事业的健康发展,而且该模式十分便捷具有可操作性,同时也最适合我国国情。目前全国各地公证机构在体制整合中基本上以事业体制为运作模式。基于事业体制公证机构的诸多优势,选择事业体制作为未来公证机构的统一模式将是大势所趋,也是众望所归。

【问题与思考】

1. 如何理解公证处的性质?
2. 如何理解公证员的法律地位?
3. 公证员的基本素质包括哪些方面?
4. 如何理解公证员的双重属性?

第四章 公证管理

【内容提要】

本章介绍了公证管理的概念、转变,重点分析"两结合"的公证管理体制的形成与发展。

【关键词】 行政管理 行业管理 内部管理

第一节 公证管理的基本理论

一、公证管理体制概述

公证作为承担预防纠纷、减少诉讼的公益职能的社会行业,公证员的思维不同于法官、律师、检察官的解决纠纷型思维,而是一种预防性思维。公证行业和公证机构的管理有其自身的特征,尤其是面对公证机构作为公益性组织能否"市场化"的争论,公证管理的模式和方式选择也就争议颇多。

公证管理分为外部管理和内部管理。外部管理指司法行政机关和公证行业协会基于法律的规定而对公证行业和公证机构进行的监督和指导。外部管理是全行业的管理,具有全局性和前瞻性,外部管理的科学、高效、公平,都直接影响到公证行业的发展方向,决定着公证制度在中国的生根发展。内部管理是指公证机构基于自己风险控制和业务发展等价值目的而建立的一系列管理、决策、行为模式。内部管理是公证处从细微处着眼,基于公证员及其辅助人员的个体管理,内部管理是整个公证行业管理大厦的基石,没有作为每个个体的公证机构的良好内部管理,也就不会有公证行业的整体强盛。外部管理和内部管理是相互配合、相互影响的。目前,我国公证行业已经建立了"两结合"的公证管理体制,即司法行政机关行政管理和公证协会行业管理相结合的外部管理体制,内部管理的实践也正在各大型公证机构如火如荼地进行。

二、公证外部管理

"两结合"管理体制早在1990年初,就由司法部正式提出,即建立具有中国特色的公证管理制度,实行司法行政机关行政管理与公证员协会行业管理相结合的公证管理体制。司法行政机关主要侧重组织和队伍建设、法制政策制定、执业监督处罚等宏观管理,具体事务性工作将逐步交给公证协会负责。公证协会侧重于规范、业务培训、行业奖惩、维护权益等工作。"两结合"管理体制是根据我国的公证国情所确立的,符合国际的惯例,同时也符合国家公权社会化改革的趋势,有利于调动发挥行政管理部门和行业管理部门的积极性,促进公证行业的发展。目前,我国的两结合管理体制正在进一步的发展和深化中,具体表现在:

1. 两结合管理体制要保障公证机构执业的独立性,不能任意干涉公证机构的自主执业行为。这就意味着行政管理部门和行业管理部门不能以行政管理权和行业管理权侵害公证机构的合法权益。行政管理部门和行业管理部门的监督和指导必然是在法律、法规的授权下进行。保障公证机构执业的独立性,本质上也是处理好公证外部管理和公证内部管理关系的原则。只有保障了公证机构执业的独立性,才有公证机构内部管理的存在;丧失了独立性,内部管理无从谈起。

2. 两结合管理体制要在实质上进行落实,深化改革,保证公证协会的独立性。但到目前为止,我国公证行业管理尚未真正建立起来。许多地方公证协会与行政管理部门合署办公,是"两块牌子,一套人马"。许多地方公证协会没有真正成为拥有独立的人、财、物的社会团体法人,公证的宏观管理和微观管理实际上仍集中在司法行政管理部门手中。鉴于此,中国公证协会起草了《关于加强地方公证协会建设的若干意见》,该意见对地方公证协会的建设提出了许多建设性的指导意见,对保障地方公证协会的独立性具有实质促进作用。

3. 建立新型的行政管理和公证协会互动的关系。在两结合管理体制中,行政管理部门和公证协会互有牵制,建立合理有效的运行机制是最大发挥两个部门作用的关键。一般来说,该机制应包含下列一些要素:有明确合理的分工,避免职责不清、相互扯皮;处理事情以行业管理为先,即明确行业管理先于行政管理,行政管理依据行业管理的结果,行业管理落实行政管理的精神;通过建立合理有效的运行机制,充分保证双方的管理权限,落实职能,形成行政管理部门和行业协会的良性互动。

三、公证内部管理

公证机构内部的管理主要从两个方面入手,即公证质量管理与公证组织机构管理。

公证质量是公证公信力的基石。确保公证质量,对于维护和增强公证公信力具有重要作用。公证质量事故的产生,不仅对涉案公证机构产生重大不利影响,而且由于行业的连带性,也将对行业产生不利影响,从而降低公证在社会中的公信力。虽然目前公证质量总体是上升的,但是,公证面临的社会环境越来越复杂,民众对公证的期待也越来越大。在这样的背景下,公证机构加强内部自身的公证质量建设尤为迫切。公证质量控制本身是一个系统问题,需要从多方面入手,进行质量管理和控制。

内部管理是任何组织机构生存和发展的保障。组织管理的最重要任务就是将组织内部的所有资源组合与协调来实现其目标。公证机构的发展已经走向规模化,用现代管理学的眼光来审视公证机构的组织管理,提高效率和绩效是保障公证机构更有效运行的根本。

四、公证管理制度的转变

我国公证体制是长期以来顺应国家的政治和经济体制而形成的,市场经济的快速形成与发展要求公证创立并维护与之相应的经济秩序,而公证体制已明显不适应现实的国情。虽然已经通过立法的方式确定了"两结合"的管理体制,但是公证管理体制的转变在实践中仍然面临着许多挑战,主要可以从以下几个方面着手:

首先,要进一步转变观念,充分认识加强公证行业管理的必要性。我国自公证制度恢复以后的很长一段时间里,对公证一直实行的是司法行政机关的行政管理,不少人习惯了这种管理模式,认为司法行政机关有自上而下的公证管理机构,有丰富的公证管理经验,而行业管理不适合我国国情。虽然这种体制在过去的二十多年中为公证事业的发展发挥了巨大的作用,但随着社会经济的发展,已不适应社会现实的要求了。

其次,要加强公证协会建设,使之有能力担负更多的行业管理职责。我国公证协会自身力量薄弱,这一直是某些人否定公证行业管理的一个理由。从本质上说,这个理由是站不住脚的,公证协会的发展本身就涉及体制的问题,如果没有体制的根本转变,公证协会永远也不可能得到充分的发展,从而有能力担负行业管理的职责。但在现实中,由于公证协会自身发展不足而无力承担某些行业管理职责,却也是一个不容回避的事实。因此,正确的做法是在体制改革的同时加强公证协会的建设,使之真正成为坚强有力的公证行业自治组织。

此外,还要妥善处理好司法行政机关对公证机构的监管权和公证机构依法独立公证的关系。独立公证的应有之意是独立担责、权责统一。在立法上应将司法行政机关的行政管理权与公证协会的行业自律权予以细化,使权力的界限泾渭分明。《公证法》应为公证机构独立公证提供保障和抵制外来干涉的手段,防止司法行政机关借行政监管为名,变相干涉公证机构独立公证。

第二节 公证管理的立法背景

一、《中华人民共和国公证法》颁布前的法规

最早的规范公证活动的不是人大的立法,而是以国务院行政法规的形式出

台的 1982 年 4 月 13 日颁布并实施的《中华人民共和国公证暂行条例》（以下简称《暂行条例》）。直到 2006 年 3 月 1 日开始实行《中华人民共和国公证法》（以下简称《公证法》）为止，这部行政法规"暂行"了 24 年，并且自 1982 年实施之后，一直到 2005 年《公证法》出台都没有进行修改，而事实上公证实践早已大大突破了《暂行条例》的规定。

《暂行条例》第 6 条规定："公证处受司法行政机关领导。公证处之间没有隶属关系。"第 3 条规定："公证处是国家公证机构"，该两条规定被认为是对当时公证管理体制的最明显的表述。可见，当时对公证一直实行的是司法行政机关的行政管理，公证处由司法行政机关设立，人员编制大多划归公务员序列；公证处大多还隶属各级司法行政机关，形同司法行政机关的一个职能部门；公证处的经费、公证员的工资福利由国家统包；公证处的机构设置、组织领导，经费使用管理、业务活动、人员培训基本仍由司法行政机关统管。此外，《暂行条例》没有关于公证协会的规定，实行的是单一的行政管理体制，在当时还没有公证行业组织，直到 1990 年才有了第一个公证协会——中国公证员协会（后更名为中国公证协会）。

1993 年以后，根据党的十四届三中全会关于建立社会主义市场经济体制的要求，公证体制改革开始启动。2000 年 7 月国务院批准《司法部关于深化公证工作改革的方案》，进一步明确了公证改革的目标和任务，实行司法行政机关管理与公证协会行业管理相结合的公证管理体制。2002 年《司法部关于当前公证工作改革和发展若干问题的意见》要求进一步深化公证管理体制改革，建立和完善"两结合"的管理体制，加强公证协会的管理职能。

二、《公证法》对于公证管理体制的规定

根据《公证法》第 4 条的规定，公证协会是公证业的自律性组织，依据章程开展活动，对公证机构、公证员的执业活动进行监督。目前在全国设立有中国公证协会，省、自治区、直辖市以及部分设区的市设立地方公证协会。中国公证协会是全国公证业的行业管理组织，负责对全国范围内的公证机构和公证员的执业活动进行监督，省级公证协会是省级行政区域内公证业的行业监督组织，负责对本行政区域内公证机构和公证员的执业活动进行监督。

《公证法》第 5 条规定："司法行政部门依照本法规定对公证机构、公证员和公证协会进行监督、指导。"也就是说，市或区司法行政机关对公证处进行直接监督，司法部和省一级司法行政机关对公证机构进行间接监督。此外，《公证法》第二章公证机构、第三章公证员、第四章公证程序以及第六章法律责任，都从不同的方面对司法行政部门的"监督、指导"职责作出了具体规定，可以看做对第 5 条内涵的展开。至此，我国公证改革方案所提出的"实行司法行政管理和公证协会管理相结合的管理体制"正式在立法上得以确立。

除《公证法》以外,《公证机构执业管理办法》和《公证员执业管理办法》中对于公证管理的内容也有涉及。如《公证员执业管理办法》第 32 条规定,公证协会依据章程和有关行业规范,对公证员违反职业道德和执业纪律的行为,视其情节轻重,给予相应的行业处分。公证协会在查处公证员违反职业道德和执业纪律行为的过程中,发现有依据《公证法》的规定应当给予行政处罚情形的,应当提交有管辖权的司法行政机关处理。《公证机构执业管理办法》第 41 条规定,公证协会依据章程和有关行业规范,对公证机构违反执业规范和执业纪律的行为,视其情节轻重,给予相应的行业处分。公证协会在查处公证机构违反执业规范和执业纪律行为的过程中,发现有依据《公证法》的规定应当给予行政处罚情形的,应当提交有管辖权的司法行政机关处理。该《办法》第 40 条规定,司法行政机关查处公证机构的违法行为,可以委托公证协会对公证机构的违法行为进行调查、核实。接受委托的公证协会应当查明事实、核实证据,并向司法行政机关提出实施行政处罚的建议。

第三节 公证管理的热点前沿问题

一、两结合管理体制的理论根源

拉丁公证[①]国家公认,公证员具有国家公务员和自由职业者的双重身份。公证员的双重性是对公证行业实行"两结合"管理体制的根源。基于公证员代表国家行使证明权(即公职性特征),其行为必须受国家司法行政部门监督,以便保证国家公权力能够正确的保障公证所涉及公民的私权,避免公证借用国家公权力的名义及损害社会公益和公民权利。基于公证员的自由职业属性,其职务行为必须保证有相对的自由,避免国家行政权力的过度干涉,因此,要由公证协会对公证员职业道德、执业记录及执业规范进行监督,以便在监督和自由之间保持平衡。具体而言:

1. 两结合管理体制符合拉丁公证国家惯例。公证机构具有权威性和专业性的特征。其权威性来自于国家的授权和其自身在民众中树立的威信。而公证行业的专业性也决定了公证人员需要经过严格培训、具有专门法律知识和经验、技能的人来担任。上述特征导致了行政管理的困境。一方面,权威性需要加强

---

① 现代公证制度按其历史渊源分为英美公证制度和拉丁公证制度。拉丁公证制度即起源于拉丁语系国家的一种公证制度。目前这种公证制度不仅通行于欧洲大陆诸国,而且也通行于亚洲的日本、中美、南美、中非、西非、北非、东非以及加拿大的魁北克省和美国的路易斯安那州,影响十分广泛。拉丁公证制度是目前世界上最古老的公证制度,起源于公元前六世纪。

行政管理,以维续公证行业的公信力,而另一方面行政管理者本身并不具备专业性的公证知识,使得其在公证这样一个专业性极高的行业具有相对的局限性,极大地影响了其管理的正确性和公平性。因此,行政机关的管理应当是有限度的管理,其应将部分管理权限过度到行业协会,行政机关的监督、惩戒工作也有必要在进行行业调查、行业意见的基础上开展。因为汇集了公证精英的行业协会恰能解决专业性的问题。基于此,拉丁公证国家基本建立了公证协会,强调行业管理,如法国公证人协会等。我国的两结合管理体制符合了拉丁公证国家国际惯例,可以说是吸取了国际化的经验。

2. 两结合管理体制符合国家公权社会化的过程。建设一个有限政府,是目前法治和宪政国家的目标。有限政府意味着政府只管属于其本职的事务,其他社会事务交由其他组织来管理。这样一个过程其实就是一个公权社会化的过程。具体到公证业的管理,政府只应管理涉及宏观方面的事务,其他事务应交由公证协会来进行管理,由公证协会来行使部分社会事务的管理权。因此,从本质上来说,两结合管理体制是一个国家公权在国家和社会组织之间分配的过程,是公权社会化的体现。合理的分配原则和机制将有利于最大限度地发挥行政管理部门和行业管理的积极性。

二、公证管理中以人为本的理念

首先,"以人为本"、"服务为民"理念应当是公证机构组织文化的精髓,这也是贯穿《公证法》始终的理念。公证是智能型、知识型的服务职业,是知识成果转化为服务产品的行业,其本身就具有人本位的特点。而以人为本管理的核心正是尊重人、关心人、爱护人、激发人的工作热情,满足人的合理需求,挖掘人的潜力,发挥人的才能,以实现最佳的工作效绩。因此,应当在公证机构组织内树立以人为本的服务思想,妥善协调各方面利益关系,建立平等、融洽的人际关系,形成充满活力、管理有序的组织文化范围。

其次,良好自律应该是制度外的组织氛围。管理中外在的硬性约束与控制并不是促使人们为实现管理目标而努力的唯一办法。这就要求公证管理者充分认识到公证员的自觉、自律及自我提高、自我发展行为的重要意义,倡导责任制,提倡自律自省,实现公证员队伍的自律管理和公证管理机构的外部监管的良性互动。

再次,充分体现人文关怀应该是公证机构组织文化的重要内容。制度规范人的行为,而组织文化则规范组织成员的情感世界和精神追求。公证机构管理者应当从工作、思想、政治、生活上给予公证员人文的关怀。组织内部,通过日常工作安排、组织活动、业务学习等方式,形成一种拼搏向上、团结互助、公平竞争的氛围。

三、行政管理与行业自治的关系问题

与律师行业不同,公证似乎"公"的色彩要浓一些,很多国家都规定了监督机关(主要是行政机关)和自律组织结合治理的体制,但是不同的国家在两者关系上有着不同的侧重,管理职能的划分上也存在区别,但总的来说外部监督的力度都一直受到重视。如日本,注重行政机构对公证行业的管理和监督就是日本公证制度的一大特色。从我国《公证法》条文中可以看出对于两者关系的侧重:第4条规定了公证协会对公证机构、公证员的监督,而第5条规定了司法行政部门对公证机构、公证员以及公证协会的监督和指导。可见公证协会虽然也自理管理,但始终都处于行政机关的监督之下的。

在行政管理与行业自治的关系上,侧重于哪一方并不是判断公证管理体制优劣的标准。鉴于我国公证管理方面行政色彩浓厚的传统,以及这种管理方式所带来的诸多弊病,很多人在谈及公证管理的时候,往往会对行政管理产生偏见。而在公证立法确定了"两结合"体制的背景下,重心就开始往如何加强行业自治力度的方向靠近。问题的关键不在于,行政管理的强度问题,而在于行政管理方式的侧重点在何处。如果明确了行政管理宏观指导、监督的职能,那么加强这方面的管理力度又何尝不可。

第四节 公证管理的法律实践

一、司法行政机关管理实务

2007年司法部发布了《公证机构执业管理办法》和《公证员执业管理办法》的规定,系统地规定了对公证机构管理的职责和权限,有利于司法行政机关按统一标准执法。根据《公证机构执业管理办法》的规定,司法行政机关对公证机构的监督指导主要是依法对公证机构的组织建设、队伍建设、执业活动、质量控制、内部管理等情况进行监督。其中,省、自治区、直辖市司法行政机关对公证机构的下列事项实施监督:(1)公证机构保持法定设立条件的情况;(2)公证机构执行报批或者备案情况事项的情况;(3)公证机构和公证员的执业情况;(4)公证质量的监控情况;(5)法律、法规和司法部规定的其他监督检查事项。设区的市和公证机构所在地司法行政机关对本地公证机构的下列事项实施监督:(1)组织建设情况;(2)执业活动情况;(3)公证质量情况;(4)公证员执业年度考核情况;(5)档案管理情况;(6)财务制度执行情况;(7)内部管理制度建设情况;(8)司法部和省、自治区、直辖市行政机关要求进行监督检查的其他事项。

公证机构应当按照省、自治区、直辖市司法行政机关的规定,定期填报公证

业务情况统计表,每年2月1日前向所在地司法行政机关提交本公证机构的年度报告。年度报告应当真实、全面地反映公证机构上一年度开展的公证业务、公证质量监控、公证员遵守职业道德和执业记录、公证收费、财务管理、内部制度建设等方面的情况。公证机构由所在地司法行政机关在每年的第一季度进程年度考核。年度考核由所在地司法行政机关通过审查公证机构的年度执业和管理情况作出综合评估。年度考核结果,应当书面告知公证机构,并报上一级司法行政机关备案。

公证机构存在下列情形的之一的,所在地司法行政机关应当进行重点监督检查:(1)被投诉或者举报的;(2)执业中有不良记录的;(3)未保持法定设立条件的;(4)年度考核发现内部管理存在严重问题的;(5)司法行政机关实施监督检查,可以对公证机构进行实地检查,要求公证机构和公证员说明情况,调阅公证机构相关材料和公证档案,向有关单位和人员调查、核实有关情况。公证机构和公证员应当接受司法行政机关依法实施的监督检查,如实说明有关情况、提供相关资料,不得谎报、隐匿、伪造、销毁相关证据材料。司法行政机关应当建立有关公证机构设立、变更、备案事项、年度考核、违法违纪行为处罚、奖励等方面的执业档案。

司法行政机关对公证员的管理主要是通过督促公证机构进行管理。主要管理的措施有司法行政机关指定开展公证员执业培训的规划和方案,公证协会按年度制定具体实施计划。公证员每年参加执业培训的时间不得少于40学时。公证员所在地司法行政机关应当建立公证员执业档案,将公证员审核任命情况、年度考核结果、监督检查掌握情况以及受奖励的情况记入执业档案。公证员跨地区或跨省(自治区、直辖市)变更执业机构的,原执业所在地司法行政机关向变更后的执业所在地司法行政机关移交该公证员的执业档案。

二、公证协会行业管理实务

根据中国公证协会章程规定,中国公证协会的职责是:(1)协助政府主管部门管理、指导全国的公证工作,指导各地公证员协会工作。例如,中国公证协会于2002年8月7日制定了《2002—2006年全国公证员教育培训规划》指导全国公证队伍教育培训。(2)维护会员的合法权益,保障会员依法履行职责。(3)举办会员福利事业。(4)对会员进行职业道德、执业纪录教育,协助司法行政机关查处会员的违纪行为。例如,中国公证协会于2002年3月1日制定了《公证员职业道德基本准则》规范公证员职业道德、提高公证员的职业道德水平、维护公证员的职业形象。(5)负责制定行业规范。例如,中国公证协会制定了《关于办理保全证据公证的指导意见》。(6)负责会员的培训,组织开展学术研讨和工作经验交流。例如,公证员岗前培训和涉外公证资格培训都是由中国公证协会完成。(7)负责全国公证赔偿基金的使用管理工作,对各地公证员协会管理使用的公证赔偿基金进行指导和监督。目前,公证行业实现了全行业公证责任保险。公证责任保险是强制性全行业统一保险。由中国公证协会代表全体公证机构向保险公司投以公证机构为被保险人的全行业责任保险。(8)负责公证宣传工作,主办公证刊物。例如,中国公证协会主办了《中国公证》杂志,在全行业具有较大影响。(9)负责与国外和我国港、澳、台地区开展有关公证事宜的研讨、交流与合作活动。(10)负责海峡两岸公证书的查证和公证书副本的寄送工作。该项职能主要是配合《海峡两岸公证书使用查证协议》的实施。(11)负责公证专用水印纸的联系生产、调配、协助行政主管部门作好管理工作。(12)对外提供公证法律咨询等服务。(13)履行法律法规规定的其他职责,完成司法部委托的事务。

根据司法部颁发的《公证机构执业管理办法》的规定,公证协会在行业监督中享有受委托调查权、行业处分权、提请行政出发建议权。此外,中国公证协会根据业务发展的需要设立相应的专业委员会。专业委员会由协会会员中具有较高理论水平、丰富实践经验的公证员和公证管理人员组成。专业委员会的任务是起草行业规范、研究开拓公证业务、开展业务指导、研究拓展和规范公证业务、研究疑难案件,提出专家咨询意见、开展专业理论研究、组织业务交流、进行业务调研和业务影响预测、就有关立法提出问题与建议、收集整理相关业务资料、完成协会委派的其他工作。2007年,中国公证协会完成了专业委员会的重新组建工作,成立了公证理论研究、业务指导、业务规则、信息化建设、公证文书改革、公证质量标准等六个专业委员会,成为中国公证协会工作的新亮点,突出体现了中国公证协会专长于业务管理的特征。目前,六个专业委员会的建设正在深入进行中。

三、公证内部管理实务

(一)公证质量管理实务

公证质量控制需要从多方面入手,进行质量管理和控制:(1)建立严格的履行公证程序监督办法。必须要对公证程序进行流程化管理,对每一个环节都建立监控措施,从而实现公证书生产过程的控制,而非仅仅是事后的检查工作。(2)进行持续有效的业务培训。法律知识更新很快,只有通过持续的培训,才能够面对新情况,解决新问题。通过持续有效的业务培训,可以塑造一个学习型的团队;同时,也可促进交流,互相吸收经验。(3)注重公证细节管理。许多公证质量问题的发生,其本质都不是法律适用或专业知识不够导致的,而是细节的疏忽。细节管理要求一方面要培养公证员的细节意识,培养严谨的工作作风;另一方面,也要不断总结归纳各种公证细节,从而有意识地在受理、审核等环节予以重点监控,从而有效地避免错误的发生。(4)制定业务规则。通过系统化的业务规则的制定集成,能够有效地规范公证办证行为,减少随意性,控制公证质量。总之,系统化的业务规则,可以实现全处办证标准的统一,避免各自为政,从而有利于公证质量控制,也使质量控制有可以参照的依据。(5)建议成立质量监控部门,实现质量监控日常化、专业化。这个部门的主要职能是:首先,对部分公证事项进行重点监控;其次,负责日常质量的检查工作;再次,要奖惩分明、奖惩及时。(6)建立完善的投诉、诉讼解决机制。公证机构需要建立完善的投诉、诉讼解决机制,通过最后这个环节来控制公证质量风险:首先要建立危机管理机制;其次要研究投诉的解决方案,积累经验;再次要积累诉讼经验,做到手里有粮,心里不慌。

(二)公证组织机构管理实务

加强公证组织机构的管理,提高效率,可以从下面四方面来入手:

1. 明确战略定位,规划战略发展。我们认为,履行法定职能的同时又提供便民服务,应该是公证机构战略定位的最基本内容。在保障公证程序和质量的前提尽量方便申请人的服务,增进社会效益。另一方面,公证作为一种法律职业,必须要以信用为本,追求质量至上。在开拓公证业务领域的过程中,公证机构的公信力是应当始终是核心,公证程序和规则始终是业务的最底线原则。为一时利益与所谓的"效率"牺牲公共信用资源的做法终将会导致效益的最终减损与丧失。

2. 健全制度建设,增强组织文化建设。组织制度的建设是组织生存和发展的内在保证。作为公证机构除了遵守《公证法》、《公证程序规则》、《公证机构职业管理办法》中关于公证机构管理的规定外,还要健全机构自身的制度建设。制度明确了行为的界限,同时也为每个人在这个界限内享有权利提供了保障。我们认为,主要应该从行政事务管理、公证业务管理、财政事务管理、档案管理、后勤管理等方面健全,制定符合公证实际发展需求的制度。

3. 重视人力资源管理,促进人力资源开发。第一,要制定中长期人才培养规划。第二,要使用激励人的用人机制。把"以学习提高人、以发展吸引人、以事业凝聚人、以工作培养人"的理念引入公证管理人力资源管理机制中。第三,要结合实际推广主办公证员制度。在规范办证程序、完善质量管理体系的基础上,搭建施展个人才华的工作平台。第四,制定公证人员个人职业生涯规划,帮助其制定并实现个人职业生涯发展和高层次精神追求。

4. 规范职业道德建设,深化专家责任意识。公证机构的社会地位特殊性要求公证人员有高标准的职业道德修养。中国公证协会于2002年3月1日制定发布《公证员职业道德基本准则》(以下简称《基本标准》),对公证员职业道德基本标准从忠于事实、忠于法律、爱岗敬业、规范服务、加强修养、提高素质、清正廉洁、同业互助等四方面作出明确规定。公证机构除了要求公证人员遵守《基本标准》外,还应要求公证人员以专家责任要求自我。专家责任是指提供专门技能或知识服务的人员,因其疏忽或过失而提供的服务存在缺陷致人损害而应当承担的民事赔偿责任,专家提供服务的注意程度应当更高。

第五节　公证管理的案例评析

案例:四川首次惩戒公证员

案情:

据《天府早报》报道,四川武胜县妇女谢某因担心在外地工作的老公有外遇,夫妇两人于是签订了所谓的《家庭责任分工合同》,并在泸州市公证处办理了公证。日前,四川省公证员惩戒委员会研究决定,给予这一荒唐的"爱情忠贞公证"事件中的公证员康汝伦严重警告惩戒。

2003年5月,武胜县妇女谢某担心老公谭某有外遇,两人遂签了一份《家庭责任分工合同》,这份"合同"约定:女方每年来泸州探亲3个月,与男方住在一起,其余时间自谋职业;如果在泸州谋职,应至少住在男方的居住地200米以外等等,违反了《婚姻法》和《妇女儿童权益保护法》有关夫妻权利义务的规定,有悖社会公序良俗。为了让"合同"有效,谢某和谭某拿着这份"家庭责任分工合同",到泸州市公证处要求公证。由于"合同"中有严重违反《婚姻法》之处,公证员康汝伦要求他们删除合同中违法内容,随后出具了公证书。

谢、谭2人后来又拿出了一份《补充协议》要求公证。由于《补充协议》恢复了原来合同中被删除的大部分违法内容,康拒绝公证。但在当事人一再请求下,他在《补充协议》上盖了公证处的印章。康汝伦明知该协议不合法,却因感情用事,放弃原则,在《补充协议》上签名并加盖公证处公章,损害了公证的严肃性。

此事经新闻媒体曝光后,泸州市司法局进行了调查,省公证协会也派员核查。现已查明,康汝伦出具的公证书系错证。为了切实维护国家公证的严肃性和社会公信力,省公证员惩戒委员会根据《公证员惩戒规则(试行)》第13条第7项、第8项的规定,给予康汝伦严重警告处分。据称,这是四川省第一次惩戒公证员。此前,泸州市司法局已经撤销这一公证书。

评析:

司法行政机关对公证机构行政管理的职责主要包括:(1)监督、指导职能。监督、指导公证机构和公证人员依法执业,在公证员不适当执行职务时,提请其注意,并训令其适当履行职务;当公证人员在职务内外出现与其地位不相称的行为时,提出警告。(2)惩戒职能。司法行政机关应对违法违纪的公证机构和公证人员予以处罚,确保国家法律、法规和规章的实施,确保公证的质量和信誉。

而在该案例中,市司法局的核实、调查行为就是对行政监督职能的一种直观的反映。

另外,公证协会在该案例中也发挥了重要作用,对于违法办证的行为,四川省公证协会也派员进行核查,并在查明该公证员出具公证书为错证后,给与了其严重警告处分。由此可见,公证协会的自我管理作用在规范公证行为中意义重大。公证协会除了承担维护行业利益的职能之外,还对公证机构、公证员的执业活动进行监督。同时,行政机关也在进行监督,但同样是监督职能,两者却有很大区别:公证协会的监督方式主要是给予行业惩戒,而行政监督主要方式是行政处罚。

可以说该案例体现了行政管理与行业自治管理的良好的结合,这是《公证法》中确定的公证管理体制在实践中的具体运用:对于公正员和公证机构进行监督,并对其违法违规行为进行惩戒和处分,是公证管理的主要方式之一。

对于哪些行为属于行业惩戒的范围,哪些要受到行政处罚,《公证程序规则》、《公证员执业管理办法》、《公证机构执业管理办法》以及公证协会制定的一些规则、章程都有规定,以《公证程序规则》为例,该规则第72条规定:"公证机构及其公证员在办理公证过程中,有违反《公证法》第41条、第42条以及本规则规定行为的,由司法行政机关依据《公证法》、《公证机构执业管理办法》、《公证员执业管理办法》给予相应的处罚;有违反公证行业规范行为的,由公证协会给予相应的行业处分。"

理论上对于行政管理范围与行业自治权限的划分仍然存在争议。有的人提出了确立行业管理先于行政管理原则的立法趋势。行业管理先于行政管理的含义即:行政管理的基础建立在行业管理之上,行政管理依据行业管理的结果,同时,行业管理落实行政管理的精神,接受行政管理的指导、监督。对公证员的管理,尤其是行使处理、惩戒手段时应建立在行业调查、行业意见的基础上进行,即使是公证员的注册也应在行业意见基础上进行。公证业务的指导、监督,也必须由行业管理进行,并由行业管理组织,根据业务发展变化出具意见书,由行政管理部门根据意见书,规范发展纲要,确定办证规则等等。行政管理机关制定的公证规则,由行业管理组织具体落实,监督执行。行政管理机关进行宏观管理,行业管理组织作为行业的自律性组织,进行微机管理,制定同业规则,监督落实。[①]

原则上,只要有助于维护公证独立性,只要有利于提高公证管理的效率,在条件许可时,这种职权就应划归公证员协会行使。行业管理优先于行政管理并不意味着取消行政司法机关对公证机构和公证员在宏观方面的指导和监督,而是尽可能得将公证业管理权赋予行业协会,以充分发挥公证活动的灵活性,让协

---

① 参见 http://www.studa.net/faxuelilun/060825/11072415-2.html,2007年12月22日访问。

会可以根据市场规则进行自律性的管理,突出其专业性。

第六节　公证管理的问题与建议

《公证法》的颁布结束了我国长期以来公证立法位阶较低的局面,意味着中国公证发展的一个崭新阶段的到来。该部法律在规范我国当前公证活动中将发挥积极作用,其中有很多规定是对以往公证体制的创新和突破,如对公证机构的性质有了明确的定位,对公证员的要求更加规范,公证效力更加明确。涉及公证管理部分,该法对与公证机构、公证员的监管更加有力,从立法的角度完善了我国公证管理体制。

本章第二节已经对于有关公证管理方面的法律法规作了介绍,可以看出《公证法》对于公证管理体制的规定比较抽象和宏观,从中我们虽然可以找出"两结合"的法律依据,但是对于行政机关、行业协会如何协作管理未作具体规定,对于行政机构和行业协会各自如果履行管理职能也没有给出答案。

一、缺乏关于行业协会管理职权行使的规定

随着《公证法》的颁布实施,可以看出立法者对于公证管理方式的态度发生了转变。应该明确这种转变不是公证行政管理的弱化,而是整个管理体系的优化。从管理职能履行的角度看,体现了以下两个转变:一是业务审批权限的下放。《公证法》颁布实施后,具体办证实践中所有业务问题的处理权限交给了公证机构和公证员,原来规范性文件中所规定的业务审批内容,特别是大量的涉台继承、涉台收养及特别证类的业务审批,全部都下放给了公证处,尊重了公证处作为独立的办证实体的业务自主权。二是管理重心的下移。以往,省级司法行政机关承担了公证业务主要的管理职责,大量的公证管理事务都要省级司法行政机关管理人员亲力亲为。《公证法》将公证执业机构和公证员的年度执业考核交由公证机构的主管司法行政机关,意味着管理职责、管理重心的下移,使省级司法行政机关的公证业务管理部门能腾出更多的时间和精力去考虑关系公证事业发展的大事,这对于改善公证管理工作无疑具有非常积极的意义。[①]

二、缺乏关于行政机关、行业协会管理事权划分的规定

从《公证法》颁布实施前这些年来的公证管理实务的内容看,公证管理工作内容主要涵盖了五个方面,包括:管人、管机构、管业务、管质量、管处罚。这些管

---

① 杜云:《加强和改善新时期公证管理工作的几点浅见》,载《中国司法》2007年第6期。

理权限如何在行政机关和行业协会中进行划分呢？科学划分行政管理与行业管理事权，加强行业协会建设是当前公证管理工作的重点。从目前情况看，行政管理的资源和手段比较充裕，当前完善"两结合"管理体制的重点是，在坚持行政管理为主导的前提下，着力加强行业协会的职能建设，充分调动行业管理的积极性。由于我国公证管理体制有着二十多年的行政单一管理的传统，所以行政管理的力度一直以来都很强，在"两结合"的背景下行政管理的主导地位仍然无法动摇，这就导致了在从单一管理体制到"两结合"体制过渡过程中，行政机关向行业协会分权的障碍，一方面是行政机关不愿意分，一方面是由于行业协会碍于自身力量不足而处于被动状态。

三、公证管理的问题与建议

第一，在《公证法》中专设一章规定公证行业的监管。公证管理制度可以说是贯穿整个公证活动之中的，而且在《公证法》中的各个章节都有对公证管理方面的间接规定。要将公证管理单列出来规定，是个几乎不可能完成的任务。但是却可以对行政机关、行业协会如何协作管理以及行政机构和行业协会各自如何履行管理职能作相对概括的规定，以期达到指导公证管理工作的目的。也许有人会考虑说将公证管理放在总则里面，在原有的基础上多添加几个条款。但是这样作虽然保存了原先法律的章体，但却和总则的目的有违。总则本应是对于整部法律的依据、立法目的、功能、原则的概括描述，而不会涉及到具体制度的阐述；况且限于总则的篇幅也无法全面地概括公证管理制度。而最重要的一个理由仍然是公证管理制度在整个公证规范行为中的重要地位。

第二，公证员协会一般行为规则宜由未来的《民法典》的法人制度规范。法律始终是法律，不能对所有规则面面俱到，所以公证协会的一般性的规则可以通过其他法律规范中的法人制度来规范。虽说公证协会有着不同于其他行业组织、团体、法人的特点，但是终究会有一些共性的东西。这些东西，如组织的设立、章程的制定、登记制度等等都无需多此一举地划入公证法的范畴。

第三，通过制定下位法来逐步细化公证管理制度。首先，对于何为行政管理职能，何为行业自律事项要作具体的规定，一般可通过列举式和概括式相结合的方式，这样涵盖面比较广，也能更好地适应现实生活中的新情况、新问题。其次，行政机关和行业协会在分别行使各自管理权时，应该注意什么原则、如何行使也需要下位法的细化。而关于公证协会的具体行为规则，如公证协会章程内容的必备内容、公证员协会的组织规则、活动规则、议事规则、成员的权利义务等，则还可以借助行业章程来补充。

【问题与思考】

1. 比较公证行政管理和行业管理的异同。
2. 分析行业管理的权力来源。
3. 思考公证行业协会的组织建设。
4. 行业协会与公证员素质如何提高。

第五章 公证行业的职业道德

【内容提要】

阐明我国公证员的职业道德内容,借鉴国外和港澳台的经验,提出了今后公证职业道德建设的建议。

【关键词】 依法 诚实 廉洁 保密

第一节 公证职业道德的基本理论

一、公证行业的职业道德

职业道德是在职业范围内形成的比较稳定的道德观念、行为规范和职业习惯的总和。它是调整职业集团内部人们之间关系以及职业集团与社会各方面的行为准则,是评价从业人员职业行为的善恶、荣辱的标准,对该行为的从业人员有特殊的约束力。职业道德与一般的社会道德相比较而言,其规范性更强,往往被总结成若干条"戒律"而成为从事同一行业的人们在进行与具体职业有关的活动中所应遵循的规则;违背了这些职业道德规范,除了要受到社会舆论的谴责之外,还要受到一些特殊方式的惩戒。公证员的职业道德,是指在公证活动中,公证人员从思想到具体事务的处理所应遵循的行为规范的基本准则。就适用对象而言,不仅指依法取得资格的执业公证员,也包括办理公证的辅助人员和其他工作人员;从道德规范调整的内容看,既包括办理公证业务的行为准则,也包括公证人员的思想意识;公证人员职业道德建设对公证业的发展具有重大意义,关系到公证业的发展,高尚的职业道德情操是公证员提供高效优质法律服务并赢得社会信赖的根本保障,也是发展高素质公证员队伍的重要途径。

二、公证行业职业道德规范

《公证法》中对公证员和对公证机构行为进行了约束,如第 13 条规定,公证机构不得有下列行为:(1)为不真实、不合法的事项出具公证书;(2)毁损、篡改公证文书或者公证档案;(3)以诋毁其他公证机构、公证员或者支付回扣、佣金等不正当手段争揽公证业务;(4)泄露在执业活动中知悉的国家秘密、商业秘密或者个人隐私;(5)违反规定的收费标准收取公证费;(6)法律、法规、国务院司法行政部门规定禁止的其他行为。第 20 条规定,有下列情形之一的,不得担任公证员：（1）无民事行为能力或者限制民事行为能力的；（2）因故意犯罪或者职务过失犯罪受过刑事处罚的；（3）被开除公职的；（4）被吊销执业证书的。

2002年中国公证协会颁布了《公证员职业道德基本准则》，提出公证员应当做到以下几项：忠于事实、忠于法律；爱岗敬业、规范服务；加强修养、提高素质；清正廉洁、同业互助。公证行业的行为规范大致可概括为以下几个方面：

（一）依法办证

《公证员职业道德基本准则》第6条规定："公证员应当珍爱公证事业，努力做到勤勉敬业、恪尽职守，为当事人提供优质的法律服务。"第10条规定："公证应当按照规定的程序和期限办理公证事务，及时受理、审查、出证，不得因个人原因和其他主观因素拖延推诿。"第15条规定："公证员应当道德高尚、诚实信用、谦虚谨慎，具有良好的个人修养和品行。"第17条规定："公证员应当不断提高自身的道德素养和业务素质，保证自己的执业品质和专业技能能够满足正确履行职责的需要。"公证职业的社会作用在于预防纠纷、减少诉讼，是防患于未然的一项系统工程，需要高素质的人经过不懈的努力才能完成，并非像有些人所说盖一个橡皮图掌就完事，要知道这颗图章背后是证明权的行使，是真实性、合法性的确认，具有强制执行效力的债权文书公证，还会产生既判力的效果，没有高水平法律专业素质和一定实践经验的公证员是无法履行其职责的。

公证是一个理性的职业，并非完全程序性操作的熟练工种。很多公证事项都需要公证员进行理性的思考，并且还要把思考判断的过程反映在公证书上，让人看罢公证书能够接受其结论，而非凭职权硬性认定的结论，要素式公证书就充分体现了公证员的这一职业特点，缺乏法律知识和技能的人以后就很难胜任公证员的工作，而且也很难蒙混过关了。公证员职业又是艰苦而高尚的，只有较高的业务素质，没有高尚的道德情操，也难以适应公证员职业的需要。公证员的执业过程。本身就是去粗取精、去伪存真、由表及里的过程，完成这个过程需要艰苦的努力，要不怕困难，勇于吃苦，积极收集相关证据材料，在此基础上还要认真分析、独立思考、自主判断，而且要敢于坚持正确意见，只服从法律，排除一切干扰。公证员是在用自己的良知和品行开展工作，高尚的道德情操和高超的法律专业技能是公证员办理。公证的基本条件，并且还要不断学习、提高，以适应社会发展的需要。

（二）诚实信用

《公证员职业道德基本准则》第15条规定："公证员应当道德高尚、诚实信用、谦虚谨慎，具有良好的个人修养品行。"诚实和信用是市场经济的基本原则之一，公证员职责是确保所证明的法律行为和有法律意义的文书和事实的真实性和合法性，即公证员证明诚信，但是公证员自身还要恪守和践行诚信。公证员要忠于事实和法律，按照客观、公平的原则和法定的程序办理公证事项。诚信要求公证员做到以下几点：

第一，公证员要具备深厚法律知识，并掌握公证程序规范，熟练操作公证实务，善于钻研公证理论。公证员通过办理各类民事、经济类公证业务，可以指导、帮助当事人依法设立、变更其民事行为与经济行为，以法律规范当事人的民事、经济活动。这对公证员的业务素质提出了很高的要求，公证员不仅精通实体法，还要熟悉程序法。因此，一方面公证员不断地加强修养，提高自身的素质，保证自己的执业品质和专业技能能够满足正确履行职责的需要；另一方面公证员接受业务培训，努力钻研，不断提高执业素质和执业水平。

第二，公证员要无妄、不欺、实事求是，认真履行审核、监督的职责，对一些假行为不能听之任之，要敢于纠正。

第三，公证员要平等、热情地对待当事人。不论申请人的民族、国籍、宗教信仰、性别、年龄、健康状况、职业的差别，都一视同仁，平等对待。

（三）清正廉洁，忠于职守

《公证员职业道德基本准则》第16条规定："公证员应当具有忠于职守、不徇私情的理念和维护平等、弘扬正义的良知，自觉维护社会正义和社会秩序。"第23条规定："公证员不得经商和从事与公证员职务、身份不相符的活动。"第24条规定："公证员应当妥善处理个人事务，不得利用公证员的身份和职务为自己、家属或他人谋取私人利益。"第25条规定："公证员不得接受当事人及其代理人、利害关系人的答谢、款待、馈赠财物和其他利益。"公证员也是法律工作者，其职务活动导致公证书的产生，可以在诉讼活动中直接作为证据来使用，如果没有足以推翻的相关证据，人民法院就会将其直接作为定案的依据；公证书还可以用作法院强制执行的根据，可以不经审判直接进入执行程序，与生效裁判产生同样的法律后果；公证书还可以引导社会行为，在市场经济条件下可以帮助人们识别真假，具有较高的社会地位。公证员虽然不是国家机关工作人员，也不是司法官员，但是其行使证明权，以及其在司法活动和社会活动中的地位，依然没有改变其社会公共管理的职能。公证员中立公正的职业行为特点进一步印证了其公共管理职能的属性。因此，公证员必须保持清正廉洁的职业道德，不被物质利益所惑，不得接受当事人及其代理人、利害关系人的请客送礼，不拿法律做交易，严格按照法律规定审查申办事项，维护公证书的权威性，维护公证员的良好声誉。基于公证员行使的是证明权，因而不得再从事其他与公证员职务、身份不相符的活动，例如，不得担任法官、检察官，不得从事其他商业活动。因为审判职能、法律监督职能与证明职能在诉讼活动中不能集于一身来行使。公证员办理的公证事务渗透到社会生活的各个方面，尤其是经济领域，绝大部分都涉及财产权益。公证员在办理公证事务时，必须妥善处理好个人事务，不得利用公证员的身份和职务为自己、家属或他人谋取私人利益。

公证员还应当树立为当事人服务的良好意识，一切为当事人着想，让自己的个人利益服从为当事人办证的需要，按照规定的程序和期限办理公证事务，对于紧急事项，要特事特办，即使是加班加点，也要把时间抢出来，及时受理、审查、公证，不能因为公证员个人的原因和其他主观因素拖延推诿，耽误时间而使当事人的利益受损。需要注意的是，加快办证的时间，只能是提高工作效率，而不能在审查工作上打折扣，不能以损失真实性、合法性的代价来换取时间上的节省，既要抓紧时间，又要保证不出错证。

（四）勤勉高效

《公证员职业道德基本准则》第6条规定："公证员应当珍爱公证事业，努力做到勤勉敬业、恪尽职守，为当事人提供优质的法律服务。"第10条规定："公证员应当按规定的程序和期限办理公证事务，及时受理、审查、出证，不得因个人原因和其他主观因素拖延推诿。"第11条规定："公证员应当不断提高工作效率和工作质量，杜绝疏忽大意、敷衍塞责和其他贻误工作的行为。"公证员对每一项公证事务都要认认真真、一丝不苟，不管案件是大的还是小的，简单的还是复杂的。通常公证员的一些工作比较机械、重复，但是公证员也不能敷衍塞责。此外，公证员还要守时，在法律规定的办案期限内结案，不要拖延。如《公证程序规则》第35条规定，公证机构应当自受理之日起15个工作日内向当事人出具公证书。该规定目的在于提高效率，公证员遵守期限，不迟延地办理公证事务。

（五）保守秘密

《公证法》第22条规定，公证员应依法履行公证职责，保守职业秘密。《公证员职业道德基本准则》第4条规定，公证员应当自觉履行保密的法定义务。不得利用知悉的秘密为自己或他人谋取利益。"公证员在办理公证事务中，不可避免地会涉及当事人不愿让他人知道的信息，例如，遗嘱、收养、婚前财产公证等事项中涉及的一些内容，公证员对此负有保密的义务，这种保密义务意味着公证员不得向办理公证事务之外的任何人泄露，包括公证员的亲属、同事。也不得利用通过办理公证事项所知晓的秘密为自己或他人谋取利益。随着公证业务范围的不断开拓，公证员在办理公证事务中会接触到很多有可能给自己或亲友带来利益的信息。如开奖公证、拍卖公证、合同公证、证据保全公证等，公证员必须牢记职业道德规范，不能为一己私利，而毁了自己的名誉，要公私分清，利益面前不动摇，不利用公证员的职务为自己或他人谋取利益。保密义务对公证员来说非常重要，不仅体现在不能随便跟他人谈及这些秘密，还表现在其他形式上。在公证员著书立说及进行科学研讨中，难免会以自己办证事项进行举例说明，此时必须对所引事项进行加工处理。

（六）相互尊重

《公证员职业道德的基本准则》第26条规定："公证员应当与同行保持良好

的合作关系,尊重同行,公平竞争,同业互助,共谋发展。公证员应当相互尊重,不得在任何场合损害其他同事的威信和名誉。"公证业是竞争的行业,也是充满理性的行业,公证员都是受过良好法律教育的人,在这样的执业群体中,尊重同行,遵守公平竞争的职业道德规范是不言而喻的。只有互相尊重,公平竞争,才能找到差距,提高水平,才能携手并进,共谋发展。尊重是最基本的道德水准,公平是竞争的规则,互助是良好的风尚,发展才是目的。公证职业的发展取决于公证员这支队伍的建设,不懂得尊重他人就无法发展,公证员的威信和名誉要靠自己来维护。

公证员的职业道德要求公证员不得利用新闻媒体或其他手段炫耀自己,贬损他人,排斥同行,为自己招揽业务。公证业的广告宣传,目前还缺乏相应的规范来约束,公证业的特点不适宜宣传自己。关于公证管辖的法律规定,已经划出了各自的业务领域,只是在直辖市、省辖市和设区的市,存在个别公证处之间的业务竞争,并不具有普遍意义,可以通过调整公证辖区和公证处的整合来解决。而公证员的不恰当宣传则应当限制,并应当以相关法律来规范。

公证员不得利用与行政机关、社会团体、经济组织的特殊关系进行业务垄断,公证员的业务垄断极有可能与腐败联系在一起,并有可能导致公证员队伍的两极分化、畸形发展,对公证员素质的提高形成巨大障碍。有了特殊关系构成的业务垄断,公证员就控制了一定范围的业务量,其他公证员则失去了这一市场,特别是有关房地产、金融、产权交易等公证收费高、专业性强的业务,而控制市场的公证员未必就是在该领域业务好的公证员,因为是凭借特殊关系垄断的市场,就会形成水平高、能力强、专业素质好的公证员手中没有案件,无事可做的局面;而不很熟悉专业公证特点,基于与行政机关、社会团体、经济组织的特殊关系而垄断了这部分公证业务的公证员,却又由于自己的业务水平办不好公证,不仅损害了其他公证员的利益,而且也损害了公证当事人的利益,破坏了公证法律服务秩序,对公证员的声誉及整个社会的良性循环造成极坏的影响。

(七) 注重礼仪

《公证员职业道德基本准则》第12条规定:"公证员应当注重礼仪,做到着装规范、举止文明,维护公证员的职业形象。现场宣读公证词时,应当语言规范、吐字清晰,避免使用可能引起他人反感的语言表达方式。"公证员作为法律职业人员行使的是证明权,必须树立良好的职业形象,维护公证行业的声誉。在执行职务时,应当注重礼仪,着装整洁规范,举止文明大方;接待会谈,调查访问,查阅材料及制作笔录,应表现出法律职业人员的儒雅风范;现场宣读公证词时;庄重、严肃,在形体动作上反映出法律的至高无上和威严,用清晰流畅、有节奏的规范语言表达公证词的内容,使现场人员感到法律的神圣与公正,增强合法性和安全感,使人有一种庄重而不疏远,亲切而又有距离的感觉,充分发挥现场公证的作用。

第二节 公证职业道德的立法背景

2002年3月3日中国公证协会颁布了《公证员职业道德基本准则》,其后又于2003年12月29日公布《公证行业自律公约》。2003年12月24日通过了《公证员惩戒规则》,2005年8月28日颁布了《中华人民共和国公证法》,2006年5月10日颁布了《公证程序规则》。以上法律、法规以及行业规范的出台是有以下的前提和背景的。

一、公证行业的无序促使相应的法律、法规的颁布

《公证法》颁布之前,公证行业出现了服务秩序混乱的状态,如一些公证机构、公证人员压价竞争、乱设办证点、公证处内非公证员独立办证等问题。公证管理工作也存在错位、越位和缺位现象。司法行政机关对公证处业务指导不够,特别是疏于公证质量监管。一些公证处的独立法人地位得不到保障和落实。在公证体制改革问题上,缺乏与有关部门的沟通与协调,一些不具备改革条件的公证处也进行了改革,在事业单位分类定性上,各区县的差异比较大,这些都为公证事业的发展埋下了隐患。

随着"活人的死亡公证案"、"西安'宝马'彩票案"、郑州"撬门公证案"等典型案例的曝光,人们纷纷发出"公证不公"、"有钱便能公证"的感慨,民众对公证的公信力产生疑问。其中一个重要的原因就是立法的滞后。我国1982年颁布了《公证暂行条例》,三十多年过去了,改革开放给社会生活带来巨大的变化,市场经济体制确立,中国已加入世界贸易组织,条例便显得落伍,跟不上时代的步伐,公证实践已经远远突破了《暂行条例》的内容,很多规定和当前的公证内容脱节,一些新事务公证的出现给公证制度的研究提出新的课题。2005年《公证法》规定了公证机构的性质、公证机构的设置标准、公证员的选用条件等等,从实体法律规范和程序法律规范多方面明确了相关主体的责任、规范了公证流程、严格了违法责任,从而能够最大限度地约束公证组织、公证人员的权力行使,进而保证公证工作的公正进行,保证公证事业的健康发展。随后《公证程序规则》的修订对公证程序做了较细致的规定,对于规范公证机构的公证行为,制止公证中的违法行为,保证公证机构和公证员依法履行职责,进一步增强公证的公信力,维护公证行业的形象和声誉具有重大意义。

二、公证员的职业道德的缺失呼唤相应的规范出台

《公证法》出台前,由于公证员整体素质不高等方面的原因,加上监督机制的缺乏,造成少数公证员职业道德失范、执业纪律松懈、违规办证等现象,虽然是

部分公证员的行为,但损害了公证行业的形象。主要表现在:个别公证处乱设办证点的现象时有发生;有的公证处和公证人员利用压价竞争、诋毁同行等不正当手段抢揽证源。个别公证处和公证人员违规办证的问题比较突出,如公证员不履行亲自办证职责,让助理以公证员名义办证。个别公证处和公证人员片面追求经济效益,忽视公证质量、服务质量和诚信建设。采取单一的业务收费与个人收入挂钩模式;有的公证处短期行为严重,缺乏积累和保障。公证业务的不正当竞争,扰乱了正常的公证服务秩序,损害了公证行业的整体利益;违规办证,直接侵害了当事人的合法权益,并带来公证执业活动的巨大风险;不正确的利益导向,助长了公证市场化倾向,削弱了公证工作的社会效益。这些问题继续存在和蔓延,不仅严重影响公证业务的健康发展,制约公证职能作用的发挥,而且还损害公证队伍的信誉和形象。为推进公证员队伍建设,提高公证员的职业道德水平,维护公证员的良好职业形象,公证协会于2002年颁布了《公证员职业道德基本准则》。

在以上行为中最为突出的是不正当竞争行为和逐利倾向,这些直接影响到公证质量、公证信誉、社会效果及行业可持续发展的潜力。为了纠正不正当竞争等行业问题,提高从业者的自律意识,中国公证协会又于2003年12月29日公布《公证行业自律公约》。该公约规定了公证处、公证人员在执业过程中必须禁止的八种行为。为了加强行业的自律,2003年底公证协会通过了《公证员惩戒规则》。该规则规定了惩戒委员会的组成、职责,惩戒措施和惩戒程序。通过对违规公证员的惩戒,实现规范公证法律服务,规范公证人员行为的目的,从而达到"以惩为戒"的目标。

三、落实《公民道德建设实施纲要》

2001年9月20日,中共中央印发《公民道德建设实施纲要》(以下简称《纲要》),《纲要》的颁发是贯彻落实江总书记把依法治国同以德治国紧密结合起来重要思想的重大举措。在其主要内容方面,提出了"一个核心"、"一个原则"、"一个基本要求"和"一个着力点",其中以社会公德、职业道德、家庭美德为着力点。《纲要》指出职业道德是所有从业人员在职业活动中应该遵循的行为准则,涵盖了从业人员与服务对象、职业与职工、职业与职业之间的关系。随着现代社会分工的发展和专业化程度的增强,市场竞争日趋激烈,整个社会对从业人员职业观念、职业态度、职业技能、职业纪律和职业作风的要求越来越高。要大力倡导以爱岗敬业、诚实守信、办事公道、服务群众、奉献社会为主要内容的职业道德,鼓励人们在工作中做一个好建设者。

2002年《公证员职业道德基本准则》颁布正是以《公民道德建设实施纲要》为指导,结合公证队伍的现状、职业本质和特点制定的,《基本准则》的实施也是建设高素质公证员队伍的重要措施,进一步深化公证改革、推进公证事业发展的重要环节。公证人员行使证明权,但其证明的效力高于一般的公民、法人和其他组织,公证证明可以被法院直接作为认定事实的根据,对某些特定事项的公证还赋有强制执行的效力。因此,对公证行业的职业道德提出了较高的要求。此外,公证员也是法律职业共同体的成员,作为法律的具体实施者所应该具有的道德品行必然要高于其他职业的道德要求。

第三节 公证职业道德的热点前沿问题

一、国外有关规定

(一)德国

德国的《联邦公证员法》是1961年颁布的,经过几次修改,最近一次修改于2005年7月22日进行,并于2005年7月29日生效。德国把公证员的职业义务分为一般性义务、特殊性义务与其他义务三部分。

1. 公证员的一般性义务有:

(1)公证员必须在忠实于他的誓言的条件下履行职务。他不是某一方当事人的代理人,而是所有参与人之独立与公证的受托人。(2)在某项职务活动与公证员的职业义务不相一致,特别是如果公证员被要求参与的行为明显地不被允许或不诚实时,则他应须拒绝该项职务活动。(3)公证员应当通过职务内外之行为显示出他应给公证职务所带来的尊严。他必须避免任何能够导致误认其违反了法律赋予之义务,特别是导致误认其具有依赖性或不公证性的行为。(4)除了法律明文规定的中介活动之外,公证员不允许进行借贷及地产业务的中介,也不允许参与任何形式的证书业务的中介和承担与其公务行为相关联的担保或其他形式的保证。他亦须保证其身边的工作人员不进行类似的活动。(5)公证员不允许进行与其职业不相吻合的公司参与活动;特别是如果他单独地或者共同地与那些根据第9条的规定联合执业或者共同使用办公场所的人们,在参与诸如在《行业守则》第34c条第1款意义上的活动时,以及在参与某个税务咨询或注册会计师公司的活动时,能够对其具有间接地或直接地决定性影响的话,则这些活动将被严格禁止。(6)公证员应在其职业活动所需的范围内接受进一步培训。(7)公证员不允许在没有充分理由的情况下,拒绝进行证书业务。

公证员的特殊性义务有:(1)公证员负有保密的义务。这一义务适用于在其履行职业时所悉知的一切但不适用于公开的或者其重要性不足以进行保密的事实。如果当事人进行了解除履行保密义务的授权,则保密义务被取消。如果某当事人死亡或者他的意思表示不可获得或者仅可在不成比例的困难条件下才能获得,则监管机构可以替代他进行解除履行守密义务的授权.如果在个案中对于是否履行守密义务存有疑问,则公证员可以向监管机构寻求相关决定。倘若这一义务被否定,则从公证员的公开表示中,不可以引申出针对他的请求权来;在职业活动结束之后,保密义务依然存在。(2)公证员负有职业责任保险的义务。公证员负有为了满足对其职业活动与由其承担责任的人员活动所致财产损失责任风险的弥补,而进行职业责任保险的义务。该保险必须由一家在国内被允许进行商务活动的保险企业按照保险监管法的标准所设立的一般保险条款承包。保证(承保人)必须承担前述所有承保的职业责任风险,并适用于每一个能够引起针对公证员的职业责任请求权的单一渎职行为。

公证员的其他义务有:(1)有关其他工作人员就业的规定。公证员仅在不影响他本人亲自执业的情况下,才能允许具有法官任职资格的或参加了地区公证员职业资历考试的或具有法学专业毕业身份的工作人员在其公证处里就业。(2)与职责有关的义务。除了候选公证员以及为了培训而分配给其作为法学专业实习生的人员、公证员对于在其身边所聘用的就业人员,负有形式上的责任。(3)与共同职务活动相关的报告义务。若存在与共同进行职业活动或共同占用办公场所相关联的情况时,公证员必须立即向监管机构和公证协会报告。报告的内容为:参与共同职业活动人员的姓名、职业、进一步的职业活动和办公场所。在监管机构和公证协会的要求下,公证员需向他们呈送有关共同进行职业活动或共同占用办公场所的协议。(4)独立与公正义务。公证员应采取适当的预防措施以保障他的职务履行的独立性与公正性,特别应保障遵守本法、书证法以及费用法所作出的"参与禁止"原则和其他义务的规定。(5)广告禁止义务。公证员必须放弃所有的商业活动,特别是放弃与其公共职务相违背的广告宣传。在一则根据第8条的规定被允许的报道公证员日常活动的广告中,不允许涉及他作为公证员所从事的业务。(6)培训义务。在对公证员职业的接班者以及进行法学实践者进行培训时,公证员应当尽最大努力地进行参与。公证员应当对于在其身边实习的培训者悉心地给予专业培训。(7)公证员的操守。公证员应当以与其职业相适应的方式与其同事、法院、机关律师和基委委托人的其他顾问交往。(8)拥有各类文选的义务。公证员应当拥有联邦法律文选第一分册、州法律文选、洲司法机关的公告文选以及联以及联邦公证协会的告示文选。

(二)日本

1. 不得拒绝公证的义务

公证人在履行公证业务的时候,无正当理由,不得拒绝公证委托。但对违背法律的委托,对无效的委托以及无行为能力的委托,公证人都可以拒绝为其办理公证业务。

2. 回避的义务

如果因为公证人的疏忽,为下列事项办理公证的时候,其所做的公证无效:(1)公证人是申请人及其代理人或者与受申请事项有利害关系人的配偶、四亲等以内的亲属或者同居的亲属时(亲属关系结束以后亦如此);(2)公证人是申请人或代理人的法定代理、或者辅佐人时;(3)与受申请事项有利害关系时;(4)公证人是受申请事项的代理人或者辅佐人,或者曾是其代理人或辅佐人时。

3. 保密的义务

公证人不得泄露与委托事项有关的当事人秘密。

除了上述列举的义务,公证人未经法务大臣许可,还不得从事下列活动:(1)不得兼理其他公务,参与国家公务员的活动;(2)不得经营商业,开办商行;(3)不得成为以营利为目的的商业公司的使用人或代表人。

4. 保险的义务

公证人自应收受任命证书之日起15日内向其所属法务局或地方法务局缴纳身元保证金。

(三) 英国[①]

英国2001年颁布了《公证人执业规则》,根据该规则有关规范公证员的规定如下:

1. 公证人不得随意拒绝公证

根据执业规则,一个人一旦担任公证人后就不能拒绝提供公证服务。只有在以下情形下,才可以拒绝公证:如果当事人存在生理或法律上的障碍、当事人丧失行为能力、或申请的公证事项违法。

2. 回避义务

根据执业规则,公证人在其执业过程中不得从事任何损害或可能损害其独立性或中立性的行为。即在英国,公证人不得在任何涉及其利益的事项中担任公证人。

3. 亲自办理公证的义务

公证人一旦接受公证委托,公证人就不能向他人再行作出委托,即便该人是公证人也不行。

4. 记录公证行为的义务

根据执业规则的规定,任何公证人均负有适当记录其所为之公证行为并保留此类记录的义务。

5. 保密义务

在英国,与其他法律从业人员一样,公证人对其客户也负有保密义务。

[①] 张文章主编:《公证制度新论》,厦门大学出版社2006年版,第304—308页。

6. 谨慎公证义务

在公证过程中,公证人必须运用其他人在从事自己事务时所运用的合理技能并履行通常的注意及勤勉义务。

(四)美国

《美国模范公证法》对公证人的权力进行了限制①:

1. 回避的义务

有以下情况,应予回避:(1)公证人是所公证文件的当事人或该文件中有其名字;(2)公证人将直接或间接获得价值超过公证人对公证行为的最高收费之外的任何佣金、费用、好处、权利、资格、礼仪、现金、财产或者其他报酬;(3)公证人是本人的配偶、家庭成员、长辈、晚辈、兄弟姐妹,包括姻亲、继亲属关系;(4)公证人是本人的代理人,对所公证文件进行过准备、解释和建议工作。

2. 不得拒绝公证的义务

(1)公证人不得基于委托人的种族、年龄、性别、性取向、出生地、健康或残疾、或者并非公证人或公证人雇主的客户或顾客而拒绝公证;(2)公证人应当为已缴纳规定费用的申请人办理各项公证事项,除非①公证人知道或者有理由相信该公证行为或相关事务违法,该公证行为属于公证人不得进行相关公证行为的情形,所需公证行为的数量实际上使得不能立刻完成所有的公证行为,在该种情况下,公证人应安排剩余公证行为的完成;②当事人请求电子公证,而公证人未按规定登记为电子公证人。

3. 避免影响

(1)公证人不得促使,也不得劝阻当事人订立涉及公证行为的交易,除非公证人知道或者有理由相信该公证行为或相关事务违法,公证人才可以劝阻订立相关交易;(2)公证人没有义务也没有权力调查、证实或者见证设计公证行为的某项文书或者交易的合法性、适当性、准确性。

4. 错误证明

(1)公证人不得制作其知道或相信包含错误信息的证明;(2)公证人不得在未完成的公证书上加盖公章或签名;(3)如果公证人知道公证书将在公证人不在场时被补充完整或者附在某文件之后,公证人不得将该签名或盖章公证书交与他人。

5. 不适当文书

(1)公证人不得在空白或未完成的文书或者在没有公证字句的文书上证明签名;(2)公证人不得证明影印件。

---

① 张文章主编:《公证制度新论》,厦门大学出版社2006年版,第318页。

6. 故意欺骗

公证人不得以欺骗或欺诈的故意实行公证行为。

7. 证明书

公证人不得使用公证人的头衔或印章支持、促进、公开指责或者反对任何产品、服务、竞赛、选举人或其他要约行为。

二、港澳台有关规定

(一) 台湾地区

台湾地区的公证制度实行双轨制,即存在法院公证人和民间公证人。现行的"公证法"于2001年实施。

1. 回避义务

根据"公证法"第11条的规定,公证人有下列各款情形之一者,不得执行其职务：

(1) 为请求人或就请求事项有利害关系者。

(2) 为请求人或其代理人或就请求事项有利害关系者之配偶、前配偶、未婚配偶、四亲等内之亲属或同居之家长、亲属者。其亲属或家长、家属关系终止后,亦同。

(3) 为请求人或其代理人之法定代理人者。

(4) 就请求事项现为或曾为代理人或辅佐人者。

无论是法院的公证人还是民间的公证人有以上情形的均予以回避。

2. 保密义务

"公证法"第14条规定,公证人、佐理员及助理人,除法律另有规定外,对经办事件,应守秘密。

3. 不得无故拒绝请求之义务

"公证法"第15条规定,公证人非有正当理由,不得拒绝请求人之请求。公证人拒绝请求时,得以言词或书面为之。但请求人要求书面其理由者,应付与理由书。"台湾公证法实行细则"第51条规定,有下列第1款至第4款情形之一者,公证人应拒绝公、认证之请求;有第5款情形者,得拒绝请求。但其情形可补正者,公证人应当场或定期先命补正：请求不合程式或不备其他法定要件;不属本法第2条所定得作成公证书或认证文书之范围;有本法第70条所定违反法令事项及无效法律行为之情事;请求认证内容与公文书记载事项相反;请求认证之内容无从查考或不明。

4. 兼职禁止义务

法院公证人系公务员,有关其禁止兼职的规定,适用公务员服务法,亦即：(1) 不得经营商业或投资事业;(2) 非依法不得兼任公营事业机关或公司代表官股之董事或监察人;(3)除依法令兼职者,不得兼薪及兼领公费;(4)如兼任非以营利为目的之事业或团体之职务,受有报酬者,或兼任教学或研究工作或非以营利为目的之事业或团体之职务,应经服务机关许可。机关首长应经上级主管机关许可。除此之外,法院之公证人于其离职后三年内,不得担任与其离职前五年内之职务直接相关之营利事业董事、监察人、经理、执行业务之股东或顾问。

民间公证人兼职禁止:(1)民间之公证人具有律师资格者,不得执行律师业务。但经遴任仅办理文书认证事务者,或因地理环境或特殊需要,经司法院许可者,不在此限。律师兼任民间之公证人者,就其执行文书认证事务相关之事件,不得再受任执行律师业务,其同一联合律师事务所之律师,亦不得受任办理相同事件。(2)除本法另有规定外,民间之公证人不得兼任有薪给之公职或业务,亦不得兼营商业或为公司或以营利为目的之社团法人代表人或使用人。但与其职务无碍,经司法院许可者,不在此限。(3)民间之公证人及其助理人,不得为居间介绍贷款或不动产买卖之行为。

5. 文书簿册编制与保存之义务

公证人应编制公证书登记簿及其他相关之簿册。公证人作成之公证书原本,与其附属文件或已认证之文书缮本、影本,及依法令应编制之簿册,保存于公证处或事务所,不得携出。但经法院或其他有关机关依法律调阅或因避免事变而携出者,不在此限。

6. 保险的义务

民间之公证人未依本法规定缴纳强制责任保险费者,得予免职。前项保险契约于每一保险事故之最低保险金额,由司法院视情势需要,以命令定之。但保险人对同一保险年度内之最高赔偿金额得限制在最低保险金额之2倍以下。保险人于第一项之保险契约停止、终止、解除或民间之公证人迟延缴纳保险费或有其他足以影响保险契约效力之情形时,应即通知所属地方法院或其分院及地区公证人公会。地区公证人公会,应为该地区民间之公证人办理责任保险,以确保民间之公证人因执行职务依第67条规定参加责任保险所不能理赔之损害赔偿。前项保险契约于每一保险事故之最低保险金额,由司法院视情势需要,以命令定之。但保险人对同一保险年度内之最高赔偿金额得限制在最低保险金额之四倍以下。

(二)澳门

澳门的公证制度源于葡萄牙,目前实行以立契官为标志的公证和以律师为主的私证双轨制。葡萄牙于1967年颁布的《公证法》在澳门适用,1990年、1993年和1999年三次修改以适应澳门本地的实际情况。澳门公证法中有关职业道德的条款如下:

1. 公证员之回避

(1)如公证员本人、其配偶、任一直系血亲或姻亲、二亲等内之旁系血亲或姻亲,或与公证员在事实婚状况下生活之人,系行为之直接或间接当事人,又或系行为之直接或间接受益人,则公证员不得作出有关行为。

(2) 如上款所指之任一人系行为当事人或受益人之受权人或法定代理人,则上述之回避亦适用于有关行为。

(3) 行为之当事人或利害关系人为一股份有限公司,而公证员本人或第1款所指之人系该公司之股东者,公证员得参与有关行为;行为之当事人或利害关系人为一公益法人,而此法人系由公证员管理者,公证员亦得参与有关公证行为。

2. 公证机构之实习员及助理员之回避

(1) 公证机构之实习员及助理员处于上条所指之应回避状况时,不得作出公证行为。

(2) 公证员应回避时,其所属公证机构之实习员及助理员亦须回避。

3. 保守职业秘密

(1) 对于为作出簿册认证或为作出认证而交予公证员之私文书之存在及内容,以及对于交予公证员供其准备及作出属其权限行为所用之资料,均须作为职业秘密加以保守。

(2) 在未经向公证员出示遗嘱人之死亡证明时,遗嘱及任何与其有关之资料均属秘密;但对遗嘱人本人或其具特别权力之受权人则除外。

(3) 仅在法律规定之情况下,公证员方有出示公证机构之簿册、文件及资料库内资料之义务;公证员亦有义务保管按照法律仍未移至其他档案库或未销毁之簿册、文件及资料库内资料。

4. 拒绝之义务

(1) 在下列情况下,公证员应拒绝作出被申请之公证行为:

① 行为属无效;

② 行为不属其权限范围或属其本人应回避作出者;

③ 就参与人之精神是否健全存有疑问。

(2) 如有经卫生司认可之两位医学鉴定人参与公证行为,并证实参与人精神健全,则就参与人之精神健全存有疑问即不构成拒绝作出公证行为之依据。

5. 说明拒绝之理由

(1) 如公共公证员拒绝作出属其权限范围之行为,而利害关系人以口头或书面方式向其声明拟对该拒绝作出行为之决定提出争议,则公证员应在48小时内向利害关系人交出一份注明日期之书面报告,其中应详细说明拒绝之理由。

(2) 上款之规定,经作出必要配合后,适用于拒绝发出证明之情况。

(3) 为针对公证员拒绝作出公证行为之决定而提出争议,向利害关系人交出第1款所指说明拒绝理由之报告之日,视为就该决定作出通知之日。

三、分析评定

德国、日本和我国的台湾和澳门地区的公证制度都属于拉丁公证体系,其有关职业道德方面的规定散见于公证法中。虽然大陆法系国家公证制度比英美法系的公证制度发达,但英美法系制度的国家也有专门的规范公证人行为的规则。从以上的规定得出以下结论:

(一)上述国家和地区对公证员的回避、保密、拒绝公证等都作了较为详细的规定

我国的《公证法》中虽然也有这几个方面的规定,但是与上述国家和地区的规定相比显得单薄、粗糙。如《公证法》第22条规定,公证员应当遵纪守法,恪守职业道德,依法履行公证职责,保守执业秘密。第23条第1款规定,公证员不得在2个以上公证机构执业;第2款规定不得从事有报酬的其他职业;第3款规定不得为本人及其近亲属办理公证或者办理与本人及近亲属有利害关系的公证;第8款规定不得泄露在执业活动中知悉的国家秘密、商业秘密或者个人隐私。我国与其他国家和地区的规定不同表现在:

有关回避的规定,在我国回避的事由中有一项是当事人或当事人的近亲属,这里的近亲属通常指夫妻、父母、子女、兄弟、姐妹、儿媳、女婿、公婆、岳父母、祖父母、外祖父母。而日本、我国台湾地区的规定,是四亲等以内的亲属,即便是亲属关系结束。回避规定目的是防止公证人偏袒一方,以保证公证人的中立地位,从而保障公正。如果有亲属关系,就会让当事人产生疑虑,对公证不信任。从日本和我国台湾地区的规定看出,回避对象范围更广,即使在亲属关系终止,如离婚。以便消除顾虑,也保证公证员顺利履行职务。

有关保密的规定:(1)保密的范围宽泛。从各国和地区的公证法规定中可以看出,保密限于履行职务中的一切秘密,而我国范围较窄,没有确立职业秘密的概念,把公证员所保守的秘密范围限于国家秘密、当事人的商业秘密及个人隐私。(2)规定了保密的主体,不仅是公证员,而且还有其助理人都应保密。(3)规定了免除保密义务的情形。德国规定当事人自愿免除和监督机关的免除,即如果出现当事人死亡,征求当事人意见确有困难,监督机关可以作出决定免除公证人的保密义务。

有关不得拒绝公证的规定。许多国家和地区都规定非有正当理由,不得拒绝公证,即使拒绝也要并说明理由。我国台湾地区、澳门地区对正当理由又进行了规定。但我国没有该方面的规定。

有关兼职的禁止的规定。同样为了保证公证员独立地履行职责,许多国家和地区都规定了公证员不宜担任的职务。我国台湾地区有法院的公证人和民间公证人,这两类人员不适宜担任的职业分别予以说明。我国公证法只规定公证

人不得从事有报酬的其他职业。但德国和我国台湾地区的公证法还明确,公证人不得居间介绍贷款或不动产买卖的行为。

有关强制保险的规定。为确保公证人因执行职务时而侵害当事人权利的损害赔偿责任的履行,各国和地区都采取一定的担保制度。我国台湾民间公证人除任命后应加入责任保险,在执行职务期间,亦应继续参加责任保险。地区公证人公会应为该地区民间公证人办理责任保险,以补足民间公证人因执行职务参加的责任保险不能理赔的部分。美国公证人在就任前应先签署保证书,由公证人与保险公司和州政府成立保证契约,担保在一定金额范围内对于因公证人不当执行职务而遭致损害之人,负损害赔偿责任。我国《公证法》第15条规定,公证机构应当参加公证执业责任保险。

(二)德国有关公证员的职业道德方面的规定更加详细

德国的《联邦公证员法》被誉为是公证人的规范,除此之外,联邦德国公证协会根据《联邦公证员法》的规定及授权,还拟定了《德国公证员守则建议》,该守则是对所设定的职责和义务的细化。德国除了规定上述义务外,还规定了与职责有关的义务、与共同职业活动相关的报告义务、禁止广告等义务,即公证员不得进行广告宣传,如果报道公证员的日常活动,则不允许涉及该公证员从事的业务。

第四节 公证职业道德的法律实践

一、能否允许兼职公证员的存在

在英美法系国家,律师也可以兼做公证员,公证员也纳入律师的管理体系。在英国,公证处、审判机关和行政机关都有办理公证业务的权利;在美国,公证人是由律师或其他职业者担任,公证证明只对文书上的签名、盖章的真实性负责,而不对文书内容的真实性负责;在拉丁美洲的一些国家,大学的法学教授可以兼职做公证员,公证员也可以兼职做大学教授;我国法律规定公证员都是专职的,不能兼职做其他工作,公证员职务必须通过公证处来履行。其实,我国律师制度中目前依然允许高等法律院校(系)及科研机构的教学科研人员担任兼职律师,开创律师制度的先例,在实践中取得了较好的效果,一方面积累了实践经验,理论联系实际,促进了法学教育与科研工作;同时,兼职律律师都是高学历高职称,理论功底深厚也抬升了律师的整体水平,促进了律师队伍的发展。公证制度为什么不能借鉴律师制度的成功经验和拉丁美洲国家成熟完善的公证法律制度,允许存在兼职公证员呢?这是一个非常值得探讨的问题。大学教授兼职作公证员,与现行的职业道德规范和法律制度并不矛盾。①

二、有关保守秘密的规定

《公证法》规定,公证机构和公证员不得在执业活动中知悉的国家秘密、商业秘密或者个人隐私。《公证程序规则》第 6 条规定,公证机构的其他工作人员以及依据本规则接触到公证业务的相关人员,不得泄露在参与公证业务活动中知悉的国家秘密、商业秘密或者个人隐私。但是对于国家秘密、商业秘密或者个人隐私之外的,当事人不愿让他人知悉的情况,公证员是否负有保密的义务。回答应当是肯定的。在国外,都确立了职业秘密的概念,即因职务活动中所知悉的与其委托人有关且为其委托人不愿透露的事项。规定职业秘密的意义基于某项职业的特殊性,为了维护双方之间的信任关系。如律师和当事人之间的特权;医生和病人之间的特权;夫妻间的特权,牧师与信徒之间的特权等。享有职业特权的人负有不作证的义务。本书认为,这一特权规则也应适用于公证员和当事人之间。公证员基于其工作,会了解很多的情况。当事人只有在肯定公证员不会被迫披露他所知的事实之后,才会毫无保留地把实情告诉公证员,公证员才能更加有效地为其提供服务;赋予职业秘密特权也有利于保证公证员独立行使其职责。

三、有关告知义务

我国《公证法》规定了公证员的告知义务。《公证员职业道德基本准则》第 8 条规定:"公证员在履行职责时,应当告知当事人、代理人和参加人的权利和义务,并就权利和义务的真实意思作出明确解释,避免形式上的简单告知。"即公证员不仅应当告知当事人自身的权利和义务,还要把申请公证事项的法律意义和法律责任、法律风险告知当事人。公证员如果不履行告知义务或告知不清,就违反了法定程序,违反法定程序制作的公证书就不能产生法律效力,公证机构及其公证员必将承担不利的法律后果,轻则公证书被认定无效,重则成为民事被告,承担赔偿责任。但在公证实践中,由于各地的公证发展状况不同,公证员人少证多的公证处不在少数,有时一名公证员每天要办理好几件公证,公证员与当事人见面的时间很短,在办理批量公证时更是如此,加之当事人接受教育程度的不同,就产生了一些有待解决的问题。如事后当事人能否以听不懂告知来对抗已产生法律效力的公证文书,或将其作为不履行公证书所公证的义务的借口。还有些公证事项缺乏具体明确的法律依据,如办理收费权质押公证,质押应当如何设定,质权是否成立,是否能对抗第三人以及质押权人能否优先受偿等问

---

① 李本森主编:《法律职业伦理》,北京大学出版社 2005 年版,第 203—204 页。

题,一般都是参照《担保法》和有关司法解释办理,这类公证事项本身就面临相当的法律风险。而公证员怎样才满足充分履行告知义务的要求,不因公证员未尽到告知义务而承担不利的法律后果,即公证员要履行告知义务到什么程度才能被免责,也说明公证告知义务的确定是一个摆在公证理论和实务界面前必须探究的新课题。[①]

四、没有调整律师与公证员之间的规范

律师执业行为规范个公证员职业道德准则都有同业竞争的规范,但调整律师与公证员业务的道德规范则没有,法律规范目前也没有。公证处改制以后,面对市场的压力和生存所迫,必须最大限度地开发公证业务,在非诉讼领域必然会和律师发生惨烈的争斗,这是一块没有法律规制的空间,对同属法律服务业的公证员与律师来说都很重要。公证员出的是公证书,律师出的是见证书;律师担任法律顾问,公证员送证上门,主动服务,也为客户提供法律意见;律师知道房地产、金融业务收取的律师费高,公证员也知道那里的油水多,你做法律顾问,我实行资金监管;为了竞争,律师与公证员难免一场你争我夺。面对竞争的混乱,法官、检察官、司法行政官员也无可奈何。现实呼唤着法律的尽快诞生,职业道德在法律出台前则要协调好这个矛盾。律师协会和公证协会应当在司法行政机关的主持协调下,认清形势,顾全大局,从法治的长远角度出发,划出各自的业务范围、把握各自的服务方式和特点,完成好自己的工作。公开的争斗要明令禁止,不能把业务上的矛盾冲突扩散到社会上去;暗地较劲也不允许;要杜绝一切诋毁宣传,通过行业协会和司法行政机关协调解决矛盾,协商不成的争揽业务矛盾,由司法行政机关处理。

公证员办理的公证事务渗透到社会生活的各个方面,尤其是经济领域,绝大部分都涉及财产权益。公证员在办理公证事务时,必须妥善处理好个人事务,不得利用公证员的身份和职务为自己、家属或他人谋取私人利益。我国的公证法律制度尚不完善,法律上的监督制约机制也不够,主要靠公证员的职业道德来调整,公证员与律师的人才流动渠道也仅仅是公证员转向律师的单向流动。有些公证公证员在履行公证员职务时,承接了一些必须公证的事项,与相关当事人结识,通过律师资格考试以后,摇身一变就成了律师,原有的公证事项当事人也就成了律师的客户,主要体现在房地产及金融法律服务方面,对其他律师则构成了不正当竞争,公证法规及职业道德规范都缺乏对此方面的调整,应予完善。

---

① 王联众:《公证告知义务的意义》,载《中国公证》2006 年第 6 期。

第五节 公证职业道德的案例评析

案例:公证收费凸显行业竞争

案情:

家住某市的林先生因生意需要,向某市某商业银行申请了15万元的住房抵押贷款。因为银行要求抵押贷款公证,他来到某市某公证处,对方要他交800元公证费。林先生又到另一家公证处询问,得知只要付200元就可以了。

林先生不相信严肃的公证价格会有高有低,他又到第三家、第四家询问,得知公证费都是200元。据了解,对公证收费,某市早就有严格的收费标准:证明其他经济合同,2万元以下按标的总额的1%收费,10万至100万元,按标的总额的4‰收费。像林先生的15万元的抵押贷款公证,按收费标准应是600元。既然有明确的收费标准,为何有些公证处不按标准执行,反而弃高就低呢?

某市一家公证处的负责人道出苦衷。他说,这是由于争夺客源引起的。各公证处不顾收费标准,拼命压低收费价格以争抢客源。而他所在的公证处,由于强调操作上的严肃性,正在失去一部分公证客源。

他说,这其中,也有当事人不了解公证工作的原因。许多人以为,公证处就是多收费多赚钱,而不知道这是权利与义务对等的关系。当该公证有失公允或发生法律纠纷的时候,赔偿额度就按所收额度的1000倍计算。这样,当事人付得多,公证处自然赔得也多了。

这位负责人还说,现在公证处日子很难过,同行的恶性竞争不算,政府还经常用行政命令要求公证处少收费或不收费做公证,这也使收费标准成为摆设。

据悉,某市目前有公证处十多家,原来公证事项还有地域管辖,客源相对稳定。如今地域限制被打破了,为了争抢客源,大家就不惜压价竞争。更有甚者,有的公证处与某些银行订立口头协议或契约,根据介绍来的公证收入按比例返回给银行,名曰"协办费"。为此,有的银行就硬性规定此项目的公证必须在某公证处进行,否则不予承认。

评析:

公证是公证机构根据自然人、法人或者其他组织的申请,依照法定程序对民事法律行为、有法律意义的文书和事实的真实性、合法性和可行性进行审查和证明的活动。公证对于预防纠纷,维护经济秩序的稳定具有重要的作用。

改制的公证处应成为执行国家公证职能、自主开展业务、独立承担责任、按市场自律机制运行的公益性、非营利事业法人。公证处执行国家公证职能,这就要求公正体现"社会效益第一"的原则。公证工作要按时代要求做到有利于民主法制建设,有利于推进司法改革,有利于法律服务事业的健康发展,有利于法律服务职能的充分发挥,有利于对法律服务机构和法律服务人员的规范管理。

各公证处竞相压价,搞不正当竞争,是不允许的。公证处自身不正,何以维护公正?这直接影响到公证的信用和政府的形象。而且,由于我国加入世贸组织,国外的公证机构也将进入国内,公证处面临信用和生存的双重考验。

要正确平衡经济利益与公证处的"公益性、非营利性"性质,改革后的公证处自主开展业务,独立承担责任,按市场规律和自律机制运行,需要注重经济利益;公证员要生存、要获得较好的经济地位,也要靠经济利益来实现。如何平衡二者关系,是公证管理的一项重要课题。目前公证处之间,公证员之间出现互相诋毁,压价竞争,给回扣等不正当竞争现象,就是偏重经济利益的具体体现,给公证事业造成了极坏的影响。

如果公证像商场里的商品一样也要"货比三家",公证还有什么信誉可言。公证之"公",当然涵盖了公信力的内容,公证正是以其公共信誉里获得了使用上的普遍性、通用性和跨域性。可以说,信誉是公证的生命,公证相对人与公证人之间即是基于特别信赖关系,借助于公证人为其完成专门法律服务来救济自己的合法权益的,因此,公证行业应当高度重视公证人的职业道德和执业信誉。以最具公信力的专门法律手段来维护相对人的合法权益,其职务内容的利他性是显而易见的。而公证本身被定性为"公益性"、"非营利性",其服务所收取的报酬——公证费,相对于律师、医生等来说,标准低得多,因此,其"非营利性"表现得更为明显。

要平衡经济利益与公证处的"公益性、非营利性"性质,需从健全公证从业制度,加大监管、处罚力度,降低公证收费数额在公证员利益分配中的比重,增加公证员职业道德内容等方面进行。

第六节 公证职业道德的问题与建议

公证员职业道德的建设一方面要制定完备的职业行为规范,另一方面要健全自律机制。

一、制定公证员的执业行为规范

目前我国只有《公证员职业道德基本准则》,该准则较抽象,不具有操作性。中国公证协会颁布的《公证行业自律公约》,虽然具有一定的操作性,但是只针对公证员的不正当竞争行为。在我国律师有《律师执业行为规范》,公证员也应有自己的行为规范,即完善公证行业道德建设的关键,在于制定具体化和明确化的《公证执业行为规范》。我国应当确立以下几个方面的公证执业行为规范:

（一）公证员与当事人的关系规范

1. 公证员应当珍爱公证事业，努力做到勤勉敬业、恪尽职守，为当事人提供优质的法律服务。

2. 公证员应当依法履行职责，不得超越法律规定的权限办理公证事务。

3. 公证员应当自觉履行保密的法定义务。不得利用知悉的秘密为自己或他人谋取利益。

4. 公证员在履行职责时，应当告知当事人、代理人和参加人的权利和义务，并就权利和义务的真实意思作出明确解释，避免形式上的简单告知。

5. 公证员在执行职务时，应当平等、热情地对待当事人、代理人和参加人，并要充分注意到其民族、种族、国籍、宗教信仰、性别、年龄、健康状况、职业的差别，避免言行不慎使对方产生歧义。

6. 公证员应当按规定的程序和期限办理公证事务，及时受理、审查、出证，不得因个人原因和其他主观因素拖延推诿。

7. 公证员应当不断提高工作效率和工作质量，杜绝疏忽大意、敷衍塞责和其他贻误工作的行为。

8. 公证员不得经商和从事与公证员职务、身份不相符的活动。

9. 公证员应当妥善处理个人事务，不得利用公证员的身份和职务为自己、家属或他人谋取私人利益。

10. 公证员不得接受当事人及其代理人、利害关系人的答谢款待、馈赠财物和其他利益。

（二）公证员之间的关系规范

公证处相互之间没有隶属关系，不同的公证机构的公证员都是平等的，所出具的公证书具有同等的法律效力，公证处与公证处之间、公证员与公证员之间的关系是同行关系，也应遵循以下规则：

1. 公证员不得通过非正常程序或不恰当场合，对其他公证员正在办理的公证事项或处理结果发表不同意见。

2. 公证员应当时刻维护行业利益和行业形象，密切合作，相互尊重，同业互助，共谋发展，不得在任何场合损害其他同事的威信和名誉。

3. 公证员应当与同行保持良好的合作关系，尊重同行，公平竞争。公证处、公证人员在办理公证时不得为下列不当行为：

（1）利用媒体或者其他方式进行夸大、虚假宣传，误导当事人；

（2）利用职务之便谋取不当利益；

（3）在名片上印有曾经担任过的行政职务、荣誉职务、专业技术职务或者其他头衔；

（4）采用不正当方式垄断公证业务；

（5）故意诋毁、贬损其他公证处或者公证人员的声誉；

（6）干扰其他公证处或者公证人员正常的公证业务；

（7）给付或者承诺给付回扣或者其他利益；

（8）公证处未经有管理权限的司法行政部门同意，擅自设立办事机构或者分支机构。

（三）公证员与法官的关系规范

2006年《公证程序规则》实施后，取消了以前的申诉和复议制度。当事人、公证事项的利害关系人对公证书涉及当事人之间或者当事人与公证事项的利害关系人之间实体权利义务的内容有争议的，当事人、公证事项的利害关系人可以以其他当事人为被告提起民事诉讼。法院受理案件后，公证员与法官发生法律关系主要是以证人的身份出席法庭审判，履行作证的职责。在法庭上，公证员主要是对所出具公证书的真实性、合法性作出解释和说明，回答法官及其他诉讼参与人就所出具的公证书而提出的有关问题。还有根据《公证法》第43条的规定，当事人、公证事项的利害关系人与公证机构因赔偿发生争议，可向法院提起民事诉讼时，这时公证机构作为被告。在与法官关系上，公证员应做到：

（1）尊重法官，维护法庭秩序和法庭尊严，遵守法庭纪律；

（2）按照法院通知的时间准时参加诉讼，不得无故拖延或拒绝出庭；

（3）尊重案件的事实真相，不得向法庭提供虚伪的证据。

（四）公证员与公证机构的关系

公证处是公证员的执业机构。一方面公证员受公证机构的指派，办理公证业务，另一方面公证员接受公证处对其的管理和监督。

（1）公证处是公证员的执业机构。

（2）公证员的执业活动必须接受律师事务所的管理、监督。

（3）公证处应当建立健全人事、财务、业务、收费和公证质量等管理制度。

（4）公证处应当建立执业过错追究制度。

（5）公证处应当与其公证员、其他工作人员签订聘用合同，并为其公证员、其他公证人员按期如实交纳失业保险金、养老保险金、医疗社保金、住房公积金等社会保障费用。

（6）公证处按照章程组织公证员开展业务工作，学习法律和国家政策，总结、交流工作经验。

（五）公证员与司法行政机关的关系规范

司法行政机关是政府负责司法行政事务的部门，对公证行业实施行政管理，即对公证机构、公证员和公证协会进行监督和指导。在我国对公证行业实行行政管理与行业管理两结合的管理体制，行政管理应该侧重于组织建设、队伍建设、政策指导、执业监督处罚等宏观管理。司法行政机关要保障公证机构依法独立行使公证职能,不得干涉公证机构及其公证员独立办证权。

（六）公证员与公证协会的关系规范

公证协会作为行业管理性组织,一方面对公证机构、公证员的执业活动进行监督;另一方面代表行业利益、维护行业权益。公证协会行业自律管理体现在业务指导、行业惩戒、业务培训等具体事务上。

（七）公证员与律师的关系

公证员与律师应当公平竞争,无论是公证员转为律师,还是律师转为公证员,都不得办理以前曾经办理过的案件。

二、完善自律机制

公证行业的职业道德建设应是以自律为主,他律为辅。2002年以后,随着公证体制改革,公证处改为事业单位,对公证行业的管理实行司法行政机关行行政管理与公证协会行业管理两结合的模式。2003年12月公证协会颁布了《公证员惩戒规则》,这是对公证实施行业管理,加强自律的一个重要方面。2005年8月《公证法》颁布,该法第六章也规定了公证机构和公证员的法律责任。在我国,行政机关给予的处分即行政处罚,律师协会的处分相当于一种纪律处分。由此看出,司法行政机关和公证协会对公证员都有处罚权,但两者的关系是什么并不十分清楚。公证协会的惩戒方式有:警告、严重警告、记过、记过、暂停会员资格和取消会员资格等。其中公证协会实施暂停会员资格或取消会员资格惩戒时,同时建议司法行政机关给予暂停执业、吊销执业证的行政处罚。也就是说,律师协会的纪律处分要比行政处罚要轻。从两者的处罚事由来看,都差不多,但两者的界限是什么,并不明确,即什么时候需要由公证协会给予处罚,什么时候由行政机关处罚,并不清楚。公证协会是否拥有惩戒权,它体现公证协会的自治的程度。目前我国律师管理体制从总体上来讲还是以司法行政机关管理为主,虽然我们国家的公证协会在一定程度上可以行使部分行业规范的制定权,但还没有完全拥有对行业规范实施的监督权。司法行政机关强大的管理权容易造成对公证员独立办案的干预,因此,完善自律机制,司法行政机关不应再具有处罚权。

【问题与思考】

1. 公证员职业道德建设的重要性何在?
2. 公证员职业道德与素质建设的关系如何?
3. 公证职业道德于市场交易安全的关系如何?

第六章 公证活动的基本原则

【内容提要】

本章解读了公证活动的基本原则,结合公证实务并对完善公证活动的基本原则提出建议。

【关键词】 独立 公正 告知

第一节 公证原则的基本理论

公证活动的基本原则,是公证机构办理公证事务,进行公证活动时所必须遵循的基本准则,是公证机构处理公证事务的总依据。这些原则贯穿于整个公证活动中,反映了国家公证的指导思想,表明了公证的本质属性和特征,是维护社会主义法治和公证活动秩序,保护自然人、法人或者其他组织合法权益的法律保障。在公证活动中始终坚持基本原则,对公证机构和公证员正确实施法律、履行职责、办理公证事项有重要的指导意义。

公证活动的基本原则对于公证活动有原则性的指导意义。关于公证的基本原则,许多公证学的著作都做了归纳,其中比较统一的主要有:真实、合法原则,法定公证与自愿公证相结合原则,直接原则,保密原则,回避原则,便民原则,使用本国和本民族语言文字原则。也有观点认为,还包括本人申请办证与代理人申请办证相结合的原则,不得随意拒绝公证原则。[①]

一、独立原则、公正原则、告知原则应作为公证活动的基本原则

公证活动的基本原则应包括独立原则。《公证法》第6条规定,公证机构依法独立行使公证职能。这一规定确立了我国公证机构独立办理公证事务的原则。坚持独立原则是保障公证质量,维护公证权威性的需要,对公证活动的进行具有指导意义。

《公证法》第3条规定:"公证机构办理公证,应当遵守法律,坚持客观、公正的原则。"这是我国首次明确规定了公证的基本原则是客观、公正原则。

《公证法》第27条第2款规定:"公证机构受理公证申请后,应当告知当事人申请公证事项的法律意义和可能产生的法律后果,并将告知内容记录存

---

① 崔卓兰主编:《公证制度》,吉林大学出版社1999年版,第23页。

档。"告知既是公证机构和公证员的一项义务,也是其在办理公证业务中必须遵守的一项原则。告知原则贯穿于公证活动的始终,对公证活动的进行有指导意义。

二、法定公证与自愿公证相结合不应作为公证活动的基本原则

在我国,许多著作将法定公证与自愿公证相结合作为公证活动的基本原则。[①] 我们认为这种观点值得商榷。

《公证法》第 11 条第 2 款和第 38 条分别规定:"法律、行政法规规定应当公证的事项,有关自然人、法人或者其他组织应当向公证机构申请办理公证。""法律、行政法规规定未经公证的事项不具有法定效力的,依照其规定。"一些学者据此认为我国法律确立了法定公证与自愿公证相结合的原则。其中,所谓自愿公证,指法律、法规、行政规章没有规定必须公证的事项,由当事人自行依据具体情况决定是否办理公证。所谓法定必须公证,指法律、法规、规章规定必须采用公证形式设立、变更法律行为,或者确认有法律意义的文书和事实,公民、法人或其他组织必须到公证机构办理公证。[②]

我们认为,公证中的"自愿"指的是当事人对想要办理公证的事项自愿去公证机构申请公证,是民事法律主体行使民事权利的一种具体表现。自然人、法人或其他组织向公证机构申请公证,和他们向法院起诉、去律师事务所聘请律师一样,是处分自己民事权利的一种表现,并不具有区别于其他活动的本质特点。而在审判制度、律师制度中,均没有把自愿作为原则,因此,公证中也没有必要将公证自愿作为一项基本原则。

我国法律、行政法规规定了某些特定事项未经公证不具有法律效力,这种法定公证的规定只是将公证作为该法律行为发生法律效力的条件。即使对于法定公证的事项,也并不意味着公证机构可以在没有当事人申请的前提下强行进行公证。要不要去公证机构进行公证,仍然是取决于当事人的自愿,公证程序的开始必须以当事人自愿申请为前提。因此,所谓法定公证和自愿公证相结合是我国公证活动基本原则的观点是不妥当的。

法定公证与自愿公证相结合不是公证活动的一项基本原则,但却是公证立法的一项基本原则。为了维护交易安全,保障自然人、法人或其他组织的合法权益,公证立法中需要将某些特定事项规定为法定公证的事项,这些事项未经公证不能产生法律效力。将哪些事项规定为必须公证的事项,是立法活动要考虑的

[①] 参见谢佑平主编:《公证与律师制度》,中国政法大学出版社 1999 年版,第 44 页;王公义等:《中国公证制度改革研究及国际比较》,法律出版社 2006 年版,第 25 页。

[②] 王公义等:《中国公证制度改革研究及国际比较》,法律出版社 2006 年版,第 26 页。

问题。法定公证与自愿公证相结合是公证立法的一项原则,而不是公证活动的基本原则。

综上所述,根据《公证法》和《公证程序规则》的规定,结合公证理论和公证实务的需要,我们认为,公证活动的基本原则主要包括:(1)独立原则;(2)公正原则;(3)真实、合法原则;(4)直接原则;(5)告知原则;(6)回避原则;(7)保密原则;(8)便民原则;(9)使用本国和本民族语言文字的原则。

第二节 公证原则的立法背景

公证制度在其产生与发展的过程中,形成了一些特殊的原则:(1)公证人的专业性。公证人必须受过正规高等教育,并通过国家专门的公证人考试,方能取得从业资格;经国家任命的公证人为终身职务。(2)公证人必须加入到一个公证人协会中去,受其行业组织和国家司法行政部门的双重监督。公证人行使职务必须遵循"公正、独立"的准则。(3)公证文书具有绝对的证据力。公证人进行公证或草拟公证文书是代表国家,具有完全意义上的证据效力,不经过特殊的法律程序,不能推翻其证据力。(4)公证文书具有无可置疑的执行力。对于追索金钱物品的债权文书,如果债务人不能履行其给付的义务并经过一定时限,债权人有权依据公证文书副本径直向法院申请执行,无须另经法院的审判程序。(5)公证文书所有原件均须保存在公证人事务所,其后经过一定期间才交档案机关存档。公证文书是国家档案的重要组成部分。[①]

我国历史上真正意义的公证制度出现在民国时期。当时的公证范围包括两种:一种是制作公证书,即公证人应当事人或其他关系人的请求就法律行为或其他私权事实制作公证书;另一种是私证书认证,即当事人或其他关系人把私人就法律行为或私权事实做成的证书提交公证处,请求公证人予以认证的活动。民国时期办理公证的原则主要有:不得违法将违法事项或无效法律行为予以公证;公证员实行回避制;无正当理由,不得拒绝当事人的公证请求;公证书需以中国文字作出;公证员办理不当者,请求人或利害关系人可以抗议;公证时按章收费,可强制执行的公证,应加倍收费。[②]

新中国成立后,公证制度经历了确立与发展期、低谷期、恢复与发展期的演变与发展阶段。改革开放后,我国计划经济的体制开始向市场经济转变,当时的公证制度也出现了一系列与社会发展不相适应的问题,公证立法严重滞后。《公证法》颁布前,我国公证立法和实践主要存在的问题有:

[①] 王公义等:《中国公证制度改革研究及国际比较》,法律出版社2006年版,第10—11页。
[②] 同上书,第13页。

第一,公证立法滞后。《公证法》出台之前,我国没有公证法典,作为公证制度主要依据的是 1982 年《中华人民共和国公证暂行条例》,它是计划经济时代的产物,其中的许多规定早已被实践所突破,加之浓厚的行政化色彩,已严重不适应我公证事业发展及市场经济建设的推进。①

第二,没有统一的公证法典,公证立法混乱,出现了所谓的"诸侯割据"的局面。1990 年司法部下发了《公证程序规则(试行)》。而事实上的公证实践已经大大突破了《公证暂行条例》的规定。1993 年 4 月 27 日天津市率先由市人大常委会批准颁布了《天津市公证若干规定》,此后,各地纷纷出台了本地区的地方公证条例或规定。公证立法被支离破碎地分解为准国家立法、准行业立法、准地方立法甚至一定程度的非法"立法"。②

第三,实践中,公证职能的不断创新,呼唤公证立法突破对既有公证功能的范围限定。现代意义的公证,已经从单纯的提供一种国家确认的社会信用,拓展到了更为广阔的空间。最为明显的就是公证制度预防纠纷的职能强化,使得公证也随之进化为一种高效的替代性纠纷解决机制。这就对拓展公证的职能提出了新的要求。

2005 年 8 月 28 日,《公证法》作为我国第一部公证法典出台,2006 年 3 月 1 日开始实施。《公证程序规则》也于 2006 年 5 月 10 日由司法部部务会议审议通过,于 2006 年 7 月 1 日起施行。《公证法》确立了客观、公正和其他的基本原则,进一步完善了我国的公证制度。

第三节　公证原则的热点前沿问题

一、独立原则

《公证法》第 6 条规定,公证机构依法行使公证职能。《公证程序规则》第 3 条也规定:"公证机构依法独立行使公证职能,独立承担民事责任,任何单位、个人不得非法干预,其合法权益不受侵犯。"这些规定确立了我国公证机构独立办理公证事务的原则。

独立原则要求公证机构在办理公证业务时,只依据事实和法律、法规、规章,不受人为非法干预,独立地行使国家的公证证明权,独立承担责任,严禁弄虚作假,枉法公证。《公证程序规则》在修订时增加了公证机构独立承担民事责任的内容。公证机构为当事人提供法律服务,出具公证书,代表着证明的公信力。因此,公证机构坚持独立行使公证证明权是提供法律服务,维护公证公正性的需

---

① 李雪茹:《关于我国公证制度改革的若干思考》,吉林大学 2004 年硕士学位论文,来自"中国知网"。
② 杨戬:《论社会本位的公证立法》,载《中国司法》2005 年第 3 期。

要。公证机构作为中立的第三方开展公证活动,必须对它的一切行为负责。而公证员作为直接办理公证业务的人员,只有排除了来自外界的非法干预,才能保证其能够根据自己的自由心证进行判断,保证公证的公正性和公信力。

公证机构独立公证,并不意味着公证机构依法公证的活动可以不受任何监督和制约。独立原则强调公证机构不受其他任何单位、个人的非法干预,但对于法律规定的制约和监督,公证机构应当接受。一方面,为保证公证活动中正确适用法律,公证处的本级或上一级司法行政机关,根据当事人申请,对公证处或下级司法行政机关作出的有关公证事项的决定,依法进行审查。另一方面,公证机构依法公证也需要取得各级党政机关、群众团体等单位的配合、支持与监督,以协助公证人对公证事项做大量的调查工作。[①]

保障公证机构的独立性,要做好以下几点:

第一,要处理好公证机构和公证管理部门的关系。公证机构是独立行使公证职能,独立承担民事责任的证明机构,公证管理部门与公证机构是监督与被监督、指导与被指导的关系,公证管理部门要依法对公证机构进行监督指导。目前,我国司法行政机关对公证机构有较多的管理权。学界和实务界关于加强公证行业自律管理的呼声也日益高涨。国家通过法律允许公证简历自己的行业组织公证协会,有公证协会负责管理公证人,是公证独立性的表现。公证协会在依据章程对公证机构进行监督时,也应当保证公证机构的独立性。

第二,要处理好公证机构和其他司法机关的关系。公证机构和其他司法机关依法各自独立行使国家权力,互不干涉。当事人、公证事项的利害关系人对公证书的内容有争议的,可以就该争议向人民法院提起民事诉讼。经审理确有错误的公证书,人民法院有权撤销。但非经法定程序,任何机关不得随意撤销公证书。

第三,要处理好公证机构与公证申请人的关系。公证机构依公证申请人的申请,为其提供法律服务,保障其合法权益。但公证机构不能为了满足申请人的要求而违反法定程序,甚至为其出具假证,一味迁就申请人而丧失了独立性。

二、公正原则

公正是公证活动的本质要求。法律所不懈追求的正是公平与正义,对于一项司法制度来说,公正是不言而喻的。公证作为国家公证机构进行的司法证明活动,是国家法律制度的重要组成部分。公证处行使公证权,其所出具的证明被法律赋予了特定的公信力。在法律活动中,公证书的效力明显优于私证书,这正是源于对公证公正性的信赖。2006年3月1日起施行的《公证法》首次明确将

---

① 王公义等:《中国公证制度改革研究及国际比较》,法律出版社2006年版,第20页。

"公正"确定为开展公证业务的原则。该法第 3 条规定:"公证机构办理公证,应当遵守法律,坚持客观、公正的原则。"《公证法》将公正原则以法律明文的方式加以强调,其重要性可见一斑。公正原则反映了公证制度的本质,是维护社会主义法治和社会秩序的需要,是保证公证质量,实现公证职能的保障。

公正包括实体公正和程序公正,公证制度中的公正也是如此。所谓实体公正,就是指公证机构对公证申请人所提请公证的民事法律行为、有法律意义的事实和文书所作出的公证是公正的,即公证的结果是公正的。所谓程序公正,是指公证活动的过程是公正的,即公证程序遵循了法律的规定,参与公证活动的人员的合法权利得到了保障等等。

因此,贯彻公正原则,就要做到:一方面,对提请公证的民事法律行为、有法律意义的事实和文书的公证结果是公正的;另一方面,公证参与人在公证过程中应享有的程序权利得到了充分的尊重。公证机构依法办理公证事务,在办证过程中遇有法定禁止情形时,不予办理公证。

三、真实、合法原则

真实、合法是公证制度的基本要求。《公证法》第 2 条规定:"公证是公证机构根据自然人、法人或者其他组织的申请,依照法定程序对民事法律行为、有法律意义的事实和文书的真实性、合法性予以证明的活动。"真实、合法是公证文书公信力的重要来源,因此,公证活动的真实、合法就成为公证制度的首要原则。

(一) 真实原则

真实,是指公证文书所证明的民事法律行为、有法律意义的事实和文书是客观存在的,或有充分证据证明其是客观存在的,而不是虚构、伪造的。真实原则要求公证机构作出的公证文书的内容与事实是相符合的,是真实的。只有真实的公证文书,才能产生应有的法律效力。

真实原则要求公证机构和公证员在办理公证事务时,要查清待证事项是否真实存在。要做到这一点,公证机构必须做到如下要求:

第一,公证员须审查当事人申办公证的要求是否是自己真实的意思表示。如果发现是他人使用欺诈、胁迫、乘人之危等手段迫使当事人作出的,即为违背真实的意思表示,是违反真实原则的,公证机构不能给予公证。

第二,公证员必须亲自审查公证事项,同时根据需要,深入调查研究,不能只以当事人口说为凭,靠"坐堂"办公。对当事人提供的证据材料,公证员应进行认真地审查核实,对确实真实的事实才能进行认定。公证员在办理公证业务时,不能只听取当事人的口述,而应根据案件的实际需要,进行深入的调查研究,特别是在当事人举证困难的情况下,公证员更应深入实际,查清待证事项的真实情况,以保证所作公证的真实可靠。

不仅公证机构有保证公证书的内容真实的义务,申请公证的当事人也应向公证机构提供真实的证明材料,不能捏造、虚构。《公证法》第 27 条第 1 款规定:"申请办理公证的当事人应当向公证机构如实说明申请公证事项的有关情况,提供真实、合法、充分的证明材料;提供的证明材料不充分的,公证机构可以要求补充。"当事人以及其他个人或者组织提供虚假证明材料,骗取公证书的,要承担相应的责任。

(二) 合法原则

合法,是指公证机构办理公证事项的内容、形式和程序,都必须符合国家法律规定,并且不违反公共利益和社会公德。合法原则要求公证机构办理公证事务时符合国家法律的规定,包括符合实体法和程序法两个方面。符合实体法,是指公证事项符合国家法律、法规的规定,公证的实体内容合法;符合程序法,是指公证员办理公证的程序符合《公证法》、《公证程序规则》等法律、法规、规章的规定,严格依照法定程序和形式进行。只有这两方面都具备,才算是合法,所作出的公证书才能产生相应的法律效力。

合法原则与真实原则密不可分,相辅相成。真实性是合法性的基础,提供虚假证明材料,骗取公证书,或欺诈、胁迫他人做伪证等行为本身就是违法的。然而,符合真实性的法律行为、事实和文书也不必然合法。如对赌博、卖淫、毒品交易等违法之债不能公证。因此,合法原则是在真实原则上的进一步要求,两者是统一的,不能割裂开来。就某一具体的公证事项而言,两者必须同时具备,缺一不可。

为坚持合法原则,公证机构在办理公证事项的过程中,须做到以下几点:

第一,审查公证申请人的主体资格是否合法,即提出公证的当事人是否具备民事权利能力和民事行为能力。民事权利能力,是民事主体享有民事权利、承担民事义务的资格;民事行为能力,是公民独立行使民事权利,承担民事义务的能力。具备民事权利能力和民事行为能力,是公民独立参与民事活动的前提。因此,具备了民事权利能力和民事行为能力的人,才能向公证机构提出公证申请。无民事行为能力人或者限制民事行为能力人申办公证,应当由其监护人代理。

第二,审查申请公证的事项内容是否合法。公证待证事项的内容必须合法,对于违反法律、社会道德、损害国家、集体、他人利益的公证申请不得予以公证。公证员在办理公证时,应当要求当事人说明申请公证的动机、过程,并通过审查当事人提供的证明材料和自己的调查、实地勘验等情况综合分析,判断公证事项是否合法。在实践中,当事人出于各种原因,可能忽略或故意隐瞒对己不利的事实,对此,公证员要深入调查,准确判断,以确保公证事项的真实、合法。

第三,办理公证的程序必须合法。合法不仅包括符合实体法,还包括符合程序法。违反法定程序作出的公证也不能产生应有的法律效力。《公证法》、《公证程序规则》都对办理公证的合法程序作了明确的规定,公证机构办理公证时必须依法进行,对于特别的公证项目,还需要依法定的特别的程序办理。

第四,合法原则对不同的公证事项有不同的要求,公证员在审查待证事项的合法性时,要具体问题具体分析,不能一概而论。对于某些法律事实方面的公证,如出生公证、死亡公证、学历公证等,就无需查证其合法性,只需审查其真实性即可。因此,对于不同的公证项目,要根据其性质决定对其进行合法性审查的范围,区别对待,而不是盲目地进行全面的合法性审查。

四、直接原则

直接原则,要求公证机构办理公证事务时,必须由公证员亲自接待当事人,听取当事人和其他有关人员的口头陈述,亲自审查公证事项和相关的证据,必要时亲自调查证据,在此基础上进行判断,决定是否予以公证。这些工作必须由公证员亲自办理,不得委托非公证人员代办。公证员要在自己出具的公证书上签名或加盖签名章,并对其所引起的法律后果承担责任。公证员行使证明权的权力来自于法律的授权,这种权利不允许委托他人代为行使。非公证人员不具有法律授予的行使国家权力的特殊身份,其所作出的"公证"也就不具有公证效力。

直接原则是诉讼活动的基本原则。在诉讼中,又称为直接审理原则。直接审理原则的长处在于,审判员能亲自听取当事人的陈述,证人证言和辩论,并直接观察其态度表情或证据物体的实际情形,明白事实真相,并作出公正的判断。[①]《公证程序规则》第5条第2款规定:"依照《公证法》和本规则的规定,在办理公证过程中须公证员亲自办理的事务,不得指派公证机构的其他工作人员办理。"在公证制度确立直接原则的重要意义有:(1)保障公证员正确认定公证事项的真实性、合法性。实践的过程就是一个认识的过程。这就需要公证员亲自听取当事人陈述后,亲自到社会现实中去,调查待证事项所涉及的基本内容,在综合分析的基础上决定待证事项是否具备真实性、合法性。"没有调查就没有发言权","实践出真知"就是这个道理。(2)帮助当事人纠正偏差,规范各类民事、经济行为。公证员在亲自深入实践中,就会发现各类具体问题,并能够很快针对这些问题,找出解决的方法。公证申请当事人在各种活动中存在着哪些违法因素,如何解决,都由公证员向他们讲清,并提出合法解决建议。这样既规范公民、法人的民事、经济行为,又为可能发生的纠纷增设了一道防线。[②]

我国《公证法》和《公证员执业管理办法》对公证员的任职条件作了具体的

---

① 常怡主编:《民事诉讼法学》,中国政法大学出版社 2002 年版,第 119 页。
② 王公义等:《中国公证制度改革研究及国际比较》,法律出版社 2006 年版,第 28 页。

规定,公证员须满足法定的任职条件并经法定程序任命。这些规定是为了保证公证员行业的总体素质,从而保障公证的公信力。在公证活动中,公证员与公证处的其他人员的职权和责任是有本质区别的。必须由公证员亲自进行的事务主要有:

第一,亲自接待当事人及其他有关人员,听取他们的口头陈述,了解申请人申请公证的动机、目的,办证用途和其他具体事项。

第二,亲自审查公证事项。对提请公证的民事法律行为、有法律意义的法律事实和文书以及相关的证明材料,公证员都应亲自审查。公证员还应根据案件的具体情况,在必要时亲自调查证据,检验物证,到现场实地勘查。

第三,亲自认定公证事项的真实性、合法性。在做到以上两点的基础上,公证员应根据自己亲眼所见、亲耳所闻的事实进行分析判断,审查待证事项的真实性、合法性,根据不同情况作出出具公证书、拒绝公证、终止公证等决定。坚决杜绝由非公证人员代办,由公证员署名的间接办证现象。

直接原则要求公证员亲自办理公证事务,但并不是指公证员必须对承办的公证事项中的所有具体工作都要亲自完成。从工作性质上划分,公证工作可分为事务性工作和业务性工作两大类。亲自办证,要求公证员主要负责完成与公证或拒绝公证、终止公证相关的关键性业务工作,其他事务性工作可由公证处的其他人员完成。①

五、告知原则

告知原则是近年来被许多人所认可的一项公证制度的基本原则。② 它是指公证员和当事人在公证活动中,应互相就与公证对象相关的事项进行告知。一方面,公证员要将当事人公证以后所享有的权利、所承担的义务、法律后果和注意事项等充分告知当事人;另一发明,当事人应充分向公证员告知其申办的公证事项的详情,不隐瞒重要情节。③

《公证法》第 27 条第 2 款规定:"公证机构受理公证申请后,应当告知当事人申请公证事项的法律意义和可能产生的法律后果,并将告知内容记录存档。"该条明确了公证机构的告知义务。告知不仅是公证员作为法律服务人员的义务,也是公证预防纠纷的直接体现,更是公证员维护公证文书的法律效力,避免责任风险的重要举措。④ 公证机构依法履行告知义务对公证活动的顺利进行有重要意义:(1) 有利于实现公证预防纠纷的职能。作为一项非讼制度,公证的作

---

① 谢佑平主编:《公证与律师制度》,中国政法大学出版社 1999 年版,第 48—49 页。
② 杨荣元等:《公证制度中的四大特有原则》,载《中国公证》2004 年第 2 期。
③ 张文章主编:《公证制度新论》(第二版),厦门大学出版社 2005 年版,第 68 页。
④ 王胜明、段正坤主编:《中华人民共和国公证法释义》,法律出版社 2005 年版,第 102—103 页。

用不是为了解决纠纷,而是预防纠纷的发生。公证机构通过履行告知义务,促使当事人依法进行公证活动,制止违法行为,从而达到预防纠纷的目的。(2)有利于保障自然人、法人或者其他组织的合法权益。公证书凭借其所具有特定效力,能够有效地保障公证当事人的合法权益。公证员在办理公证业务时,应将与公证对象有关的事项充分地告知当事人,提醒其注意,将当事人的真实意思表示以公证书的形式固定下来,为当事人提供法律保障,以更好地保障其合法权益。(3)对公证人的职业道德和业务水平提出了更高要求。公证告知义务要求公证员不能仅仅满足于对公证事项的真实性、合法性的把握,还应当将公证事项的法律意义和可能产生的法律后果告知当事人。由于公正活动的业务范围涉及社会民商领域的方方面面,相关法律法规以及各种规范性文件繁多,所以要求公证员在办理每件公证时都能熟练运用法律知识、社会知识和工作经验,充分履行告知义务非常不易。因此,每个公证员都应顺应时代的发展,加强修养,提高素质,保证自己的职业品质和专业技能能满足正确履行职责的要求。[1]

根据《公证法》第27条的规定,告知内容主要包括两部分:一是告知当事人公证事项的法律意义,二是告知该公证事项可能产生的后果。"法律意义"包括两点含义,一方面是公证事项本身要具有法律意义,该法律意义就是指该事项具有法律上的效力和后果,属于法律可调整的范畴,道德范畴的事实和行为就不具有法律意义;另一方面就是该事项办理公证的法律意义,公证员在办理公证时,要弄清楚当事人的这种需要是不是公证的法律意义所在,当事人所要达到的公证目的是否与该想公证的初衷相吻合,如果不能实现当事人的公证需要,要如实告知并记录在案。关于对申请公证事项可能产生的法律后果的告知,是对与公证事项有关的法律规定、法律责任、法律风险的告知。[2] 另外,根据《公证程序规则》第21条的规定,公证机构还应告知当事人在办理公证过程中享有的权利、承担的义务。告知义务贯穿于公证活动的始终,在当事人提出公证申请后,凡是对当事人在公证中所享有的权利和承担的义务有影响的情况,公证机构都应告知当事人。

告知原则不仅约束公证机构和公证员,也约束公证当事人。《公证法》第27条第1款规定:"申请办理公证的当事人应当向公证机构如实说明申请公证事项的有关情况,提供真实、合法、充分的证明材料;提供的证明材料不充分的,公证机构可以要求补充。"《公证程序规则》第25条也规定:当事人拒绝说明有关情况或者补充证明材料的,公证机构不予办理公证。当事人对公证事项进行如实、充分的说明,有利于公证机构了解当事人的意愿、公证目的、用途等相关情

---

[1] 王联众:《公证告知义务的意义》,载《中国公证》2006年第6期。
[2] 陈刚:《如何履行公证告知义务》,载《中国公证》2006年第6期。

况,使其正当、合法的权益通过办理公证得以保障和实现,从而达到预防纠纷、保障公民合法权益的目的。

六、回避原则

回避原则,是指公证员不得承办与本人及近亲属有利害关系的公证。《公证法》第 23 条规定:公证员不得为本人及近亲属办理公证或者办理与本人及近亲属有利害关系的公证。公证机构行使公证权,其所出具的公证书具有特定的法律效力。因此,公证员办理公证事务必须依法行事,不偏不倚,才能保证公证结果的客观公证。回避原则的确立可以防止公证员为了自身的私利而导致执法不公,损害国家和他人的合法权益;同时,也可以避免当事人和其他人员对公证事项的公正性产生怀疑和非议,维护国家公证机构的权威性。回避原则要求与公证事项有利害关系及其他关系的公证人员不能参加公证,使得公证机构和公证人员处于公正无私的中立地位,使得当事人更加信赖公证机构和公证人员,增强了当事人对公证活动的信任度。

(一)回避的适用对象

回避原则的确立旨在保障公证的真实、合法,因此,凡是与所办理的公证事项有关的人员都应当适用回避的规定。如公证员、翻译、鉴定人等有关人员。

(二)回避的情形

根据《公证法》第 23 条及相关法律、法规的规定,适用回避的情形主要包括以下三方面:

第一,是该项公证的当事人或当事人的近亲属。这里的近亲属,根据《最高人民法院关于贯彻执行〈中华人民共和国民法通则〉若干问题的意见(试行)》第 12 条的规定,包括配偶、父母、子女、兄弟姐妹、祖父母、外祖父母、孙子女、外孙子女。此类情形有可能影响公证员的正确判断,应当回避。

第二,本人或近亲属与该项公证有利害关系。公证员与所办理的公证事项有直接或间接的利害关系,就有可能影响其公证办理,同时也会引起当事人的疑虑,影响其对公证的信任,应当回避。例如,买了彩票的公证人员不得办理中奖号码的摇奖公证,因为其公证结果会对本人的利益有一定的影响;为了保证公正性并维护公证机构的信誉,买了彩票的公证人员应当回避办理摇奖公证。①

第三,与该项公证的当事人有其他利害关系,可能影响公正办证。这里所指的其他关系,可能是同学、朋友、同乡或有恩怨关系等,可能影响公证员公正办证,应当回避。

---

① 张云柱等:《现代公证法学》,新华出版社 2001 年版,第 32 页。

（三）申请回避的时间

回避的方式有两种，一种是与公证有关的人员自行回避，一种是当事人申请回避。当事人申请回避，应当在公证书作成之前提出。当事人申请公证前，无法得知办理本项公证的公证员有哪些，当然也就无法在提出公证申请时提出回避。在公证书作出之后，公证程序即终结，申请回避也就失去了意义。如果发现确有错误，只能通过申诉程序解决。在公证书作出之前，当事人可以随时提出申请，要求承办人回避。

（四）回避的决定

当事人的回避申请可以是书面的，也可以是口头的。凡是口头申请的，公证人员应当记录在案，并应当由当事人在记录上签字，然后公证机构再根据当事人的申请，书面报请有权决定的领导批准。回避决定作出前，公证人员应依法履行职务。当事人的回避申请和关于回避的书面决定均应存入公证卷宗。公证人员自行回避的，可以采用口头或书面的形式，但回避决定仍必须采用书面形式，并存入卷宗。①

七、保密原则

保密原则，是指公证机构及其工作人员，以及其他受公证机构委托、邀请或因职务需要接触公证事务的人，应当保守他们在公证活动中接触到的国家秘密、当事人的秘密的原则。②《公证法》第13条和第23条分别规定了公证机构和公证员不得泄露在执业活动中知悉的国家秘密、商业秘密或者个人隐私。《公证程序规则》第6条第2款也规定：公证机构的其他工作人员以及依据本规则接触到公证业务的相关人员，不得泄露在参与公证业务活动中知悉的国家秘密、商业秘密和个人隐私。该《规则》第60条还明确了公证档案的保存方法，对涉及国家秘密、遗嘱的公证事项，列为密卷，以区别于一般的公证事项。

保密之所以成为公证制度的一项基本原则，是由公证的性质和特征决定的。公证作为国家公证机构进行的司法证明活动，其目的在于预防纠纷，减少诉讼，保护国家和公民的合法权益。在公证活动中，公证机构和公证人员因职务需要，可以接触和了解一些国家秘密、商业秘密和个人隐私，这是法律赋予公证机构和公证人员的权利。但同时，法律也要求相关人员保守其因职务关系而知悉的这些秘密，以保护国际和当事人的合法权益，保障公众对公证机构的信赖。

根据《公证法》和《公证程序规则》，负有保密义务的主体包括公证机构、公证员、公证机构的其他工作人员以及依法能够接触到公证业务的相关人员。这

---

① 张文章主编：《公证制度新论》（第二版），厦门大学出版社2005年版，第72页。
② 严军兴等主编：《公证制度与公证实务》，国防大学出版社1999年版，第45页。

些人员对其在公证活动中知悉的国家秘密、商业秘密和个人隐私负有保密义务,不得泄露。违反保密义务,应承担相应的法律责任。

切实贯彻保密原则,要做到以下几点:

第一,公证机构对参加办理公证事务的人应严格控制,除必须到场的当事人及其帮助办证的代理人、翻译人员、鉴定人在场外,其他无关人员不得参与公证事务。公证机构制作的公证书,只发给申请公证的当事人或其代理人,非经当事人的请求,不得发给其他无关人员。

第二,公证人员除对已办理的公证事项要保密外,对公证机构拒绝公证的和依法终止公证的公证事项也要保密。

第三,公证人员除对本人办理的公证事项要保密外,对本公证机构其他公证人员办理的公证事项也要保密。

第四,公证人员除对公证事项的内容要保密外,对当事人申请公证的动机、目的、用途等也要保密。

第五,公证机构要设专人保管公证档案材料,防止遗失和泄密。未经法定程序批准,不得查阅和复制。

八、便民原则

便民原则,是指公证机构办理公证事务要从便利当事人出发,深入实际,及时准确,认真负责地办好公证。为人民服务是我党的宗旨,也是公证工作的指导思想,便民原则正是这一思想的生动体现。作为一种法律服务,公证的目的在于让公民利用公证保护自己的合法权益,预防纠纷的发生。这就决定了公证工作要深入实际、深入群众,从方便当事人的角度出发,帮助群众更好地利用法律来保护自身的合法权益。同时,又可以增强群众对公证机构的信任和理解,促进公证事业的发展。

我国公证工作的便民原则主要体现在以下几个方面:

第一,办理公证的手续要简便易行,提高工作效率。公证机构在办理公证事项时,应在坚持法定程序的基础上,采取简便易行、行之有效的程序,不允许在法律规定的制度之外增加附加条件。当事人申请公证的事项,如果事实清楚,材料齐全,真实可靠,公证机构就应当随到随办,及时出证;如果当事人申请办证的事实不清,证据不足,可要求当事人补充材料,或者由公证人员抓紧时间调查取证,及时作出是否办证的决定,不能使当事人久等不决,拖延时间。特别是对于发往域外的公证文书,尤其应当注意不失时机,保证时效。[①] 在此必须注意的是,不能为了简化手续,提高效率而违反法定程序,一味求快而忽视对待证事项的必要

---

① 谢佑平主编:《公证与律师制度》,中国政法大学出版社1999年版,第52页。

调查,"先出证,后调查"的现象要坚决杜绝。

第二,必要时可以到当事人的居所地就地办证,方便群众。当事人确有困难时,公证人可以到当事人所在地办理公证事务。我国法律对办理公证的地点并没有限制性规定,同时,本着为人民服务的思想,公证机构在必要时可以到当事人所在地办理业务,帮助有困难无法到公证处所在地的当事人办理公证。近年来公证人上门服务,巡回办证,设点办证,下乡办证,把公证工作送到最需要的基层,受到人民群众的普遍欢迎。各地根据实际情况,大胆尝试,把代理办证点设到乡镇法律服务中心,在大型企业中设立公证联络员,这些做法都得到了各级政府和人民群众的称道。[①]

第三,加强各公证机构之间的协作。《公证程序规则》第26条规定:"公证机构在审查中,对申请公证的事项以及当事人提供的证明材料,按照有关办理规则需要核实或者对其有疑义的,应当进行核实,或者委托异地公证机构代为核实。有关单位或者当事人应当依法予以协助。"公证机构在办理业务时经常会遇到需要到外地进行调查核实、送达文书的情况,但我国地域广、人口多的国情给公证机构带来了困难,使得许多情况难以查实或造成拖延。因此,要加强各公证机构之间的合作,通过由异地公证机构代为调查、送达文书的方式提高效率,帮助公证事务的快速、顺利进行。

九、使用本国和本民族语言文字的原则

《公证法》第32条第2款规定:"公证书应当使用全国通用的文字;在民族自治地方,根据当事人的要求,可以制作当地通用的民族文字文本。"据此,公证机构和公证员在公证过程中,应当使用本国和本民族的语言文字,并使用本国和本民族的语言文字制作公证书。

在公证活动中使用本国的语言文字,是维护国家主权和国家尊严的重要表现。我国是一个主权独立的国家,有权自主地处理本国的公证事务,不受其他各国的干涉。在公证活动中使用本国的语言文字,正是主权独立原则的体现。对于不通晓汉语的外国人,应当为他们提供翻译,不得直接使用外文进行公证活动。发往国外使用的公证书应当使用全国通用的文字。根据需要和当事人的要求,公证书可以附外文译文。

我国是一个多民族的国家,各民族在政治上一律平等。《中华人民共和国宪法》规定,各民族都有使用和发展自己的语言文字的自由。因此,公证机构在公证活动中,要尊重少数民族当事人,对于不通晓普通话和汉文的少数民族当事人,应当为他们提供翻译。在少数民族聚居和多民族共同居住的地方,公证机构

---

① 王公义等:《中国公证制度改革研究及国际比较》,法律出版社2006年版,第35页。

的活动、发布的通告、制作的公证书及其他文件,应使用当地民族通用的语言文字。办理不同民族当事人之间所订立合同的公证,应分别用他们本民族的文字制作。这样做既是维护民族团结和国家安定的体现,也有利于保护少数民族当事人陈述、申辩等合法权利,确保公证活动的顺利进行。

第四节　公证原则的法律实践

公证活动的基本原则贯彻公证过程的始终,指导着公证工作的进行。在公证实务中切实贯彻公证的基本原则,是公证机构和公证员根本的行为准则,也是公证活动顺利进行的保证。

一、关于公正原则

公正是公证的本质要求。《公证法》首次明确将客观、公正规定为公证的基本原则。客观,要求公证机构和公证员尊重待证的法律行为、有法律意义的文书和事实的真实状况,根据事实进行准确判断,决不主观臆断,充分体现当事人的意思真实。公正,要求公证员严守职业道德和规范,对当事人和待证事项公平对待,不偏不倚,维护正义。客观、公正原则是公证活动中最重要的原则,也是体现公证活动特征、展示公证程序规范和职业道德准则最完整和充分的原则。[①] 因此,在实务中对这一原则的贯彻与把握至关重要。

公正原则要求公证机构和公证员严守职业操守,对当事人和待证事项公平对待。公证作为证明的制度,应以为公众提供法律服务为己任。《公证法》明确规定,公证机构不以营利为目的。然而现实中,有些公证处把办理公证当作"生财之道",搞成了"公证经济",将法律为了公共利益而赋予其的公权力当成了谋取私利的私权利。而某些公证员为了追求经济利益,迎合客户的不当要求,简化法定程序,出具假证、错证,严重损害当事人的合法权益和公证制度的权威性。公证机构在办理公证业务时收取一定的费用,是国家允许的。但这种收费应当是合理的公益性收费。为了片面追求经济利益而不惜出具假证、错证,公证的收费沦落为公共权力与经济利益之间的交易,这是违背公平原则的,是要坚决禁止的。《公证法》明确规定公证要坚持客观、公正的原则,就是要求公证机构和公证员在办理业务时要时刻不忘公平正义,严守职业规范。

要维护公正原则,杜绝公证机构片面追求经济利益的行为,还应明确公证机构的性质,加快公证体制改革。《公证法》对公证机构的性质没有进行明确的定位,导致公证机构定位不清,而长期以来公证制度浓厚的行政化色彩仍然对公证

[①] 李全一:《漫谈〈公证法〉的成功与缺陷》,载《中国司法》2006年第1期。

实务有着严重的影响。对此,国务院此前也已批准颁布了《关于深化公证工作改革的方案》,提出从 2002 年起,"现有行政体制的公证处要尽快改为事业体制","改制后的公证处应成为执行国家公证职能,自主开展业务,独立承担责任,按市场规律和自律机制运行的公益性、非营利性的事业法人"。

二、关于真实、合法原则

(一)真实性的标准

真实原则要求公证员在办证中应客观证明事实真相。这里的"真实"应当以"客观真实"为标准,还是以"法律真实"为标准?关于这一问题,理论和实务界早有争论。传统的主流学说主张公证的证明要求应当为客观真实[①],而后有学说对此提出异议,认为"如果把客观真实的要求强加于公证员的身上,显然是不恰当的"。[②] 那么在《公证法》第 3 条确立了客观原则之后,是否表示客观原则就是指客观真实,从而确立了客观真实的标准呢?

王胜明、段正坤主编的《中华人民共和国公证法释义》认为,"所谓客观,就是指公证机构及其公证员在办证过程中,必须忠于客观事实,不能凭主观想象,猜测来办证,正如前述《日本公证人法》第 35 条所规定的,公证人制作公证书必须记录其所听取的陈述,其所见到的状况以及亲身考察到的事实,并应当记明其考察的方法"。[③] 这一定义并没有将客观原则与客观真实等同起来。而司法部、中国公证协会编著的《公证程序规则释义》认为,客观原则指公证所证明的民事法律行为、有法律意义的文书和事实的内容,是客观存在的或者是有充分证据证实其客观存在的,而非虚假或伪造的事实。这一原则要求公证所证明的内容与事实应当相符,非客观存在的事实不得成为公证证明的对象。[④] 这种观点则主张客观原则就是客观真实。

本书认为,《公证法》中的客观原则不应理解为客观真实,公证制度中的真实原则仅指公证机构办理公证应以客观存在的事实或客观存在的证据为依据,不能凭主观臆断。这里的真实是公证员以查实的事实和证据为基础,通过自己的判断达到的"法律真实"。公证机构审查的事实可以分为两类:一类是在公证员面前发生的事实,或者公证员可以亲身感受的事实,比如在公证员面前签约、立遗嘱。这类事实可以要求公证员做到客观真实,如实记录自己亲身经历的事实。而另一类是过去发生的事实,或公证员无法亲身感受的事实。对于这一类事实,受客观条件的限制,公证员不可能百分之百查清全部的"客观真实"情况,

---

[①] 江晓亮:《公证员入门》,法律出版社 2003 年版,第 14 页。
[②] 蔡彦敏:《现代公证制度研究》,广东人民出版社 2005 年版,第 175 页。
[③] 王胜明、段正坤:《中华人民共和国公证法释义》,法律出版社 2005 年版,第 12—13 页。
[④] 司法部、中国公证协会:《公证程序规则释义》,法律出版社 2006 年版,第 11 页。

只能在有限的时间内,凭借其理性、经验、逻辑推理来查明事实,发现证据。而且,调查证据必须遵循一定的法定程序,违反法定程序取得的证据不得作为证据。因此,公证员掌握的事实只能是法律真实的事实。"法律真实"与"客观真实"可以是重合的,也可能是交叉的,甚至是分离的,但这均不影响"法律真实"的存在和被采纳、确认。①

(二) 合法性的范围

合法原则要求公证员办理公证事项的内容、形式、程序都要符合法律的规定,并且不违反公共利益和和会公德。关于这一原则,有学者认为,在我国,不应强调公证机构必须对待证事实的合法性进行审查。因为根据我国公证事业的实际状况,很多公证行为其实都仅仅是对某一个事实的真实存在进行了公证,关于这一事实是否合理合法可能要留待审判机关通过审判程序加以确认,过分强调公证机构必须对事实的合法性进行审查,实际上混淆了公证机构和法院的职能。② 本书认为,公证机构和公证员在办理公证业务时,对待证事项的合法性审查是必不可少的。因为公证是一种证明制度,其所证明的事项的合法性都不能保证,这本身就是对公证的公信力和权威性的动摇。而且,我国法律赋予了公证书特定的法律效力,经公证的民事法律行为、有法律意义的事实和文书,除非有相反证据足以推翻该项公证,都应当作为认定事实的根据,人民法院可以直接认定这些事实。同时,法律还对某些公证文书赋予了强制执行力,当事人可以直接依据公证文书申请法院强制执行。如果这些有法律效力的公证书的合法性没有经过审查,得不到保证,那将是不可想象的。公证也就根本谈不上能够预防纠纷,保障自然人、法人或其他组织的合法权益了。

关于合法原则的具体适用存在两个问题:

第一,新的《公证程序规则》将旧规则第 2 条"公证处依据事实和法律、法规、规章,独立办理公证事务"中的"规章"二字删除,改为了"公证机构办理公证,应当遵守法律,遵守公证执业规范和执业纪律"。那么,公证机构在办理公证的过程中,是否还要审查待证事项和当事人的行为是否符合地方法规和部门规章的规定呢?本书认为,虽然《公证程序规则》规定地方法规和司法部的公证规章以外的部门规章不属于公证机构出具公证书必须遵守的法律依据,但并非公证机构在办理公证时可以全然不考虑地方法规和部门规章的适用问题。因为公证的宗旨在于预防纠纷,维护自然人、法人或其他组织的合法权益。如果在办证过程中全然不考虑地方法规和部门规章的适用问题,当事人的交易安全和合法利益就难以得到充分的保护。公证机构遇到的此类问题与法院在审判中遇到

---

① 李锦明:《公证事项的真实、合法性》,载《中国公证》2006 年第 4 期。
② 叶林、刘志华:《公证法若干理论问题研究》,载《中州学刊》2006 年第 4 期。

的法律适用问题有相似性。最高人民法院《关于适用合同法若干问题的解释（一）》第 4 条规定："合同法实施以后,人民法院确认合同无效,应当以全国人大及其常委会制定的法律和国务院制定的行政法规为依据,不得以地方性法规、行政规章为依据。"但司法实践中,除"不以地方性法规、部门规章作为确认合同无效的依据"以外,对合同案件其他问题的审理还是要"参照"部门规章的。而且更有学者指出,法院审判中对部门规章的"参照"就是指对合法有效的规章应当"作为审理案件的依据"。① 因此,公证机构在办证审查的过程也要注意部门规章的适用。

第二,合法原则要求公证不违反法律的强制性规定,不违反公共利益和社会公德。因此,在没有明确的法律依据是,当事人的许多行为并不能简单地以合法与否来衡量。对于这些公证事项,有学者认为,应从是否符合民法的基本原则和公证机构所承担的风险上限来斟酌。② 对于这一观点,我们表示赞同。在没有明确法律依据时,不能简单地判定合法或违法,而要综合衡量。

（三）对真实性、合法性的审查

对公证事项真实性、合法性的审查是公证程序中的重要环节,与公证结果直接相关。前已述及,世界各国实行的公证审查方式有实质审查和形式审查之分。英美公证制度普遍采用的是形式审查的方式。其特点是公证人在办理公证时,所审查的仅限于当事人身份的真实性、意思表示的真实性及在有法律意义文书上签名、盖章的真实性。而对当事人提供的材料、所作陈述的内容的真实性、合法性,公证人没有义务进行审查,也不承担任何法律责任。拉丁公证制度则实行实质审查的方式。在这些国家,公证人对当事人的申请,不仅要进行形式审查,而且要对当事人提交的材料、所作陈述的内容是否真实、是否符合法律规定进行审查,并对审查的结果承担相应的法律责任。③

关于公证审查的方式,我国法律没有作出明确的规定。公证界的主流观点认为,我国只能实行实质审查的方式,公证员办理公证事项应严格依据真实合法原则,对公证证明的法律行为,有法律意义的文书和事实及其各项内容的真实性、合法性进行审查,以确保公证文书的质量。也有学者认为,对公证事项的真实性、合法性进行审查时,宜采用实质审查和形式审查相结合的方式,针对不同的公证事项和办证惯例进行选择。要求公证员审查并保证所有公证事项及其细节均真实、合法是不切实际的,也是没有必要的。④ 对此,本书认为,公证审查还是应当实行实质审查的方式,不仅要审查当事人的身份、公证文书签字的真实合

---

① 孔祥俊：《法律规范冲突的选择适用与漏洞填补》,人民法院出版社 2004 年版,第 68 页。
② 刘疆：《公证基本原则新论》,载《中国公证》2003 年第 4 期。
③ 陈晓莉：《公证审查能否突破实质审查原则》,载《中国公证》2003 年第 1 期。
④ 张文章主编：《公证制度新论》,厦门大学出版社 2005 年版,第 62—63 页。

法,还应审查公证内容是否真实合法。我国法律赋予了公证书特殊的法律效力,在没有相反证据足以推翻公证的情况下,公证书可以直接作为法院认定事实的依据,某些公证书还具有强制执行力。因此,公证书内容的真实合法非常重要,是预防纠纷,维护当事人合法权益的保障。如果仅进行形式审查无法保证公证质量。当然,实行实质审查并不是要求公证员对每一案件的每一细节都进行审查,对所有案件不加区别的对待。而是应当根据待证事项的性质,有所侧重。如对某些法律事实方面的公证,出生公证、学历公证等,就无需查明其合法性,只要查明真实性即可。但这种真实性的审查还是涉及公证内容的,还是属于实质审查。

对公证事项的审查,有学者认为,不仅应审查其真实性、合法性,还应审查其可行性。"因为具备了真实性、合法性的待证事项,并不一定就具备了可行性。我国公证的最终价值是预防纠纷、减少诉讼。试想,一个不具备可行性的事项,在以后肯定是行不通的,其结果既有可能是使当事人之间产生纠纷,这就不能使公证的价值体现出来,有'有劳无功'之嫌。因此,公证人在审查真实性、合法性的同时,还应对待证事项的可行性做一审查。"[①]对此,本书认为,公证审查应限于真实性、合法性的审查,不应要求公证员审查其可行性。我国法律并未要求公证事项必须具备可行性,公证只是证明公证事项是真实合法的,至于可行与否应留给当事人自己去衡量。由公证机构审查公证事项的可行性固然能起到预防纠纷、减少诉讼的作用,但同时也大大增加了公证的难度和公证员的工作量,加重了公证员的审查责任,其做法并不可取。

三、关于告知原则

公证员在执业过程中要充分履行法定告知义务。公证机构在受理公证申请后,应当告知当事人申请公证事项的法律意义和可能产生的法律后果,告知其在办理公证过程中享有的权利、承担的义务。公证机构向当事人、公证事项的利害关系人或者有关证人了解、核实公证事项的有关情况时,应当告知被询问人享有的权利、承担的义务及其法律责任。根据有关法律或者行政法规的规定,某些民事法律行为应当办理批准手续或者登记手续的,公证机构在受理公证申请后,应当告知当事人在办理公证后办理相应的手续。至于公证机构在办理各类公证事项时应当履行的具体的告知以为,应当通过相应的办证规则加以明确。

告知义务的履行贯穿于整个公证程序。在实务中履行告知义务时应当注意:

第一,告知的内容要记入笔录,这样不仅是为了保全证据,而且也可以证明

---

① 王公义等:《中国公证制度改革研究及国际比较》,法律出版社2006年版,第24页。

公证员已经履行了义务,有利于划清公证员应承担的责任。公证员还可以通过公函、工作记录、电话记录、录音、录像等方式履行告知业务和保存证据。

第二,告知的内容不仅局限于公证书记载的内容,通常情况下,告知义务远远超出公证书记载的内容,例如,告知当事人办理抵押合同公证后,还应办理抵押登记,而公证书就不必也不可能记载登记内容。①

第五节　公证原则的案例评析

案例一:非法干预下的假公证
案情:

2000年10月某省体彩中心授权A市体彩中心,在该市东城区举办一次5000万元即开型体育彩票销售活动,东城区公证处对此次幸运抽奖活动进行了现场公证。抽奖活动产生了几名中奖者,并领走了奖品和奖金,公证员对抽奖活动的全程作出了公证。但事后经调查,在2000年11月初,体育彩票活动即将结束的时候,东城体育局局长刘某两次找到东城区公证处主任万某,要求出具一份假的二等奖20万元的公证书,其目的就是要套取一笔资金。公证员李某在两位领导多次要求下,根据一个真实的彩民身份证复印件,制造了一个根本不存在的伪造的二等奖20万元的假公证书。

评析:

《公证程序规则》第3条规定:"公证处依据事实和法律、法规、规章,独立办理公证事务,不受其他单位、个人的非法干涉。"独立原则是公证活动的基本原则,要求公证机构和公证员独立行使公证证明权,不受外来的非法干预。公证机构和公证员独立办理公证业务,能够保证办证质量,维护自然人、法人或者其他组织的合法权益。但在本案中,公证处的公证工作受到了来自政府的干扰,影响了公证活动的正常进行。公证员在政府官员的非法干预下,出具了假的公证书,损害了彩民的应得利益,也损害了公证制度的公正性和权威性。

案例二:不具备公证主体资格的公证
案情:

徐某原在某市某区有房屋14间,并在该出居住。1996年前后,徐某瘫痪在床,生活不能自理,失语。1996年5月,徐某之长子将徐某接至其住所地居住并将徐某的房屋出租给他人居住。同年5月21日,徐某之长子到某公证处,自行填写《办理国内公证申请表》,以徐某的名义申请办理赠与公证,将徐某所在的

---

① 刘疆:《公证基本原则新论》,载《中国公证》2003年第4期。

房屋赠与自己。当日,某公证处公证员到徐某的住所地对徐某及其长子制作《公证处接谈笔录》。其中对徐某制作的接谈笔录中加盖徐某名章并摁有手印,但无徐某本人签名。同年5月24日,某公证处作出《公证书》,证明徐某在《赠与书》上摁指纹、盖章以及该赠与行为符合法律规定。1999年8月,徐某之次子以徐某不具有办理赠与公证的行为能力为由,向某公证处提出撤销《公证书》的申请。公证机构不予撤销,其向人民法院起诉,经人民法院一审、二审判决:徐某为无民事行为能力人,不具有申请公证的主体资格,对该公证书予以撤销。

评析:

公证机构和公证员办理公证事务,应首先审查公证申请人是否具有公证主体资格,即是否具有民事权利能力和民事行为能力。公证申请人不具有相应的民事权利能力和民事行为能力的,不能进行公证。本案中,徐某为无民事行为能力人,不具有公证主体资格,不能申请公证。公证处为其出具公证书的行为是错误的,人民法院有权予以撤销。

案例三:公证查明假合同

案情:

2002年,某公司与某丝绸厂的法定代表人向某市A区公证处申办《某丝绸厂综合场承包合同》公证。合同规定:"丝绸厂从6月1日起以交35万元将其综合场发包给公司经营一年,但以公司于5月25日前提供250万元资金为条件,其中150万元供丝绸厂周转,100万元用作抵押金并应允丝绸厂用于周转,承包期满,丝绸厂即还本付息;丝绸厂用其所经营的厂房、机器设备作担保。"该处承办公证员对其提供的合同及材料进行审查发现:其一,丝绸厂要求提供巨额资金且在合同履行期前到位作为承包综合场的条件,实属显失公平,违反了《民法通则》的有关规定;其二,公司提供的抵押金和丝绸厂提供的担保物无合法证明,均违反了《合同法》和《担保法》的有关规定;其三,该合同名为承包合同,实为借款合同,显然丝绸厂发包综合场不是目的,而是另有图谋。针对上述情况,公证人员提出修改合同的建议,但遭到双方拒绝,并要求尽快出证。双方明知合同违法且对公司极为不利,仍然要求出证,这种态度引起了公证人员的怀疑。凭办案经验,公证人员初步判定,双方的目的显然不在于合同的正常履行,极有可能是合谋以该合同做"幌子"而实现骗款的目的。于是,公证员决定分别对双方进行资信调查。查明:公司既无资金,也无技术力量,并不具备承包综合场的条件,且正向某银行争取巨额贷款来"履行合同";丝绸厂是2001年新建的镇办企业,债务累累,正忙于组织资金偿付已挪用的原承包人提供的100万元抵押金。还查知:公司与丝绸厂另签了一个《某丝绸厂综合场转包合同》,即公司又将其承包的综合场以50万元转包给原发包丝绸厂。据此,该处基本认定公司与丝绸厂具有合谋骗取国家巨额贷款的意图,双方签订合同仅是作骗款的依据和借口,办理公证在于使骗款依据和借口具有合法性,以进一步取得银行的信任。于是当即决定拒绝办理此项公证,并及时与银行及有关主管部门取得联系,经与有关部门的通力配合,有效地避免了250万元巨额贷款的损失。

评析：

真实、合法原则要求被公证的民事法律行为、有法律意义的事实和文书是真实存在的,并且是不违反法律规定和公序良俗的。本案中,某公司和某丝绸厂签订合同的目的是骗取国家巨额贷款,其公证的目的具有违法性。因此,公证机构不能给予公证。本案中,公证员通过对当事人公证目的的调查,查明了当事人的违法行为,避免了国家财产的损失,是在公证活动中贯彻真实、合法原则的具体体现。

案例四：拒绝公证伪造的离婚证明

案情：

2004年,某公证处公证员接待了一对为兄妹关系的当事人,他们是前来申请办理授权委托书公证的,即兄长金某拟委托其妹转让他拥有的在吴中开发区的房屋一套。公证员在审查该房产证时发现,该房产证还记载有其妻子的名字,便告知要其妻子一同前来申请办理委托公证,而当事人则称他与妻子已于2003年协议离婚了,离婚时定该房屋归其所有。他当场出示了一份盖有"深圳民政局婚姻登记专用章"的离婚证书。公证员审查时发现：该离婚证没有年号,编号也不规范,就要求其提供当时的离婚协议书,面对公证员的要求,金某吞吞吐吐,前后矛盾。

为了尽快地查实该当事人的婚姻情况,公证员当天下午就用特快专递的方式向深圳民政局寄发了该"离婚证"的复印件和"请求调查函"。次日,金某就送来了一份称是当时的"离婚协议书"。公证员对此审查时又发现：该离婚协议书不是民政局统一制定的文本,并且在财产处理、子女抚养一栏中无任何记载。公证员直接拨通了深圳民政局的联系电话,深圳民政局告知：在收到"请求调查函"后,他们即对该离婚证复印件进行验证比对,比对结果说明,该离婚证上"深圳民政局"印章是自2004年才启用的,2003年时根本无该印章。也就是说金某提供的盖有"深圳民政局婚姻登记专用章"的离婚证和离婚协议书均是伪造的。据此,公证员拒绝了金某的公证申请。

评析：

真实原则不仅要求公证员在办证过程中应查明事实真相,而且要求公证当事人必须向公证机构如实提供材料,进行陈述,这是公证各方均应遵循的原则。《公证程序规则》规定,当事人应当向公证机构如实说明申请公证的事项的有关情况,提交的证明材料应当真实、合法、充分。当事人虚构、隐瞒事实,或者提供虚假证明材料的,公证机构应当不予办理公证。本案中,金某伪造公证相关材料,违背了真实原则。公证员通过审查发现了金某提供的材料是虚假的、伪造的,因而拒绝为其办理公证。

案例五:没有明确法律依据时的公证原则
案情:
王某和张某是一对情侣,二人准备在春节前结婚。但是双方约定婚后5年内,必须要忠诚,信守承诺。如果一方背叛另一方的感情:有外遇、嫖娼、"包二奶"或红杏出墙,要赔偿另一方5万元,并自动解除婚姻关系。二人到A市公证处,要求对彼此的情感进行公证,结果被拒绝。谈到拒绝为情感忠贞进行公证的原因时,公证处表示,虽然此类公证并不涉及违法内容,但公证部门只能在国家规定的14大类范围中进行受理,爱情公证不在其中之列。

评析:
公证事项不能违反法律的强制性规定和公序良俗,同时在没有明确法律依据的情况下,公证机构应根据民法的基本原则和公证机构承担的风险上限来斟酌判断,是否予以公证。本案中,爱情公证并不违反法律的强制性规定,但对于爱情忠贞与否这一不确定性较大的事项来说,超出了公证机构所能承担的风险上限,公证机构可以拒绝公证。

《公证法》第11条规定:"根据自然人、法人或者其他组织的申请,公证机构办理下列公证事项:(一)合同;(二)继承;(三)委托、声明、赠与、遗嘱;(四)财产分割;(五)招标投标、拍卖;(六)婚姻状况、亲属关系、收养关系;(七)出生、生存、死亡、身份、经历、学历、学位、职务、职称、有无违法犯罪记录;(八)公司章程;(九)保全证据;(十)文书上的签名、印鉴、日期,文书的副本、影印本与原本相符;(十一)自然人、法人或者其他组织自愿申请办理的其他公证事项。法律、行政法规规定应当公证的事项,有关自然人、法人或者其他组织应当向公证机构申请办理公证。"该条规定了公证机构可公证的事项,也是公证机构办理公证的依据。因此,本案中公证处拒绝为王某和张某的爱情做公证的行为是合法的。

第六节 公证原则的问题与建议

一、立法应明确规定公证活动遵循中立原则

中立原则是现代程序的基本原则,是程序的基础。[1] 公证作为行使证明权

---
[1] 王明扬:《美国行政法》,中国法制出版社1999年版,第457页。

的活动,应当具有中立性。中立性不同于独立性。中立性是指公证机构和公证员在办理公证事务时,保持中立的第三方地位,不偏不倚,对当事人各方公平对待。而独立性是指公证机构和公证员独立办理公证事务,独立承担民事责任,不受任何单位、个人的非法干涉。独立性是实现中立性的必要条件,但独立性并不必然带来中立性。中立是实现公正的基础。程序公正的首要要求就是公证机构和公证员的中立,同时中立也是实现案件实体公正的基础。公证机构和公证员只有保持中立的地位,才可能作出公正的决定,保障当事人各方的合法权益。因此,中立是公证程序的内在要求,我国立法应明确中立原则为公证活动的基本原则。

二、应赋予公证员适当的调查权

真实、合法原则要求公证机构和公证员在办理公证过程中,要查清提请公证的法律行为、有法律意义的事实和文书是否真实合法。《公证法》也赋予了公证机构和公证员审查核实的权利。该法第29条规定:"公证机构对申请公证的事项以及当事人提供的证明材料,按照有关办证规则需要核实或者对其有疑义的,应当进行核实,或者委托异地公证机构代为核实,有关单位或者个人应当依法予以协助。"然而《公证法》却没有赋予公证员调查权。按照现代汉语的解释,"调查"是指为了了解情况进行考察(多指到现场);"核实"是指审核是否属实。而对于很多公证事项仅靠核对是不能保证法律行为或法律事实的真实性的。为了保障公证的真实合法,要求公证员不能仅凭"坐堂"办公,必要时要深入实际,通过自己亲眼所见、亲耳所闻来进行判断,这种时候仅靠"核实权"就可能无法查明事实。例如,在办理继承权公证中,公证机构要调查被继承人的存款情况,这是仅靠核实而不去调查是无法解决问题的。因此,本书认为,赋予公证员适当的调查权是贯彻真实、合法原则的需要,也是公证业务顺利开展的保障。

三、增加法定公证事项

法律规定某些特定的民事法律行为、有法律意义的事实和文书未经公证不具有法律效力,称为法定公证。西方许多国家的民法、继承法或婚姻法中都有关于法定公证的内容。如收养子女应该得到子女及其生父母或监护人的同意,这些同意的表示应该有公证证书;继承方面规定,遗嘱应当以公证书为之或送公证机构证明,遗嘱的保管、交付与启封、确立和放弃继承权等须经过公证;婚姻家庭事项方面的规定,婚约和分居应由公证书确认,确认亲子关系应以公证机构确定。此外,世界各国的公司立法对公司的许多活动,如章程、股东大会的记录和决议、股份的转让、公司资产变更的文书和重要法律行为等,多数都有必须或应当公证的规定。而西方国家关于不动产所有权的取得、放弃、转移、分割或者抵押担保都规定必须办理公证。①

我国《公证法》第38条规定:"法律、行政法规规定未经公证的事项不具有法律效力的,依照其规定。"而目前我国立法中关于法定公证事项的规定很少。现行法律法规中,规定公证的只有《合同法》第188条、《担保法》第43条、《继承法》第20条、《招标投标法》第36条、《收养法》第15条及第21条、国务院《城市房屋拆迁管理条例》,数量少且多为选择性条款。此外,各省、自治区、直辖市等地方权利机关或人民政府根据本地方的具体情况,有规定法定公证的现行,如上海市公证条例、天津市公证条例等,规定的事项主要包括房屋等不动产的买卖、赠与、继承、抵押等;土地使用权的转让、抵押;抵押借款合同;公司章程、股票的发行转让等。但根据《公证法》第38条的规定,只有法律、行政法规规定未经公证的事项不具有法律效力的,才依照其规定,这就排除了地方性法规和规章中有关法定公证事项的规定的效力。因此,严格地讲,我国法定公证的范围仅包括以上提到的几项法律法规的规定,其范围极为狭窄。因此,增加法定公证事项的规定是很必要的。

规定法定公证事项是预防纠纷、保障公民合法权益的需要。而对于法定公证事项的规定方式,可以是由《公证法》统一规定,也可以由各实体法具体规定本领域内的法定必须公证的事项。本书认为,这两种方式各有优势,无论采取哪种都能达到增加法定公证事项,预防纠纷的作用,并无不同。但考虑到各类实体法的修改和完善步伐并不统一,难以一时做到全面的规定,采用公证立法统一规定的方式似乎更为有利。在此之外,如在实体法的修改中也对法定公证的事项加以规定,只要不与公证法冲突,保持立法的统一性,也并无不可。但总的来说,我国法定公证事项主要应包括以下几个方面:(1)房屋等不动产的买卖、赠与、继承、抵押等;(2)土地使用权的转让、抵押;(3)重大工程项目的招标投标、承包、抵押;(4)抵押借款合同;(5)公司章程、股票的发行转让;(6)保险财产的股价或保险合同损失的确定等。

【问题与思考】

1. 如何理解公证的真实原则?
2. 如何理解公证的保密原则?
3. 如何理解公证的告知原则?

---

① 参见李雪茹:《关于我国公证制度改革的若干思考》,吉林大学2004年硕士学位论文,来自"中国知网"。

第七章 公证法律效力

【内容提要】
本章着重介绍了公证的三大效力,详细解读了具体公证法律行为的后果。
【关键词】 证据 执行 要件

第一节 公证法律效力的基本理论

公证法律效力是指公证作为一项法律制度,它的运行所能达到的效果和拘束力。① 关于公证法律效力,实务界和理论界有着不同的认识。实务界普遍认为公证的法律效力具体体现在法定的三大效力,即证据效力、强制执行效力、法律要件效力。理论界则认为法定三大效力并不能体现所有公证共同具有的效力,将其简单地等同于公证法律效力的全部内涵,则有以偏概全之嫌,而对公证法律效力的完整概括,应全面考虑公证的一般效力和特殊效力,即公证法律效力存在位阶和层次之分。

不论对公证法律效力本身的认识和概括有怎样的分歧,公证的法律效力都不可能是无本之木、无源之水。那么,公证的法律效力源于何处?毋庸置疑,既然是公证的"法律"效力,那么它自然来源于法律的规定、法律的赋予。而为什么法律要赋予公证以一定的效力呢?公证被赋予一定效力必定与公证制度设置之初立法者对公证的价值定位和目标期待密切相关。也就是说,公证的价值目标定位是公证法律效力的根源与基础。一般而言,设置一项制度,设置者必定预想通过该制度的设置使之担负一定的社会角色、发挥一定的功能作用、达到一定的价值目标,而为实现这样的目标,则需借助一定的手段和途径,这就需要通过一定的规范形式,给予所设制度以必要的权威力量,以满足其发挥应有作用、实现应有价值的基本需要。公证也不例外,立法者同样设想通过公证制度的建立,为其设定和配置一定的社会角色,使之担负一定的法律职责,发挥立法者预先安排的功能作用,实现立法者事先规划的价值目标。为此,针对公证制度的特殊性,并基于其实现目标定位所借助的必要手段和途径的具体考虑,立法者采取通过法律规范授权专门机构依法独立行使公证职能,并赋予该职能活动以一定效力的方式,让公证具备起码的必要的既定力和约束力,具备足够的普适性的权

---

① 参见 http://www.cnfalv.com,最后访问时间:2007年9月28日。

威,以实现公证制度的既定价值目标。

那么,公证制度设置之初,其原始的价值定位究竟是怎样的呢?

一、公证效力基础——公证的价值定位

价值是制度之魂,是制度树立公共权威和获取社会评价之基石。公证制度设置的价值目标一般被归结为"预防纠纷、减少诉讼",从我国公证制度初始的设置理念和价值定位看,与大陆法系国家相似,其根本目的就在于借助一种典型的事前救济手段——一种既能够代表国家行使公共职能又不同于政府机关本身的、独具"双重"特质的公共法治力量,"在保障民法私权自治原则的基础上,实现国家对重大经济活动与公民的重要法律行为的适度干预,以预防经济纠纷的产生和避免可能发生的社会矛盾,维护经济活动的正常秩序和社会的和谐、稳定"。[①] 而在这一关于价值目的的表述中,实际上囊括了十分丰富的价值内涵。

(一) 作为典型的事前救济手段

"事前预防——事中监控——事后救济"的链式救济体系向来是法治社会架构法律制度的逻辑思路和总体框架,理性设计和安排这些多元救济渠道各自的职责、地位和分量,并充实和完善其内容,平衡彼此之间的角色分工,使其各司其责,相辅相成,协调统一,浑然一体,是立法者的理想和不断追求的目标,也是考量社会法治水平的标志和尺度。事实上,市场经济条件下,市场交易之博弈心理使得理性的市场主体宁愿选择"先小人,后君子","防患于未然",因此,"低成本、高效率"的事前预防手段,自然成为理性的市场主体的首选。然构成事前预防的诸多法治手段,倘若仅依靠当事者自力为之,恐难胜任。故而国家创设公证制度,将其作为公力救济措施之典型代表纳入事前预防救济体系,既能够使得事前预防救济体系本身由于添加了"公"力救济方式而更显充实和完善,又能够现实地弥补私力救济的天然弱势和局限性,使得受公证救济者得以更加从容地应对市场风险。为此,有必要将公证与其他事前救济手段区别开来,并通过法律规定,特意赋予公证以特殊的、超强的能势和力量,突出和强调公证与众不同的特质,使之成为最为典型、最为有效也最具优势的事前救济手段:第一,得使公证以其"公"之属性,强势地补救私力救济手段所不达;第二,得使公证发挥作用的范围大大拓展,甚至超越一国法域之限制,在国际上畅通无阻,为其他任何公力救济手段所不及;第三,得使公证始终居于公正、中立之立场,并作为公力救济方式随时应市场之需于事前介入,以专业法律弥补当事人知识经验之欠缺,避免当事人考虑不周,平衡当事人各方利益,并引导他们事先约法三章,预防纠纷、消除隐患、减少风险;第四,得使公证本身受"依法"、"客观"原则之约束,防止滥用公证

---

① 宫晓冰:《中国公证制度的完善》,载《法学研究》2003年第5期。

职权,确保公证文书符合真实性、合法性标准,真正成为"预防纠纷、减少诉讼"之有力屏障。这样,就能够使公证拥有与生俱来之优势,占居于所有事前预防手段之首。

(二)具备特殊的双重性,能够全面地兼顾市场和政府的双重要求,内在地体现保障"意思自治"与国家"适度干预"相结合的设置理念

从市场角度而言,我们知道,市场经济既是法治经济,又是信用经济。市场经济要求权利本位,倡导"意思自治",鼓励充分竞争,被赋予自由平等精神和个体价值追求的众多市场主体基于不同的利益和需要形成多层次的复杂的对抗和协调、冲突与合作关系。为实现各自利益的最大化,各主体应尽量考虑节约成本支付、减少交易风险,因此他们本能地希望能够借助一种媒介——一种契合市场经济"法治"和"信用"特点的、既能够发挥事前救济的预防性功能又让主体各方均感信赖和安全的公共力量的介入:一方面以其"法治"手段提供专业法律服务,以其"信用"手段沟通交易双方,引导和规范交易行为,帮助主体进行理性决策,提高主体"意思自治"的水平,增强主体风险预测与防范意识以及风险规避与应对能力;另一方面,能够监督市场正常运行,维护市场稳定秩序,为主体提供良性的市场竞争环境。满足这多重要求的公共力量不应是政府本身(因为市场拒绝政府对微观经济行为的直接干预),而应是既能够代表政府行使公共职能,自身不参与市场竞争,又能够满足市场经济对"法治"和"信用"双重要求的"次政府"、"亚政府"形式的公用机制。而公证,正是立法者专门为此量身定制的法律制度。

从政府角度而言,市场经济倡导"小政府"、"大社会"的理念,要求转变政府职能,实现由权控政府到法治政府、全能政府到有限政府、公婆政府到公仆政府、官本位政府到民本位政府、直接管制型政府到间接干预型政府的转变,这一转变表达的是对传统的"事必躬亲、无微不至"的政府管理模式所导致的政府权力过度膨胀、"缺位、错位和越位"行为比比皆是、却犹显力不从心的现象的理念反抗,因此,重新厘定政府与市场的关系,创新政府管理模式越来越显得重要而急迫。一方面,基于市场失灵需要确认政府对经济进行必要的干预,另一方面基于公共失灵又要对政府的干预进行必要的限制。[①] 而政府的这种适度干预不再是传统的直接干预的微观经济管理方式,而表现为一种宏观调控手段。现代市场所要求的宏观调控手段,必须适应市场发展对法制和信用的本能的内在的双重要求,集法制与信用属性于一身,且兼备间接性、法治性、服务性。其中,"间接性"要求宏观调控手段同样必须借助媒介——既能够代表国家行使公共职能,又非政府机关本身,而是从政府机关剥离出来,拥有相对独立地位的弱化的"次

---

① 赵敏燕:《宏观经济管理与政府对经济适度干预的法律规制》,载《行政与法》2003年第1期。

政府"、"亚政府"、"准行政"的机构来实现;"法治性"要求这种宏观调控手段必须是一种法治手段,且必须是满足市场要求兼有"信用"特点的法治手段;"服务性"要求这种宏观调控手段必须具有较高的专业能力,在充分尊重和保障市场主体的"意思自治"的基础上,为市场提供"以人为本"之服务。而立法者设定公证这一法律制度,并使公证涵盖多重特性,恰恰是为了与市场经济对宏观调控方式的这些特殊要求相谋合。

(三)以预防纠纷、减少诉讼为基本目标,以维护经济秩序、社会和谐为终极目标

20世纪60、70年代以来,世界各国普遍存在"诉讼爆炸"现象,诉讼案件与日俱增,法院案件积压严重,沉重的诉讼负荷使得各国不得不转而寻求诉讼外的多元化纠纷解决机制。因而非诉性的事前救济手段备受青睐和重视,而将公证设计为事前救济体系中的佼佼者,其根本目的就是为了借助法律赋予其多重职能优势,发挥"预防纠纷、减少诉讼"的作用,缓解诉讼危机。当然,通过预防纠纷、减少诉讼,不仅要减轻诉讼压力、稳定社会秩序,更重要的是要构建和谐社会。因为,"和谐是通过宪法和法律调控所要实现的终极社会价值"。[①] 而且,也只有在实现"社会和谐"的终极价值的法治框架下,用辩证的思维将公证制度视为一个具有很强实践品格的价值系统,才是完整的。

二、实现公证价值定位的系统配置

公证作为一项独立的法律制度,本身应当是一个完整的价值系统。在这一价值系统中,构成系统的各种元素之层次组合和职责分工必须泾渭分明,必须始终坚持以价值定位为核心,围绕着价值目标的实现来配置和安排各自的角色、地位、作用,并且各元素之间相辅相承、相互契合、相互依存,使得系统整体协调一致、浑然一体、无懈可击,才能实现公证整体的制度价值。有什么样的价值定位,就有什么样的与之相应的系统配套机制,大陆法系与英美法系的公证价值定位不同,也就有截然不同的公证系统配置。在我国,为公证价值目标定位——"预防纠纷、减少诉讼"之实现所必要的系统配置主要包括以下元素:

(一)公证职能主体

依据业界通说,公证是商品经济发展到一定历史阶段的产物。在计划经济时代,尽管我国也仿照前苏联设立了国家公证制度,但公证的需求量很小,公证执业空间十分有限,整个行业尚未规模化、规范化,甚至连执行公证职能的公证机构也多依附于法院或其他行政机关,缺乏独立地位。既然公证制度本身是因商品经济而创设,为商品经济而存续,与商品经济同呼吸共命运,那么,市场经济

[①] 陈云生:《论宪法和法律控制的终极价值——社会和谐》,载《法学杂志》2007年第2期。

的发展当然更为公证助了一臂之力,不仅使公证如鱼得水,获得了发挥价值优势的得天独厚的环境,而且也使公证机构自身脱离了传统行政机关之藩篱,不再依附于其他机构,拥有了独立的地位,从而进一步推动和促进了公证制度的日趋成熟。

根据公证与市场经济的这一逻辑因果关系,可以说,有市场就有公证,公证植根于市场经济,以市场经济为其存续的基础。既然创设公证制度的目的就在于应市场之需进行"预防纠纷"、"减少诉讼",那么,毫无疑问,作为公证职能主体的公证机构就应当也有必要具备较高的"预防纠纷"和"减少诉讼"的资格和能力——如专业的法律知识、高尚的道德素养、丰富的实践经验、较强的预测和预防风险的能力、敏锐的洞察和应对隐患的能力、理性的分析和解决问题的能力等。这就需要法律将公证职能赋予专门的专业的机构行使,《公证法》规定公证机构是依法独立行使公证职能的专门机构,这一规定即体现了专业化趋势,同时,《公证法》还针对公证人规定了更加严格的专业条件,提高了公证人的执业门槛。

(二)公证客体范围

公证当事人的申请与公证机构行使职能所共同指向的对象是公证事项,它是所谓"预防纠纷、减少诉讼"目的中潜在的可能发生的"纠纷点"、"诉讼点",是公证客体范围的具体化。因此,公证客体范围可以说是公证机构办理公证事项所能够及于的范畴,是公证机构与当事人之间服务关系延伸的程度和界限,实际上是国家进行宏观调控、间接干预的具体体现。既然立法者创设公证制度之时,本意是需要通过公证内在地体现保障"意思自治"与国家"适度干预"相结合的理念,那么,在规划和设定公证客体范围时,理当将该理念渗透于立法中。具体而言,在公证客体范围的立法安排上,实行"当事人自愿公证"和国家"法定强制公证"相结合的原则,即是对这一理念的回应与表达。

(三)公证的多元职能配置

市场的复杂多变和多重需求,使得国家宏观调控手段必须具备灵活性、多样性。而被视为国家宏观调控、间接干预法治手段之一的公证,自然也必须适应和满足这样的需求,故而立法者为公证配置了多元职能,使其能够针对不同情形适时调整和选择,增强其面对市场复杂情势的应变能力。简言之,市场的复杂多变和多重需求是公证多元职能配置的依据。在我国,公证制度重建伊始,置身于计划经济的大潮中,公证事项单一,公证应有的多元职能得不到充分发挥和施展的空间。改革开放,唤醒和催生了社会主义市场经济,也带来了公证全新发展的契机。按照党的十四届三中全会关于"发展和规范市场中介组织,严格资格认定,发挥好服务、沟通、公证、监督作用"的精神,国务院于2000年7月批准司法部发布了《关于深化公证工作改革的方案》,明确规定:"……尽快建立健全适应社主义市场经济要求的公证制度,充分发挥公证机构的服务、沟通、公证、监督作用,把我国的公证事业推向一个新的发展阶段。"据此,公证的多元职能可被归纳为:

1. 证明职能。公证作为一种事前救济手段,是通过出具"证明"的方式发挥作用的,"证明"是其最主要也是最基本的职能,公证正是通过证明职能的发挥,以公信为后盾,对民事法律行为、有法律意义的事实和文书的真实性、合法性予以证明,将正在发生或已然存在的作为证明对象的行为、事实、文书之现状固定下来,同时分析其是非对错,预见其将来可能发生的纠纷隐患,并事先进行堵漏补缺、防范风险,达到"预防纠纷、减少诉讼"的目的。

2. 沟通职能。前文已述及,市场经济不仅是法治经济,也是信用经济,公证既是应市场而生,当然必须满足市场经济对信用的要求。立法者设置公证制度时赋予公证之"公"性,事实上涵盖了十分丰富的内容:它不仅指主体的公职性和公共权威性,而且指程序的公开性和公知性,内容的公正性和公允性,效力的公示性和公信性。公证的这些内在属性是不可替代的,即使是公证改革之后诞生的《公证法》,仍然坚持其"公益性、非营利性"。而正是公证这些与生俱来的"公"本质所折射出来的信用价值恰恰为其自身在市场经济中找到了立足之地,并随着市场经济的深入发展,这一价值越来越得到充分的彰显和肯定。事实上,立法者意欲通过赋予公证之"公"以多元内涵,使其获得发挥信用沟通职能所必备的资格,并且希望借助公证进行沟通的范围不仅限于一国领域内的市场主体之间,而且能够延伸至国际,成为国与国之间普遍认可和相互沟通的信用媒介。

就一国而言,"诚信陷阱"、"诚信危机"等词语,国人并不陌生,它是"唯利是图"的市场经济必然诱发的负面效应,也是初级市场不成熟、不规范所必然附生的产物,而缓解这一顽疾的有效策略是构建一个各方均感满意、均认为可靠可信的沟通市场主体的信用平台:一方面,政府需要借助它来实现对市场的间接调控;另一方面,市场主体为最大限度地降低交易风险,也需要通过它来消除彼此的不信任,推动双方之沟通,促进交易之达成,保障交易之安全。立法者正是为此而设立公证制度,使之集多元"公"属性于一身,既能够代表政府公共信用(但绝不是政府本身),又能够做到中立、公正、不偏不倚,给经济主体一种可靠的安全感,很好地满足了政府、市场主体双方面的需求。

就国与国而言,经济、文化的交流往往需要借助书面载体,而文书的纷繁复杂使得是非真伪之辩识尤为困难,跨域核查亦不现实,故需借助一种既能够代表一国国威与信用、承载一国使命和责任,又具有核查文书真实、合法与否之专业技能的非诉法律手段,来统一证实来往文书之真实性、合法性,才能跨越国与国之间文书来往的这道障碍。为契合此种需求,促进国与国的交往与互动,大陆法系国家和我国在创设公证制度时,均考虑将该项职责交由公证机构专门行使,以国家威信为后盾,赋予公证以足够的国家公职分量及公共信用价值优势,并通过立法或签署条约协议,相互承认他国公证文书在本国的效力,由此公证即担当起国与国沟通和交流的使者。

3. 监督职能。公证的监督职能实际上贯通于所有的公证活动中,任何提交公证的事项,首先都必须经由公证采取审查、核实、纠偏、矫正、监控、督促、规范、引导等方式对其进行梳理,将其控制于法律法规允许的范畴,使其符合真实、合法的基本标准方可出证。换言之,任何公证事项的办理过程实际上都是公证发挥监督职能的过程,而其中最典型、最集中、最完整的表现则是现场监督类公证。公证的这一监督职能从根本上而言,实系市场经济要求政府转变传统职能,进行角色换位,实行宏观调控和间接干预在法律制度层面上的策略回应和价值抉择。通过监督职能的发挥,将市场行为控制在法律允许的范畴内,从而达到维护经济秩序和社会稳定的目的。公证的这一监督职能与其他职能相互协调配合,共同发挥作用,正好充分表达和反证了自身作为宏观调控手段的制度价值。

4. 服务职能。公证本身是一种专业性的公共法律服务体系。从"大服务"的概念而言,以上的证明、沟通、监督等也都可以说是服务的范畴。但这里所说的服务职能,显然有着特别的含义。根据《公证法》第12条的规定,该服务职能主要体现在公证机构可以办理的下列非证明事务:(1)法律、行政法规规定由公证机构登记的事务;(2)提存;(3)保管遗嘱、遗产或者其他与公证事项有关的财产、物品、文书;(4)代写与公证事项有关的法律事务文书;(5)提供公证法律咨询。

(四)公证程序

公证的上述多元职能并非由公证职能主体任意掌控、随意发挥。任何公证职能行为都需要借助一套严格规范的程序来进行,否则可能引致滥用职能,从而妨碍和破坏公证制度应有价值的发挥。可以说,公证职能的行使过程实际上就是公证程序的运行过程,而公证的制度价值正是通过公证程序系统中一步步子程序循序渐进地串联与链接,方才得以真切地体现。因此,只有正义的公证程序,才能导引出正义的公证结果,也才能真正体现公证制度的价值,这恰恰也是现代法治重视程序的独立价值、倡导"程序正义"理念所必然包含的内容。故而立法者为公证设计了一套严密的完整的程序体系,该程序体系由申请、受理、审查、调查核实、形成结论等步骤构成,各步骤相互衔接、有条不紊、协调一致,共同呼应"程序正义"的多重要求:第一,公证程序的启动由当事人自愿申请、自主选择,这是"程序的自治性";第二,可能受到程序结果影响的人,都被视为独立的程序主体,可以通过充分理性地参与程序,与公证员和其他各方展开平等的协商、交涉、论证、说服和争辩,从而对公证过程和结果施加积极有效的影响,并达到控制公证人权力滥用的目的,这就是"程序的参与性";第三,公证员对控辩双方保持不偏不倚的、超然的中立态度,而不得对任何一方当事人存有偏见和歧视,即"程序的中立性";第四,当事人各方应受到平等的对待,公证员应给予平等的程序参与机会,并对各方的利益给予同等的尊重和关注,这是"程序的对待性";第五,公证结论的形成应当遵循理性的要求,以客观的事实和明确认识为基础,而不能是人为的、任意的,这是"程序的客观性";第六,公证结论必须从申请、受理、审查、调查核实过程之中产生,公证程序对公证结论的形成具有唯一的决定作用,即"程序的决定性";第七,公证法对公证程序之期限作出了规定,使得公证程序及时形成书面结论,避免拖延或过于草率,即"程序的及时终结性";第八,公证当事人各方的人格尊严和意志自由应当受到尊重,公证员不得违背其意志强迫其承担某种义务或接受某种不利结果,这是"程序的人道性";第九,公证程序应公开(法律规定不宜公开的除外),公证人应尽必要的告知义务,让整个公证过程以阳光方式处于公众监督之下,让公众认知程序并能真切感受到程序的透明和结果的公正,这是"程序的公开性"。这样,公证程序就以一种动态的"看得见的正义"为实现公证制度的价值目的提供了有力的过程支持和保障。

(五) 公证结果

公证结果是通过上述公证系统中各种构成要素共同作用、合力形成的结论性判断,立法者必须通过法律赋予公证结果以一定的效力,使之产生既定的效果和普遍的拘束力,方才契合公证的制度定位,也才能使公证获得实现价值目标的"尚方宝剑",否则,所谓公证制度的价值实现只能是一句空话。具体而言,公证结果包括不予办理公证、终止公证和予以出证三种:

不予办证是公证机构对经过公证程序过滤仍不符合公证立法规定条件的公证事项所作出的结论,是对违法违规或违背公序良俗行为的一种消极对抗和拒绝,如果非得寻求其价值意义的话,那当然也可以这么说,它在一定程度上也的确能够从反面阻断和制止违法行为的延续,从而遏制和消除了与此有关的风险和隐患,以不作为的方式实现了"预防纠纷、减少诉讼"的目的。《公证法》第一次明确规定了公证机构不予办证的情形,其立法意图即在于此。根据《公证法》第 31 条的规定,有下列情形之一的,公证机构不予办理公证:(1) 无民事行为能力人或者限制民事行为能力人没有监护人代理申请办理公证的;(2) 当事人与申请公证的事项没有利害关系的;(3) 申请公证的事项属专业技术鉴定、评估事项的;(4) 当事人之间对申请公证的事项有争议的;(5) 当事人虚构、隐瞒事实,或者提供虚假证明材料的;(6) 当事人提供的证明材料不充分或者拒绝补充证明材料的;(7) 申请公证的事项不真实、不合法的;(8) 申请公证的事项违背社会公德的;(9) 当事人拒绝按照规定支付公证费的。

终止公证是指公证机构在办理公证过程中,针对因发生法定事由使得公证事项无法继续办理或继续办理已失去意义的情况所作出的终结整个公证活动的处理结果。根据《公证程序规则》第 50 条规定,公证事项有下列情形之一的,公证机构应当终止公证:(1)因当事人的原因致使该公证事项在 6 个月内不能办结的;(2)公证书出具前当事人撤回公证申请的;(3)因申请公证的自然人死亡、法人或者其他组织终止,不能继续办理公证或者继续办理公证已无意义的;(4)当事人阻挠、妨碍公证机构及承办公证员按规定的程序、期限办理公证的;(5)其他应当终止的情形。终止公证与不予办证一样,也能够消极地防止无意义的法律行为的继续,并且符合成本节约的经济原则。

出具公证书则是公证机构处理公证事务最为常态也是最为重要的结果,从完整意义上而言,只有出具了公证书,才能真正地、全面地、积极地、有效地体现和发挥公证的价值。那么所出具的公证文书究竟如何体现公证的价值呢?立法者通过法律规定,郑重地赋予了公证文书有别于其他公文书的特殊的三大效力,尽显其效力优势,以此来最终落实和实践公证的价值目的。这三大法定效力具体包括:(1)证据效力。公证书具有法定的证据效力,一旦涉讼,人民法院应当直接采证作为认定事实的依据。(2)法律要件的效力,即法律、法规规定或国际惯例或当事人约定必须办理公证的法律行为若不履行公证程序,则该项法律行为就不能产生预期的法律效力。(3)强制执行效力。公证处根据当事人的申请,对于追偿债款、物品的债权文书,在查明权利义务关系后,可依法赋予强制执行效力。债务人不履行义务时,债权人可持具有强制执行效力的债权文书直接向有管辖权的人民法院申请强制执行,而不必经过诉讼程序。

概言之,为了既能够对社会重大经济活动与公民的重要法律行为进行必要干预,又能够尽量避免直接干预带来的负面影响,大陆法系各国和我国均采取通过设置公证制度并佐以各种配套规制,很好地实现了上述价值目的。在本节第一部分,本书已对这一价值目的的丰富内涵进行了分解和剖析,而从这些价值内涵可以看出:立法者意图将公证设计为一种独立的、特殊的、吸纳多重性格、兼备多元优势的"社会性权威获取以及普适的制度体系"。[①] 为了使这一制度体系有序运行、有机协调,合力完成整体制度的既定目标和使命,立法者必须设法为其构筑权威、营造权威,使其行动和话语天然具备公共的至上的权威,并确定成为普适性的、强有力的社会认同之依据。为此,本书采取的具体逻辑思路是:以公证价值目的为指引,根据本国国情为其设计一整套配套的协调的规范机制,将公证实现价值目标所涉及的各种条件和因素——诸如公证职能主体、公证客体范围、公证多元职能、公证程序、公证结果(其中包括赋予公证特殊的法律效力)等一并纳入其中,并对这些要素进行架构和整合,使之互动形成一个以公证价值目的为核心的严谨的、权威的逻辑整体。

[①] 张文章主编:《公证制度新论》,厦门大学出版社 2006 年版,第 15 页。

第二节　公证法律效力的立法背景

实务界一般认为,公证的法律效力具体体现在立法赋予公证书所具有的法律效力上,即经公证的民事法律行为、有法律意义的事实和文书具有法定的三大效力:证据效力、强制执行效力、法律要件效力。

一、强势证据效力

之所以在此将公证书的证据效力表述为"强势"证据效力,是因为尽管大陆法系和英美法系国家的公证书均具有证据效力,但效力等级并不一样。前者具有高于一般证据的效力,后者则仅具有等同于一般证据的效力。比如,《法国公证法》即规定,公证证书具备裁判上的证明力[1];《德意志联邦共和国公证人法》也规定公证人出具的代理权证明书,与登记法院的证明书具有相同的法律效力。[2] 而在美国,根据《模范公证法》的规定,公证人没有义务也没有权力调查、证实或者见证涉及公证行为的某项文书或者交易的合法性、适当性或真实性[3],因此,公证仅具有一般证据的证明力。故笔者有意在此对公证证明的效力程度作不同表述,以示区别,并想强调和突出我国公证机构出具的公证书亦具有不同于一般证据的特别"强势"的证明力,这种"强势"体现在:

（一）高于一般证据的效力

公证机构出具的公证书应当被采证作为认定事实的依据,这一证据效力优势表现在它的效力地位不仅优于一般的当事人提供的书证,甚至也超过其他国家机关、团体、企事业单位出具的证明:人民法院在诉讼中对当事人提供的包括一般书证在内的七种证据,"必须经过查证属实"后,才能作为"认定事实的根据"。对于机关、团体、企事业单位和个人提出的证明文书,人民法院"应当辨别真伪",审查属实后,才能"确定其效力"。[4] 而公证书则当然地拥有确定的证据效力,无须经过审查质证程序,人民法院应当作为认定事实的根据。《公证法》明确规定了公证书的这一效力,该法第36条规定:"经公证的民事法律行为、有法律意义的事实和文书,应当作为认定事实的根据,但有相反证据足以推翻该项公证的除外。"《民事诉讼法》第69条也规定:"经过法定程序公证证明的法律行为、法律事实和文书,人民法院应当作为认定事实的根据。但有相反证据足以推翻公证证明的除外。"

---

[1] 司法部律师公证工作指导司编:《中外公证法律制度资料汇编》,法律出版社2004年版,第673页。
[2] 同上书,第685页。
[3] 同上书,第883页。
[4] 刘春竹:《从公证书的证据效力反思公证之审查》,载《中国公证》2004年第7期。

《最高人民法院关于民事诉讼证据的若干规定》第 9 条进一步将"已为有效公证文书所证明的事实"规定为当事人无须举证证明的事实;第 77 条又规定,人民法院就数个证据对同一事实的证明力,可以依照下列原则认定:"……;物证、档案、鉴定结论、勘验笔录或者经过公证、登记的书证,其证明力一般大于其他书证、视听资料和证人证言……"《最高人民法院关于行政诉讼证据若干问题的规定》也有类似的内容:"证明同一事实的数个证据,其证明效力一般可以按照下列情形分别认定:'……鉴定结论、现场笔录、勘验笔录、档案材料以及经过公证或者登记的书证优于其他书证、视听资料和证人证言……'。"

从这些规定可以看出,公证书在证据地位和证明力上较一般证据有着先天的显著优势——公证书不仅可以直接作为强有力的法定证据,在诉讼阶段成为可供人民法院直接采证的证据形式,而且,对于人民法院的采证行为本身也起到了法定的约束作用①,在一定意义上限制了人民法院采证行为的随意性。

(二)等同于原文书的效力

即经公证的文书、证明资料等视同具有与原证明对象本身相等的效力。在涉外民事类公证中较为常见,诸如为学历、学位、成绩等出具的公证文书即等同于学历、学位、成绩单原件本身。按照《最高人民法院关于行政诉讼证据若干问题的规定》第 64 条,以有形载体固定或者显示的电子数据交换、电子邮件以及其他数据资料,其制作情况和真实性经对方当事人确认,或者以公证等其他有效方式予以证明的,与原件具有同等的证明效力。这一效力在《票据法》中也有体现,该法第 63 条规定"持票人因承兑人或者付款人死亡、逃匿或者其他原因,不能取得拒绝证明的,可以依法取得其他有关证明",而根据《最高人民法院关于审理票据纠纷案件若干问题的规定》,该条中所指称的"其他有关证明"包括"公证机构出具的具有拒绝证明效力的文书",这说明此类公证文书具有相当于《票据法》所规定的"拒绝证明"的效力。

(三)不得随意否定、撤销的效力

民事法律行为、有法律意义的事实和文书经过公证,即意味着其真实性、合法性得到了法律上的认可、固定和保护,该行为、事实和文书本身一般情况下不得被随意否定、变更和撤销。如,《继承法》第 20 条的规定,自书、代书、录音、口头遗嘱,不得撤销、变更公证遗嘱。这就是说,欲变更、撤销公证遗嘱,非依公证程序不得为之。又如,《合同法》第 186 条规定,赠与人在赠与财产的权利转移之前可以撤销赠与。但是经过公证的赠与合同,则不适用该规定。《合同法》第 188 条更加具体地体现了这一效力,规定"具有救灾、扶贫等社会公益、道德义务

---

① 参见刘春竹:《从公证书的证据效力反思公证之审查》,载《中国公证》2004 年第 7 期。

性质的赠与合同或者经过公证的赠与合同,赠与人不交付赠与的财产的,受赠人可以要求交付"。

(四)取证的特殊优势

公证书的"强势"还突出地体现在取证的优势上,即公证机构被特许以多种特殊的手段来取得证据。因此能够取得普通人依通常方式无法取得的证据,换句话说,就是能够证明一般人按正常途径无法证明的事实。如在对著作权侵权事实的取证行为进行保全证据的公证上,公证员被允许以不公开身份的方式进行,《最高人民法院关于审理著作权民事纠纷案件适用法律若干问题的解释》第8条规定:"公证人员在未向涉嫌侵权的一方当事人表明身份的情况下,如实对另一方当事人按照前款规定的方式取得的证据和取证过程出具的公证书,应当作为证据使用,但有相反证据的除外。"而根据《司法部、国家版权局关于在查处著作权侵权案件中发挥公证作用的联合通知》规定,著作权行政管理部门在查处事实时,对于公证机构出具的有关证据保全的公证文书,应当作为查处侵权案件时认定事实的根据。但有相反证据足以推翻公证证明的除外。同时,在办理此类保全证据公证中,还可以采取多种方式,如上述《联合通知》就规定,公证机构在办理著作权证据保全公证时,有权根据当事人的要求和被保全对象的不同特点,采取购买或索取实物,现场拍照、摄像、询问证人、记录或录制证人证言等保全方式,全面、客观地反映真实情况。证据保全公证书应记明申请保全的时间、理由以及进行证据保全的时间、地点、方式等内容。保全证据时所拍摄的照片、录像带及实物、发票等,应在清单中列明。对于保全的物证、书证等,公证机构应加强保管措施,对于软盘、录音和录像带等应制作备份并定期复制,防止证据灭失。

二、法律要件效力

即公证作为法律行为成立或生效或对抗第三人的要件的效力,该效力源于法律、法规规定或国际惯例或当事人约定,以公证作为某项法律行为成立或生效或具备对抗第三人效力的形式要求,如若不履行公证程序,则该项法律行为就可能因公证要件之欠缺,而不发生预期的法律效力。在大陆法系各国,在与民事、经济生活有关的诸多领域的法律中都规定了公证的这一效力,所涉及的范围之广、内容之丰富,为我国所不及。如《法国民法典》第931条规定:"载明生前赠与的任何证书,均应按契约的通常形式在公证人面前做成;证书的原本应留在公证人处,否则赠与契约无效。"《德国民法典》第2296条规定:"解除合同通过相对于订立合同的另一方的声明为之。声明必须经公证人制作成公证书";第2348条规定:"放弃合同必须经公证人制成公证书";第2371条规定:"继承人出卖归属于其的遗产的合同必须经公证人制作公证书。"《瑞士民法典》第512条规定:"继承契约,须采用公证遗嘱的方式,始生效力。"《瑞士债法》第1034条规定:"拒绝承兑或拒绝付款应当以公证书证明。"日本《票据法》第44条也规定:"拒绝承兑或付款,应以公证证书证明。"

在我国,《公证法》第38条规定的"法律、行政法规规定未经公证的事项不具有法律效力的,依照其规定"即是公证具有法律要件效力的立法依据。这就是说,公证作为法律要件的效力具体体现在其他法律、行政法规的规定中:

1. 关于成立或生效的要件。三大诉讼法对此均有体现,如《民事诉讼法》第264条规定,在中华人民共和国领域内没有住所的外国人、无国籍人、外国企业和组织委托中华人民共和国律师或者其他人代理诉讼,从中华人民共和国领域外寄交或者托交的授权委托书,应当经所在国公证机构证明,并经中华人民共和国驻该国使领馆认证,或者履行中华人民共和国与该所在国订立的有关条约中规定的证明手续后,才具有效力。同样,在诉讼中如果当事人向人民法院提供的证据系在中华人民共和国领域外形成的,那么,根据《最高人民法院关于民事诉讼证据的若干规定》,该证据也应当经所在国公证机构予以证明并经中华人民共和国驻该国使领馆予以认证或者履行中华人民共和国与该所在国订立的有关条约中规定的证明手续。

《担保法》中也体现了公证作为生效要件的规定,往往为我们所忽略。根据《担保法》的规定,当事人以第42条规定的财产抵押的,应当办理抵押物登记,抵押合同自登记之日起生效。而按照《担保法》第42条第2项的规定,以城市房地产或者乡(镇)、村企业的厂房等建筑物抵押的,办理抵押物登记的部门为县级以上地方人民政府规定的部门。《公证机构办理抵押登记办法》第4条为此进一步规定:"以《中华人民共和国担保法》第42条第(二)项的规定的财产抵押,县级以上地方人民政府规定由公证机构登记的;以及法律、法规规定的抵押合同自公证机构办理登记之日起生效的,公证机构办理登记适用本办法规定。"也就是说,如果县级以上地方人民政府规定办理抵押登记的部门为公证机构,那么公证机构的公证登记行为就成为抵押合同的生效要件,而实践中,也的确存在地方人民政府规定公证机构作为抵押物登记部门,由公证机构办理上述抵押物登记的情形。

在涉及收养的法律规范中,也有公证作为成立或生效要件的规定。根据《中国公民收养子女登记办法》,如系夫妻共同收养子女的情况,夫妻应当共同到收养登记机关办理登记手续,一方因故不能亲自前往的,应当书面委托另一方办理登记手续,委托书应当经过村民委员会或者居民委员会证明或者经过公证。如收养人系三代以内同辈旁系血亲的,应当向收养登记机关提交公安机关出具的或者经过公证的所收养子女与收养人有亲属关系的证明。

2. 关于对抗要件。根据《担保法》第43条的规定,当事人以第42条规定以外的其他财产抵押的,可以自愿办理抵押物登记,登记部门为抵押人所在地的公证部门,抵押合同自签订之日起生效。当事人未办理抵押物登记的,不得对抗第三人。《公证机构办理抵押登记办法》进一步对上述《担保法》第43条所涉及的"其他财产"进行了明确,具体包括:(1) 个人、事业单位、社会团体和其他非企业组织所有的机械设备、牲畜等生产资料;(2) 位于农村的个人私有房产;(3) 个人所有的家具、家用电器、金银珠宝及其制品等生活资料;(4) 其他除《中华人民共和国担保法》第37条和第42条规定之外的财产。

三、强制执行效力

公证机构根据当事人的申请,依法定程序对无疑义的债权文书可赋予与人民法院判决书、仲裁委员会的裁决书一样的执行效力,也就是说公证机构出具的执行证书可以直接成为强制执行的法定依据[①],而不必再经过诉讼程序。

各国为了解决本国日益严重的诉讼负荷,多在法律上授权公证机构赋予符合一定条件的债权文书以强制执行效力,以缓解诉讼压力。如《法国公证法》第19条规定:"公证证书不仅具备裁判上的证明力,而且在法兰西共和国的全部领域内具有执行力。"《法国民法典》第2213条规定:"对确定的并已结算的债务的清偿,对不动产的强制出卖,仅得根据公证及执行证书进行。"《德国民事诉讼法》第794条规定:"强制执行,也可以根据以下各项而实施:……5.由德国法院或德国公证人在其职务的权限内依规定的方式作成的,以支付一定的金额或给付一定数量的其他代替物或有价证券为标的证书,但以债务人在证书内承认愿受即时强制执行的为限。根据抵押权、土地债务、定期土地债务的请求,视为以支付一定的金额为标的的请求。"《日本民事执行法》第22条规定:"强制执行,依据下列事项进行:……5.关于以金钱的一定数额的支付或者其他代替物或有价证券一定数额的给付为目的的请求,公证人所制作的记载了债务人有直接服从强制执行的陈述的公证证书……";第26条规定:"……关于执行证书,由保存该原本的公证人授予。"比利时《公证法》第19条规定:"公证书应忠于法律,在整个共和国范围内都具有执行力。"

我国《公证法》第37条规定:"对经公证的以给付为内容并载明债务人愿意接受强制执行承诺的债权文书,债务人不履行或者履行不适当的,债权人可以依法向有管辖权的人民法院申请执行。前款规定的债权文书确有错误的,人民法院裁定不予执行,并将裁定书送达双方当事人和公证机构。"与此相适应,《民事诉讼法》第238条规定:"对公证机构依法赋予强制执行效力的债权文书,一方当事人不履行的,对方当事人可以向有管辖权的人民法院申请执行,受申请的人

---

① 参见刘春竹:《从公证书的证据效力反思公证之审查》,载《中国公证》2004年第7期。

民法院应当执行。公证债权文书确有错误的,人民法院裁定不予执行,并将裁定书送达双方当事人和公证机构。"这就是我国公证可赋予符合一定条件的债权文书具有强制执行效力的法律依据。

那么,债权文书究竟符合怎样的条件,公证机构才能赋予其强制执行效力呢?根据《公证程序规则》第39条的规定,具有强制执行效力的债权文书的公证,应当符合下列条件:(1)债权文书以给付货币、物品或者有价证券为内容;(2)债权债务关系明确,债权人和债务人对债权文书有关给付内容无疑义;(3)债权文书中载明当债务人不履行或者不适当履行义务时,债务人愿意接受强制执行的承诺;(4)《公证法》规定的其他条件。这几个条件缺一不可。同时,根据《最高人民法院、司法部关于公证机构赋予强制执行效力的债权文书执行有关问题的联合通知》第2条的规定,公证机构赋予强制执行效力的债权文书的范围具体包括:(1)借款合同、借用合同、无财产担保的租赁合同;(2)赊欠货物的债权文书;(3)各种借据、欠单;(4)还款(物)协议;(5)以给付赡养费、扶养费、抚育费、学费、赔(补)偿金为内容的协议;(6)符合赋予强制执行效力条件的其他债权文书。

第三节 公证法律效力的热点前沿问题

前述介绍的实务界有关公证效力的认识,其缺陷也是显而易见的:三大法定效力,实际上只有证据效力才是公证书的基础效力,具备普遍性,另外两种效力均是在特定情形下,某些公证事项根据特别的规定或约定所具有的个别的特殊的效力,而不具备普适性。也就是说,所谓的三大法定效力并非对所有公证的一般概括,而只是部分公证的效力表述,并不是任何公证都具有这三大效力。理论界为此对公证效力作了一系列探讨,将公证效力视为一个拥有层次架构的完整的逻辑系统,并划分公证的效力层次即"我国公证机构出具的公证书,在法律效力上宜分为两个层次:第一个层次是所有的公证都具有的一般法律效力;第二个层次是部分公证才具有的特殊法律效力"①,力图从更加全面、更加科学的视角来概括和总结公证的效力问题。

一、关于公证的一般效力

任何公证书都具有的法律效力,表现在两方面:外在效力即效力范围,内在效力即效力内容。

---

① 李颂银:《也论公证的法律效力》,载《法学评论》2006年第3期。

（一）效力范围

指公证书对何种人,在何种空间范围、时间范围内有效,从而发挥公证书应有的效果和拘束力。由此,公证书的效力范围即包括:

1. 对象效力范围。一般情况下,公证书一旦出具,不仅约束公证当事人(应当按照经公证的法律文书享受权利、履行义务),也约束公证处(非经法定程序不得撤销、变更),而且约束特定的第三方,如人民法院(应当采证),甚至还约束不特定的第三人(不得非法干涉的不作为义务)。

2. 空间效力范围。任何公证书欲发生法律效力,都存在效力范围的问题。也就是说,公证书在何种地域、何种空间范围内发生法律效力。一般的公文书(如政府文件),只能在本政府辖区范围内发生效力,即使是人民法院的判决书,也只能在一国法域内发生效力。而公证书则不同,由于出具公证书的公证机构之间没有隶属关系,所有公证机构出具的公证书都具有相同的效力,在一国领域内普遍有效。不仅如此,在特定条件下,如具有涉外资格的公证机构出具的公证书,还能够打破效力的地域限制,不仅在国内有效,而且在国际上也畅通无阻。

3. 时间效力范围。公证书何时发生效力,何时终止效力以及对终止效力之前已经发生的行为是否具有溯及力的问题。

(1) 发生效力时间:《公证法》第32条规定:"公证书应当按照国务院司法行政部门规定的格式制作,由公证员签名或者加盖签名章并加盖公证机构印章。公证书自出具之日起生效。"《公证程序规则》第44条进一步明确规定,需要审批的公证事项,审批人的批准日期为公证书的出具日期;不需要审批的公证事项,承办公证员的签发日期为公证书的出具日期。

(2) 终止效力时间:根据《公证程序规则》的规定,当事人认为公证书有错误的,可以在收到公证书之日起一年内,向出具该公证书的公证机构提出复查。经复查,公证机构作出撤销公证书的处理决定的,被撤销的公证书应当收回,并予以公告,该公证书自始无效,即公证书的终止效力具有溯及力,撤销公证书之前已经发生的行为归于无效,公证书自始不发生效力。

（二）效力内容

任何公证书都具备的法律效力内容包括两种:证明力、约束力。[①]

1. 证明力:第二节述及的法定的强势证据效力。于此不再赘述。

2. 拘束力:公证书自出具之日起发生效力,非经法定程序,任何人、任何机构均不得随意撤销、变更、否定或阻滞其效力。甚至在诉讼中人民法院也无权直接判决撤销公证书。这是为了保障公证机构"依法独立"行使公证职能而在法律上特别设定的保护措施,以此强化和固定公证书所具有的特殊的权威性。

[①] 李颂银:《也论公证的法律效力》,载《法学评论》2006年第3期。

二、关于公证的特殊效力

主要是部分针对特殊的公证证明事项和非证明事项出具的公证书所具有的个别的效力。也包括效力范围和效力内容两项：

（一）特殊的效力范围

1. 特殊的对象效力范围：特殊的公证事项有特殊的效力对象，如公证机构根据当事人的申请依法赋予强制执行效力的债权文书，一方当事人不履行的，对方当事人可以向有管辖权的人民法院申请执行，受申请的人民法院应当执行。

2. 特殊的空间效力范围：特殊的公证书，尤其是涉外公证书，各国的公证书有不同的格式和要求，因此发生效力的地域范围就有所不同，如发往日本使用的公证书就不能同时在美国使用。

3. 特殊的时间效力范围：（1）特殊的发生效力时间：如根据《公证程序规则》第44条的规定，现场监督类公证需要现场宣读公证证词的，宣读日期为公证书的出具日期。再如遗嘱公证，公证书自出具之日起生效，但遗嘱本身则于遗嘱人死亡是生效。（2）特殊的终止效力时间：如可变更的公证事项——未受刑事处分、婚姻状况等公证一般有效期规定为半年，有的国家规定为三个月，逾期则公证书效力即告终止。

（二）特殊的效力内容

1. 法律要件效力：本章第二节已述及，于此不再赘述。

2. 强制执行效力：本章第二节已述及，于此不再赘述。

3. 提存效力：根据《提存公证规则》第3条，以清偿为目的的提存公证具有债的消灭和债之标的物风险责任转移的法律效力；以担保为目的的提存公证具有保证债务履行和替代其他担保形式的法律效力。

4. 监督效力：如开奖类公证，公证机构通过事前审查、现场监督的方式介入开奖活动，对其进行有效、有力的跟踪和监督，依法证明面向社会发行彩票或者其他有奖活动的开奖行为真实、合法，以此规范开奖公证程序，发挥公证监督职能，维护有奖活动秩序和社会公众利益。

5. 保管效力：根据《公证法》第12条，公证机构可以根据自然人、法人或者其他组织的申请办理保管事务，为其保管遗嘱、遗产或者其他与公证事项有关的财产、物品、文书等。由公证机构进行保管，一方面，鉴于公证机构"保守秘密"等职业义务的约束，可以让提交保管的当事者放心；另一方面，鉴于公证机构的公信力，也可以让有关的利害关系人信服，而不至于因相互猜疑、缺乏信任而引发不必要的纠纷。

至于公证机构提供的代书（代写与公证事项有关的法律事务文书）、咨询等非证明法律服务内容,仅供当事人参考以便作出自己的选择和决定,不具有当然的法律效力。

第四节 公证法律效力的法律实践

在本章第一节中已有涉及,公证法律效力在整个公证制度价值系统配置中是作为"公证结果"而存在的,是一种从结果角度而言的效果和约束力。它是基于法律规定由专门的公证职能主体借助一定的程序实施一定的职能行为而当然产生的一种结果,也就是说,公证法律效力作为一种"结果性"的力量,它的获得和实现有赖于公证职能主体、公证客体范围、公证多元职能、公证程序等诸多元素通过法律规定有序运行、合力促成。而任何一种元素在运行中存在瑕疵或障碍,都可能使得预先期待达到的法律效力落空。因此,我们有必要从实务角度探讨上述多种元素如何协调互动才能达到最为理想的法律效力状态。

一、公证的一般法律效力

欲使任何一项公证申请能够产生既定的证明力和拘束力,公证职能主体、公证客体范围、公证多元职能、公证程序等诸多关联元素就必须严格按照《公证法》及《公证程序规则》的规定有序运行。

(一)适格的公证职能主体

1. 公证机构:根据《公证法》的规定,适格的公证机构必须满足以下条件:详见本书第三章相关内容。

2. 公证员:一般公证事项的办理都要求承办公证员具备执业资格条件,特殊的公证事项还对承办公证员的人数提出特殊要求。在执业资格方面,根据《公证法》的规定,适格的公证员必须满足以下条件:详见第三章相关内容。

(二)合法的公证客体范围

公证机构仅得在法律规定的范围内办理公证事务,方才能产生既定的公证效力,超越法律规定的客体范围办理的公证事项,得不到法律的承认,也不能产生预期的法律效力。根据《公证法》的规定,公证机构可以办理的公证事项包括:(1)合同;(2)继承;(3)委托声明赠与遗嘱;(4)财产分割;(5)招标投标拍卖;(6)婚姻状况亲属关系收养关系;(7)出生生存死亡身份经历学历学位职务职称有无违法犯罪记录;(8)公司章程;(9)保全证据;(10)文书上的签名印鉴日期,文书的副本影印本与原本相符;(11)自然人法人或者其他组织自愿申请办理的其他公证事项。此外,法律行政法规规定应当公证的事项,有关自然人法人或者其他组织应当向公证机构申请办理公证。

（三）适度的多元职能行为

除了公证证明事项以外，非证明事务的办理最直接也最充分地体现了公证的多元职能。根据《公证法》的规定，公证机构可以办理如下非证明事务：(1) 法律行政法规规定由公证机构登记的事务；(2) 提存；(3) 保管遗嘱遗产或者其他与公证事项有关的财产物品文书；(4) 代写与公证事项有关的法律事务文书；(5) 提供公证法律咨询。公证机构超越上述规定所办理的非证明事务，同样不能产生法律规定的效力。

（四）规范的程序运行

若违反程序规定办理公证事务，则不能发生规定的法律效力。详见第十一章相关内容。

二、公证的特殊法律效力

特殊的公证事项，除了必须遵循办理一般公证事项的规范外，还必须同时符合办理特殊公证事项的特殊规范要求，方才能产生特殊的法律效力。

（一）法律要件效力

如公证机构办理抵押登记事项，必须根据《公证机构办理抵押登记办法》的规定，遵循如下特殊程序：(1) 公证机构应当在受理之日起5个工作日内审查完毕，并决定是否予以登记。(2) 对于不予登记的，公证机构应记录在案，并书面告知申请人；对于决定予以登记的，应向当事人出具《抵押登记证书》。(3) 公证机构办理房地产抵押登记的，应在出具《抵押登记证书》后告知房地产管理部门。(4) 公证机构办理抵押登记应配备计算机，录入抵押登记信息，并设立书面登录簿，登录本公证机构办理抵押登记的资料，还应及时与其他公证机构交换抵押登记信息。(5) 变更或注销登记。当事人变更抵押合同向公证机构申请变更登记，或当事人履行完毕主债务或提前终止、解除抵押合同向公证机构申请办理注销登记的，经审查符合规定的，公证机构应予以办理变更或注销抵押登记。(6) 公证机构办理抵押登记的效力，应分别具体情形进行确定：① 当事人以《担保法》第43条规定的"其他财产"设定抵押的，抵押权人自公证机构出具《抵押登记证书》之日起获得对抗第三人的权利；② 当事人以《担保法》第42条第2项规定的财产设定抵押，县级以上地方人民政府规定由公证机构登记的，以及法律、法规规定的抵押合同自公证机构办理登记之日起生效的，抵押合同自公证机构出具《抵押登记证书》之日起生效；③ 当事人变更抵押合同未办理变更抵押登记的，自行变更后的抵押不发生《担保法》规定的抵押登记效力。

（二）强制执行效力

强制执行公证的办理应符合最高人民法院、司法部2000年发布的《关于公证机构赋予强制执行效力的债权文书执行有关问题的联合通知》（以下简称《联合通知》)的相关规定。

1. 公证机构赋予强制执行效力的债权文书应当满足以下条件：

（1）债权文书必须以给付货币、物品、有价证券等为内容，具体范围包括：借款合同、借用合同、无财产担保的租赁合同；赊欠货物的债权文书；各种借据、欠单；还款（物）协议；以给付赡养费、扶养费、抚育费、学费、赔（补）偿金为内容的协议；符合赋予强制执行效力条件的其他债权文书。《关于办理赋予强制执行效力的债权文书公证的指导意见》对此进一步明确，一般应以债务人的义务履行是否简单、明确，在不应执行时，债务人是否较容易请求恢复原状为衡量标准。

（2）债权债务关系明确，债权人和债务人对债权文书有关给付内容无疑义。关于"债权债务明确"，实践中由于债的分期履行，违约程度等不确定因素的影响，债权数额经常发生变动。因此，不应把"债权债务关系明确"狭义地理解为就是债权债务的数额固定，也不应认为当事人互为给付、债权文书附条件或者附期限就是债权债务关系不明确。根据《关于办理赋予强制执行效力的债权文书公证的指导意见》，"债权债务关系明确"仅指债务的主体、数额或者计算标准、履行方式、履行地点、履行期限以及履约的认定程序必须约定明确，特别是"违约状况的认定程序"一定要约定明确。关于"债权人和债务人对债权文书有关给付内容无疑义"公证机构办理强制执行公证，是证明债权人和债务人在办理公证时对债权文书有关给付内容无疑义，并非保证当事人在债务履行中也无争议。为消除当事人对"对给付内容无疑义"可能产生的误解，《关于办理赋予强制执行效力的债权文书公证的指导意见》对此作了明确，规定"对给付内容无疑义"指的是债权人和债务人在办理公证时对债权文书有关给付的内容无疑义，当事人在债务履行中发生争议，不影响赋予强制执行效力公证书的效力。但是，公证机构出具执行证书必须符合当事人事先约定的申请出具执行证书的程序和条件。

（3）债权文书中载明债务人不履行义务或不完全履行义务时，债务人愿意迳受依法强制执行的承诺。根据《关于办理赋予强制执行效力的债权文书公证的指导意见》的规定，当事人仅在债权文书的附件中载明愿意迳受强制执行承诺的，附件中如果明确载明债权人和债务人均认可该附件作为债权文书的组成部分，并且由当事人在附件上签字、盖章，与债权文书一并装订在公证书中，则视为债务人在债权文书中载明了愿意迳受强制执行的承诺。涉及担保内容的债权文书，担保人必须在债权文书，或者担保合同，或者债权文书的附件中载明愿意迳受强制执行的承诺。当事人在申请表、询问笔录等债权文书以外的其他文书上所作的愿意迳受强制执行的承诺不能单独作为公证机构出具赋予强制执行效力公证书的根据。

2. 公证机构办理赋予强制执行效力的债权文书公证应当由债权人和债务

人共同提出申请,涉及担保内容的债权文书,还应当由担保人(保证人、抵押人或质押人)提出申请。但公证机构出具执行证书仅由债权人一方提出申请即可。债务人或者抵(质)押人的委托代理人代理申办公证时,在债权文书中增设愿意迳受强制执行的条款的,应当向公证机构提交载明相关授权内容的特别授权委托书,否则公证机构不予受理。

3. 涉及担保合同的,当事人未对主合同申办赋予强制执行效力公证书,而仅对担保合同或者担保书申办赋予强制执行效力公证书的,公证机构不予受理。

4. 公证机构受理申请后,应当进行如下程序:(1)重点审查当事人有关约定是否清楚,当事人意思表示是否真实。(2)指导当事人就如何核实债务人违约事实和申请出具执行证书的程序和条件作出约定。当事人可以约定以"债务人履约备案"、"公证处信函核实"、"公证处电话核实"以及其他具有可操作性的方式核实债务人是否违约以及违约的责任。(3)向各方当事人告知下列内容:申办赋予强制执行效力公证书的法律后果;债权人申请出具执行证书的程序、期限和举证责任;债务人(包括担保人)行使抗辩权的程序和限制;债务人(包括担保人)对公证机构出具执行证书提出异议的程序、期限、举证责任和法律后果;债权人取得执行证书后向有管辖权的人民法院申请执行的期限;互为给付的当事人如果仅有一方当事人承诺迳受强制执行的,公证机构应当告知作出承诺的一方在另一方申请公证机构出具执行证书时,不得以对方当事人未履行或者未完全履行义务作为阻止对方当事人申请出具执行证书的抗辩,但其可以就对方当事人未履行或者未完全履行义务另行提起诉讼等。

5. 由于强制执行公证不同于一般的公证,公证机构在出具公证书后,仍然要继续收集、制作、保存当事人履约情况的证据,为出具执行证书做准备。

(三) 提存效力

提存公证是公证处依照法定条件和程序,对债务人或担保人为债权人的利益而交付的债之标的物或担保物(含担保物的替代物)进行寄托、保管,并在条件成就时交付债权人的活动。提存公证可分为以清偿为目的和以担保为目的的提存公证。前者是在债务清偿期限届至时,遇有如下情形致使债务人无法按时给付,公证处根据债务人的申请依法办理的提存:(1)债权人无正当理由拒绝或延迟受领债之标的的;(2)债权人不在债务履行地又不能到履行地受领的;(3)债权人不清、地址不详,或失踪、死亡(消灭)其继承人不清,或无行为能力其法定代理人不清。提存之债从提存之日即告清偿。后者则是债的双方在合同(协议)中约定以提存方式给付或者为了保护债权人利益,保证人、抵押人或质权人请求将担保物(金)或其替代物提存时,公证机构根据当事人的申请所办理的提存,该提存要求当事人必须列明提存物给付条件,公证处应按该条件给付提存标的物。

（四）监督效力

如开奖公证的办理,根据《开奖公证细则(试行)》的规定,须符合以下要求：

1. 公证处应当派两名以上公证人员承办,通过事前审查、现场监督的方式对开奖活动的全过程进行监督,对开奖活动的过程和结果予以证明,并在开奖活动结束时由公证员当场宣读公证词。

2. 开奖公证应由有奖活动主办单位至迟在开奖活动举办 7 日前提出。

3. 公证员受理申请后,应对以下内容进行审查:(1) 主办单位是否具备主办有奖活动的资质。(2) 举办有奖活动是否有合法依据,是否履行有关的批准程序,申请人提交的材料是否真实充分。(3) 有奖活动规则方案是否合法公平合理。(4) 奖金奖品来源是否正当,奖额是否符合有关规定,如根据《反不正当竞争法》的规定,抽奖式的有奖销售,最高奖的金额不得超过五千元。(5) 开奖器具是否符合规定标准能否正常使用。(6) 针对不同的开奖活动,公证员应采取不同的监督方式:对采用从器具中抽取奖票确定中奖人及中奖等次的开奖活动,公证员应当对开奖器具和奖票的投放情况进行检查监督;对提前投放奖票的,公证人员应当在投放结束后对开奖器具进行封存并予以监控,待开奖时启封;对依据数据电文作为计奖基础数据的,公证人员应当采取有效方式对相关数据电文予以保全。

4. 在开奖现场,公证人员应当检查开奖器具及有关封存情况,并严格按照开奖规则监督开奖人员实施开奖行为。

5. 中奖结果产生后,公证人员应当即时核对公证证词中涉及的中奖号码、中奖凭证、中奖人姓名。中奖人的身份证件,应当复印存档。

6. 公证处应当在公证员宣读公证词后 7 日内出具公证书。宣读公证词的时间为公证书的生效时间。

7. 公证处还可以应申请对未发出的彩票或者奖票的销毁情况办理公证。

（五）保管效力

如按照《遗嘱公证细则》的规定,公证处可以应遗嘱人的申请,根据《公证法》规定代为保管公证遗嘱或者自书遗嘱、代书遗嘱、录音遗嘱;也可根据国际惯例保管密封遗嘱。

第五节 公证法律效力的案例评析

一、公证的一般法律效力

案例一:证明力

案情:

李老汉共有两儿一女,生前立了四份遗嘱,第一份遗嘱是代书遗嘱,将自己的财产留给大儿子;第二份遗嘱也是代书遗嘱,将财产留给二儿子;第三份是公证遗嘱,将财产留给大儿子和二儿子共同继承;临终前,又改变主意,采取录音方式立了最后一份遗嘱,将财产留给三个子女共同继承。李老汉去世后,子女发生了财产继承纠纷,后诉讼至法院,法院判决按公证遗嘱继承。

评析:

法院的判决无疑是正确的。《继承法》第20条规定:"遗嘱人可以撤销、变更自己所立的遗嘱。""立有数份遗嘱,内容相抵触的,以最后的遗嘱为准。""自书、代书、录音、口头遗嘱,不得撤销、变更公证遗嘱。"这就是说,遗嘱人可以采取自书、代书、录音、口头、公证等方式订立遗嘱,在五种遗嘱形式中,公证遗嘱具有最高的效力。一般情况下,遗嘱人采取自书、代书、录音、口头四种方式中的任何一种或几种方式,并先后订立了多份内容相抵触的遗嘱,则按照订立时间的先后顺序为确定遗嘱效力的依据,即以最后一份遗嘱为准;但遗嘱人所订立的多份遗嘱中,只要有一份是公证遗嘱,那么无论时间先后,均以公证遗嘱为准;当然,在遗嘱人先后订立了多份公证遗嘱的情况下,则同样按时间先后顺序进行确定,以最后所立的公证遗嘱为准。

案例二:拘束力

案情:

年逾花甲的纪甲丧偶,于2003将自己拥有的别墅一套赠与儿子纪乙,该赠与合同办理了公证,并且依此向房产管理部门申请办理了产权过户手续。但之后由于纪甲再婚,纪乙极力反对,父子之间的纠纷不断升级,最后发展到暴力相向,纪甲多次因为儿子的暴力行为受伤就医,并且还曾有数次报警求助记录。在对儿子心灰意冷之后,纪甲多次向公证处要求撤销赠与合同公证,公证处告知其无法受理,必须通过诉讼途径解决。最终纪甲通过诉讼,要回了自己已经赠与的房产。

评析:

《合同法》第186条规定:"赠与人在赠与财产的权利转移之前可以撤销赠与。具有救灾、扶贫等社会公益、道德义务性质的赠与合同或者经过公证的赠与合同,不适用前款规定。"根据此规定,本案中纪甲向公证处申请撤销原赠与合同公证,显然是行不通的。但是《合同法》第192条又规定:"受赠人有下列情形之一的,赠与人可以撤销赠与:1.严重侵害赠与人或者赠与人的近亲属;2.对赠与人有扶养义务而不履行;3.不履行赠与合同约定的义务。""赠与人的撤销权,自知道或者应当知道撤销原因之日起一年内行使。"我们又如何理解这一规定呢?结合上述两条规定来看,一般情况下,经过公证的赠与合同赠与人不得撤销。但是在发生《合同法》192条的情形时,即使是经过公证的赠与合同,赠与人同样可以撤销赠与。那么赠与人如何撤销赠与呢?这需要分别两种情形进行

探讨:

1. 赠与人与受赠人双方均同意撤销的情况下,当然可以就撤销赠与事宜达成新的协议,并就新的协议向公证处重新申请办理公证,以此废除原赠与合同的效力。

2. 在赠与人与受赠人双方不能达成一致意见的情况下,则需要解决如下问题:(1) 赠与人能否单方直接申请公证处撤销原已办理的赠与合同公证呢? 答案是否定的。因为原已办理的"赠与合同公证"符合双方当事人当时的真实意思表示,不存在错假证问题,自然也不存在撤销"赠与合同公证"本身的问题。(2) 既然赠与人不能直接申请公证处撤销原已办理的赠与合同公证,那么赠与人可否向公证处申请重新办理一份"撤销赠与"的声明书公证呢? 答案也是否定的。因为赠与人申请重新办理"撤销赠与"声明公证一般是在赠与人与受赠人存在纠纷的情况下发生的,那么公证处受理赠与人单方办理"撤销赠与"声明的申请,可能存在不符合公证的"无争议"受理原则之嫌。(3) 对于当事人是否存在《合同法》192 条规定的情形,赠与人需要举证证明,而对于赠与人之单方举证,公证处是否有确认权? 若受赠人知情后提出相反证据,公证处又如何判定双方的证据效力? 这是一个存在争议的问题。(4) 由于赠与人撤销赠与势必影响受赠人的既得利益,公证处是否需要将撤销赠与事宜通知受赠人,若不通知,公证处可能陷入纠纷之中成为诉讼的对象,若通知,则可能引发赠与人与受赠人之间的纠纷,不符合公证"预防纠纷、减少诉讼"的价值取向。基于以上问题,笔者认为,赠与合同办理公证后,若发生《合同法》192 条规定的情形,赠与人欲单方撤销赠与,必须通过诉讼途径解决,由法院根据当事人双方提交的证据确认是否存在《合同法》192 条的情形,并据此作出相应判决。当然,这一判决绝非直接撤销原赠与合同公证,而是是否准予赠与人撤销赠与。

二、公证的特殊法律效力

案例一:法律要件效力

案情:

浙江省某市人民政府规定,以城市房地产或乡(镇)、村企业的厂房等建筑物抵押的,办理抵押物登记的部门为不动产所在地的公证机构。该市 A 企业以其所拥有的厂房为抵押向该市 B 银行贷款,双方签订了抵押贷款合同,但没有依法向公证机构申请办理抵押登记。后由于 A 企业无法履行还款义务,B 银行欲通过诉讼请求以上述抵押物折价或者以拍卖、变卖该抵押物的价款受偿,却因抵押合同尚未生效而败诉。

评析：

《担保法》第41条规定："当事人以本法第42条规定的财产抵押的，应当办理抵押物登记，抵押合同自登记之日起生效"。第42条规定："办理抵押物登记的部门如下：……以城市房地产或者乡（镇）、村企业的厂房等建筑物抵押的，为县级以上地方人民政府规定的部门……"。本案中的某市人民政府已明文规定，办理抵押物登记的部门为不动产所在地的公证机构。A企业与B银行尽管签订了抵押贷款合同，但尚未依法履行向公证处申请办理抵押登记的手续，因此该抵押贷款合同尚未生效。B银行依据尚未生效的抵押贷款合同向A企业主张实现其抵押权利自然得不到法院的支持。

案例二：强制执行效力

案情：

甲乙双方签订了一份还款协议，协议中并未载明乙方（借款人）不履行还款协议或不完全履行还款协议时愿意接受强制执行的承诺，但双方当事人在申请办理协议公证接受询问时，借款人表示在其不履行还款协议或不完全履行还款协议时愿意接受强制执行，公证处的询问笔录中记录了该内容。后借款人未履行协议，甲方要求强制执行亦未能如愿。

评析：

根据2000年9月发布的《最高人民法院、司法部关于公证机构赋予强制执行效力的债权文书执行有关问题的联合通知》规定，公证机构赋予强制执行效力的债权文书应当具备以下条件：（1）债权文书具有给付货币、物品、有价证券的内容；（2）债权债务关系明确，债权人和债务人对债权文书有关给付内容无疑义；（3）债权文书中载明债务人不履行义务或不完全履行义务时，债务人愿意接受依法强制执行的承诺。这就是说，载明"债务人不履行义务或不完全履行义务时愿意接受依法强制执行的承诺"的内容必须体现在债权文书中，询问笔录只是公证员与当事人的谈话记录，并不能替代债权文书本身，也不宜作为债权文书的补充，当然也不能单独成为进行强制执行的依据。

案例三：提存效力

案情：

厦门市某区人民法院于1992年就陈某某与马某某的债务纠纷一案作出判决，责成债务人马某某向债权人陈某某支付款项计人民币肆拾贰万元整。马某某依照判决及时履行了上述支付。但法院在接收款项后却因陈某某下落不明无法执行到位，该案拖延了近十年未能结案。2002年底，该法院向所在的厦门市公证处申请提存上述执行款项，使得案件最终得以圆满结案。

评析：

提存公证是公证处依照法定条件和程序，对债务人或担保人为债权人的利益而交付的债之标的物或担保物（含担保物的替代物）进行寄托、保管，并在条件成就时交付债权人的活动。提存公证可分为以清偿为目的的提存和以担保为目的的提存。其中以清偿为目的的提存公证具有债的消灭和债之标的物风险责任转移的法律效力。债务清偿期限届至，如发生下列情形之一致使债务人无法按时给付的，公证处可以根据债务人申请依法办理提存：(1) 债权人无正当理由拒绝或延迟受领债之标的的；(2) 债权人不在债务履行地又不能到履行地受领的；(3) 债权人不清、地址不详，或失踪、死亡（消灭）其继承人不清，或无行为能力其法定代理人不清的。根据《提存公证规则》规定，可以提存的标的物有：(1) 货币；(2) 有价证券、票据、提单、权利证书；(3) 贵重物品；(4) 担保物（金）或其替代物；(5) 其他适宜提存的标的物。而司法机关或行政机关因执行公务而申办提存公证的，参照该规则办理。

案例四：监督效力

案情：

西安宝马假彩票案[①]。2004年3月19日，西安市体育彩票管理中心就2004年3月20日至25日在西安市东新街发行的6000万元即开型体育彩票，向西安市新城区公证处申请"二次"开奖公证，并提供了相关文件材料，公证员董萍未认真审查材料，也未查阅索取有关文件规定。在彩票发行期间的3月20日、22日、23日、24日4天中，董萍与其助理在现场进行监督公证，既未按规定监督审查"二次"抽奖彩民在中奖登记表上填写奖票号码和中奖奖票背面填注彩民的姓名、身份证号码，又未收集应当由公证申请人提供的证明材料，没能尽到监督审查职责，导致部分已中奖奖票被彩票发行承包人杨永明和其雇员孙承贵抽走，交给他们叫来的"托儿"岳斌、刘晓莉、王长利再次使用，"抽得"三个特A奖，即3辆宝马车加12万元人民币。同时，董萍对岳、刘、王3个"托儿"在申请公证中使用的假的或过期的身份证未仔细审查，也未留存身份证复印件，最终导致大奖被他人骗取，造成了恶劣的社会影响。董萍本人也因犯玩忽职守罪被判处有期徒刑2年，缓刑2年。

评析：

现场监督公证是指公证机构根据当事人的申请，对各类开奖、评选等大型活动，参予监督、并证明开奖、评选结果的真实性、合法性的活动。西安宝马假彩票

---

① 参见 http://news.xinhuanet.com/legal/2004-12/31/content_2401649.htm，最后访问时间：2008年1月5日。

案之后,针对公证员的疏漏,司法部特别制定了《开奖公证细则(试行)》,对申办开奖公证和中奖公证进行了细化规范,并且明确了公证员在开奖公证中应当重点审查的内容:(1) 主办单位是否具备主办有奖活动的资质;(2) 申请人提交的材料是否真实、充分;(3) 有奖活动规则、方案是否合法、公平、合理;(4) 开奖器具是否符合规定标准、能否正常使用。办理开奖公证,公证处应当派两名以上公证人员在开奖现场对开奖活动的全过程进行监督,对开奖活动的过程和结果予以证明,并在开奖活动结束时由公证员当场宣读公证词。现场情况及中奖结果应当记录并存档。对采用从器具中抽取奖票确定中奖人及中奖等次的开奖活动,公证员应当对开奖器具和奖票的投放情况进行检查、监督;对提前投放奖票的,公证人员应当在投放结束后对开奖器具进行封存并予以监控,待开奖时启封。在开奖现场,公证人员应当检查开奖器具及有关封存情况,并严格按照开奖规则监督开奖人员实施开奖行为。中奖结果产生后,公证人员对公证词中涉及的中奖号码、中奖凭证、中奖人姓名应当即时核对。中奖人的身份证件,应当复印存档。

案例五:保管效力

案情:

公证当事人胡某临终前将所有子女叫到跟前,告知他们自己已就身后财产之处置立了公证遗嘱,该遗嘱一并申请公证处代为保管。胡某去世后,子女们一起到了公证处,向公证处申请公开所保管的胡某生前遗嘱,并播放胡某订立遗嘱过程的录像。原本关系颇为紧张的子女看到了遗嘱录像后顿时心服口服、无话可说,并按照胡某遗嘱办理了继承公证。

评析:

类似的案例在日常生活中十分常见。一方面,公证遗嘱本身具有不可替代的效力优势。根据《继承法》的规定,遗嘱人可以采取自书、代书、录音、口头、公证等方式订立遗嘱,但自书、代书、录音、口头遗嘱不得撤销、变更公证遗嘱,公证遗嘱的效力优于其他形式的遗嘱;另一方面,在当事人订立了公证遗嘱之后,若选择由公证处代为保管遗嘱,那么基于公证机构的公信力以及法律法规对于公证保管的诸多规定,可以达到更好的"预防纠纷、减少诉讼"的目的。根据《公证法》第12条的规定,公证机构可以根据自然人、法人或者其他组织的申请,代为保管遗嘱、遗产或者其他与公证事项有关的财产、物品、文书等。为此,《公证程序规则》第6条规定,公证机构和公证员办理公证,不得泄露在参与公证业务活动中知悉的国家秘密、商业秘密或者个人隐私。第60条规定,公证案卷应当根据公证事项的类别、内容,划分为普通卷、密卷,分类归档保存。涉及国家秘密、遗嘱的公证事项,列为密卷。立遗嘱人死亡后,遗嘱公证案卷转为普通卷保存。

第六节 公证法律效力的问题与建议

一、公证法律效力的现实弱化

诚如本章第一节所述,公证法律效力的根源与基础来自于公证制度的价值定位,而我国公证制度设置初始的价值定位则在于"在保障民法私权自治原则的基础上,实现国家对重大经济活动与公民的重要法律行为的适度干预,以预防经济纠纷的产生和避免可能发生的社会矛盾,维护经济活动的正常秩序和社会的和谐、稳定"。[①] 这就是说,正是基于公证制度被作为国家"适度干预"的法律手段的重要角色定位,公证才会在法律上被赋予诸多特殊的、为其他任何法律行为所不及的效力。

然而,我国于2000年启动了公证市场化改革,将公证推向市场,实行"自主经营、自负盈亏",依市场规律运行,并且还设立了合伙制/合作制公证机构试点。这显然与公证制度设置之初的原始价值定位相去甚远。市场化的公证机构自身参与市场竞争,公证职能蜕变为一种市场行为,定然不可能再自觉地置身于市场之外,代表国家中立地、公正地对市场进行适度干预。这样的变革,不仅削弱了公证制度原本的价值定位,同时也使得公证原有的法律效力失去了基础和依托而难以存续。事实上,尽管目前与公证有关的传统法律、法规仍然"按兵不动",尚未随公证的市场化改革对公证原有的法律效力问题作出调整和修正,但在实务中,公证效力问题所遭遇的种种非难并不鲜见,这样的现象已经在另一种层面上暗示:人们对公证效力的认知正悄然发生改变——从信任到质疑、从认肯到否定、从尊重到排斥、从欣然接受到颇有抵触。毋庸讳言,这种事实的"效力减等"现象正是对公证职能主体"人格减等"的现实回应。

(一) 一般法律效力

近几年来,我国公证书的证明力和拘束力,都或多或少存在不同程度的效力减等现象。在证明力方面,"由于一些地方的公证处屡出假证,已有个别国家明确表示某些地方公证处的涉外学历公证,甚至还有个别国家表示不采信中国的所有涉外学历公证。中国公证在国际上的信誉严重下降"。[②] 在拘束力方面,公证书具有法定的拘束力即意味着公证书自出具之日起发生效力,非经法定程序,任何人、任何机构均不得随意撤销、变更、否定或阻滞其效力,甚至在诉讼中人民法院也无权直接判决撤销公证书。根据《最高人民法院、司法部关于执行〈民事诉讼法(试行)〉中涉及公证条款的几个问题的通知》的规定,人民法院在采证过

[①] 宫晓冰:《中国公证制度的完善》,载《法学研究》2003年第5期。
[②] 同上。

程中,对经过公证证明的法律行为、法律事实和文书,应当确认其效力。但是,人民法院认为有相反证据足以推翻公证证明的,可向出具该公证书的公证处或有关司法行政机关提出撤销公证书的建议,由其按相关规定处理,而不能直接判决撤销公证书。然而,现实中,人民法院径直撤销公证书的案件屡屡发生,使得公证书应有的"强势"拘束力有所弱化。

(二)特殊法律效力

公证特殊法律效力的弱化突出地表现在法律要件效力、强制执行效力、监督效力等方面:

1. 法律要件效力:如1991年颁布的《收养法》规定,外国人在中华人民共和国收养子女的,收养人应当与送养人订立书面协议,亲自向民政部门登记,并到指定的公证处办理收养公证。收养关系自公证证明之日起成立。后《收养法》修订时该规定取消。

2. 强制执行效力:鉴于当今世界各国普遍存在"诉讼爆炸"现象,许多国家致力于寻求诉讼外纠纷解决方式。在大陆法系国家,公证即被视为一种有效的预防纠纷、解决纠纷的手段,因此,许多国家都在立法上强化和固定公证文书的效力,使之成为最为有力的执行依据之一,同时加大执行力度,与公证相互衔接、紧密配合,确保公证债权文书"强制执行效力"的实现。这样,公证债权文书的强制执行问题就得到了很好的解决。如日本,只要公证书写明可以强制执行,一般都可以得到执行,法院每年办理执行证书达十余万件。[①] 然而,在我国,赋予强制执行效力的债权文书公证却陷入了尴尬的执行困境,人民法院往往以各种各样的理由搪塞、拒绝或中止执行,使得赋予强制执行效力的公证债权文书的执行率极低,大量的债权债务纠纷无法通过正常的强制执行公证的便捷途径得到解决。而正是"由于公证债权文书强制执行效力的无法实现,无疑将直接动摇公证获得普遍社会公信力的基础,容易给人以'公证无用'的错误印象"[②]。同时也无端加大了当事人的权利救济成本。

3. 监督效力:公证在市场化改革中已然演变为一种"自主经营、自负盈亏"、按市场规律运行、具有可竞争性的市场行为,不复是以往那个完整的、权威的公共"监督主体",其原有的中立性、公正性自然大打折扣,"监督能力"势必削弱,"监督效力"当然也随之缩水。尽管,这样的效力弱化在法律上似乎表现得不那么明显,但在实践中却以真切的"看得见"的方式为人们所感知和体验。"西安宝马彩票案"、"武汉体彩舞弊案"等一系列事件的发生都不是偶然的,它们不仅

[①] 常柏、王京霞主编:《公证制度》,海南出版社2000年版,第88页。

[②] 吴文琦:《浅析公证债权文书的强制执行效力》,载张卫平、齐树洁主编:《司法改革论评》,厦门大学出版社2007年版,第245—246页。

是对公证监督资格和监督能力的一再否决,而且是对公证监督效力的重度挫伤,更是对公证公信度贬值的严正警告。的确,不具备完全的"监督"资格和身份,又焉能完全胜任"监督"职责呢?一个真正的、有效的、良性的监督制度,首先必须赋予监督主体足够的权能、足够的手段,这是监督能否到位的关键。而让事实上业已缺失权源和能力的公证继续担当"监督者",其监督的效果必定不会理想。因为颇有些"心有余而力不足"的公证机构在履行监督职责时,却很大程度上需要仰赖被监督者(公证申请人)的意愿和配合,这样的监督制度本身就存在着致命的缺憾。倘若申请人只想通过公证瞒天过海,给公众一个表面化的交待,那么所谓的公证监督也只能是"走过场"。这样一来,究竟应当如何正确看待公证监督的力度与分量呢?现在回答这样的问题是需要勇气的,任意地抬高或贬低其实都是一种不负责任。事实上,面对这样的问题,公证业内人士如今也不可能像过去一样振振有词、理直气壮,却多少有些含糊其辞、底气不足,更遑论社会公众,他们当然只能以一种保守的态度谨慎地迟疑着、掂量着,徘徊在信与不信之间。

二、公证法律效力弱化的原因分析

公证法律效力的弱化尽管有这样那样的外在原因,如赋予强制执行效力的公证债权文书的执行困境就与法院"执行难"的大环境密切相关,但更深层次的原因,则在于公证自身市场化改革带来的体制弊端。

根据本章第一节的分析,在公证的"效力基础——价值定位——系统配置"这一关系链中,三者的逻辑关系可以概括为:公证的效力基础源于公证的价值定位,而为了实现公证的价值定位,立法者必须围绕这一价值定位对相关的配套机制进行设计、安排和配置,使公证制度成为一个以价值定位为核心的完整的、合理的、协调的价值系统。而构成这一系统配置的元素则包括公证职能主体、公证客体、公证的多元职能、公证程序、公证结果等。这就是说,效力基础、价值定位、系统配置三者是一一对应的关系,价值定位不同就意味着效力基础不同,也就需要与之相匹配的不同的系统配置。综观世界各国,在公证制度的价值定位及其系统配置上,大体以两大法系为分水岭。

大陆法系将公证定位为国家进行适度干预的法治手段,目的在于预防纠纷,减少诉讼,在这一"强势"式的价值定位下,公证制度的系统配置表现出"强势"的特点:

1. 公证职能主体:尽管公证机构的组织形式有这样那样的不同,但公证人均属于国家公职人员,是独立、专职的执业者,代表国家行使公共证明职能,以此实现国家对重大经济活动和公民重要法律行为间接干预的目的;

2. 公证客体范围:为体现公民意思自治与国家适度干预相结合的原则,在划定公证客体范围时,也采取当事人自愿申请与法定强制公证相结合的原则,明确规定某些重大的经济活动和重要的法律行为必须经过公证;

3. 公证的多元职能:除了证明职能外,公证机构或公证人一般都承担监督、沟通、咨询、保管文书等非证明的服务职能;

4. 公证程序:公证机构或公证人必须对公证事项的真实性、合法性进行实体审查,采取实质证明制度;

5. 公证结果:公证书具有高于一般证据的强势证明力、拘束力和执行力。一旦公证书存在瑕疵致当事人遭受损害,则适用国家赔偿法予以救济。

在英美法系国家,政府普遍实行自由主义和不干预政策,并不期待通过公证制度的设置达到适度干预和事前预防的目的,而是寄望于通过诉讼程序进行事后救济的方式来解决实际发生的纠纷。因而,其法律上对于公证制度的价值定位及系统配置均是"弱势"式的:(1) 公证职能主体:没有独立的专职的公证人,公证人通常由律师、官员或年满18岁的信誉良好的公民兼职担任;(2) 公证客体范围:在公证制度理念上奉行彻底的私权自治原则,因此对于公证客体范围也实行自愿公证原则,法律几乎不规定必须公证的内容;(3) 公证职能具有依附性:由于公证人基本为兼职,证明行为并非其主业,而是一种附带性的业务,公证人并不以公证作为谋生的手段;(4) 公证程序:公证人对公证事项仅进行形式上的审查,并就形式真实进行证明,而不对公证事项实体内容的真实性、合法性负责;(5) 公证结果:公证书相当于一般的书证,不具有法定的强势证明效力和强制执行效力,在诉讼中通常需要当庭作证、质证。一旦公证书存在瑕疵致当事人遭受损害,则由公证人承担民事赔偿责任。

在我国,公证制度的价值定位与大陆法系相似,采取"强势"式的公证模式。在这一模式中,作为效力基础的价值定位以及与价值定位相呼应的系统配置中的诸要素均体现出同样的"强势"特点。但近几年来公证推行的市场化改革,单单致力于变革其中的"公证职能主体"元素,既没有改变公证原本的价值定位,也没有对系统配置中的其他元素进行相应的修正与整合,这就使得各元素之间失去了应有的对应、协调与平衡,并进而导致上述逻辑链中的整个系统配置与公证原有的价值定位不匹配、不对称、不契合。具体而言,在传统公证制度中,"强"势的法律效力与"强"势的职能主体是相互依存、相互匹配的,而现在的市场化改革推行公证多元体制并存,从根本上弱化了公证职能主体原有的"公"属性之强势,打破了原来的"强""强"联合的平衡状态,硬将"强"势的法律效力与"弱"势的职能主体错位地捆绑、嫁接在一起,显然在逻辑上站不住脚的。"弱"势的职能主体应当与"弱"势的法律效力搭配,这是不能以人的意志为转移的逻辑规律。也正因为如此,"强""弱"错搭的结果必然导致公证制度面临理论与实践的双重困境。事实上,这种"强""弱"混杂的做法已经在实践中暴露出了种种不适应症,公证法律效力的现实弱化即是明证。与此同时,基于公证体制改革所带来的公证价值系统内部诸要素之间的失衡,必定反过来影响和恶化公证制度的外部环境。人们本能地质疑一个"弱势"的职能主体的"弱势"行为怎能产生如此"强势"的法律效力——甚至强势到足以制约人民法院的司法行为。人民法院当然也不愿理睬并听命于这样一个"弱势"职能主体的"弱势"行为,便以种种理由极力排斥其"强势"效力的实现,从而又进一步加剧了公证法律效力的现实弱化。

简言之,"效力基础——价值定位——系统配置"的逻辑链是环环相扣的,只要处于逻辑链一端的"系统配置"中的任何要素出现偏差,都可能牵一发而动全身,引起一系列的连锁反应,并进而导致整条逻辑链的失衡,殃及整个公证制度体系的谐调。

三、问题与建议

公证市场化改革弱化了公证职能主体"公"属性的同时,仍然保留了传统公证强势的法律效力,使得公证效力的"强势"与公证职能主体的"弱势"形成了强烈的反差。而二者之间的现实差异正成为阻碍公证制度健康发展的桎梏。为了弥合二者的悖离,恢复二者的平衡状态,目前主要有以下三种思路可供未来修法时选择:

第一,坚持公证制度的原始价值定位,保留既定的强势法律效力,恢复公证职能主体应有的"强势"地位。这就是说,公证被定位于国家进行适度干预的法治手段,必须能够代表国家履行证明、沟通、监督、服务等多元职能,以达到预防纠纷、减少诉讼的目的。而能够胜任这一职责的公证主体必定要具备相应的"强势"地位。因此,就需要改变目前多元体制并存的"弱势"公证职能主体地位,还原其应有的与履行公共职能相对应的"强势"。在当下,这一思路即意味着必须着手对公证市场化改革的副产品——合作制公证机构进行撤并和整合,按照《公证法》规定的"不以营利为目的"原则,统一组建能够代表国家行使公共证明职能的事业单位性质的公证机构,实现公证职能主体向"公"属性的一体回归,以"强势"的主体地位回应强势的公证法律效力的要求。

第二,维护公证市场化改革形成的公证职能主体多元化的现状,改变公证制度的价值定位及其系统配置,削弱公证的法律效力,重建一种根本不同于传统"强势"公证的全新的"弱势"模式的公证体系。这就是说,如果由于公证市场化改革积重难返,必须选择继续维护改革成果的话,那么我们就应当正视公证职能主体业已"弱化"的现状,转而致力于变革公证制度的价值定位及其系统配置中的其他诸要素。具体而言,与"弱势"职能主体相对应的公证价值定位,不宜再将公证作为代表国家履行公共职责的行为,而仅得作为提供专业法律证明服务的市场行为。而与这一价值定位相应的系统配置中其他元素也应有所调整,如必须取消法定强制公证制度,必须弱化"弱势"公证职能主体出具的公证文书的效力,即公证书仅具备相当于一般书证或证人证言的效力,不具有法定的强势证明效力和强制执行效力,在诉讼中仍然需要当庭质证才能作为依据。

第三,折衷以上两种思路,借鉴我国台湾地区分法院公证与民间公证的做法,实行公证制度双轨制,即允许代表国家的"公"性质的"强势"公证与不代表国家的非"公"性质的"弱势"公证并存,并且对于前者采取上述第一种思路统一调整,对于后者则采取上述第 2 种思路全盘重建。在效力上,后者出具的"私"证书天然弱于前者,在法律上仅等同于一般书证或证人证言的效力,当然,也应允许后者之"私"证书通过"公证认证"的程序取得与前者相同的"强势"效力。

相对而言,以上三种方案中,第一种较为现实可行,也更加便捷和具有可操作性。目前全国各地针对公证当前体制多元化困境所启动的新一轮改革,均以第一种为模式,并且颇有成效。

【问题与思考】

1. 如何理解公证的证据效力?
2. 如何理解公证的强制执行效力?
3. 如何理解公证的法律行为要件效力?
4. 改革中出现的公证效力困惑如何解决?

第八章 公证档案

【内容提要】

本章介绍了公证档案的概念和作用,探讨了公证档案的社会价值以及保管和查阅情况,明确划分了公证档案的类别。

【关键词】 档案 登记 保管 查阅

第一节 公证档案的基本理论

一、公证档案的概念和特点

公证档案是指公证机构在公证活动中收集和作成的,具有保存、查考、利用价值的,经整理、立卷,归档的各种文书、物质材料的总称。整理、保管好公证档案是公证机构的重要任务。公证档案是专业性很强的司法业务档案,属于专门档案,是国家档案的重要组成部分。

公证档案主要具有以下几个方面的特点:

第一,公证档案的专业性很强。公证档案是一种专门档案,它在内容和形式上都是反映公证业务活动的,因此公证档案与其专业性质密切相关。公证档案具体包括有:公证书正文;公证行为申请表;接待当事人谈话记录;当事人申请公证的文书材料原件(如遗嘱或委托书);公证机构调查取得的证明材料;公证事项受理单;公证书发送回证;其他有关材料等。在公证权行使过程的不同环节就会产生各种不同的公证档案文件,这需要公证员凭着日常的专家经验进行整理,以决定哪些证据材料应当收归档案。另外,公证工作在众多领域提供服务,如国家和地方重点工程和项目建设招投标、土地使用权出让、转让协议;为落实土地承包政策、土地征用补偿安置、农村剩余劳动力转移;参与构建知识产权法律服务体系、打击侵犯知识产权行为、办理商标、专利等境外注册;办理反倾销、反垄断等涉外案件等等。[①] 这就决定了相关记载公证事项的档案文件内容与这些领域有关,会涉及很多专业领域的数据和相关知识,这同样说明了公证档案具有专业性的特点。

第二,公证档案是复查公证书正确与否的主要依据。一般情况下,公证机构

[①] 高大伟、刘霄:《公证档案在构建和谐社会中大有作为》,载《兰台世界》2006 年第 16 期。

办理完公证事项、出具公证书后,就标志着公证活动的结束,但是在实践中,并非如此。如各级司法行政机关若发现所属公证处已出具的公证书确有错误或当事人提出申诉的情况下,公证处或司法行政机关会复查公证档案,从而决定是否予以撤销。

第三,公证档案对公证人员具有促进作用。辩证唯物主义认识论告诉我们,人的认识是不断变化、不断发展的。实践证明,一个负责任的公证人员,通过经常查阅过去的公证案卷,仔细推敲其中的细节,查漏补缺,总结经验教训,在以后的工作中加以改进和提高,其公证水平和质量就会不断提高,就会更好地适应社会对公证人员的要求。

二、公证档案的作用

法国人写到:"我们国家的历史,它的社会、经济史、日常生活史、各省和首都的历史都包括在由公证人所描绘的事实和由他们所撰写的文书中,正是公证人书写了历史,或者至少是公证人记载了构成全部历史的所有事实。"[1]很多重要的历史资料,是在公证人事务所保存的,在罗马帝国时期,公证人是被授权提供法律服务、起草文件并予以证明、保管官方档案的公职人员,公证人起草所需的文件并保留原始文档,公证人为官方认可的文件予以证明并为罗马帝国保存档案。十世纪初,王室公证人及宫廷公证人为典册掌理员,负责掌管典册、诉讼记录及制作公证书等事宜。在资本主义兴起后,公证人被赋予了更多的职权,其中重要的原因是公证人通过制作和保管财产文书,保护财产所有者,使其免受他人对其财产提出要求所带来的困扰,为当事人提供了安全保障。

公证档案包括了公证人员和当事人一言一行的记录,比如对当事人本意的描述、对具体条款的阐释、对有关事情的原委的说明等;也包括公证人员公证时的情况,如是否对卧病在床的立遗嘱者宣读了有关遗嘱内容、是否履行了告知义务、调取证据的过程等,这些都是由公证人员以文字形式或录音录像方式一一记载下来。

在市场经济活动过程中出现矛盾和纠纷时,它是能够说明事实真相的证据。实践中,经常出现法院调取公证档案,通过工作记录、谈话笔录、播放录音录像等来厘清事实真相的情况。由于是民事法律行为发生时形成的档案,一般认为公证档案客观记录了以往发生的事情,当时的状态、当时人的真实意思表示,可以澄清有关事实,所以公证书连同公证档案就是证据,其作用更具证明力。在大量诉讼实践中,司法机关和各级行政主管部门对公证书一般都给予采信。公证书

---

[1] 〔法〕让·里乌福尔、弗朗索瓦·里科:《法国公证》,王立宪、徐德瑛译,法律出版社1989年版,第1页。

作为法律意义上的证据被采信,公证档案的作用功不可没。

第二节 公证档案的立法背景

公证档案是整个公证活动的书面记录,详细地记载了公证人员采取的公证调查手段、搜集或申请人提供的证据材料等。作为第一手书面记录,公证档案在整个公证程序中发挥着重要的作用,不仅能够起到监督公证程序进行的作用,而且还能够成为说明事实真相的证据材料。所以公证档案对整个公证活动起着重要的作用,在我国,对其通过法律法规进行规范主要经历了以下几个重要的阶段:

第一,1988年3月18日,根据《中华人民共和国档案法》等有关法律、法规的规定,司法部、国家档案局总结公证工作的实践,联合下发了《公证文书立卷归档办法》和《公证档案管理办法》,从档案管理的角度对公证文书的立卷、归档、保存和利用进行了规定,并将公证档案明确列为国家档案的重要组成部分。公证档案作为国家档案的重要组成部分,与其他的档案在性质上以及管理方法上有着一些共同的特点,但与此同时,公证工作的特殊性使得公证档案有区别于其他档案制度的特性。公证档案的立法工作的核心就在于把握公证归档活动的特点,在立法的时候要考虑具体的公证程序以及整个公证行业的发展。立法者也好、事务部门也好,在观念上要对公证档案工作重视起来。从公证档案立法不断发展完善的过程中,我们可以看到,各界对公证档案重要性的认识进一步加深了。

第二,在《公证文书立卷归档办法》和《公证档案管理办法》这一基础上,司法部1990年颁布了《公证程序规则》(试行)、2006年颁布了《公证程序规则》,设置了公证事项登记与公证卷宗归档两项公证程序,使对公证文书的整理、备案、保管以公证事项的登记开始,与公证活动的整个过程有机结合。

第三,2005年颁布的《公证法》第35条规定:"公证机构应当将公证文书分类立卷,归档保存。法律、行政法规规定应当公证的事项等重要的公证档案在公证机构保存期满,应当按照规定移交地方档案馆保管。"这一规定使公证文书的分类立卷、归档保存上升成为了公证活动的法定程序和公证机构的法定职责。

第四,2006年制定的《公证程序规则》用了一章的内容对公证档案单独进行了规定,内容比较系统、详细,是在进行公证归档工作时主要的规章依据。《公证程序规则》在之前法律法规和规章的基础上,对公证登记与立卷归档这两个公证环节重新做了程序性规定。新的《公证程序规则》用专章规定了公证登记和归档制度,这与已经废止的《公证程序规则》中的相关规定相比,已经有了很大的完善。在之前的规章中,公证登记和公证档案的立卷归档是分开进行规定的。

而在实践中,登记和归档工作在程序上的关系是非常密切的,公证登记程序对之后的立卷归档工作有着很大的影响。所以,鉴于公证程序的连续性的考虑,在制定新的《公证程序规则》的时候,就将公证登记与立卷归档和在一起进行了规定。新的规章在条文数量上有所增加,对公证归档工作进行了进一步细化的规定,对公证实践起着积极的指导作用。

此外,各地方也针对各自公证实践中出现的特殊情况,分别制定了公证档案管理实施办法以及公证文书立卷归档办法。对《公证程序规则》以及司法部、国家档案局联合下发的《公证文书立卷归档办法》和《公证档案管理办法》中的规定具体化,使得公证归档工作有规可循,有据可依。

第三节 公证档案的热点前沿问题

自20世纪80年代末以来,我国档案学界和公证业界对公证档案相关问题的研究,无论是从广度,还是从深度来看,都是有待进一步拓展的。

对公证档案的作用研究虽有所涉及,但与公证档案在社会主义市场经济中所能表现出来的价值相比,显然相去甚远。因此说对公证档案作用的研究是很不够的。此外,对公证档案的编研,对公证档案的信息化、网络化管理,对公证档案的数据库建设,对公证档案的信息服务与利用者研究等等当前档案学界探讨的热门话题都未涉及或涉及甚少。这一方面说明公证档案在档案大家庭中所受到的冷落程度,另一方面也说明公证档案研究尚有较大的发展空间。其间还有无尽的宝藏,有待学界广大同仁去探索、去发掘。档案学界和公证业界对公证档案的研究主要集中在公证档案业务和公证档案管理方面。[①]

一、公证档案的借调与查阅

档案工作是用科学的原则和方法管理有价值的资料,使其为社会服务。它通常分为六个环节:收集、整理、鉴定、保管、检索和利用。在公证人员办证过程中,不断形成大量的文件资料,需要对这些文件资料进行挑选,并且集中保存,这就是档案的收集。但收集起来的文件和资料一般来说没有什么条理,相当零乱,成份也很复杂,并伴有缺损现象,为便于保存和利用,需要将它们分门别类,这就是档案的整理。随着时间的推移,社会的发展变化,一些旧档案渐渐失去了保存价值,需要去粗存精,这就是档案的鉴定。由于档案所保存的东西总是处于渐变、自毁的过程中,需要受过专业训练的人员用科学的方法,长期不断地进行保

---

① http://www.gotoread.com/article/? NewID=201E8D59-1044-4434-A385-E280DDE1CB05,访问日期:2007年12月22日。

护,这就是档案的保管。数量庞大的档案群,外行人看起来无从下手,而专门的档案工作人员则会根据它们的自然规律,按照基本体系进行整理和存放,且记录在案,以便于查找。对档案的利用需求是特定的,又是多方面的,一般要求直接取得,为了及时满足社会的这种需要,要求档案人员准备好直接、有效、快速的查阅和提取手段,实际提供档案资料给所需要的人或单位,这就是档案的检索和利用。公证处文书档案管理的最佳状态,即达到分类合理、立卷规范、保管妥善、利用便捷的目标。只有建立并严格执行了科学的管理制度,才能有效地保护和利用公证档案,确保公证档案的完整与安全。

公证机构应严格执行保密制度,建立公证档案借阅制度和档案借阅登记簿。公证档案不同于党政机关一般的文件档案,它不仅具有资料性这一档案普遍具有的特点,同时还具有诉讼上的证据作用,可作为证据在诉讼中被法院直接采用,所以对公证档案的借调与查阅应履行严格的审批和登记手续,并限定借阅期限。本处的公证员或同级、上级司法行政机关的公证管理部门因工作需要,借阅公证档案的,应履行借阅登记手续。人民法院、人民检察院和有关国家机关因工作需要借阅公证档案的,应出具正式查卷函件,经公证处主任批准后办理查阅手续。律师因诉讼代理的需要,向公证机构提交律师的身份证明、律师事务所的查卷证明以及当事人同意律师查阅本人的公证档案证明,经公证处主任批准后,可查阅当事人提交给公证处的证明材料和公证处所记录的当事人谈话笔录。其他单位或个人一般不得借调和查阅公证档案。凡借出的档案,要及时催还。归还时如发现案卷被拆、文件短缺、增删、污损,应立即追查。[①]

公证档案利用率较高,机密性强。公证机构办结公证事项、出具公证书,就标志着公证活动的结束。对于当事人、利害关系人、有关单位对公证机构出具的公证书有疑义而向公证处、司法行政机关提出申诉的,公证处、司法行政机关处理的依据主要是公证文书档案。特别是在当前,我国经济体制的改革在进一步深化,原来经过公证的经济合同,合同当事人需变更或补充原合同内容的,也需要查阅公证档案。因此,公证档案在公证实践中的利用率是比较高的。同时,公证实践证明,公证机构办理公证事项因涉及国家机密或当事人的合法权益而具有机密性较强的特点。如遗嘱、赠与等公证,如果泄密,就可能引起纠纷或者招致当事人财产的损失,使当事人的合法权益受到损害,进而影响公证机构的信誉。因此严格遵守保密制度是十分必要的。

二、计算机和互联网技术在公证档案文件制作、保管中的应用

在公证历史上,公证人同时是档案保管员。与其他行业比较,公证行业尤其

---

① http://lunwen.lawtime.cn/qitalw/2006102649511.html,访问日期:2007年12月22日。

强调文书档案的保管这一项服务,在由于人口流动常常使得文件原本和所有权证书不易查询的年代,这一职能显得格外有用,公证人事务所保存的大量珍贵文书原本也为公证行业赢得了巨大的声誉。20世纪七、八十年代,国外有些公证人开始把公证文书制作成缩微胶卷,这样,公证人就有了双份档案,可以分别保存,使公证文书的安全得到更好的保证。

随着现代科学技术的发展,计算机和互联网技术的应用给公证行业带来了新的挑战。从20世纪80年代开始,微机开始出现时,一些大的公证处开始利用计算机进行简单的字处理,90年代中期开始的个别公证处利用局域网建立公证信息处理系统,一部分公证流程在网上进行,改变了传统的纯粹人工操作的办法,大大提高了工作效率,21世纪初,个别公证处开始利用扫描技术管理和保存有关的公证文书档案。

公证行业内部管理中对计算机和互联网技术的应用现阶段主要表现为公证处管理及公证业务处理的计算机化、网络化管理;利用互联网树立机构形象,推广公开业务,宣传公证、法律知识等。有些公证处开发了公证业务管理系统、公证管理信息系统等应用软件,建立局域网,实现网络化管理和操作,是较为成功的案例。

信息技术的不断发展和演变带给我们的是工作效率的不断提高和社会生活的日益丰富,信息技术应用于公证管理是一种趋势,因为它可以规范公证程序,提高办公效率,因此公证处应建立综合信息管理系统。"综合信息管理"表明它不单纯是公证业务的信息管理,而是一个公证业务流程过程管理,同时还包括公证处的档案管理。

第四节 公证档案的法律实践

一、公证登记

公证受理后即开始进行公证登记,以便于将在同一公证事项办理活动中产生的各类文书材料按照档案管理的规定进行规置,并为立卷归档程序的实施提供公证事项索引,与公证文书立卷归档前后呼应形成了对公证文书的系统整理、保管。

公证登记应当填写公证登记簿,分类为公证事项建档备案,故公证登记簿作为登记活动所形成的书面记录成为公证档案的原始目录资料,是立卷归档的依据。公证分类登记应遵循公证文书分类立卷的分类原则。

根据《公证文书立卷归档办法》和《公证档案管理办法》的规定,公证文书材料分为国内民事、涉外民事、国内经济和涉外经济四类,这一分类方法基本是以公证书使用地在国内还是在国外为标准,分出了国内和涉外两类;以办证主体是自然人还是法人或者其他组织为标准分出了民事和经济两类。相互组合便形成了公证文书的四项基本分类。登记分类应基本遵循公证文书的这一分类原则,以便与后面的公证文书立卷归档程序顺利衔接。公证实践中,分类登记可以通过对不同类的公证事项采用不同的公证登记编号而实现,结合公证登记簿按年度建档的要求,公证机构在设置公证登记簿时可以按公元纪年顺序排序,分类设置公证登记编号,依次登录。

具体登记事项包括以下几个方面:

(1) 对当事人情况的登记,包括当事人、代理人或代表人的姓名或名称。

(2) 对公证承办人、审批人情况的登记,包括承办公证员、审批人或签发人的姓名。

承办公证员是指受公证机构的指派,办理具体公证事项的公证员。根据《规则》规定,公证员承办的公证事项分为经审批出证和不需经审批即可出证两类,需经审批的,承办公证员拟制公证书后报公证机构的负责人或其指定的公证员审批;不需审批的可由承办公证员直接签发公证书,承办公证员同时成为签发人。因此,做此项登记时应根据该公证事项是否需经审批来决定进行审批人或签发人的登记。

(3) 对公证事项类别的登记。

公证事项类别是指按具体的公证证明对象划分的公证业务分类。例如,合同、继承、委托、声明、赠与、遗嘱等。

(4) 对办结方式的登记。

根据《公证程序规则》的规定,公证机构对公证申请可以做三种处理,即不予办理公证、终止公证和受理后出具公证书,对结案方式的登记便是指对这三种处理方式的记录。

(5) 对公证事项的办证时间,包括受理日期、办结日期的登记。

《公证程序规则》第20条规定,"公证机构受理公证申请后,应当向申请人发送受理通知单",故受理通知单确定的受理日期为登记的受理日期;公证事项的办结日期,出具公证书的以出具日期为办结日期,不予办理公证和终止公证的以决定书签发日期为办结日期。

(6) 公证书的编号应与制发的公证书或者决定书上的编号相一致。

二、公证档案的类别

公证档案分为国内民事、国内经济、涉外民事、涉外经济四大类,按卷宗性质分为正卷、副卷;按卷宗保密程度又分为普通卷、密卷;按保管期限又分为短期、长期、永久三种。

公证密卷是指需要采取特殊保密措施的公证卷宗。《公证文书立卷归档办法》第 18 条规定:"涉及国家机密和个人隐私的公证事项均应列为密卷,在归档时应在档案右上角加盖密卷章。"密卷应当与普通的公证卷宗分开保存,并采取必要的保密措施。《公证档案管理办法》第 17 条规定:"凡涉及国家机密和个人隐私的公证密卷档案,以及当事人要求保密的公证档案,一般不得借调和查阅。特殊情况必须查阅的,须经当事人同意后,由公证处报同级司法行政机关批准。"公证正卷是公证副卷的对称,是指除公证副卷以外的,公证机构按规定的程序要求立卷归档的公证卷宗。除需要保密的公证卷宗外,公证正卷允许按规定程序借调和查阅。

公证副卷是指不宜对外公开的,反映公证机构内部工作活动的材料所装订的公证卷宗。《公证程序规则》第 60 条规定:"公证机构内部对公证事项的讨论意见和有关的请示、批复等材料,应当装订成副卷,与正卷一起保存。"一般情况下,公证副卷不允许借调和查阅;特殊情况下必须查阅的,应当履行必要的批准手续。

三、公证卷宗归档的时间和要求

公证卷宗归档是指承办公证人员在公证事项办结后,将办证过程中收集、做成的,具有保存、查考、利用价值的各种文书、物质材料整理、装订成公证卷宗,移交档案管理人员保管的活动。根据《公证文书立卷归档办法》和《公证程序规则》规定,公证事项办结、终止或拒绝后,承办人应按规定在 3 个月内,将全部卷宗整理归档。

公证文书材料分为国内民事、国内经济、涉外民事、涉外经济四类,按年度和一证一卷、一卷一号的原则立卷。同一当事人为同一目的而办的数项公证,可合并为一卷。跨年度的公证事项,放在办结年立卷。归档时,重复的材料、没有保存利用价值的材料、与公证事项无关的材料应当剔除,破损的材料应当进行必要的修补;对不能归档的实物证据,可将其照片及证物名称、数量、特征、保存处所等记载附卷,实物可另行保管;归档材料要按规定顺序装订并逐页编码,承办人应制作卷内目录;卷宗封面要逐项填写清楚。卷宗一律使用棉线绳订牢,在封口处加贴公证处封签,并在骑缝线上加盖立卷人的名章。档案管理人员对公证卷宗要进行检查验收,接收的卷宗应确定保管期限,并按规定进行分类、编写归档号、填写检索卡片,在档案目录登记簿上登记。

四、归档材料的排列顺序

根据规定,公证卷宗的排列顺序是:
(1) 卷宗封面;
(2) 卷内目录;

（3）公证书正文；

（4）公证书签发稿；

（5）公证书译文；

（6）公证申请表；

（7）当事人的身份证明；

（8）当事人提供的有关证明材料；

（9）当事人申请证明的文书材料原件，如遗嘱、合同、委托书等；

（10）接待当事人的谈话笔录；

（11）公证处审查、调查所取得的证明材料；

（12）其他有关材料；

（13）公证员承办公证事项的报批表；

（14）公证书发送回证；

（15）公证费收据或减免收费的申请与领导审批意见；

（16）备考表；

（17）附件袋；

（18）卷底。

五、公证档案的保管期限

公证档案的保管期限分为永久、长期和短期三种。

（1）凡属于需要长远查考、利用的，列为永久保管，如收养、继承等公证业务档案。

（2）凡在相当长时间内需要查考、利用的，列为长期保管，保管期限为60年。

（3）在较短时间内需要查考、利用的，列为短期保管，保管期限为20年。

六、归档及保管中应注意的问题

1. 对公证事项的讨论意见和有关请示批复等不宜对外公开的材料，应装订成副卷，与正卷一起保存。

2. 公证档案属于司法业务档案，涉及不少国家和当事人的秘密，对涉及国家秘密和个人隐私的公证事项，应列为密卷保存，必须注意保密，要按规定的程序归档、查阅、保管、检查、修整、移交、销毁。

3. 对音像资料、计算机软盘等特殊的档案材料，要单独保管，根据存储介质的性质特点，如需复制的应定期复制。

4. 销毁公证档案，应经过鉴定和批准。销毁时，应制作档案销毁清册，并将公证书留下一份，按年度、类别整理立卷，同批准销毁文件和销毁清册装订在一起,永久保管。

5.《公证程序规则》第60条第3款规定:"涉及国家秘密、遗嘱的公证事项,列为密卷。立遗嘱人死亡后,遗嘱公证案卷转为普通卷保存。"遗嘱的内容涉及个人隐私,需要给以保密,所以遗嘱公证卷宗应当列为密卷保管。立遗嘱人死亡后,遗嘱必须公开才能予以执行。遗嘱公开后也就失去了保密的意义,因此,遗嘱公证卷宗应转为普通卷宗保管。鉴于遗嘱卷宗的转换性质,为查找方便,及时调取转换,故应单列一类保管。

第五节 公证档案的问题与建议

首先,应该在《公证法》中增加对公证档案的规定。对于公证档案的规定,主要是《公证程序规则》、《公证文书立卷归档办法》和《公证档案管理办法》中进行的规定。可见,对于公证档案进行规定的规范性文件的层级比较低。虽然《公证法》也有对于公证档案管理的规定,但是条文很少而且十分的抽象,主要还是留给司法部及行业协会去制定具体的规章。

出现这种情况,与我国公证立法实践情况有关。由于我国公证立法长期滞后于公证实践,公证工作开展几十年后才制定出台了《公证法》。所以法律本身在立法技术上还不够成熟,体例布局还需要进一步修改和完善。我们应该借鉴、学习国际上的一些比较成熟的立法经验。国外关于公证档案的相关规定的文件的法律层级都比较高,以《日本公证人法》为例,其第四章以专章规定了"公证文书的制作",具体细化了公证档案文件的制作和管理。

其次,建议将公证文书制作规范法定化。公证档案对整个公证程序的进展有着重大的影响力,而公证档案是由一系列的公证文书组成的,所以实际上发挥作用的应该是组成公证档案的各种相关公证文书和证据材料。将某些公证文书制作规范法定化,是一些公证制度发达国家的普遍的做法。通过法律对公证文书的格式、内容进行规范和控制,这样制作出来的公证文书的格式、要求都比较统一,因此赋予公证文书相当的法律效力也就顺理成章。在众多的公证档案文件中,公证书的法律效力最强也最直接,因此将公证书的制作规范法定化十分有必要。鉴于我国公证立法正处于初步发展的阶段,对于全部的公证档案文书进行立法规定的立法时机尚不成熟,但是从公证书的制作规范入手进行立法却是必要和可行的。

最后,对于公证文件的交接进行规定。在我国,公证行业实行"以处为本",所以对于公证事项承办人在需要中断办理公证后,公证文件的交接没有给予足够的重视,通常的做法是公证机构通过内部的一些制度来进行规定。德国、日本等国家都对于公证活动中,公证文件的交接进行了比较具体的规定。如《日本公证人法》第66条规定:"在公证人死亡、免职、丧失职位或调动的情况下,他所隶属的法务局或地方法务局的局长认为必要时,应令其指定的官员及时对事务所的文件加封。"第68条规定:"在公证人免职、丧失职位或调动时,前任应会同其后任或兼任及时交接文件。因死亡或其他事由,不能交接文件时,后任或兼任在他所隶属的法务局的局长指定的官员在场的情况下,交接文件。依据第66条对文件加封后任命的后任或兼任,应在他所隶属的法务局或地方法务局的局长指定的官员在场的情况下,启封接受文件。"笔者认为在修改相关公证法律法规或规章的时候,有必要对公证文件的交接进行规定,否则将出现公证档案文件交接无法可依的局面。

【问题与思考】

1. 什么是公证档案?
2. 公证档案的保管期限是如何规定的?
3. 公证档案对社会发展的意义是什么?

第九章 公证收费

【内容提要】
本章介绍了公证收费的概念和理论基础,分析了公证收费存在的问题,阐释了公证收费的价格构成要素,提出了改进的办法。
【关键词】 收费 标准 构成

第一节 公证收费的基本理论

公证收费就是公证服务的价格,公证服务则包括以下几项内容:(1)法律咨询;(2)审查核实;(3)出具公证书;(4)保管档案。公证处一般只在出具公证书时收取公证费。

大陆法系国家公证人多属于国家公职人员,有固定的业务领域,业务量较大,收费一般是强制性的,在收费水平上与本国其他法律服务行业相比通常是比较低的,与英美法系国家的法律服务相比更便宜。从本质上讲,公证费应当体现的是公证劳动的真正价值、有利于建立自我长效发展机制、提高公证行业的赔偿能力。一般来说,公证收费标准须考量以下几方面的因素:

一、公证收费应当能够维持公证人的基本生活

公证是一项非营利性的、带有公益性质的活动,这样的性质就决定了公证收费的标准不同于其他社会营利性机构、企业,同时也与行政机关的收费有很大区别。公证机构的财政收支与一般的事业单位相似,自负盈亏,收费的标准由国务院财政部门、价格主管部门会同国务院司法行政部门制定。

公证人履行着一定的社会职能,却不能领取国家的俸禄,必须通过自己的业务活动,通过公证收费来维持自身的生存和发展,于是公证业在经济上面临着巨大的风险。公证人在执业过程中因过错给当事人造成损失的,要承担民事赔偿的法律责任;违反执业纪律和职业道德规范,亦要受到相应的处罚。在激烈的市场竞争中,公证业粥少僧多的状况日益加剧,也会使公证人因业务量减少而收入锐减,甚至还会出现入不敷出的情况。

因此,公证收费应当以能够维持公证人基本生活以及公证机构的正常运作作为最低的标准,如要能够支付公证人员的工资、公证机构的日常运作费用、办公用品的添置费用、提高公证员素质的一些培训费用,等等。

二、公证收费应考量公证行业的劳动价值

世界各国都对公证人资格的取得规定了严格的程序,除了高等法学教育之外,同时还需要较长时间的实习过程,因此,可以说公证员都是相关领域的专家,公证法律服务以公证员的脑力服务来得以实现,公证劳动绝对不能等同于一般产业工人的劳动。

各国对公证员任职都提出了比较严格的要求,一般都有较高的执业准入条件。一些公证制度发达的大陆法系国家,如法国、德国、意大利、奥地利等,都通过规定严格的资格标准来控制公证员的数量和质量。

我国《公证法》第18条规定了担任公证员的基本条件,除了基本的思想政治身体等硬性标准之外,还包括以下:第一,必须有较高的学历和必要的法律专业知识;第二,要有特定的法律经历;第三,要经过考试或严格的考核。只有满足了以上条件方能成为公证员,可见,对于公证员的资格要求日益严格。要成为公证员不仅要花费很长的时间和精力,还要负担昂贵的学习费用,才能掌握相关的公证知识。所以在制定公证收费标准的时候,应该考虑职业的前期投入情况。

此外,理论界一直在倡导公证员对于错误公证要承担专家责任,公证员的注意义务也就因此加重了。根据权利、义务应该相一致的法理,在收取公证费的时候应该考虑这一点,适当调整过低的公证收费,以体现对于公证员专家身份和劳动的尊重。

三、公证收费应当包括向国家税务机关缴纳的税费

公证收费是公证行业唯一的经济来源,在其收费构成中应当包括其依法缴纳的各种税费。由于公证机构在体制上目前存在行政事业体制、合伙制及合作制等种类,因此涉税政策征免上,主要包括营业税、企业所得税及个人所得税问题,并且不同体制的公证机构缴纳的税种以及税收优惠政策也有不同。如目前国家规定只有事业法人或合作制公证机构享受自开业之日起,第1年至第2年免征企业所得税的优惠政策。

虽然《公证法》将公证机构定性为依法设立,不以营利为目的证明机构,但公证机构机构收取的公证费仍然需要依法缴纳营业税及相关税收(除行政性质的公证处之外,事业法人、合伙制和合作制都需要缴纳)。所以公证机构所收费用中应包括向国家税务机关缴纳的税费。

四、公证收费应当包括缴纳公证职业责任保险及其他支付公证赔偿的因素

根据公证的职能和行业特点,公证处和公证员在违法执行职务过程中,可能给公民、法人或其他组织的合法权益或公共利益造成直接经济损失并承担赔偿

责任的情形,中国公证协会就全国范围内的公证处统一向中国人民保险公司投保公证职业责任保险,由公证处作为被保险人。对于公证处从事公证业务时,由于疏忽或过失造成关系人的经济损失或伤害,并在保险期限内由关系人首次向被保险人提出索赔申请,依法应由被保险人承担经济赔偿责任的,中国人民保险公司将按保险合同的规定负责赔偿。

公证活动涉及面很广,广泛地参与到民商事活动之中,有的民事法律行为的标的额非常大,如果在公证中的某个环节出现失误,导致某方利益受到重大损失,公证机构将要承担民事赔偿责任。而公证活动并不是以营利为目的的,公证机构的财产不足以弥补受害方的损失。如果不将这种职业高风险转移到保险公司,公证行业的发展将面临巨大的挑战。依照我国目前的法律规定,公证赔偿责任主体是公证机构,所以目前也只规定了公证机构应当参加公证执业责任保险。但是随着公证业的发展,仅仅公证机构参保也不足以使赔偿风险降低。法国的做法值得借鉴,即通过缴纳公证人身份保证金、集体保险和集体担保的方式来承担公证赔偿的责任。随着将来公证员责任的强化,公证收费中的责任保险费用将进一步增加。

此外也可能存在保险金不足以弥补受害人损失的情况,这就需要公证机构或公证员直接赔偿余下的损失。所以公证收费时,同样也要考虑到这种情况,将直接支付的赔偿费用包含进去。

第二节　公证收费的立法背景

根据司法部、国家计委 1997 年联合下发的《公证服务收费管理办法》和 1998 年《国家发展计划委员会、司法部关于调整公证服务收费标准的通知》规定,公证收费标准分为国家标准和地方标准两部分,经济合同、民事协议、继承、收养、赠与、遗赠、提存、赋予债权文书强制执行效力、保全证据、票据拒绝、有法律意义的事实和文书公证实行国家标准,其他公证事项、抵押登记及其他法律服务事务实行地方标准。实行国家标准的收费项目,省级物价部门可根据本地区实际情况,在上下不超过 10% 的幅度内,确定本地区实施的具体标准,并报国家计委和司法部备案。实行地方标准的收费项目,收费标准由省级物价部门会同省级司法行政机关共同制定,并报国家计委和司法部备案。其后,各省、自治区、直辖市物价部门都先后出台了本地区的公证服务收费标准,形成了目前公证收费的制度体系。

一、公证费的计收方法

公证费的计收方法主要有:

(一) 按件收费

如个人委托、声明每件收费 200 元,出生、生存、死亡、身份、经历、学历、国籍、婚姻状况、亲属关系、未受(受过)刑事处分等每件收费 50—80 元。

(二) 按标的收费

即按公证事项涉及的标的金额确定公证收费的具体标准。如赋予债权文书具有强制执行效力,按债务总额的 0.3% 收取;房屋转让合同公证是按标的额实行递减收费,最低 200 元。

(三) 按时间收费

如保管遗嘱或其他文件,按保管年限计收。此外,公证文书的翻译费是按国家书籍稿酬规定标准计收。

根据规定,由于当事人难以举证而要求公证处到外地调查取证的,公证处因此支出的差旅费、调查费等,应当由当事人负担。差旅费标准一般以国家规定标准为准。

二、公证费的收取和减免

根据《公证服务收费管理办法》规定,公证处应当依照规定的收费标准收费;公证处应使当事人了解与其申办公证事项有关的收费标准,实行明码标价,通常是将公证收费标准张贴在公证处显眼处;公证处收费应向当事人出具收费票据;公证收费一般实行受理时预收的方式,也可以和当事人协商确定收费时间;公证人员个人不得私自收费。

我国虽然实行的是低费原则,但由于社会经济发展不平衡和当事人收入水平的差异,一些当事人交纳公证费仍然有困难,在这种情况下,当事人可以申请减、免公证费。减免公证费的事项包括:

(1) 办理与领取抚恤金(或劳工赔偿金)、救济金、劳动保险金有关的公证事项;

(2) 办理赡养、抚养、扶养协议的公证事项;

(3) 办理与公益活动有关的公证事项;

(4) 列入国家"八七"扶贫攻坚计划贫困县的申请人申办的公证事项;

(5) 申请人确因经济困难而无力负担的;

(6) 其他特殊情况需要减免的。

根据规定,当事人申请减、免公证费的,当事人应当提出书面申请。申请书中应当注明申办的公证事项,应交公证费的金额,申请减、免的理由、事实和申请减、免的金额,并提交有关证明材料。申请人应当在申请书上签名或盖章。

公证处收到申请及有关证明材料后,公证事项的承办人应当及时查明申请减、免公证费的事实是否存在,理由是否充分,请求是否合理、合法,并应当提出具体的减收或免收公证费的意见,报请公证处领导审批,由公证处主任或副主任作出是否予以减收或免收公证费的决定。减收或免收公证费的幅度和标准,由公证处主任或副主任具体掌握。

第三节 公证收费的热点前沿问题

公证收费与其所属国家公证人的法律地位有很大关系,而公证人主要有三种形式:(1) 单纯的公务人员,如原苏联东欧等社会主义国家的国家公证处、德国的法院公证人[①]、我国台湾地区法院公证人,我国在20世纪90年代中期以前亦属此类。(2) 自由业者。[②] 英美法系国家的公证人属于自由业者,公证人在选任上只要年满18岁,提出申请就可成为公证人,公证人业务属于营业性质,这就充分表明了其公证人的自由业者的法律地位。(3) 大陆法系国家的公证人则介于两者之间,具有双重性,如法国、意大利、西班牙等国家(德国的专职公证人亦属此类)。三种形式的公证收费水平差别很大,我国公证行业属于第三种,公证员属于公职人员,兼具自由业者的一些特性,公证员根据法律规定的程序,用自己的专业知识从事服务,从中收取公证费,但在公证费用的收取上,又不能由公证员自行拟定,而必须依据国家的收费标准收取。

我国《公证法》第34条规定:"当事人应当按照规定支付公证费。"公证机构在向社会提供公证服务的过程中,必然要消耗一定的人力和物力。向当事人收取必要的费用,主要在于弥补这种人力和物力上的消耗,为公证机构的正常运行提供必要的物质基础。《公证法》第6条规定,公证机构不以营利为目的。这是由我国公证业的公益性和公证机构的非营利性决定的,但是,这与公证机构按照规定的标准收取公证费并不矛盾。

大陆法系各国在制定公证收费标准时,一般遵循以下几个原则:

一、法定收费原则

即公证机构要严格按法律规定的标准收取公证费。如法国公证收费标准是由法国行政法院规定的,在公报上刊登;意大利《公证法》中则直接在第74条确

[①] 德国有专职公证人、律师公证人和法院公证人等三种形式。
[②] 自由业一词,原为早期自由主义思想下社会学上的概念,亦称为高级职业,主要涵盖律师、会计师、检验师等需受高等教育以及完全为个人心力付出的高级服务业如医生、建筑师与文艺工作者。

定适用《公证收费表》。我国《公证法》第46条规定："公证费的收费标准由国务院财政部门、价格主管部门会同国务院司法行政部门制定。"这是法定收费原则在法律中的直接规定。除此之外,1997我国年司法部、国家计委联合下发了《公证服务收费管理办法》及标准,按照不同的公证事项,对公证费的计收标准作出了详细、严格的规定。公证法定收费原则是由公证活动的特殊性所决定的。

首先,公证活动是行使公证权的行为,这就不同于一般的民事行为。一般的平等主体间的民事行为,如合同行为等,都要遵循契约自由的原则。双方可以对合同的标的、各自的权利义务进行充分的协商,可以在自愿前提下进行退让或妥协。但是公证活动中,公证机构收取公证费用的数量是法定的,不能根据当事人或公证机构的意愿随意进行调整。但是实践中,公证法定收费原则贯彻情况并不是十分的理想。为了争夺证源,各公证机构往往以低价拉拢证源,形成行业内部任意压价、公证收费混乱的局面。所以,法定收费原则在现实中的贯彻非常地迫切,既不能任意压价,也不可随意加价,应该通过立法使公证行业内部收费标准尽量统一。

其次,法定收费并不排除某些情况下的协商收费,如经济类合同公证对疑难复杂的合同就允许协商收费。一方面,是因为对于这类复杂的经济合同公证规定统一收费标准不太现实,因为每个交易中涉及的情况千差万别,不能通过法律进行统一。另一方面,过于硬性的收费规定常常会出现与现实不符的情况,虽然操作起来简单,但公证收费所的目的并没有得以实现。再者,标准自身就具备一定的弹性,不可能规定一个确切的收费数字。具体运用标准的还是公证人员,他们通常会发挥主观能动性去判断、适用标准。

所以说,对于公证法定收费原则应该正确地理解,既要做到公证依法收费,还要考虑到不同公证事项的特殊情况,在法定标准的弹性范围内切实地贯彻法定收费原则。

二、低费原则

低费原则主要是指在办理公证事项的过程中,公证机构只向申请人收取较低的费用。有人统计,把法国公证人与其他职业人员所进行的同样的活动加以比较,公证收费大大低于其他职业的收费,与英美法系国家的法律服务收费比较更是便宜30%。低费原则的最低限应该如何确定呢？应该由公证费用的用途来决定。在本章第一节阐述公证收费的基本理论时,已经谈到过,公证费用主要包括公证员的工资、公证机构日常运作成本、执业责任保险费用以及其他支付公证赔偿的费用,等等。所以,公证费用最低限度要能够保证公证活动的正常开展,并预留供未来发展的资金。低费原则是一个比较抽象的概念,应该主要从以下几个方面正确理解：

首先,公证机构的性质是公证低费原则的基础。在我国,公证处是公益性、非营利性机构,考虑到我国社会经济发展状况、国家财政负担能力和公民、法人的实际支付能力,我国目前采用低标准的公证收费原则。有些具体的公证收费甚至少于公证机构办理该公证的实际支出;对交费确有困难的,还可以按规定减免;对收费较少的公证机构,国家还要给予适当财政补贴。但是低费原则不是越低越好,还应该在法定收费的标准之内。

其次,公证赔偿的补偿性功能决定了公证收费的低标准。公证费用一部分除了维持公证活动的正常开展以外,剩下的就支付了责任保险费或用于公证赔偿。但是公证赔偿仅仅具有补偿功能,只要能使受损方的利益恢复原状;而且受害方能通过其他途径得到补偿的话,公证机构也无须赔偿。总之,公证民事赔偿的补偿功能,降低了公证活动中的风险,况且公证机构参加了责任保险,不需要收取高额公证费用用于赔偿。

第四节 公证收费的法律实践

一、合同类公证收费存在的问题

对于合同公证的收费一般都以合同标的额的大小为基础,按照既定的比例收取公证费用。但是,这样的收费标准,虽然看似合理,但实际上并不符合劳动价值规律。合同公证最基本的成本之一是公证人提供法律咨询、告知和其他法律服务的劳动时间,公证工作量和工作程序并不因合同标的额的大小不同而有所不同,公证书也并不因为合同标的大而具有更高的法律保障价值。标的额大的合同和普通的小额合同公证一样,都要遵循一般的公证办理程序,标的额大的合同公证花费的精力并不一定比小额公证合同要大,即使会相对大一些,但也与两者之间公证费用的差价不成正比。

因此,普通的经济合同公证按现行的收费标准就处于这样一种状态:首先,高收费的合同,费用收不上来。因为对于当事人来讲,仅因为标的额大就交付超高额的公证费,是不会心甘情愿的。凡事都讲物有所值,如果这样收费只能吓跑高端客户的话,对于开展公证业务的领域是十分不利的。其次,低标的的合同付出太多,所以愿意做的人很少。原因就是收费少,而工作量不小,风险也不小。

针对这种情况,目前有一种观点认为,对于普通的经济合同公证收费来说,应当尊重劳动价值规律,按劳动时间收费,而不是按标的收费。[①] 公证做为一种社会证明职能,其收费不能按照商品价格依市场来确定,但公证服务做为一项法

---

① 王京:《公证收费标准之我见》,载《中国公证》2006年第9期。

律专业人士的劳动,则是可以按劳动时间计价的。

因此,公证收费标准的制定应当尊重劳动价值规律。公证工作的特点主要是法律风险的提示、告知平均时间来决定公证收费。收费标准中只需制定收费公式,以当事人的人数乘以公证劳动单位时间价值就可以,而不必强调按公证事项收费。举例来说:一个普通的经济合同,当事人有两方,假设收费标准规定的公证劳动单位时间价值(公证人为每一人做询问笔录、告知所花费的平均时间价值)为 A 元,而完成整个公证活动的时间是 1 个半小时,则该合同的公证收费为 A * 2 小时。如果对合同有修改或完善,则再加上修改、代书的费用。这样做一方面使公证人劳动的基本价值得以保护,另一方面也会对高端客户产生吸引力,从而为公证对经济合同的普遍渗透,刺激高端客户的其他公证需求提供一个平台。①

二、关于现场监督和保全证据类公证的收费标准

现行的收费标准中,对于证据保全确立的是"按件分项收费"原则,这种收费原则存在一定的局限性:首先,仅仅根据保全的内容不同作为区别公证费用的标准不能解决实践中的一些特殊情况。有的证据保全公证中,收费较高的保全类公证事项,公证劳动的价值不一定就大,而收费少的保全类公证劳动价值也不一定就小,可能会出现收费较高的保全事项所耗费的成本低于收费较低的保全事项的情形。其次,同一收费标准的同类公证事项,如果按统一价格收费,也产生因个案操作所付出的实际劳动时间不同而造成劳动价值付出的不平衡。例如,同样是网上保全公证,做 1 个小时和做 8 个小时的收费相同,这同样也是违背劳动价值论的。

因此,有学者建议,尊重"劳动时间是劳动价值体现"的客观规律,根据保全公证所付出的实际劳动时间来确定公证收费的标准。保全证据类公证与前面的经济合同公证的操作不同,合同公证工作的主要内容是公证员提供法律知识、进行风险告知等知识性法律服务,因此劳动价值性集中体现在公证员的脑力劳动上;而保全公证除了公证员的脑力劳动,更主要是对当事人申请的客观证据进行取证。公证员的主要工作时间是在对证据的收集和固定上,因此保全公证的单位劳动时间价值可与合同公证的单位劳动时间价值有所不同。为了操作上的延续性和可行性可以分两步走:第一,以现有的收费标准为基础,以按事项确立的收费标准为公证收费的起缴点和单位劳动时间价值,按实际工作时间来确定该公证事项个案的最终收费。第二步,在制定新的公证收费标准时,对保全类、监

---

① 王京:《公证收费标准之我见》,载《中国公证》2006 年第 9 期。

督类等公证事项统一采取"按劳动时间计费"的原则。①

第五节 公证收费的问题与建议

《公证法》中的某些条款涉及了公证收费,但是规定得比较抽象,在法律中也不可能规定具体的收费标准,其中主要涉及了以下几个方面的内容:第一,对于公证收费标准制定机关的规定,如第 46 条规定:"公证费的收费标准由国务院财政部门、价格主管部门会同国务院司法行政部门制定。"第二,贯彻公证收费的规定。如第 13 条规定的公证机构的禁止性行为就包括违反规定的收费标准收取公证费;第 31 条规定如果当事人拒绝按照规定支付公证费的,公证机构不予办理公证;第 41 条规定了违反规定收取公证费需要承担的法律责任。第三,《公证法》中还规定了减免公证费用的一些特殊情况,如第 34 条第 2 款规定:"对符合法律援助条件的当事人,公证机构应当按照规定减免公证费。"

《公证法》中没有对于具体的收费标准进行规定,而是规定了具有指导意义的一系列地收费原则,具体的规定还要留待其他部门规章、地方性规章加以完善。司法部、国家计委 1997 年联合下发了《公证服务收费管理办法》,在 1998 年又出台了《国家发展计划委员会、司法部关于调整公证服务收费标准的通知》。1997 年的《公证服务收费管理办法》中还没有细化相关公证事务的收费额度,而1998 年的《通知》则比较详细地对各种公证事项和非公证事项加以区分,分别规定了不同的计费标准和计费方式,而各地公证的具体收费办法都是参照了 1998 年的《通知》而制定的。但是,随着新的《公证法》的出台以及经济的快速发展,原有的收费标准规定也暴露出了一些弊端,有待进一步完善。

一、修改收费方式、细化具体收费标准

(一)对于收费方式的规定

《公证服务收费管理办法》第 6 条规定,公证服务实行计件收费和按标的比例收费。在公证机构办理的各项事务中,证明经济合同,办理继承、赠与、遗赠和提存公证以及赋予债权文书具有强制执行效力的公证,采取按标的比例收费,其他的公证事项和与公证有关的服务采取计件收费的方式。而各地的规章规定已经对《公证服务收费管理办法》的规定进行的突破,如《北京市公证服务收费标准》规定解答法律咨询是按时间收费的方式,即"50 元/小时(不足一小时按一小时计算)",保管文书按 10 元/件/月的标准收费;再如《广州市公证服务收费标准》规定提供解答法律咨询的服务,每小时收费 50 元(不足 1 小时按 1 小时计

---

① 王京:《公证收费标准之我见》,载《中国公证》2006 年第 9 期。

算),最高200元;书面解答的,每件收费50元。

随着实践中收费方式的变化,《公证服务收费管理办法》中的第6条也应该进行相应的修改,如改为:"公证服务实行计件收费、按标的比例和按时间收费的方法",以反映现实的需要。

(二)应该随着实践的发展逐步调整公证收费的规定

虽然1998年的《通知》比较详细地对各种公证事项和非公证事项加以区分,分别规定了不同的计费标准和计费方式,但是相对于复杂多样的公证活动而言,仍然需要各地根据实践不断地调整和细化。如《广州市公证服务收费标准》对翻译服务的收费分了三种情况详细规定:"1. 公证书译英文,每千字符收费50元(每份译文不足千字符的按千字符计算,下同);2. 其他资料中英文翻译:每千字符收费80元;3. 稀少语种的翻译:参照英文翻译标准,由双方协商收费",而在《北京市公证服务收费标准》中却没有对于翻译费用进行规定,只是统一规定了"译文代办费,每件收费20元"。相比之下,广州的规定更加符合现实情况,因为不同的语种翻译需要的成本不同。

此外,还要区分各个地区的经济发展状况,考虑各地不同的公证社会成本。公证成本在不同的地区差别较大,不能等同视之。我国幅员辽阔,东西部和南北部经济发展不平衡,特别是东部沿海经济发达城市的公证员职称较高,办公费用及办证成本相应较高,同样的委托书公证,在边远地区,200元的收费标准肯定不低,但在发达地区的部分公证员看来,委托书公证纯属费时费力,收费太低。因此各地应该区分公证服务收费标准,在制定公证收费标准时要考虑到当地的实际情况。

二、正确对待协商收费

《公证服务收费管理办法》和《国家发展计划委员会、司法部关于调整公证服务收费标准的通知》中都没有规定协商收费,只是规定了各省、自治区、直辖市物价部门可根据本地区实际情况,在某一幅度内,确定本地区实施的具体收费标准。但是,有些地区制定的公证服务收费标准中,出现了协商收费的规定。

协商收费的规定大多数情况下是出现在公证处办理非公证事项的法律服务中,如提供咨询、出具法律意见、保管行为、担当法律顾问的费用以及应由申请人支付的鉴定费、评估费、差旅费、调查费等。由于这些行为与办理公证行为存在区别,公证机构与申请人的之间多是一种提供法律服务的民事合同关系,所以允许协商定价并不是绝对禁止的。但是,随着公证执业区域的打开,若干个公证机构在同一执业区域内执业,各公证机构之间对于协商尺度的把握又不能一致,这样使得价格竞争不可避免,因而在一定程度上造成了混乱。非公证行为中的协商收费是一个不容易掌握的标准,需要对协商的幅度进行规范,否则很容易影响公证机构的非营利性。此外,我们应该坚持对于公证事项的收费应该避免协商收费的类似规定。一方面是为了避免各个公证机构为了争夺证源而过低压低公证费用,进而使公证机构入不敷出,无法持续性发展;另一方面,也可以防止公证机构漫天喊价,影响公证行业公益性。

所以各地在公证收费规定中,应该区分情况加以规定:首先,对于公证机构办理的公证事项,应该禁止公证机构与申请人协商收费。但是禁止协商收费并不意味着要针对每种公证事项都规定唯一的法定价格,而是可以规定一种幅度和范围,留给公证机构一定的裁量权利,具体问题具体分析,在法定的幅度内确定价格。其次,对于公证机构办理的其他法律服务事项,可以采用协商性收费,但应该始终贯彻《公证服务收费管理办法》第5条的规定,即制定和调整公证服务费标准以公证处提供公证服务的社会平均成本为基础,根据办理公证事项所需人数、时间以及公证服务的复杂程度,并考虑申请人的承受能力确定。

【问题与思考】

1. 公证收费的价格构成因素有哪些?
2. 作为公益活动的公证为何还要收费?
3. 如何理解协商收费?

第十章 公证法律责任及救济

【内容提要】

阐述了公证法律责任的概念和分类,分析了构成要素和基本原则,提出了对公证法律责任有异议的法律救济渠道。

【关键词】 责任 原则 要素 救济

公证法律责任是公证法律制度中的一个重要问题,也是我国《公证法》实施后迫切需要解决的一个问题,对于公证法律责任的承责主体、责任范围、构成要素、基本原则等诸方面都需要在理论上得到必要的论证,本章从公证法律责任的基础理论出发,将立法背景做以阐述,对一些理论的问题进行探讨,最后从实务的角度对一些案例进行评析并提出若干问题与建议。

第一节 公证法律责任的基本理论

一、公证法律责任的概念

目前在中国的公证法律实务及理论界普遍认同公证法律责任分为广义和狭义两种。广义的公证法律责任是指公证机构、公证员、公证当事人和参与公证活动的其他人员对其违反与公证有关的法律、法规、规章的行为所造成的危害结果所应当承担的否定性法律后果。狭义的公证法律责任是指公证机构或公证员因行使公证职权不当,给当事人或相关人员的合法权益造成损害所应当承担的法律后果。[①] 就广义的概念而言,公证法律责任的承责主体除了公证机构和公证员之外,也包括公证事项的当事人和参与公证活动的其他人员;而狭义的公证法律责任承担主体仅指公证机构和公证员。

从理论上说,仅仅研究狭义的概念是不完整的,应当全面地研究广义的概念,将其纳入统一的法治轨道来研究,用统一的法律规范来调整才是科学的。仅仅用公证法来调整公证机构和公证员,用其他法律来调整其他人员的公证法律责任,会使法律责任的承担出现法律上的真空,有可能出现该担责任的人逍遥法外,该负次要责任的承担了主要责任,对公证事业在国家政治经济生活中的作用产生消极影响。特别是当事人和相关证人恶意串通,利用公证书来达到非法获

---

① 叶青、黄群主编:《中国公证制度研究》,上海社会科学院出版社2004年版,第164页。

利目的者,必须严厉打击,不能让其利用现行的法律制度维护其非法利益的行为得逞。公证机构和公证员也应当努力学习,提高自身的业务素质,不能轻易上当受骗,真正履行预防纠纷的法律职能,过失公证造成他人经济损失的,也必须要承担相应的法律责任。但是由于篇幅所限,在本章的部分内容中,笔者将偏重于从狭义上对公证法律责任相关的问题进行阐述。

二、公证法律责任的特征

公证法律责任有如下主要特征:

1. 公证法律责任的主体具有广泛性和不确定性。依照法律,公证法律责任主体可以是公证机构、公证员、公证当事人也可以是其他侵害公证活动秩序的人;既可以是中国人,也可以是外国人或无国籍人;既包括自然人,也包括法人或其他组织,非常广泛。

2. 公证法律责任所首要保护的对象是公证秩序,而不是公证机构、公证员或公证参与人的权益。首先公证机构、公证员只有在因不当行使公证职权侵犯有关公民、法人或其他组织的合法权益造成直接经济损失的才构成公证法律责任,与办证无关的行为,即使出现侵权损害后果,也不构成公证法律责任;再者承担公证法律责任,立法的首要目的在于维护国家的公信力,保障正常的公证活动秩序,即使在公证赔偿责任中,也不是以补偿受损一方为首要目的的,赔偿只是手段,法律价值判断的最终落脚点在公证秩序上。

3. 公证法律责任产生的前提条件是未履行或不当履行公证法所规定的法律义务。这是公证法律责任的本质特征。这里所说的公证法包括与公证有关的所有法律、法规、规章。公证法律义务包括作为或不作为义务,公证法律责任便是以上述公证法律义务的存在为其存在的法律逻辑前提的,行为人违反的若不是公证法律义务而是其他法律义务,则不产生公证法律责任。

4. 公证法律责任具有法律强制性。法律的强制性集中表现在法律制裁上,根据我国现今与公证相关的法律、法规、规章的规定,我国公证法律责任以行政制裁、民事制裁和刑事制裁的形式体现出来并以国家强制力保障实现。纳入行业管理体系,以自我约束为特征的职业道德规范,也可以成为广义的职业法律责任。

5. 基于公证机构、公证员的双重身份,公证机构或公证员的同一行为可能产生要承担不同法律责任的后果。如公证机构或公证员违法办证给公证当事人造成损失的,既应承担赔偿当事人损失的法律责任,也将可能受到司法行政机关的行政处罚,可能受到来自行业协会的纪律处分,这点正是公证机构和公证员成为公法和私法的接触点的体现,是公证机构和公证员既行使证明权这一公职权,又独立于国家机构具有中立性色彩的法律人格这一特征决定的。

三、公证法律责任的分类

我国公证法律责任按不同的标准,可以作多种分类。例如最常见的一种分类方法是按照公证法律责任的性质不同,可将其分为刑事法律责任、民事法律责任、行政法律责任;按照是否支付对价分为财产法律责任和非财产法律责任;按承担责任的后果可以分为单独公证法律责任和混合公证法律责任等。

(一) 公证民事法律责任

公证民事法律责任是指公证机构、公证员、公证当事人,其他公民、法人或组织在与公证有关的事宜中,违反其应承担的民事义务而受的法律制裁。《公证法》第43条、第44条,《公证程序规则》第69条,《公证机构执业管理办法》第42条,《公证员执业管理办法》第33条中都对公证民事责任作出了相关规定。这些规定都是涉及公证民事法律责任内容的,公证民事法律责任是公证中最重要的责任承担方式之一,公证当事人、其他公民、法人或组织在与公证的有关事宜中侵害公证人的合法权益,造成损失的也应当承担民事责任。

(二) 公证刑事法律责任

公证刑事法律责任是指公证机构、公证员、公证当事人,其他公民、法人或组织在与公证有关的事宜中破坏公证法律秩序,触犯刑法而应承担的受刑罚处罚的法律后果。《公证法》第42条、第44条,《公证员执业管理办法》第43条对公证刑事责任作出了相关规定。根据《刑法》第397条和司法部、最高人民检察院《关于认真办理公证人员玩忽职守案件的通知》第2条的规定,公证人员在执业活动中严重不负责任,不履行或不正确履行法定职务的行为是玩忽职守行为,应当承担法律责任。按照《通知》规定对于公证人员玩忽职守,致使公共财产,国家和人民利益遭受重大损失的,处3年以下有期徒刑或拘役,情节特别严重的,处3年以上7年以下有期徒刑,公证人员徇私舞弊犯玩忽职守罪的,处5年以下有期徒刑或拘役,情节特别严重的处5年以上10年以下有期徒刑。司法部《关于公证人员清廉服务的若干规定》第9条规定:公证人在执业过程中,有下列行为之一的,已触犯刑律的依法追究刑事责任:(1) 贪污,索贿,受贿的;(2) 利用职权谋取私利的;(3) 为谋取私利出具假证的;(4) 为谋取私利给违法或规避法律的行为出错证的;(5) 为谋取私立泄露国家机密和工人隐私的;(6) 偷盖公章私自出证的;(7) 直接或间接经商办企业的;(8) 其他损害国家集体利益和非法侵害当事人合法权益的行为。《刑法》第229条规定:"承担资产评估、验资、验证、会计、审计、法律服务等职责的中介组织的人员故意提供虚假证明文件,情节严重的,处5年以下有期徒刑或者拘役,并处罚金。前款规定的人员,严重不负责任,出具的证明文件有重大失实,造成严重后果的,处3年以下有期徒刑或者拘役,并处或者单处罚金。"这些法律规章为认定刑事法律责任,定罪量刑,提供了依据和参照。刑事法律责任是苛责最重的处罚措施,必须坚持罪刑法定原则,"法无明文规定,不为罪;法无明文规定,不处罚"。

(三) 公证行政法律责任

公证行政法律责任指公证机构、公证人员、公证当事人,其他公民、法人或组织在与公证有关的事宜中,违反了行政法律、法规、规章的规定所应受的行政法律后果。《公证法》第 41 条、第 42 条、第 44 条、《公证机构执业管理办法》第 43 条、《公证员执业管理办法》第 35 条对公证行政责任作出了相关规定。根据我国目前情况,公证员接受司法行政部门的监督管理,对有违法、违纪行为的公证员,司法行政部门可根据情节轻重给予行政处罚。公证员对处罚不服的,可向上一级司法行政部门申请复议或提起行政诉讼。受到行政处罚不申请行政复议或提起行政诉讼,又不履行处罚决定的,司法行政部门可以申请人民法院强制执行。前述公证行政法律责任不同一般的行政法律责任,至于公证当事人或其他公民、法人、组织故意妨碍公证机构或公证人员依法履行职务,尚未构成犯罪,如何承担行政法律责任的问题,应该由公安机关依相关法律法规追究责任人的行政责任。公证行政法律责任的承担应该遵循《行政处罚法》的一般原则,有处罚权的职能部门不得违反相关原则、程序,不得畸轻畸重,而应作到依法行政,合理行政。

(四) 职业责任

职业责任是针对公证人而言的一种责任,是指公证协会对违反职业道德规范及其他行业规则的行为,依照协会章程或有关规定而实施的惩戒,是行业自律的一种表现形式。公证人是行使证明权的法律专业人员,公证人的职业活动是一个国家法治建设的重要组成部分,对维护市场经济的良好秩序起着非常重要的作用,公证人也非常关注自身的社会形象,在长期的公证业务生涯中,形成了公证人群体的职业道德规范,是公证人群体形象的展现,公证协会作为行业自律团体,将担负起监督、弘扬职业道德规范的责任,对违反者予以惩戒,同时也要担负起健全和完善职业道德规范的责任,并使之制度化。①

公证人职业责任的判定标准就是公证人职业道德和执业纪律规范,遗憾的是我国的公证员职业道德建设刚刚起步,尚待完善。在法律职业共同体中,律师和法官的职业道德建设起步较早,也形成了一些经验可以借鉴。追究公证员职业责任的主体只能是公证员的自律团体——公证人协会,因此,公证协会要切实担起这项职责,建立健全相应机构。在处理程序上,坚持投诉立案、调查和裁决

---

① 如根据《阿根廷公证人法》的规定,公证人违反公证法规或职业道德而有损公证行业的名誉时,应当承担相应的职业责任。此类案件由公证人公会和监督法院共同审理,作出的处罚包括:(1) 警告;(2) 国币 50 比索至 55 比索的罚款;(3) 1 天至 1 年的停职;(4) 无限期的停职;(5) 禁止营业;(6) 撤职。在意大利,公证人不正确履行自己的义务,将会受到以下纪律处分:警告、训诫、罚款、停职、撤职。

分开,不能诉、审、裁一体化,要体现出诉、审、裁各自职能分明,互相制约,使公证人的职业责任在透明、公正的机制下良性发展。公证人的职业责任是其他公证法律责任的必要补充,是公证制度不可分割的重要组成部分。

法律不是万能的,职业伦理也不是可有可无的,在中华民族这个礼仪之邦,伦理道德有着悠久的历史,丰富的内涵。公证权是国家以法律的形式授予公证人的,其他机关和个人都不得任意行使,从这个意义上讲,公证人的自律机制也是迫在眉睫的,由于这项职能尚未健全,才出现了公证法律责任上的混淆,以及职权的矛盾冲突,例如:公证书错误和不当的标准是什么?应当由谁来作出评判?责令改正公证书是否属于公证权的内容?等等。公证职业责任涉及公证自律机制的很多方面,牵涉整个公证法律制度的构建,限于篇幅,暂不赘述。

四、公证法律责任的构成要件与责任承担的原则

公证法律责任的构成是公证机构、公证员、公民、或者其他组织承担公证法律责任所必须具备的条件。一般构成要件如下:

(一) 有违法行为存在

无论是作为还是不作为,承担公证法律责任的公证机构、公证员、公民、法人或其他组织必须实施了违反有关公证的法律、法规、规章的行为,这是认定公证法律责任的客观要件,行为若不违法,或虽违法但并未违背有关公证法律、就不能构成公证法律责任。公证人在执业活动中,其行为违反法律,法规,规章及公证人职业道德规范等,既可表现为积极的作为方式,也可表现为消极的不作为方式。前者如,公证员与公证当事人恶意串通对有瑕疵的合同进行公证,致使另一方当事人蒙受经济损失;后者如,对符合公证条件的当事人的公证申请不与受理,对当事人提供的虚假证明材料没有履行调查取证的义务等。

(二) 行为人主观上有过错

依据法理过错包括故意和过失,过失又可分为一般过失和重大过失。学术界肯定公证法律责任的承担应以行为人主观过错为其必要条件,不适用无过错责任,但除故意外,是取一般过失为其构成要件还是重大过失为其构成要件,目前还没有一个被业内人士普遍接受的说法。所谓过失,指应当预见因为疏忽大意而没有预见或者已经预见而轻信能够避免的心理状态,应当预见的前提是行为人能够预见,应当预见显然是种预见义务。这种义务不应只理解为仅包括法律、法令、职务与业务方面的规章制度所确定的义务,而且包括日常生活准则提出的义务。因为法律、法规不能穷尽社会生活的所有方面,实践的发展总会或是产生法律法规的盲区,或是导致法律法规的滞后性,而公证本身就是实践性很强的行业,公证员需要大量的生活经验积累,对一些日常生活准则提出的义务,应当有所预见。但是另一方面,"日常生活准则"又是个模糊的概念,甚至不能列举穷尽。哪些事项是公证员不可预知的,很难判断;一些事项公证员没有预知是基于一般过失还是重大过失的主观心态等,无论是学术界还是法律实务界并无确切的把握。

本书认为划分一般过失和重大过失的标准应该是:从本行业一般人员尽相当注意义务能预见到而行为人没有预见到的即为一般过失;社会大众一般认识水平能预见到而行为人没预见到的即为重大过失。究竟以一般过失还是重大过失为公证法律责任的构成要件与国家政策、主体属性、相关法律价值取向不无关系。民法学比之与刑法学就较少注重行为人的主观心态与法律责任之间的关系。公证员承担公证赔偿责任的主观过错不包括一般过失,法人或其他组织的主观过错表现为其工作人员,特别是法定代表人在执行职务中的主观心态。无论是何种公证法律责任主体,只有主观上存在过错,才能认定为公证法律责任。《公证法》第43条第1款规定:"公证机构及其公证员因过错给当事人、公证事项的利害关系人造成损失的,由公证机构承担相应的赔偿责任;公证机构赔偿后,可以向有故意或者重大过失的公证员追偿。"这一规定和《国家赔偿法》颇为相似,可见,从实质而言,公证员承担责任的主观过错条件要严格于公证机构,需"故意"或"重大过失"。这其实是国家立法为维护和促使公证员高效、正确地办理公证业务而设定的法律保护手段。

(三) 行为人必须具有承担公证法律责任的能力或资格

具有何等能力、资格应根据具体案例,承担的公证法律责任的性质来确定。如果承担民事责任,依据民法学原理:"民事责任是指民事主体违反合同义务或法定民事义务而应承担的法律后果。"①民事责任的分类可以有合同责任、侵权责任与其他责任;财产责任与非财产责任等的划分。民事责任的承担人对能力、资格要求并不严格,无民事行为能力人、限制民事行为能力人都有可能承担民事责任,这点反映在财产责任上更为明显,12岁的小孩放火烧掉别家货舱就可能承担财产赔偿责任。具体到公证上,因为无民事行为能力人或限制民事行为能力人没有相当的意思能力,一般由其法定代理人办理公证,公证民事法律责任的实际承担人自然是其法定代理人。又如,依据刑法,公证刑事法律责任与其他刑事法律责任一样对行为人的刑事责任能力有要求,依据我国刑事法律,具体到公证刑事责任的承担一般要求年龄达16周岁以上,否则不能定罪量刑。

(四) 行为人的侵害行为与危害结果间存在因果关系

我国《公证法》首要保护的就是公证活动的法律秩序,行为人侵害了正常的公证秩序,造成危害结果,自然应受国家法律制裁。法律因果关系即行为与损害之间的因果关系,不仅在逻辑推理上是顺畅的,而且具有法律意义。"若一现象

---

① 魏振瀛主编:《民法》,北京大学出版社2000年版,第47页。

的出现,是因为另一现象的存在所引起的,则两现象之间就具有因果关系。"[①]通常因果关系需要证明,违法行为与损害后果之间必须是客观联系而不是主观意测的联系,主观意测的联系不构成公证法律责任。

  一般而言,以上几点是构成公证法律责任的必备要件,缺一不可,只有同时具备,才能认定行为人构成公证法律责任。需要注意的是,公证人是经过法定程序取得执业资格并经国家依法授权从事公证法律服务的法律专业人员,其执业目的是规范民事、经济行为,预防纠纷,减少诉讼,维护市场经济秩序,具有证明、沟通、服务、监督的社会职能。公证机构及公证员法律责任的承担上,则有别于一般的主体,除应当贯彻以上提到的几点原则外,还应当遵守职务行为原则,公证法律责任追究的是公证机构或公证员的职务法律行为,即行使公证职权的行为。公证处是依法设立的统一行使证明权的专门证明机构,公证员是在公证处专门行使证明权的法律专业人员,公证处及公证员只有在执行证明权的职务行为中,才能构成公证法律责任。公证处或公证员的其他非职务行为则不构成公证法律责任,如公证处购买办公用房、公证员的交通违章行为都不是行使公证职权的行为,均不承担公证法律责任,而应受其他法律调整,承担相应法律责任。

  同时,符合公证法律责任的构成要件而承担法律责任的,要贯穿以下两个基本原则:

  1. 直接损失原则

  公证机构及相关人员在公证过程中,因其自身的过错,给当事人及利害关系人造成直接损失,应当承担赔偿责任。这里的损失既包括经济损失,也包括精神损失,但都应该是直接的损失,即该损失是由公证人员的违法行为直接造成的。我们知道,公证机构是站在公正的立场上,以第三者的角度提供公证证明,是一种中介活动,在当事人的民事法律关系中,公证机构并非权利义务的承受者,在大多数情况下,公证人员不是直接的侵权人,公证法律行为也并不直接导致损害发生,对方当事人或其他相关人员往往才是真正的侵权人或受益者,受害者应当向侵权人或受益人提出赔偿请求,公证机构和公证人员只能对自己的过错行为承担相应的法律责任,而不应任意扩大。将侵权人和受益人弃置一边,只向公证机构提出全额赔偿请求则有失公允。此外,精神损害往往是由错证行为直接产生的,公证机构应当对此承担法律责任。在判定公证机构和公证人员的法律责任时,必须坚持直接损失的原则,并注意区别精神损失与经济损失,间接损失不在此列,要注意公证法律行为的特殊性,不能盲目推定其责任。

  绝大多数的公证事务并不直接对当事人产生经济损失,错证对当事人经济损失的影响往往是间接的,对方当事人或其他利害关系人的行为则直接影响着

[①] 张文显主编:《法理学》,法律出版社 1997 年版,第 147 页。

当事人的经济利益,他们的违法行为对当事人的经济损失是直接的作用,负有不可推卸的法律责任,直接损失原则无疑弥补了这一缺陷,体现了法律的公正。但是单纯讲直接经济损失,则有些片面,因为出错证虽然很大程度上没有给当事人造成直接经济损失,但却给当事人带来了巨大的精神损害,严重地侵犯了当事人或利害关系人的人身权,直接经济损失与直接精神损失显然不是同一概念,不规定对直接精神损失的赔偿责任,有失公正。建议在今后的公证立法中能够弥补这一缺陷。

2. 有限责任原则

德国规定,公证人在执业前,必须参加保险额在200万马克以上的执业保险。保险合同中必须说明,保险人有责任将保险合同的生效、失效、解除以及可能导致该保险失去作用的变更及时通知州司法行政机关和公证人协会。保险合同中,当事人可以约定,公证人和其雇员在进行同一种职务行为时的所有失职,只能视为一个保险项目。公证人对当事人负无限赔偿责任。一旦给当事人造成损失,需要赔偿,先由保险公司支付,不足部分由公证人本人支付,直至破产,并永远不得再担任公证人。

《关于深化公证工作改革的方案》第13条规定:"建立完善公证赔偿制度。公证赔偿实行有限责任,以公证处的资产为限,赔偿范围为公证机构及其工作人员在履行公证职务中,因过错给当事人造成的直接经济损失。公证机构赔偿后,可责令有故意或重大过失的公证人员承担部分或全部赔偿费用。自本《方案》实施之日起,公证机构应从每年业务收入中提取3%的份额作为赔偿基金,用于理赔。"这个规定明确了公证赔偿实行有限责任原则,以设立赔偿基金的方式作为保障,赔偿的范围限于公证职务行为中因过错给当事人造成的直接经济损失,有其合理的一面,但也存在一些问题。

就有限责任而言,符合公证法律制度自身的特点要求,也是由公证机构的性质所决定的。我国的公证处是执行国家公证职能、自主开展业务、独立承担责任、按市场规律和自律机制运行的公益性、非营利的事业法人。其公益性、非营利的特点,就决定了其赔偿责任的补偿性;又由于公证活动仅限于证明,不直接参与民商事法律行为,其中介活动的特性又决定了其错证对损害后果的作用程度;加之我国公证处现在绝大多数均为事业法人组织,法人制度本身也决定了其法律责任的有限性。

在全国的公证处中,合伙制公证处的试点工作尚未推开,在组织形式上,它与合作制公证处存在着差异,按照合伙的一般理论,合伙人对合伙组织的债务应承担无限连带责任,对此,需要在试点经验的基础上,结合国外的成功经验和合伙法律制度的理论,对此进行综合分析研究,探索公证法律制度的成功之路,合伙制公证处是有限责任原则的一种例外。

第二节 公证法律责任的立法背景

1982年4月国务院发布施行了《中华人民共和国公证暂行条例》(以下简称《暂行条例》),对于恢复和发展我国公证制度发挥了重要作用。但是,随着改革开放的不断深入和经济、社会的不断发展,《暂行条例》的许多规定已不能适应现实公证工作的需要,加上其是行政法规,在位阶上地位较低,难以对公证制度作出全面的规定。特别是在公证法律责任的承担问题上,《暂行条例》仅在第五章办理公证的程序中有原则性的提及,并没有对责任承担的具体情形作出规定。

为了"加快公证工作改革和发展的步伐,尽快建立健全适应社会主义市场经济要求的公证制度",2000年8月,司法部印发了《司法部关于深化公证工作改革的方案》(以下称《方案》),根据《方案》中要求,行政体制的公证处改为事业体制;建立完善公证赔偿制度,公证赔偿实行有限责任,以公证处的资产为限,赔偿范围为公证机构及其工作人员在履行公证职务中,因过错给当事人造成的直接经济损失,公证机构赔偿后,可责令有故意或重大过失的公证人员承担部分或全部赔偿费用;公证机构应从每年业务收入中提取3%的份额作为赔偿基金,用于理赔。这些规定为公正法律责任的承担在赔偿方面提供了一些依据,也推动了这一制度的发展。但是近年来随着经济的进一步发展,大量与公证法律责任有关的案件不断的涌现,公证处的"公正性"不断受到拷问,《暂行条例》和《方案》等构建的法律体系已经不能满足形势发展的需要,一部完备的公证法呼之欲出。

为规范公证活动,保障公证机构和公证员依法履行职责,继续发挥公证工作预防纠纷、维护民商事活动正常秩序的作用,保障公民、法人和其他组织的民事权益,在总结暂行条例实施经验的基础上,根据形势发展的需要,2005年8月28日第十届全国人民代表大会常务委员会第十七次会议通过了《公证法》,并于2006年3月1日起施行。《公证法》用第六章专章规定了公证的法律责任,对公证机构和公证员为不合法、不真实的事项出具公证书或者出具虚假公证书、私自出具公证书等职务违法行为还规定了严格的法律责任:对公证机构由司法行政部门处警告、罚款、停业整顿;对公证员由司法行政部门处警告、罚款、停止执业、没收违法所得,构成犯罪的依法追究刑事责任。此外,对公证当事人及其他个人或组织扰乱公证活动秩序的,规定由司法行政部门责令其停止违法行为;构成违反治安管理行为的,由公安机关依法给予治安管理处罚;构成犯罪的,依法追究刑事责任。

至此,结合2006年7月1日起施行的《公证程序规则》中有关公证争议处理、责任承担的规定,以及其他法律的相关规定,我国公证法律责任及其救济的法律体系已经初步形成。

第三节 公证法律责任的热点前沿问题

《中华人民共和国公证法》第39条、第40条、第43条均提到了公证事项的利害关系人,但并没有明确说明这个概念,在这一部分本书主要对"利害关系人"的内涵和外延做些探讨,以便在实施《公证法》时更好地领会立法的实质,推进公证法律制度的进一步发展。

一、研究公证事项利害关系人的必要性

《中华人民共和国公证法》共有3处提到利害关系人的概念,第39条规定:"当事人、公证事项的利害关系人认为公证书有错误的,可以向出具该公证书的公证机构提出复查。公证书的内容违法或者与事实不符的,公证机构应当撤销该公证书并予以公告,该公证书自始无效;公证书有其他错误的,公证机构应当予以更正",第40条规定:"当事人、公证事项的利害关系人对公证书的内容有争议的,可以就该争议向人民法院提起民事诉讼",第43条规定:"公证机构及其公证员因过错给当事人、公证事项的利害关系人造成损失的,由公证机构承担相应的赔偿责任;公证机构赔偿后,可以向有故意或者重大过失的公证员追偿"。这里提出的公证事项的利害关系人是一个什么概念?法律并没有明确说明。但为了在实践中更好地贯彻执行《公证法》,更好地建立和完善公证法律制度,还是有必要对公证事项的利害关系人这一概念的内涵和外延进行探讨。

"利害关系人"的认定,困惑着司法行政机关,也困惑着审判机关。[①] 利害关系人概念的明确化、制度化,既有利于公民、法人和其他组织及时地对错误的公证书提出复查申请、向人民法院提起民事诉讼或者要求公证机构承担相应的赔偿责任,保护自己的合法权益;同时也有利于防止既不属于当事人也不符合利害关系人标准的人错误地提出申请或起诉,保证公证机构、公证员以及人民法院正常执行职务,节省人力、物力和财力。

二、公证事项的利害关系人的概念

(一)诉讼法律中关于利害关系人的表述

通观我国各部法律,都没有对利害关系人的概念作出一个明确的界定,倒是在许多诉讼法律的条文中使用了利害关系人或者利害关系这样的用语。如《中华人民共和国民事诉讼法》第101条规定:"利害关系人因情况紧急,不立即申

[①] 刘立柱、何志才:《对"利害关系人"的困惑——从一起公证申诉案谈起》,载《中国司法》2003年第10期。

请财产保全将会使其合法权益受到难以弥补的损害的,可以在起诉前向人民法院申请采取财产保全措施。申请人应当提供担保,不提供担保的,驳回申请。"第179条规定:"人民法院在依照本章程序审理案件的过程中,发现本案属于民事权益争议的,应当裁定终结特别程序,并告知利害关系人可以另行起诉。"第183条规定:"公民下落不明满2年,利害关系人申请宣告其失踪的,向下落不明人住所地基层人民法院提出"等。另外第81条、第184条、第186条、第187条、第219条、第221条以及《中华人民共和国行政诉讼法》第27条和《中华人民共和国刑事诉讼法》第115条、第281条也提到了利害关系人。

考查诉讼法律中对利害关系人或利害关系的用法,可以得出以下几点结论:第一,诉讼法律中在使用利害关系人等词语时,并未将之与当事人等词语并列使用,而是单独用它指代所有与某事项具有利害关系的人,在这个意义上来说,它的外延比《公证法》中的利害关系人要广,因为《公证法》中的利害关系人仅指除当事人以外其他因公证活动而使自己的利益受到影响的人。第二,诉讼法律中采用利害关系人或者利害关系的用法,是为了与原告、被告以及第三人等概念区别开来,后三个概念是进入诉讼程序以后才使用的,而利害关系人则用来指称诉讼程序开始之前、与某事项具有权利义务关系的那些人。第三,《行政诉讼法》中"利害关系"或"法律上利害关系"这些用法的提出,体现了我国扩大行政诉讼原告范围,给予公民、法人或其他组织更加完善的司法保护的意图,因为原来的行政诉讼实践中把原告的范围实际上限制为行政相对人,利害关系这一概念的出现可以说为我国行政诉讼发挥更大的作用开辟了道路。

(二)利害关系人的内涵

利害关系人,顾名思义,就是与某一事项、某一行为具有利害关系的人。从广义上来说,它应当包括当事人,因为终究当事人也是与某一事项或行为具有利害关系的人。但《公证法》中把当事人和利害关系人作为并列的两个主体,意图把当事人和利害关系人区别开来。因此,这里讨论的公证事项的利害关系人是一个特指的概念,是与当事人并列存在的另一类人。在英美法系国家,美国有直接利害关系人和间接利害关系人之称,他们同处于一个法律关系之中。可以借鉴这种"直接"和"间接"划分法的思路,正确地理解当事人与公证事项的利害关系人之间的关系。前者是直接与公证员、公证机构发生法律关系的人,一般就是指公证事项的申请人。而后者则是因公证活动而影响到自己利益的人,他并不与公证机构发生直接的联系,是公证证明的法律行为、法律文书和法律事实所涉及到的法律关系主体。

所谓"利害"就是有利或有害,利益是一个十分抽象与宽泛的概念。通俗的讲法,利益就是好处,或者说就是某种需要或愿望的满足。① 在中国古人看来,利益,就是人们为了需要,而通过社会生产或者以和谐交往为主所得到的好处或者所拥有的资源。② 英文的利益"interest"一词来源于拉丁文"interesse"。它是由 inter + esse 构成的,原义为"处于……之中",因为在其中就必然关心,产生兴趣,直至认识利害关系,最后形成利害关系,即为利益。③ 霍尔巴赫认为,利益就只是"我们每个人看做是对自己的幸福所不可缺少的东西"。④ 简言之,利益是价值判断的结果,是人们感觉其存在之实益,也是人们喜好的不定对象,由此可见利益之不确定性及多面性。如果不对利益的范围作出界定,势必使利害关系人这一概念流于空文,仿佛人人都是利害关系人,到头来却往往谁都不是利害关系人。

本书认为,利害关系人中的"利益"须满足以下几个条件:

首先,利益必须是自身的,也就是说利害关系人必须是为了自己的利益而向公证机构或法院提出申请或起诉的人,这个公证行为涉及并影响到他本人的合法权益。如果公证活动没有影响到他本人的利益,那么这个人就不是公证事项中的利害关系人。例如,在一起赠与公证中,某甲处分了原本属于某乙的财产,某乙的继承人某丙得知后意图向法院提起诉讼。在这个例子中,除非属于特殊情况,如某乙是无民事行为能力或限制行为能力人,某丙是某乙的法定监护人等,某乙应当是与某丙互相独立的民事主体,公证活动并没有影响到某丙的利益,因此他不是利害关系人,更无权提起诉讼了。

其次,利益必须合法,但又不一定必须在实证法上有所规定,即这里的合法是指符合法的精神,切合时代的要求,既不能仅仅囿于实证法的规定,也不能漫无边际、信马由缰,而应当"处在法律规定的或调整的利益范围以内"。⑤ 例如一项工程招标的法律规定,招标单位只能和要价最低的人签订合同。法律所要保护的利益是社会公共利益,目的在于防止浪费和腐败。投标企业的利益虽然不是法律所要特别保护的利益,不能说不处在这个法律所调整或保护的利益范围以内。之所以要作这样的理解,是根据我国现阶段的法制状况出发的。鉴于现在我国的法制还不太完善,许多对于公民、法人和其他组织来讲十分重要的利益还没有在实证法上明确下来,如果仅仅根据实证法的规定来确定利害关系人,难免使那些客观上确实受到了伤害、只是因为法律没有相应规定的人得不到适当的救济,这是与法治原则不相符合的。

---

① 沈宗灵主编:《法理学》,北京大学出版社 2003 年版,第 54 页。
② 胡建淼、邢益精:《公共利益的法理之维——公共利益概念透析》,载《法学》2004 年第 10 期。
③ 同上。
④ 〔法〕霍尔巴赫:《自然的体系》,商务印书馆 1999 年版,第 259—260 页。
⑤ 王名扬:《美国行政法》(下),中国法制出版社 1995 年版,第 635 页。

再次，这里的利益既指财产利益，也包括精神利益。现代社会的发展使精神利益在人们的生产、生活中发挥着越来越重要的作用，人格权、名誉权等人身权利是人们成为独立的、有尊严的主体所必需的要素。有鉴于此，我们在确定公证事项的利害关系人时，就不应把目光只局限于那些物质利益受到影响的人，而应看到那些精神利益受到影响的人同样也是公证事项的利害关系人。如在某死亡公证中，公证员因过错出具了某人已死亡的公证书，实际上该人并未死亡，其得知自己已被"证明"死亡后怒不可遏，意图将公证员和公证机构告上法庭。在这种情况下，这个人是不是利害关系人，有没有起诉的权利呢？当然是有的。这里，他的财产利益虽然不一定已经受到了侵害，但毫无疑问，一个大活人被证明已经死亡，这一点对谁来说都是感情上、精神上的一大伤害，法律理应保护这类人的利益，将其纳入利害关系人的范畴。

"利害关系人"中的"关系"又当如何理解？本书认为这里的"关系"应理解为直接的关系，即由于公证活动的发生或存在，直接对某人的原有利益造成了损害，而不是通过当事人的利益这个媒介从而间接地影响到他的利益。公证活动的内容不一定必须涉及利害关系人的利益，但公证活动的结果必定对他原有的利益带来了影响。举例来说，在某遗嘱公证中，A把自有的若干间房屋留给其子B，B因做生意欠下许多债务，C是B的一个大债主，屡屡催B还款，无奈因B资金短缺，总不能如愿。如今眼见B将获得一笔可观的遗产，C不禁看到了收回欠款的希望。C虽然可能因为这份遗嘱公证而获得好处，收回欠款，但他是通过B的利益这个媒介来使自己的利益得到保障的，他最多只是公证的间接受益人，而不是公证事项的利害关系人，B才是真正的利害关系人，因为公证活动直接影响到了他的利益。其次，这里的关系不一定指实然的关系，即已经对特定人的利益造成了影响，还可能是影响尚未发生，只是根据事情发展的逻辑必然在将来造成一定的影响。以上文所述赠与公证为例，某乙将其财产交某甲保管，某甲却将某乙的财产赠与某丙，但并未立即将此财产移交给某丙，此时虽然某乙的财产权并未受到实际上的损害，但损害的发生只是早晚的问题，某乙作为此项赠与公证中的利害关系人是毫无疑问的。

三、公证事项的利害关系人的法律地位

公证程序由申请与受理、审查、出具公证书（出证）这三个基本环节构成。在这些程序中，公证事项的利害关系人并不与公证机构发生直接的业务联系，一般情况下也不主动与当事人进行接触，也就是说他在公证程序中并不以一个积极主动的参与者的姿态出现。

法律关系的参与人一般指直接关系人以外的、与特定法律关系有某种关系的人。公证法律关系的产生、发展是由于具备了《公证法》等法律的规定以及当

事人的申请等法律事实这两个条件,当事人、公证机构以及公证员在其中根据法律的规定享有一定的权利,承担一定的义务,他们是公证法律关系的主体应无疑义。但同时,由于该公证活动影响到其他特定人的利益,他们与公证法律关系也因此具有了某种特定关系,他们有权对错误的公证书提出复查申请,如果对公证书的内容有争议还可以向人民法院提起民事诉讼,甚至他们可以要求公证机构赔偿因其过错而对他们造成的损失。总而言之,他们虽然不是公证程序的直接当事人,但根据法律的规定,他们在公证法律关系中享有一定的权利,承担一定的义务。

四、几种主要公证事项中的利害关系人简介

根据《公证法》的规定,公证机构办理的公证事项有合同、继承、婚姻状况、招标投标以及拍卖等,每一种公证事项都有其相对独立的程序。限于篇幅,以下只选取较典型的公证事项来说明其中的利害关系人。

(一)合同公证

在合同公证中,由合同当事人向公证机构提出公证申请,并提交相关证据。如果提出申请的只是一方当事人,则另一方当事人将成为该合同公证事项的利害关系人。若合同被证明真实、合法,则另一方当事人必得按照合同享有权利,承担义务,其利益因公证活动而直接受到了影响。若某人的利益虽然受到影响,但其与公证活动只存在间接的、偶然的关系,则不能认为其是公证事项的利害关系人。例如:A 与 B 订有合同,规定由 A 向 B 供应豆油若干,但 A 尚未向 B 履行。此时不知情的第三人 C 得知 A 手上有豆油,于是与 A 联系欲高价购买其掌握的豆油,A 为高价所动遂与 C 另签合同一份,C 为保险起见于是向公证机构申请合同公证。公证机构受理后发现当事人的主体资格、意思表示以及合同内容等均符合法律规定,遂出具了公证书。此时 B 得知 A、C 买卖豆油并申请公证之事,遂以公证书的内容有错误为由申请复查并要求公证机构赔偿其损失。在这个例子中,B 虽与 A 订有合同在先,按理 A 应遵守其与 B 之约定,但 A 却将合同标的卖与第三人 C。公证机构审查 A 与 C 之间的合同后发现其真实、合法,于是向其出具公证书证明该合同的真实有效性,强化了该合同的效力,但其与 B 之利益受损并不存在直接的、必然的联系,因此不能认为 B 是公证事项中的利害关系人。如果提出申请的是合同的双方当事人,在这种情况下,利害关系人应当是因合同的内容而使自己的利益直接受到影响的人,如合同双方处分了第三人的财产,该第三人即为利害关系人;又如合同双方订立使第三人受益的合同,该第三人也为利害关系人。

(二)继承公证

继承公证的当事人一般就是指继承人,而利害关系人就是因继承活动而使自己的利益受到直接影响的人。例如，甲、乙、丙系兄弟关系，其祖辈留下私有房屋数间。父亲去世后，甲经公证继承了上述房产，并办理了产权证。这里，甲是公证当事人，乙、丙是公证事项的利害关系人，甲的子女不是利害关系人。

（三）招标投标公证

招标投标公证的一个明显特点是特定的人与不特定的多数人进行的活动，是以招标人为特定的一方，以多数不特定的投标人为另一方的。招标投标公证具有的这个特点，再加上招标之前招标单位往往在新闻媒体上大做宣传，很容易让人们以为，凡是参加招投标的人不是当事人就是利害关系人，甚至普通大众也是利害关系人，其实这种想法是不正确的。由于投标方的不确定性，招标投标公证的当事人一般就是招标人，但并非所有知悉此次招标的人都是利害关系人，也并非参加投标的人都是利害关系人，都有对公证书提出复查申请等权利，实际上只有最后通过招标方的投标资格审查的投标人才能被认为是利害关系人，当然这中间要排除最后的中标人，他是作为公证事项的当事人而存在的。

综上所述，公证事项的利害关系人是指公证事项所证明的特定法律关系的一方主体，它与公证事项存在特定的权利（力）义务关系，公证事项直接影响着它的合法权益。

第四节 公证法律责任的法律实践

在这一节中，首先将以《公证法》以及其他现行的有关公证方面的法律、法规、规章法律为依托，从狭义的方面[①]对公证法律责任的认定问题作以阐释，并对责任承担的形式、程序、相应的后果，以及公证法律责任的救济及免责作简要的介绍。

一、公证法律责任的认定

（一）公证法律责任认定的实体问题

我国《公证法》对于公证法律责任认定的实体问题，作出了比较详细的规定。并根据实体问题的严重程度与惩治力度的不同，进行了分类表述。其内容分别包含在《公证法》的三个法条，即第41条、第42条、第44条当中。可以据以认定公证法律责任的实体问题包括：

1. 以诋毁其他公证机构、公证员或者支付回扣、佣金等不正当手段争揽公证业务的。该项针对现实公证业务的不正当竞争问题，除了以上"诋毁其他公证机构、公证员或者支付回扣、佣金"外，不正当竞争行为还有：利用新闻报刊等

---

① 参见本章第一节相关内容。

手段发布炫耀自己的言论的;利用与行政机关、社会团体、经济组织的特殊关系进行业务垄断的。不正当竞争其构成要件为:(1)公证机构或公证员主观上需有不正当竞争的故意,公证机构或公证员明知会妨害公证业务秩序,侵害其他公证机构利益而实施该不正当竞争行为,主观上有恶意;(2)基于故意而实施了不正当竞争行为,该行为客观存在;(3)满足前两项,公证机构或公证员是否确实侵害了其他公证机构的利益,妨害了公证业务秩序,获得不当利益在所不问。

2. 违反规定的收费标准收取公证费的。《公证法》第 34 条第 1 款规定:"当事人应当按照规定支付公证费",这就为公证实行有偿服务提供了法律依据。为规范公证收费,国家计划委员会、司法部 1997 年 3 月 3 日颁布了《公证服务收费管理办法》,1998 年颁发《关于调整公证服务收费标准的通知》。可见,公证收费实行有偿服务和国家控制相结合的办法。所谓违反"规定的收费标准",可以是收费数目上的标准,也可以是收费项目上的标准,具体有以下几种情形:(1)超越规定事项收取费用的。(2)混淆按标的比例收费与记件收费的,"证明经济合同,办理继承、赠与、遗赠和提存公证,赋予债权文书具有强制执行效力的公证服务,按标的比例收费,其他的项目则计件收费"。①(3)不符合相关公证事项收费数目标准,高于或低于的;至于没有明确的公证事项收费标准可以比照已经出台的相关规定办理,不能随便确定收费标准。

3. 同时在两个以上公证机构执业的。同时在两个以上公证机构执业不利于公证业务管理,也不利于保障当事人利益和维护公证行业健康发展,理应为公证业务所禁止。至于在"公证机构执业",可以理解为某一公证机构的公证员在另一家公证机构以该公证机构公证员的名义提供有偿公证法律服务,包括提供法律咨询、办理公证业务等,就可以构成该项之情形。无需时间长短、频率多少为要件。

4. 从事有报酬的其他职业的。基于社会生活的多样性,"从事有报酬的其他职业"应当考虑从事该职业的时间、报酬及公众对从事该职业的认定标准,其构成条件是:如已经在机关或事业单位的人员编制里,接受工资和福利的;在公司、企业上班接受派遣或以公司、企业名义从事其他活动,接受工资、报酬的,这些都是典型的"从事有报酬的其他职业"。偶尔从事临时工,没有相对固定的职业不应当认定为"从事有报酬的其他职业。"根据《公证员职业道德基本准则》的规定,公证员不得经商和从事与公证员职务、身份不相符的活动。

5. 为本人及近亲属办理公证或者办理与本人及近亲属有利害关系的公证的。这里的"近亲属"范围应理解为:配偶、父母、子女、兄弟姐妹、祖父母、外祖

---

① 罗书平主编:《诉讼·仲裁·公证·执行·律师收费手册》,中国民主法制出版社 2002 年版,第 39 页。

父母、孙子女、外孙子女,既包括血缘亲,也包括法律拟制亲。

6. 私自出具公证书的。私自出具公证书就是不按规定程序,不以公证机构名义出具公证书。

7. 为不真实、不合法的事项出具公证书的。真实、合法是办理公证的基本原则,不真实、不合法的事项自然不能办理公证。很多人对我国《公证法》规定的"真实、合法"都理解委事彻底的实质审查,"不真实"既指有关文件资料形式不真实,也指其所记载的内容不真实;"不合法"包括内容不合法与程序不合法。实际上,再公证法律制度比较发达的国家,也没有实行彻底的实质审查标准,大都采取实质审查与形式审查相结合的方式,在英美法系国家,更多的是采取形式审查。依据我国现行《公证法》的规定,也不足以说明我国就是实行彻底的实质审查制,而是针对不同情况,分别采取的实质审查和形式审查,或者是实质审查与形式审查相结合的方式。需要注意的是,法律现在并没有明确规定出来哪些事项必须进行实质审查,哪些事项只能进行形式审查,而是公证员根据公证业务实践来作出实质审查与形式审查的判断,在法律责任的承担上会产生比较大的分歧,对公证的信念产生动摇,需要在立法上进一步得到完善。

8. 侵占、挪用公证费或者侵占、盗窃公证专用物品的。

9. 毁损、篡改公证文书或者公证档案的。"妥善保管公证文书和公证档案,是公证机构和公证员的义务。任何损毁、篡改公证文书或者公证档案的行为,且不论其主观目的、动机如何,都是违法行为。"① 公证文书是司法文书的一种,应该按照标准格式严格制定,绝不容许随便更改、毁弃,一般有公证书、公证决定书、公证通知书以及公证申请表、公证取证调查而得的报告笔录等。公证书、公证决定书、通知书出具后不得更改;其他公证文书若需要更正的,需要履行一定法律程序,如在公证处加盖印章、通知当事人签署认证更改内容等。公证档案有自己的保存期,属于国家档案材料,应当保证其完整性和秘密性,依法保管不得毁损、篡改。

10. 泄露在执业活动中知悉的国家秘密、商业秘密或者个人隐私的。

该项构成要件为:(1) 主观上存有过错;(2) 所知道的国家秘密、商业秘密或者个人隐私是在执业活动中知悉的,与公证业务活动直接关联,而非因私人活动所知悉;(3) 知悉的内容为"国家秘密、商业秘密或者个人隐私",非公开性信息。(4) 客观上,因过错而泄露了该秘密或隐私,为其他人所知悉。

11. 依照法律、行政法规的规定,应当给予处罚的其他行为。该项是《公证法》第 41 条的兜底条款。

12. 因故意犯罪或者职务过失犯罪受刑事处罚的。构成犯罪的不仅应当承

---

① 吴凤友主编:《中华人民共和国公证法释义》,中国法制出版社 2005 年版,第 78 页。

担刑事责任,还将被吊销公证员执业证书。

13. 提供虚假证明材料,骗取公证书的。该项针对公证当事人或其他个人或组织而言的。该项构成要件是:(1)主体是当事人或其他工人、组织;(2)存在骗取公证书的故意;(3)实施了骗取行为,提供虚假证明材料意图使公证员陷入错误而出具公证书。

14. 利用虚假公证书从事欺诈活动的。

15. 伪造、变造或者买卖伪造、变造的公证书、公证机构印章的。

(二)公证法律责任认定的程序问题

我国有关公证方面的法律、法规、规章是认定公证法律责任的依据,公证法律责任的认定程序同样为这些规范性法律文件所包含。如前所述,我国公证法律责任包括民事法律责任、行政法律责任、刑事法律责任,各种法律责任的认定程序自然不同。但大体上都有启动程序,调查程序和裁决程序三步骤。

1. 民事法律责任认定程序

(1)启动程序。民事法律责任的启动程序一般而言包括申请与受理两步骤,一般由受到损害的当事人申请,申请人可以要求加害人承担责任,也可以通过诉讼途径寻求法律救济,还可以向加害人所在机构、行业协会或行政管理部门提起申请,陈述事实,请求责令加害人承担民事责任;相关机构、行业协会或行政管理部门认为应当受理的,通知争议双方予以受理,民事法律责任的认定程序正式启动。公证机构或司法行政机关在例行检查中认定公证人员不当行使公证职权,经确定证实有损当事人或其他人的合法利益事实的,是否也该主动启动民事法律责任,我国《公证法》无相关规定。

(2)调查程序。民事法律责任的调查程序着重事实认定。人民法院负责追究民事责任按照《民事诉讼法》的规定进行审理;司法行政机关和公证协会受理则要依职权展开调查。在调查程序中,受理机关的工作目标是查清公证员在办理公证过程中是否依法履行了应尽的义务,尽职是判定公证员应否承担法律责任的重要标准,特别是有些公证当事人或利害关系人故意提供虚假的事实或证明材料,骗取公证文书,不能因此而让公证员代人受罚,是谁的责任就要由谁承担,公证员依法办证,尽职尽责,是不能受到法律追究的。当然,公证员的尽职调查,也是一个非常复杂的问题,需要调查人员具有较高的执法水平,不能简单从事。调查程序中应当执行回避原则,应该遵循有关调查的基本规则,例如调查的人员数、调查文件的制作要求,调查时间、方式应尽量避免给争议人的生产、生活带来不便等。

(3)裁决程序。民事法律责任的裁决程序解决以下几个问题:其一是确定民事法律责任的构成要件是否齐备;其二是确定承担法律责任的形式和程度;其三是否是单一的民事法律责任或其他法律责任,有否免责事项。人民法院适用司法程序，可以庭前调解，也可以开庭审理，如果涉及当事人隐私或商业秘密的则不能公开审理。司法行政机关和公证协会等依照法律、法规和规章授权的裁决也应以事实和法律为标准，采取听证与对质，裁决过程中应向当事人公开，向争议双方出示裁决所依据的资料，允许争议双方做已申辩，作出裁决后应提供裁决理由并告知其他救济途径。民事法律责任的裁决之前应进行调解，调解不是强制性的，当事人不愿调解或调解不能结案的，有权裁决的机关须依照法律、法规和规章作出裁决。

2．行政法律责任认定程序

（1）启动程序。行政法律责任的启动程序一般是有权机关的立案，有行政处罚权的机关对于公民、法人或其他组织的检举、控告或者本机关在执法检查中发现的违法情况或较大问题，认为有进一步深入调查的必要，因而决定专项查处的活动就是立案。

（2）调查程序。调查程序是有权机关或组织（公证法里一般授权司法行政机关或委托公证协会）取得证据的过程也应采用回避原则，方式有：询问当事人、证人；提取物证，检查、勘验等，调查中必须遵循有关人员、时间、制作笔录的规则。《行政处罚法》赋予行政机关在调查取证时普遍享有两项重要的权力，一是抽样取证；一是登记保存。司法行政机关或公证协会在实践中可以采用。

（3）裁决程序。有权机关或组织应就调查的事实和取得的证据进行分析、判断，依据相关法律、法规、规章进行裁决，裁决前应事先告之行为人承担行政法律责任的事实，理由及依据并告之相关权利；裁决中应举行听证的，行为人可以陈述、质证和辩论，听证应该遵循听证的一般规则例如：听证权的告之，听证的提出，听证的准备等。裁决结果应当公布。

行政法律责任的认定还有更广泛意义上的认定形式，我国公证行业在人事编制上仍然受司法行政机关领导，司法行政机关所做的有关人事处分的决定虽然是内部处罚，但也可看作承担行政法律责任的一种形式。

3．刑事法律责任的认定程序

公证刑事法律责任的认定程序比较简单，其启动程序、调查程序、裁决程序依《刑法》和《刑事诉讼法》办理，不必赘述。

二、公证法律责任承担的主要形式、程序及后果

（一）公证法律责任承担的主要形式

公证法律责任承担的主要形式依据法律责任的不同表现不同：

1．民事责任的承担形式

（1）消除危险。当公证行为确实可能存在侵害他人民事权利的后果时，权利人要求适用这种责任方式，以防止侵害后果的发生。

（2）赔偿损失。这是公证法律责任承担的最主要形式。

（3）消除影响、恢复名誉。这是不具有财产内容的责任承担方式,主要适用于行为侵害人格人身权的场合。

（4）赔礼道歉。同样不具有财产内容的责任方式,但适用的范围很广。只要行为人因为主观上的过错侵犯他人的财产权、人身权,都可令行为人承担。

2. 行政法律责任的承担形式

《公证法》中列举了一系列的行政处罚的种类:警告、罚款、对公证机构的停业整顿处罚、对公证员的停止执业的处罚、没收违法所得、吊销公证员执业证书、治安管理处罚。对公证机构的惩戒措施包括:撤销机构、停业整顿、停止部分业务、警告、罚款等。对公证人员的惩戒措施包括:开除、吊销执业证书、暂停执业、记过、警告、罚款等。《行政处罚法》第 8 条规定行政处罚的种类有:(1) 警告;(2) 罚款;(3) 没收违法所得,没收非法财物;(4) 责令停产停业;(5) 暂扣或者吊销许可证、暂扣或吊销执照;(6) 行政拘留;(7) 法律、行政法规规定的其他行政处罚。上述即是我国公证行政法律责任承担的基本形式,地方规定大凡无出其左右。至于一些内部行政处分例如撤职,可以看做广义上行政法律的承担。

3. 刑事法律责任的承担形式

刑事法律责任的承担是刚性规定。刑事法律部门的规定,其他法律法规等不得更改,有主刑和附加刑之分,如有期徒刑、罚金等。

（二）公证法律责任承担的程序及后果

认定公证法律责任后便是公证法律责任的承担(对被科以法律责任的人而言是接受处罚;对有权机关而言是公证法律责任的执行)。由于无论是民事、刑事还是行政责任的承担都遵循其特有的程序规则,承担责任的后果多样,本部分作概括式的描述。

首先,在民事赔偿上,我国《公证法》第 43 条、《公证员执业管理办法》第 33 条、《公证机构执业管理办法》第 42 条、《公证程序规则》第 69 条都作出了相同的规定,即公证机构及其公证员因过错给当事人、公证事项的利害关系人造成损失的,由公证机构承担相应的赔偿责任;公证机构赔偿后,可以向有故意或者重大过失的公证员追偿。当事人、公证事项的利害关系人与公证机构因过错责任和赔偿数额发生争议,协商不成的,可以向人民法院提起民事诉讼,也可以申请地方公证协会调解。我国没有规定公证机构和公证员的连带责任,有的国家和地区作了此规定。责任人应该自觉履行义务,否则可以申请法院强制执行,其他费用开支仍然由责任人负担。为保证民事赔偿责任的履行,人民法院可以根据《民事诉讼法》有关规定采取财产保全、冻结等措施。

行政法律责任的承担程序应该遵守以下原则:(1) 当事人自觉履行义务原则;(2) 行政复议或行政诉讼期间,行政处罚决定不停止执行原则;(3) 罚款决定机关和罚款收缴机关应该分离。适用《行政处罚法》的，应该遵守法律规定的程序，例如有当场收缴程序和一般程序；当事人逾期不履行行政处罚决定的，作出行政处罚决定的行政机关可以采取以下措施：(1) 到期不缴纳罚款的，每日按罚款数额的3%加处罚款；(2) 根据法律的规定，将查封、扣押的财物或者冻结的存款划拨抵缴罚款；(3) 申请人民法院强制执行。

刑事法律的承担适用《刑法》、《刑事诉讼法》的有关规定，不必再述。

上述法律责任的承担都应该强调当事人自觉承担为义务，强制其承担为例外。强制责任人承担的要考虑其经济情况、责任能力等。

承担公证法律责任的后果，首先肯定是在经济、人身等方面的不利状况；当事人不履行公证法律责任规定的义务，又不寻求进一步救济的，将会受到强制执行的约束；当事人寻求其他救济途径的，可能会启动其他救济程序例如司法程序，至此争议双方重新开始利益博弈，原来充当裁决者的可能会成为被裁决者，例如司法行政机关因行政处罚被提起行政诉讼。

(三) 公证法律责任的救济途径及程序

公证法律责任的救济指法律、法规或规章提供给行为人的，为保护自己的合法权益，抗辩不当责任追究的权利，按对象不同可分为对当事人的救济，对公证机构及公证员的救济；按时间可分为事先救济和事后救济；按性质划分可分为权利救济和财产救济。

1. 对当事人的救济和对公证人的救济

对当事人的救济主要表现为行政复议、行政诉讼和刑事诉讼中的二审、再审等制度中，公证当事人对承担责任不服的，可以通过以上途径寻求救济；对公证机构及公证员的责任救济除了采取预防性的身份保证金制度或公证风险保证金外，公证机构及公证员同样可以采取如当事人的救济途径，对行政处罚不服的可以提起行政复议、行政诉讼；对刑事责任承担不服的，可以依法上诉。

2. 事先救济和事后救济

事先救济是防止行为人在被科责后无力承担责任的情况，如公证风险保证金、财产保全、冻结等；事后救济是在行为人承担责任时或承担责任后，给予行为人保护自己合法权益的手段，例如：诉讼程序的上诉、申诉等。

3. 权利救济和财产救济

权利救济不以财产为内容；财产救济以提高行为人的财产责任能力为目标，以财产为内容。前者表现形式多样，后者一般表现为身份保证金、公证风险保证金或财产保全等。

以上救济途径的程序，按照救济途径有所区别，《民事诉讼法》、《行政诉讼法》、《刑事诉讼法》、《行政复议法》的相关规定是寻求救济程序的基本准则。

《法国公证法》第33条、第34条规定了身份保证金制度；《德国公证人法》

第 19 条规定职务责任赔偿保险;我国台湾地区"公证法"第 145 条规定了责任保险;我国也像德国、法国那样建立了公证赔偿基金制度(补偿体系由公证责任保险和公证赔偿后备金两个层次构成),可见事先财产救济是被普遍采用的。根据有关国家的规定公证人复职也可视为公证法律责任的救济手段,例如《法国公证法》第 159 条被撤职者可以申请复职,是为被撤职者在出现法定事由后为争取自己的合法权益重新执业的权利,我国台湾地区也有复职事由的规定。台湾地区"公证法"第 60 条还规定了惩戒的复审和再审。《意大利公证法》第 149 条规定公证人或共和国检察官可在接到副本之日起 8 日内向初审法院提出申诉,法院在听取公证人意见后,由合议庭作出裁决。《德国公证法》第 111 条规定对司法行政机关的行政行为可以向法院请求撤消,对法院的判决可以上诉。[①] 有关国家和地区对公证法律责任救济的规定大部分在其他实体程序法里,单行的公证法律比较难找到相关规定,所以公证法律责任的救济取决于行政法、民法和刑法等基本法的相关规定,一般都规定了公证人的民事、行政、刑事的救济途径。从发展来看,各国普遍加强了公证法律责任的财产救济以保证国家的公信力,在行政司法方面引入准司法程序。在某些特殊的领域,法律规定对公证人准用有关公务员的规定例如台湾地区"公证法"规定受惩戒处分人其请求再审议之事由及程序,准用公务员惩戒法之规定。德国公证人的赔偿责任救济可准用《德国民法典》中有关公务员的国家赔偿的规定。这也表现出对公证法律责任的救济是比较灵活的。我国公证法律责任救济没有明确公证员被撤职后的复职事由,现在强调公证机构的公益性、中立性、独立性,不再归于国家行政机关,公证人员不能以《公务员法》等法规主张公证法律责任的救济了。《公证机构执业管理办法》第 38 条规定:"司法行政机关在对公证机构作出行政处罚决定之前,应当告知其查明的违法行为事实、处罚的理由及依据,并告知其依法享有的权利。口头告知的,应当制作笔录。公证机构有权进行陈述和申辩,有权依法申请听证。公证机构对行政处罚不服的,可以依法申请行政复议或者提起行政诉讼。"《公证员执业管理办法》第 31 条规定:"司法行政机关在对公证员作出行政处罚决定之前,应当告知查明的违法行为事实、处罚的理由及依据,并告知其依法享有的权利。口头告知的,应当制作笔录。公证员有权进行陈述和申辩,有权依法申请听证。公证员对行政处罚决定不服的,可以依法申请行政复议或者提起行政诉讼。"这两条法规仅对公证机构和公证员的行政法律责任的救济作出了初步的规定,远远不能满足现实的需要,具体程序的细节性规定,将来还是要在实践中完善总结。

[①] 司法部律师公证工作指导司编:《中外公证法律制度资料汇编》,法律出版社 2004 年版。

（四）公证法律责任的归责原则与免责

《公证法》第43条规定："公证机构及其公证员因过错给当事人、公证事项的利害关系人造成损失的，由公证机构承担相应的赔偿责任；公证机构赔偿后，可以向有故意或者重大过失的公证员追偿。当事人、公证事项的利害关系人与公证机构因赔偿发生争议的，可以向人民法院提起民事诉讼。"公证赔偿实行有限责任，以公证处的资产为限，赔偿范围为公证机构及其工作人员在履行公证职务中，因过错给当事人造成的直接经济损失。公证机构赔偿后，可责令有故意或重大过失的公证人员承担部分或全部赔偿费用。这与法国、德国的规定相当。民事责任的归责原则还应当包括平等原则、公平原则、公序良俗原则、禁止权利滥用原则等民法上的基本原则。

行政法律责任的归责原则大概有：(1) 处罚法定原则，法无明文规定不为过，法无明文规定不处罚。(2) 公正公开原则，包括依据公开和程序公开。(3) 错罚相当原则，行政法律责任的承担既要合法也要合理。(4) 法律责任不能替代原则，不得以行政处罚代替刑事处罚，也不得代人替法。(5) 过错原则，责任承担以行为人能预见为准。

刑事法律责任的归责原则在主观方面遵从主客观相一致的责任原则，即行为在客观上虽然造成了损害结果，但是不是出于故意或者过失，而是由于不能抗拒或者不能预见的原因所引起的，不是犯罪，另外还有刑法上的三个基本原则：罪刑法定；刑罚平等；罪刑相适应原则。

比较而言，因为公证机构实行真实原则，公证机构对公证事项的真实性具有证明之责任，使得公证机构或公证员很难从正当执业或注意义务完全尽责上免责。正如某公证机构的负责人所言"我们现行的证明方法使公证员缺乏安全保证，一不小心就遭到攻击，扩大了公证员的法律责任。一旦出现假证，不管什么原因，无论是在行业内部还是采用者都可以公证的不真实而追究公证员的责任"。[①] 我国现行法律、法规中对公证法律责任的免责事由并没有明确的规定，在实践中通常认为，这种责任的免除事由一般属于外来原因，如公证文书的毁损由于不可抗力、当事人的隐私由于其自身原因而泄露，等等。

总之，公证法律责任的确定是一个非常复杂的法律问题，需要具体问题具体分析，对法律的理解和认识也要求比较高，综合各种因素才能得出结论，不能盲目地凭直觉作出判断，应当从维护公正法律制度和市场交易的公平和安全来考虑，以实现公平正义。

---

① 陈中京：《从德国的证明方法说起》，载《中国公证》2005年第1期。

第五节 公证法律责任的案例评析

案例一：西安宝马彩票案
案情：

案情详细介绍见前一章。

评析：

本书认为，依据案件的相关事实，判决董某承担相关的现实责任，以玩忽职罪定罪量刑是符合相关法律规定的。同时，根据现行的《公证法》第43条，公证机构及其公证员因过错给当事人、公证事项的利害关系人造成损失的，由公证机构承担相应的赔偿责任；公证机构赔偿后，可以向有故意或者重大过失的公证员追偿。所以，在本案中，如果利害关系人提出请求，董某所属的公证机构应该对在这次事件中利益受害人所受的直接损失负民事上的赔偿责任；同时，由于董某在工作中有重大过失，所以，公证处在承担了赔偿责任后，可以向董某追偿。

案例二：活人被公证为死人案件
案情：

四川省成都市金堂县农民杨世和，2006年9月初到成都市房地产交易中心办理户口方面的相关证明时，意外得知自己早在7年前就被成都市某某公证处公证为"死亡"，他在1999年卖出的一套房子被"妻子严春英"继承，然而这个严春英只是他房子的买主而不是他妻子。

接到杨世和投诉后，成都市某公证处进行了查证，发现这份公证的卷宗已经不翼而飞，而卷宗编号本上的原始记录也被人抠烂涂改，当年办理此公证的公证员尹某某也否认此事。杨世和盛怒之下打了尹某某。就在尹某某被打后不久，神秘失踪的公证卷宗却突然找到了。成都市某公证处负责人说，卷宗是尹某某主动交出来的，是他自己密封的。杨世和表示，他只和严春英打过一次交道，1996年5月他以金牛区白果林小区的一套自有房产作为抵押，向金堂县白果农村合作基金会贷款4万元。后来做小生意失败无法按时还贷，合作基金会就在1999年7月1日，将抵押房产作价13万元卖给了严春英，当时双方还签了《房屋买卖合同》，卖房所得除还贷款外，杨世和得余款6万多元。既然是正当的房产交易，为何要煞费苦心搞假公证变成继承房产呢？这桩公证的申请人严春英说，当时买二手房要缴税，找中介私下交易不用上税，是中介带她到公证处办理公证的，她给了尹某某5000元作为报酬。目前，这份荒诞离奇的公证书已被撤销，有关部门对尹某某作出了停职3个月、罚款2000元的处罚决定。

评析：

首先，本案中的公证处没有完成尽职义务，没有按照法定程序去调查取证，轻信了当事人提交的证据材料，主观上有过错，行为上违反了当时生效的《公证暂行条例》第 18 条、第 19 条以及《公证程序规则》第 23 条、第 24 条的规定，公证处及公证人员均应承担公证法律责任。

同时，本书认为，在四川省成都市某公证处的"活人被公证为死人"的事件中，有关部门只对尹某某作出停职 3 个月、罚款 2000 元的处罚决定畸轻。四川省成都市某公证处、公证员尹某某、申请人严春英和中介对此事的发生都负有责任，都应该依法承担相应的法律责任。公证人员与严春英串通，故意出具错误的公证书，并获取其他非法利益，则性质更加严重，应该受到刑事法律的追究。只有严格依法办事，严格落实法律责任，公证才能真正树立起它的社会公信力，才能为打造社会诚信、构建社会主义和谐社会。

案例三：室温证据保全案件

案情：

在我国北方某地，天气非常寒冷，一家餐厅因暖气供热室内温度不够，致使客人纷纷离去，餐厅老板为此向出租房屋方索赔，遂向公证处申请证据保全。公证处受理后，连续 30 天上百次地到这家餐厅测量温度，最终作出公证书证明实际测量的温度。餐厅据此向法院起诉房主，被告律师在庭审抗辩中提出，公证处在测量室温时所用温度计系餐厅老板提供，测量温度时未能说明前后一段时间是否有打开门窗散热的情况，请求法院不予采信。司法行政机关获悉后，认为公证员在办理此项公证时，未能履行应尽职责，不能抗辩被告律师向法院提出的疑问，拟撤销该公证书。

评析：

本书认为：该公证中，公证员已经履行尽职义务，出具公证书并无不当，不应承担公证法律责任。律师的意见及法院不予采信亦无不妥，因为实际室温未达规定标准与房主是否有责之间不一定存在因果关系。公证员使用了餐厅的温度计与出具公证书也不必然存在因果关系，只要温度计质量合格即可，这是公证员的工作经验及工作作风问题，并不导致承担公证法律责任。司法行政机关对公证人员要求严格是好的，但因此而撤销公证书则难免小题大做，公证处及公证人员对司法行政机关的处理也同样享有法律救济的权利。

第六节　公证法律责任的问题与建议

《公证法》用第六章专章规定了公证的法律责任，对公证机构和公证员为不合法、不真实的事项出具公证书或者出具虚假公证书、私自出具公证书等职务违法行为规定了严格的法律责任。同时,对公证当事人及其他个人或组织扰乱公证活动秩序的也规定了相应的责任承担方式。总体来说,这些规定较之1982年4月国务院发布施行了《公证暂行条例》,有了突破性的进步,在法律层面上初步构建了公证法律责任及其救济的法律体系。我们在充分肯定《公证法》的突破性成就的同时,也应该正视立法依然存在一些需要完善和改进的方面,笔者对此提出两点拙见,希望有机会与同行和同学们进一步讨论。

一、建议增加对公证人职业责任的规定

正如本章第一节所提到了,公证法律责任除包括民事法律责任、行政法律责任、刑事法律责任外,还包括职业责任。虽然,公证协会对违反职业道德规范及其他行业规则的行为依照协会章程或有关规定而实施的惩戒是行业自律的一种表现形式,但是,这种行业的自律行为本身也要纳入到法律的规制中来,这不仅是为公证行业自律提供法律上的依据和保障的需要,也是规范行业自律,避免行业自律权滥用,保护公证人权益的需要,是"赋权"和"控权"的统一。而我国《公证法》第六章关于法律责任中并没有关于职业责任的任何规定,显然不全面,而且不利于公证职业责任的承担和我国公证员职业道德建设。

因此本书认为,《公证法》中增加有关公证职业责任承担和救济的内容,在法律中明确规定我国公证员协会是追究公证员职业责任的主体,并对公证协会行使该职权的方式、界限、程序,以及产生争议的救济手段和程序作出明确的规定。

二、建议增加公证法律责任的免责事由的规定

正如本章第四节所谈到的,我国《公证法》中关于公证法律责任的免责事由的规定至今还是一个空白。而"免责"的法律化不仅是保护公证机构和公证员利益的需要,同时也是提高公证责任案件处理效率、合理配置司法资源的需要。在法制建设中"免责"与"归责"一样具有重要的地位,是评价某部法律自身完整性的标准之一。本书认为,以下免责事由应该在《公证法》中明确规定:

1. 时效免责

"时效免责"是一个发展非常成熟的免责制度,我国《刑法》、《民法》等都有相应的规定,主要是指责任人的责任经过一定的期限被免除,不予追究的制度。应借鉴其他立法经验,结合中国公证业的实际,规定公证员的法律责任经过一定期限后免除。

2. 受害人或第三人过错免责

受害人或第三人过错是主要指两种情况,一是受害人或第三人对损害的发

生有过错,而公证员本身并无过错;二是指公证员虽有过错,但受害人或第三人的过错行为使损害发生或者进一步扩大。在第一种情况下,公证员即可不负民事责任;第二种情况下,公证员对损失扩大的部分不负责任。但是值得注意的是,这里所说的"受害人或第三人过错"仅限于故意和重大过失,对于受害人或第三人一般的过失,公证员是不能免责的。

【问题与思考】

1. 什么是公证法律责任？其内涵和外延指什么？
2. 公证法律责任有几种类型？
3. 公证赔偿的基本原则是什么？
4. 公证赔偿的免责因素有哪些？
5. 如何理解公证赔偿基金和保险基金？

第十一章　公证活动的一般程序和特别程序

【内容提要】

从公证权与司法权比较入手,探索公证程序对实现公证真实合法的保障作用,论证一般程序和特别程序的合理性。

【关键词】　申请　受理　审查　出证

公证活动的特质之一就是其程序性,公证程序的全面履行和履行质量直接关系到整个公证活动的质量。公证程序包括一般程序和特别程序。一般程序是办理所有公证都必须遵循的程序,包括申请、受理、审查、出证、不予办理和终止公证。而特别程序是针对特定的公证事项需履行的特别程序和规定。

第一节　公证程序的基本理论

一、程序与程序价值

公证证明是一种在法定程序约束下的证明活动,公证书的效力保障很大程度上来自于公证程序的正当履行。因此,履行程序是公证活动的重要特点,在公证活动中具有独特的价值。

"法律程序",主要体现为按照一定的顺序、方法和步骤来作出法律决定的过程。其普遍形态是:按照某种标准和条件整理争论点,公平地听取各方意见,在使当事人可以理解或认可的情况下作出决定。[①] 法律程序有很多,有立法程序、司法程序、行政程序等。其中尤以司法程序最为丰富和完整,并分门别类地分离出各种诉讼程序,如民事诉讼程序、刑事诉讼程序、行政诉讼程序等。

（一）程序的工具价值

程序法是实现实体法的具体操作手段和途径,这被称为程序的工具价值。在我国,重实体轻程序的思维惯性使程序法不如实体法那样受重视,无论怎么强调程序或程序法的重要意义和价值都无法摆脱依附性、从属性和工具性的地位。正如功利主义理论的鼻祖边沁所说:"程序法唯一正当目的,则是最大限度地实现实体法。"完全否定程序的独立存在价值,使程序仅仅具有手段和形式意义。在大陆法系的法律构架和运作框架内,程序法的地位无论怎样都无法与实体法

---

① 季卫东:《法治秩序的建构》,中国政法大学出版社1999年版,第12页。

相提并论。大陆法系最基本的法律运作方式是一种亚里士多德所描述的三段论格式的推理,即从大前提、小前提直至推出结论。实体法律中关于权利义务的规定就是大前提,具体法律事件就是小前提,通过逻辑推理得出了对民事争议的裁决。由于任何案件的审理裁决都不可能离开这一关于权利义务的大前提,因此,实体法的先在性或预设性就决定了在大陆法系中程序的被动性。"实体权利的生成与诉讼程序没有直接关系,诉讼程序不生成实体权利,只是实现权利,因此,在大陆法系程序的工具性就比英美法系强得多。"[①]

(二)程序的独立价值——程序正义

程序正义被视为"看得见的正义",是指案件不仅要判得正确、公平,并完全符合实体法的规定和精神,而且还应当使人感受到判决过程的公平性和合理性。

在英国,人们称程序正义为"自然正义"(natural justice)。"自然正义"原则的具体内容是:(1)任何人不得自己审理自己或与自己有利害关系的人的案件;(2)任何一方的诉词都要被听取。自然正义原则是司法审判活动中的最低条件,任何人如果违反了这一原则,则该司法审判活动无效。这一原则现在是英国法院采取的最基本的宪法原则,不仅是英国的司法程序,就是一些非司法程序如行政程序中,它也是一条最基本的准则。到了近现代,自然正义作为程序正义也是凌驾于实体正义之上的。

在美国,程序正义体现在"正当程序"原则中。正当程序原则来源于英国1215年的《大宪章》,其第39条规定:国王允诺"任何自由人不得被逮捕、监禁、侵占财产,流放或以任何方式杀害,除非他受到贵族法官或国家法律的审判"。后来这一条被解释为要求有陪审团的审判。1791年的美国宪法修正案中,正当程序原则被确立为一项基本的原则。美国《宪法》第5条修正案规定:"非经正当的法律程序,不得剥夺任何人的生命、自由或财产。"1867年的第14条修正案中对各州也提出了相同的要求。

大陆法由于欧洲大陆的唯理论哲学,并不崇尚程序正义,而更侧重于实体法对权利义务的规定。这种唯理论的哲学在法学中的反映就是必须先制定出一部法典,作为人们判案时的准则,凡是合乎法典的就是对的,反之就是错的。法官们通过将事实与观念(法条)进行对照,然后用严格的逻辑推理,来判断案件事实的合法性。在这里起决定作用的是理性,而不是经验。在欧洲大陆人看来,经验是多变的,因此是不可靠的,只有理性才是可靠的。这样,"程序"这一在经验论法学中起决定作用的东西,在唯理论法学中就不起作用了,因为在唯理论的法学中,判案的程序是由思维的内在规律来控制的。

因此,程序正义与一个国家的哲学思想紧密相连,只有与一个国家的民族精

[①] 张卫平:《诉讼构架与程式》,清华大学出版社2000年版,"序"第IX页。

神相融合，才会发挥它的作用。历史上曾经有过这样的先例：德国法学泰斗萨维尼曾极力倡导习惯法，阻止德国制定法典，但是历史还是抛弃了他，德国成了最典型的法典国。同样，英国法学泰斗边沁极推崇法典法，主张在英国制定法典。但是英国至今仍然崇尚先例，不作法典。"程序法学具有比实体法学更强的本土制约"①，就此而言，在中国这样一个大陆法系的国家里，要推广普通法的程序正义的理念任重而道远。

但无论如何，程序的独立价值已逐渐为大陆法系的学者所重视。1993年我国学者季卫东先生在《比较法杂志》中发表了《程序比较论》，第一个把程序具有独立存在价值的非工具理性观点介绍到我国。程序正义是指法律程序自身的正当性和合理性，它是法律程序的内在价值追求。一种法律程序，只有在其内在的道德标准符合正义的要求时，才具有完全的正当性，由此产生的实体结果才能为人们所接受。这种内在的道德标准构成了程序正义的核心内容，它强调对受裁判直接影响者权利的保护，决定了裁判者必须通过公正的法律程序实施实体法或者实现正义。

二、公证活动的程序正义与公证人法律思维的结合

没有按公证程序规范进行的证明活动不是公证证明，也不具有公证效力。同时，严重违反公证程序作出的公证书也应当予以撤销。从效力来源和效力监督的角度来说，虽然公证活动具有程序性的重要特征，但不能将公证理解为纯粹的程序活动。它是公证人在程序活动中通过对实体法的掌握，为当事人提供法律帮助、规划以帮助其准确实现意愿；同时对当事人提交的各种证据材料进行核实从而形成内心确信的过程，公证书是公证人得出的合法性判断结论。因此，可以说公证既是一种程序活动，又是公证员运用法律思维对证据进行认定的活动。公证程序只是保障实现公证价值的手段之一，而不是唯一。过分强调程序的重要也会导致另一个极端，即程序操作规定的过细以致影响到公证人对实体法及证据本身审查的关注，或是因一些程序细节如申请表未填写全，而导致当事人或利害关系人借此对公证证明真实性的全面否定。公证程序的价值在于引导公证员对当事人实体权利义务及所提交材料的审查思维，而不是一种被动的形式主义。

公证员要对当事人要求证明的法律关系的性质进行判断，明确各方在法律关系中的地位、权利和义务，才能够为当事人提供法律的咨询和规划，才能够向各方告知在该法律关系中当事人所面临的法律风险和后果。公证员要在熟悉法律规定的同时，对法律规定在特定的法律关系中如何运用进行判断，同时负有向

---

① 张卫平：《诉讼构架与程式》，清华大学出版社2000年版，"序"第 IX 页。

当事人解释法律规定和后果的义务。对于当事人提供的各种证明材料要形成基本的认定：如证明材料是否符合证明对象所要求的形式要件，是否是有权出具证明的单位出具，印鉴是否符合证明要求；证明材料内容是否构成待证事实的直接证据、原始证据，证据之间有无矛盾、是否可以形成证据链条；在什么情况下当事人提供的证明即足以支持证明结论的出具等。小到当事人身份的认定，大到当事人法律关系的认定，都需要公证员不仅运用法律知识，还要运用生活经验和逻辑推理手段，进行独立的思维和判断。可以说，公证程序与公证员的法律思维过程是紧密相联的。

同时，不能将公证程序的履行简单地看做完全是公证人的法定工作环节，从程序正义的角度说，公证程序也赋予了公证当事人自我陈述、自我举证的权利，各方当事人的意见和想法被公证员客观、忠实地记录和倾听，同时各方都有平等的机会获得公证员提供的法律咨询和帮助，以便保护当事人在清楚明白法律规定的前提下作出自己慎重、明确选择的权利。所以说，公证证明结论的基础来自于公证程序的正义性。《公证程序规则》紧紧围绕着如何切实保护当事人的权益规定了公证人的义务，如告知、记录、核实、咨询、保密等；同时也是从维护社会公平正义的角度规定了当事人的如实陈述、举证义务。公证程序的正当性就在于充分协调、维护个体利益、社会利益、家庭利益，实现公证参与各方的共赢。

第二节　公证程序的立法背景

公证不同于律师等法律服务之处就在于它独特的效力规定。我国公证体制关于公证效力的规定主要集中在《民事诉讼法》中。"1991年颁布了新民诉法，公证文书的效力问题在立法上得到了基本解决。"[①]1991年4月1日实施的《公证程序规则（试行）》在1986年《办理公证程序试行细则》基础上修改完善；2002年6月11日司法部72号令通过了新《公证程序规则》（2002年8月1日施行）。2005年8月28日我国第一部公证法典《中华人民共和国公证法》（以下简称《公证法》）颁布，公证的效力第一次在实体法层面得到了全面的落实，我国公证法律制度的基本框架以法律的形式得以确立。

《公证法》颁布后，根据法律位阶理论的"上位法优于下位法"原则，为了贯彻实施《公证法》，维护公证法制体系的统一与协调，迫切需要对2002年的《公证程序规则》进行修订。程序法是实体法落实下来并能够予以在实务中进行操作的保障，任何好的理念或法律规则如果没有操作面上的支持是无法在实践中推广和发挥效用的。因此，程序法既要体现实体法的精神，又具有极强的实务性

---

① 叶自强：《现代公证制度应用研究》，中国民主法制出版社1996年版，第22页。

特征和操作面上的特点。为此,自2005年《公证法》出台后,司法部相关司局就将修订《公证程序规则》列入贯彻实施《公证法》的重要工作日程。受司法部律师公证司委托,中国公证协会于2005年8月底即启动《公证程序规则》的修订工作。在广泛征求业内意见的基础上,公协组织业内专家于同年9月下旬提出修订草案初稿,同年12月,根据司法部法制司、律师公证司的意见,公协又对初稿进行了修改,形成修订草案征求意见稿。此后,司法部律师公证司会同公协陆续召开了部分省(市、区)公证管理部门、公证机构负责人座谈会,广泛听取意见和建议,同时将征求意见稿印发各省(市、区)司法厅(局),并提交全国公证工作会议征求意见。根据各地反馈的修改意见,公协对征求意见稿做了进一步的修改和完善,形成了修订草案送审稿,于2006年1月底送司法部法制司审核。经过多次修改后,于2006年4月中旬在上海召开部分省(市)公管处长、公证处主任座谈会,会后经再次研究修改,形成提请司法部部务会议审议的《公证程序规则(修订草案)》,2006年5月10日经司法部部务会议审议通过,吴爱英部长于5月18日签发第103号司法部令予以发布,并于2006年7月1日起施行。

一、《公证程序规则》修订遵循的指导思想和准则[①]

(一)严格遵循和体现《公证法》的规定和要求

《公证程序规则》(以下简称《规则》)作为《公证法》的操作规范,是公证机构办理公证事项的基本操作规范,因此无论在具体操作规范方面还是在文字表述方面都要与《公证法》保持一致,体现《公证法》的立法精神和制度安排。

(二)妥善处理了新旧程序的衔接

一方面对《公证法》认可的原公证程序制度的相关内容予以保留;另一方面对《公证法》对原程序制度、办证规则进行调整和发展的部分,在修订时予以充分体现,通过调整体例结构、增补办证细节规定和要求,补正办证规则,规范文字表述。

(三)充分注重总结、提炼和吸收了近年来公证业务实践中积累的成熟经验和制度措施。

(四)坚持合法性和可行性的统一

修订《规则》既要严格遵循体现《公证法》的要求,又要兼顾公证制度尚不完善的现实,从公证业务发展现状和实际需求出发,对目前能够把握的内容尽可能依法予以细化,对难以把握处理的内容或尚需在实践中进一步探索的问题,仅做原则性规则或暂不涉及,有关问题留待进一步实践后,可在具体的办证规则中规定或条件成熟后通过修订《规则》予以完善。

---

① 司法部、中国公证协会编:《〈公证程序规则释义〉附录六:关于〈公证程序规则〉(修订)的说明》,法律出版社2006年版,第247—248页。

二、修订的主要内容

与原规则相比,《规则》由 12 章调整为 11 章(取消回避一章),内容包括:总则、公证当事人、公证执业区域、申请与受理、审查、出具公证书、不予办理公证和终止公证、特别规定、公证登记和立卷归档、公证争议处理、附则。条目由原 64 条扩充为 74 条。

(一)调整、设立的新制度

1. 原公证管辖制度变更为公证执业区域制度(第 3 章)。

2. 区别一般公证事项和法定公证事项,分别明确了公证机构在受理环节须把握的条件和方法(第 19 条)。

3. 调整细化了公证审查程序,特别是充实了核实公证事项及证明材料的方法、途径和规则,明确了当事人和公证机构各自对公证事项真实性承担的责任(第 5 章)。

4. 将原拒绝公证制度改为不予办理公证制度(第 48、49 条)。

5. 将特别程序改为特别规定,删除了对非公证业务程序的要求,以与公证一般程序的一般规定相对应(第 8 章)。

6. 重新设计了公证争议救济制度和机制,重点对公证复查程序及复查处理方式进行了细化(第 10 章)。创设了公证复查争议可向公证协会投诉的制度和公证赔偿争议可提请公证协会调解的制度(第 67、69 条)。

(二)注意吸收了近年来公证业务实践中积累的成熟经验和制度措施,使之更具可操作性

1. 强制公证执业主体是公证机构和公证员,规定在办理公证过程中须公证员亲自办理的事务不得指派公证机构的其他工作人员办理(第 5 条)。

2. 设立了公证执业区域制度,将公证管辖变更为执业区域(第 13 条)。

3. 调整了受理条件,区别一般公证事务和法定公证事项的受理原则(第 19 条)。

4. 明确了公证机构的告知义务(第 21 条)和当事人的举证责任(第 25 条)。

5. 进一步归纳、细化了公证审查的方式,如询问核实、收集证据、现场勘验、委托鉴定等(第 5 章、第 8 章)。

6. 明确了公证书出具和生效的几种特殊情形(第 44 条)和期限的规定。

7. 规定了公证的三大效力(第 36—39 条)。

8. 规范了不予公证和终止公证制度,增加了终止公证的事由(第 48—50 条)。

9. 将特别程序改为特别规定,新增了保全证据的特别规定(第 54 条)。

10. 重新设计了公证争议处理制度,增加了赔偿责任和违法处罚(第 10 章)。

11. 增加了公证档案保管的要求(第 60 条)。

12. 规定了公证事务的程序适用准则(第 71 条)。

第三节 公证程序的热点前沿问题

程序性既是实现公平正义的法律保障,也是制约公共权力或国家权力不被滥用的通行做法。从理论上讲,程序对于公权力的制约价值和对促进实体正义实现的价值,已被司法界认同。而从公证实务操作上讲,公证活动并不是司法确权活动,而仅是一种证明活动,对证据、事实、行为的审查和固定是公证活动的主要内容。因此,不宜夸大或单纯强调公证程序的作用,而应保持一种操作上的平衡。公证程序或相关办证规则规定的过细,有时,并不利于公证证明活动本身的进行和公证书效力的稳定。

一、公证程序设定的度

我国早期的公证职能设置仅是司法行政系统内的一个科室,公证人来自于法院、司法行政机关、军队转业干部或其他途径,专业化程度不高。同时,我国的财产私有化程度也不高,公证业务最初的主要来源来自对外交流、学习等出入境人员的需求。在当时的时代背景和人员素质条件下,需要有相对明确和规范的程序设置,公证活动的主要特点是政策性强。

随着国家开放程度的提高,国内住房制度改革和市场经济的日益发达,公证工作的重心逐步转移到以保护财产、权利为核心的证明活动中,各种法律规制、告知、风险控制的要求对公证人的法律专业素质提出更高的要求。随着公证体制改革的推进,公证活动由司法审查到法律服务,公证机构由行政机关到中介组织,这种身份、地位、职能上的转变,如何保持安全与效率的平衡成为公证活动关注的焦点。地区间经济发展的不平衡、社会进入信息化时代以后对管理创新、知识更新、工作方式创新的需求,时代对创新的要求,使得公证工作也要与时俱进。实践永远走在立法的前面,《规则》规定得过细、过于具体,会影响到公证人对证明活动本身的关注和精力分配,也导致公证实务操作的"机械化",甚至会影响到对公证书效力的争执。

比如公证申请这个程序,申请的设置是由当事人启动公证程序,至于申请的形式、内容可以保持一定的空间。除了纸质申请形式外,网上申请也是一种现实需求。而根据当事人的不同公证需求,申请书的内容只需要统一要求有当事人的确认即可。而目前的《公证程序规则》则对当事人要填写申请表以及公证申请表的内容应当包括哪些具体的要素进行了列举,这种细节上的规定就产生这样的问题——如果实际案例中,申请表中需有当事人申请某公证的要求并签字,但没有《规则》规定"应当"有的内容,是否该申请就是无效的公证申请呢?是否这个环节的不符合程序规则,就要否定其他环节留下的证据呢?规定这一细节的作用是正面的多一些,还是负面的多一些?

又比如:规则要求当事人要在提交的材料上签字。确认材料是由当事人提交的方式有很多,可以通过在申请表中列明材料名称、当事人拍照、录像等多种形式,如果电子手段足够发达,也可以通过电子形式提交,但规定了签字形式后,就使得多种形式的可能变成了唯一,材料有时是很厚的文件,让当事人每页都签字在时间上和精力上都不允许。当事人也怨声载道,认为来公证处签字签到手软,麻烦又没效率。

公证人也压力重重,本来对材料的审核、对当事人实体权利义务保护的关注就需要集中精力对待,但在各种程序要求的束缚下,不得不分出大量精力去履行程序要求的细节,规定动作过多,也导致公证人精力易分散,从而在材料的审查上出现疏漏。

目前的公证管理与业务办理,在许多发达城市都已进行电子化管理,公证程序不仅要走一遍纸质的,还要在电脑管理系统中走一遍,同时还要兼顾对证据材料内容的审查、对当事人的告知、询问、记录等,在经济发达地区,公证需求量相对集中,如果公证员面临接待日,为了处理当天来办理公证的人的需求,还需要控制接待和处理单个公证事务的时间。在这样的时间要求和操作精细度、强度的要求下,公证程序在细节上要求过于具体往往对公证证明活动本身并无积极、必要的意义,反而会因为程序细节操作中的百密一疏给不必要的投诉或纠纷提供口实。

实务中对程序规则细节规定过细的病诉,主要来自于"程序直接影响效力"的规定。根据《规则》第63条第5款的规定,公证程序出现不可弥补的错误时,会直接影响到公证证明效力。在公证程序规定得过细的情况下,是不是任何一个不可弥补的程序性错误都会导致公证书的撤销?这种程序至上的要求,是否过于绝对?

二、人员素质的提高与程序的逐步弱化

公证工作归要结底是公证人的智力劳动,公证人员的素质与水平决定了案件承办水平和风险控制能力的高低。在公证人员个体素质提高、法律专业职业化水平提升的情况下,可以逐步弱化公证程序规则的细化,而强调公证书所承载的法律审查、告知、指导内容。公证工作的实质并不是程序本身,而是公证人在对当事人进行指导、咨询、法律风险提示、告知的前提下,由当事人在清楚明白法律后果的情况下所做的有法律意义的决定。对这个决定,由于是经过了公证人的辅导和告知,当事人有责任自己承担后果,对并社会负有责任。

德国和法国公证并没有一个如《规则》般具体的法规来规定公证人如何履职,但他们通过自己的智力劳动、法律知识的专业化、核实渠道的电子化,为他们的当事人提供了确有成效和价值的工作,并将他们的工作内容形成了公证书的一部分,使公证书的使用者也能够通过最终的公证书了解他们的付出、区分他们的责任。他们的公证书的最终形成,一定也是通过履行某些必经的程序形成的,比如告知、核实、宣读、签字确认等,但他们不是程序的奴隶,程序只是他们实现公证价值的工具或途径而已。

我国的公证人队伍建设在近20年来取得了巨大的进步。公证员与法官、律师等法律专业人员一样,必须通过司法考试才能担任,在职业准入上取得了一致的标准。各地的公证机构都在逐步更新和扩充专业人员加入公证人队伍,以提升公证人的整体执业水平。随着公证人法律专业水平的提高,综合素质的提升,相信在公证执业会进一步关注通过法律证明活动防控风险的价值实现。

第四节 公证程序的法律实践

一、公证的一般程序

(一) 公证申请

公证申请是指公民、法人或其他组织向公证机构提出办理公证请求的行为,是启动公证程序的第一道环节,即公证机构办理公证必须依当事人的申请开始,而不能依职权自主启动公证程序。简而言之,没有当事人的申请,便无公证,申请是公证机构接受当事人办理公证申请的行为,标志着公证机构公证活动的开始。

1. 公证申请与公证自愿原则

虽然公证程序的启动以当事人的申请为前提,但这并不意味着公证采取了自愿公证原则。自愿原则强调的是当事人申请的意愿是出自自己个体的实际需要和意愿,不受外力强迫或社会公共责任方面的制约,这种原则比较适用于只涉及权利义务双方的民事法律行为,如订立合同等。但对于公证申请而言,当事人提起公证申请的内心动机并不完全都是出自自己的意愿。比如出国留学要办的学历、学位、无罪等公证、出国旅游要办的监护、委托等公证,老百姓都是应各国使领馆或使用公证书的部门必须提供公证书的要求来申办的。再比如房产交易过户过程中,登记机构要求当事人提供的委托公证书、继承公证书;变更承租人时,出租单位要求承租方出具公证书等。单从个体利益和需要出发,谁不想以最方便、最经济的方式取得入境签证? 如果给公证确立自愿原则,这些使馆或公证使用部门的要求就会成为妨碍当事人自由意愿实现和违反公证自愿原则的违法要求。公证书的使用从一般意义上来说,并不仅是为了满足当事人自己个人的私人需要,更多是为了满足当事人与外部社会组织之间的诚信、沟通需要,即公证书的需求者往往并不仅仅是公证申请人自己,而是具有一定社会管理职能的组织机构。它们对公证书的需要是基于其在社会交易安全和秩序中所负有的责任,要求当事人承担举证义务。当事人有义务向其诉求的机构举证证明自己获得诉求有合法的依据或理由。在交易环节中,这一举证要求是基于社会交易安全和秩序的管理需求,而当事人为了实现自己的利益,不得不根据使用部门的举证要求,申请启动公证程序。

公证申请程序的设置体现了公证行为的被动性,即公证机构是当事人意思表示的受领者。至于其申请的原因否出于内心自愿,不是公证活动的范畴,也不受公证法的调整。不能以公证申请程序的设置而推导出公证自愿原则,从而得出公证申请必须是当事人的内心自愿,否则就是强制公证的结论。因为每一份公证书的需求都不是单一的,是综合了个人、社会组织、法律层面的综合需要。《公证法》第11条已明确将公证机构的公证事项分为当事人自愿申请办理的公证事项与法律、行政法规规定应当公证的事项,从立法层面肯定了法定公证存在的可能性和必要性。因此,不能说自愿原则是公证的基本原则,并以自愿原则为依据否定应当公证的要求。

从公证有助于建立社会诚信的角度说,诚信是对所有人的保护,也是公共利益的需要,每个人都要为公共利益而限制个人利益的膨胀。个人利益的保障很多时候是在社会公利益得到保护的基础上实现的,单纯强调个人利益或意愿是不恰当的。建立社会的诚信和每个人的诚信一方面需要每个人作出自觉的努力,另一方面,也需要制度上的设计和保障。无论国内国外,讲信誉、讲诚信不是仅靠教育和个人意识来完成的,必须要有制度上的预防和保障措施。社会诚信是在严格制度保障的前提下,逐步实现的个人诚信的不得不自觉。

2. 公证当事人

公证当事人是指以自己的名义向公证机构提出办理请求并承担后果的人,也称为公证申请人。需要明确的是,申请公证作为一项权利,行使该权利时必须具备民事行为能力。当公民为限制民事行为能力人时,申请公证应当征得其法定代理人的同意或由其法定代理人代理;无民事行为能力人申请公证,应当由其法定代理人代理。法人申请公证,应当由其法定代表人行使。申请公证,可由当事人、当事人的法定代理人或法定代表人提出,也可以由他们委托代理人申办公证事项。但须注意的是,委托他人代为申请公证有其适用上的限制,例如与当事人人身有密切关系的公证事项不得委托他人,具体包括遗嘱、遗赠抚养协议、赠与、认领亲子、收养、解除收养、委托、声明、生存等;此外,公证人员不得代理当事人在本公证处申办公证,以防止出现自己代理或者规避回避等违法公证的情况发生。

一般而言,委托他人代办公证需出具委托书,由委托者和受委托者签名盖章。对居住在国外或香港、澳门、台湾地区的申请人委托他人申办公证事项的,其委托书应经当地公证,或驻外使领馆公证,或经司法部指定的机构、人员证明。实践中,为方便居住在国外或香港、澳门、台湾地区的申请人到我国大陆申办公证事项,可采用含有委托内容的书信、电话、电报代替委托书。在非处分重大财产权益的公证事项中,此类书信、电传、电报实务中一般不需要办理公证。

3. 公证申请的形式

启动公证申请的形式为书面形式,即由当事人填写公证申请表。公证申请表的内容通常包括以下内容:申请人及代理人的基本情况;请求公证的事项及公证书的用途;申请公证的文书的名称;提交材料的名称、份数及有关证人的情况;申请的日期及其他需要说明的问题。申请人应在申请表上签名或盖章,不能签名、盖章的由本人按指印。

随着现代社会电子商会的兴起,互联网的运用,公证申请的方式也在逐步由纸质申请、当事人到公证机构申请向通过网络电子化手段进行远程申请和办理的方向探索。

4. 申请人举证与公证人员的举证指导

申请人申请公证应当如实陈述并提交相关的证明材料。一般包括申请人的身份证明以及与公证事项有关的一系列证明、材料。申请人提交的证明材料是公证证明的重要基础,它不仅是公证机构受理公证申请的依据,也是公证机构审查、出证的基础。因此,申请人提交证明材料是申请公证的表现,证明材料应当准确、真实、充分,以利于公证程序的进行。一般情况下,对于申请人申请证明的公证事项,申请人并不十分清楚自己要提交的具体材料形式、内容,需要由公证人员进行举证指导,公证人员根据证明对象的不同,指导申请人提供具有较强证明力的证明材料。一般来说,具有管理职能的政府部门出具的证明或人事部门出具的证明具有较强的证明力,在公证举证指导中经常被优先要求。而单位或对口管理机构出具证明的前提往往是要求当事人提供公证机构出具的有固定格式要求的介绍信,比如公安部门是出具无犯罪证明的对口机关,但要公安部门出具无犯罪证明信,就要提供公证机构的专门介绍信;办理继承公证需要当事人提供被继承人所在单位人事部门出具的三代内直系亲属证明信,一般也要求申请人提供公证机构的亲属关系调查表。所以,公证申请程序启动前,公证机构的举证指导是很重要的步骤。

(二) 公证受理

受理是指公证机构接受公民、法人或其他组织的公证申请,同意给予办理公证的行为。公证受理要符合《公证法》和《公证程序规则》关于公证执业区域、受理原则、受理条件的规定。

1. 公证执业区域与受理原则

公证执业区域是指各公证机构之间受理公证业务的地域范围。有权确定公证机构执业区域的主体是省、自治区、直辖市司法行政机关。执业区域是对公证机构受理业务的限制而非对公证机构进行公证活动的限制。执业区域与原来的公证管辖相比,弱化了行政色彩,强调了各公证机构之间的平等地位。在受理范围上来讲,同一地区的公证机构不再以行政区划为受理的原则,而是根据省、自治区、直辖市司法行政机关核定的范围进行受理公证业务。由于《规则》规定"有权确定公证机构执业区域的主体是省、自治区、直辖市司法行政机关",省、自治区、直辖市司法行政机关对本行政管辖范围内公证机构的执业区域有核定权,因此,从根本上讲,公证机构执业区域的确定仍然是以大行政区划为基础的,只不过在同一大行政区域内各公证机构不再因所隶属的司法行政机关的级别不同,而被区分为市级公证处或区级、县级公证处。根据司法部 101 号令《公证机构执业管理办法》的规定,自 2006 年 3 月 1 日起,公证机构的设置和管理将统一到省、自治区、直辖市司法行政机关。公证执业区域可以下列区域为单位划分:(1) 县、不设区的市、市辖区;(2) 设区的市、直辖市的辖区或者所辖城区的全部市辖区。

另一方面,公证业务的受理也要符合《公证法》和《规则》规定的受理原则。公证受理的一般原则是公证事项由当事人住所地、经常居住地、行为地或者事实发生地的公证机构受理。

当事人住所地是指自然人户籍所在地,经常居住地与户籍不一致的,要有居住一年以上的证明。本着便民和公证机构便于核实的原则,当事人的户口或档案保管地的公证机构可以受理出生、无罪、亲属、经历等事实公证;具有本地户口而在异地上学的,学历、学位可以在户口所在地公证,也可以在学校所在地公证;签订合同、做委托、立遗嘱等以法律行为为证明对象的公证事项,可以在行为地的公证机构公证;当事人既无本地户口,待证事实又未在本地发生的,当事人要在本地申办公证需持居住一年以上的相关证明(暂住证)才能申办。

公证受理的特殊原则是涉及不动产的公证事项,由不动产所在地公证机构受理。涉及不动产的委托、声明、赠与、遗嘱的公证事项除外。《公证法》第 25 条第 2 款规定:"申请办理涉及不动产的公证,应当向不动产所在地的公证机构提出;申请办理涉及不动产的委托、声明、赠与、遗嘱的公证,可以适用前款规定。"

对于什么是"涉及不动产的公证",有人理解为凡是有不动产因素的公证即为涉及不动产的公证。全国人大法工委编的《〈中华人民共和国公证法〉释义》①对此条的解释如下:"涉及不动产的公证事项主要是指不动产的转让。如买卖、赠与、租赁、交换、继承等。这主要是从不动产交易或产权转移的安全考虑公证审查的便利性。

实务中,对于以外地不动产做抵押担保的贷款抵押合同公证是否受本特殊规定限制有不同看法。有观点认为,以外地不动产做抵押担保的贷款抵押合同并不是以处分或转移不动产为目的,而是在不转移对不动产占有的基础上以该不动产为债务人偿还债务提供担保,债权人由此获得的不是不动产本身,而是以抵押物的价款优先受偿的权利。因此,根据该项释义,不动产的抵押担保合同在性质上不属于《公证法》第25条所限制的范围。

另根据《担保法》第5条规定:"担保合同是主合同的从合同,主合同无效,担保合同无效。担保合同另有约定的,按照约定。"第50条规定:"抵押权不得与债权分离而单独转让或者作为其他债权的担保。"根据上述规定可知,抵押担保合同在性质上是贷款主合同的从合同,根据担保合同的从属性质,在办理公证中可以与其主债权合同一并适用合同公证住所地、事实发生地的管辖原则,而不能因从合同中有不动产因素,强制要求主合同签订方到抵押的不动产所在地办理公证。对抵押房产的真实性审查完全可以通过提供当地公证机构出具的产权证公证书来完成。

从民事诉讼法所确定的诉讼管辖原则,我们也可以看到,因贷款合同纠纷发生的诉讼,是根据合同管辖原则选择受理法院,而不是根据抵押物是不动产而适用不动产专属管辖,只有"因不动产纠纷而提起的诉讼"才适用专属管辖。

2. 可以受理、应当受理和不予受理

公证机构根据申请人的公证要求,对公证申请人提交的证明材料进行形式审查,对符合受理条件的申请,予以受理,对不符合条件的申请,则不予受理。公证事项一般由当事人主动提出申请,具有社会需求的相对随意性,而公证要对被证明对象的"真实、合法性"进行判断,所以是否能够进行公证仍需要公证机构作出判断。如有的人申请对处女状态进行公证;有的当事人虽尚未有朋友,但想个人对自己的财产进行婚前个人所有公证;有的想对自己用骨灰做艺术品的创意做公证等等。

根据《规则》第19条的规定,公证申请必须达到法定的受理条件,公证机构才能受理。而对于法定公证事项与一般公证事项或公证事务,受理的要求也不尽相同。根据不同情况,公证机构对于公证申请有以下三种处理方式:可以受理;应当受理;不予受理。

---

① 全国人大法工委编:《〈中华人民共和国公证法〉释义》,法律出版社2005年版,第93页。

（1）可以受理

可以与应当的区分在于：可以用于授权性规则，即行为主体有权做一定行为或不做一定行为；应当属于义务性规范，即行为主体应当作出或应当不作出一定行为。当事人自发申请办理的公证事项，公证机构可以受理。受理条件要符合《规则》第19条规定的四项受理条件：其一，申请人与申请公证的事项有利害关系。其二，申请人之间对申请公证的事项无争议。一般而言，在具体的操作过程中，公证处只要通过审查材料没有发现利害关系人对公证事项存在争议即可受理，反之，则应拒绝受理。其三，申请公证的事项须属于公证处的业务范围。其四，申请公证的事项要符合公证执业区域的有关规定。

对于全部符合上述四方面要求的非法定公证事项的申请，公证机构可以受理而不是应当受理，赋予了公证机构是否受理的选择权。这种选择权在实务中有以下把握的尺度：一是基于公证人员对申请人所申请的公证事项的风险考量和公证人员对该公证事项在法律上的把握难易程度，公证员有权提高公证受理的条件。二是基于申请人所申请的公证事项是否有法律意义，公证员有独立的判断权。在认为没有法律意义或可能产生法律争议的情况下，有权不予受理。比如，申请办理夫妻吵架处理协议、申请对以自己骨灰做艺术品的创意做公证、申请对其发现某座山峰像某伟人做公证、申请公证自己是处女，等等。这些都是当事人出于内心自愿，自发来公证处申请办理的公证，但并不是所有的申请都能够被受理。公证员在上述四个条件之外，要根据《公证法》第2条的规定，对所申请的公证事项是否属于可以证明的对象进行考量，还要考虑是否有符合申请人实际需要的公证事项种类等等。公证机构既要保证申请人的权益能够得到切实的维护，也要维护公证证明自身的法律严肃性和专业性。因此，"可以受理"授予了公证员依法律知识、水平和经验决定公证申请能否受理的决定权。

从公证活动是当事人与公证机构的合意的角度，可以受理也是公证机构有权决定是否行使公证证明权的法律保障。由于公证书的证明结论以真实、合法为落脚点，在公证过程中，一定会涉及公证员对法律的解释和适用问题。如果在申请阶段，申请人与公证员在对法律的解释与事实的认定方面达不成一致，或者说，申请人认为公证员的解释的认定与他所知道或理解的法律有出入，申请人可以撤销申请。而公证员也可以决定不予受理。

（2）应当受理

对于法律、行政法规有规定的公证事项，公证机构应当受理公证申请。如继承法中规定了遗嘱公证形式；合同法中规定了赠与合同形式；民事诉讼法中规定了公证证据的效力（保全证据公证）、赋予债权文书强制执行效力的公证，这些公证，公证机构应当予以受理。法定公证应当受理，一是因为这些公证事项的合法性和必要性已经法律、行政法规予以规定，不需要公证员再对申请的公证事项是否有法律意义进行判断;二是这类公证事项法律、行政法规一般都规定其公证后的特别效力或作用,具有法律效力上的优先性,因此,当申请人选择用法定公证形式保护自身权利的时候,公证机构有义务在申请符合基本受理条件的情况下接受其申请。

(3) 不予受理

不予受理是公证机构对公证申请的拒绝,直接产生的后果是公证机构不予启动公证程序。公证申请只要有一条不符合前述《规则》第19条规定的四项受理条件,公证机构都有权不予受理公证申请。但对于因申请人与申请公证的事项无利害关系或申请人之间对申请公证的事项有争议而不予受理的,应当通知申请人。对于只是因为执业区域问题不能受理的公证申请,公证机构有义务告知申请人可以受理该公证申请的公证机构。实务中,对是否符合四项受理条件的判断一般都是在公证接待过程中可以直接作出并告知当事人的。由于是直接通知当事人,实践中多采取口头答复的形式,特殊情况下不能直接口头通知的,才会书面告知。

3. 受理通知单

公证程序的启动是当事人申请与公证机构受理的合意结果,《规则》规定了公证机构受理公证申请必须采取明示原则。对于受理的公证申请,公证机构应当向申请人送达受理通知单并由申请人或其代理人签收。受理通知单的意义有两个:一是明示公证机构所受理的公证申请的种类、份数、承办公证员、取证日期等信息,便于公证申请人行使自己的权利;二是开始计算公证书出具日期,公证机构有义务在法定期限内向申请人出具公证书。《规则》第35条规定,公证机构经审查,认为申请公证的事项符合《公证法》、该规则及有关办证规则规定的,应当自受理之日起15个工作日内向当事人出具公证书。公证受理日是计算公证书出具日期的起点。因不可抗力、补充证明材料或者需要核实有关情况的,所需时间不计算在该期限内,这一除外条款应当明确告知当事人。

4. 告知程序

《公证法》第27条第2款规定:"公证机构受理公证申请后,应当告知当事人申请公证事项的法律意义和可能产生的法律后果,并将告知内容记录存档。"《公证法》规定告知义务,既是对公证活动多年来实践经验的总结,也是公证机构在公证活动中应当履行的法定程序。公证机构通过履行告知义务可以起到公证法律咨询的作用,使当事人了解自己在公证活动中享有的实体、程序上的权利和义务,在了解了法律后果和法律意义的基础上慎重作出相应的法律行为。

《规则》在《公证法》的基础上将公证机构的告知义务扩展到还要告知当事人在办理公证过程中享有的权利和承担的义务。履行告知义务既是当事人享有知情权的体现,也是公证机构、公证员维护公证文书法律效力、避免责任风险的重要措施。公证机构履行知义务贯穿于公证程序的始终,既包括公证受理阶段的告知当事人公证的基本权利和义务,也包括审查阶段采用接谈询问方式告知当事人所申请公证事项的法律后果和法律意义的告知;既有实体法律规定上的告知,也有程序操作上的告知。

公证机构告知的方式要求采取书面方式。如制作专门的《公证告知书》、在公证询问笔录中做告知记录等。必要时,还可以采取录音录像的方式进行告知。告知由申请人阅读,不识字的也可以要求公证员向其宣读,阅读过程中对于不理解的内容可以要求公证员进行解释和说明。

5. 公证回避制度

公证机构受理公证申请后,一般要在受理通知单中告知申请人具体的承办公证员姓名。公证当事人在知道承办公证员后,有权要求回避。

与《公证法》实施前2002年颁布的《公证程序规则》(以下简称旧《规则》)相比,在回避范围上《公证法》在和新规则有所调整。旧《规则》规定公证人员回避的情况有三种:(1)是本公证事项的当事人或者当事人的近亲属;(2)与本公证事项有利害关系;(3)与本公证事项的当事人有其他关系,可能影响正确办证的。当事人提出回避申请,应当在公证书做成前提出。而根据《公证法》第23条第3项规定,公证员不得为本人及近亲属办理公证,或者办理与本人及近亲属有利害关系的公证。

回避制度的设立是为有利于公证员客观、中立、公正地办理公证,防止公证员在公证活动中徇私舞弊,滥用职权。该制度具体见本书第六章第三节内容。

(三)公证审查与核实

公证审查是公证机构根据申请人要求证明的对象,指导申请人对其证明要求进行充分举证,通过对相关证据、材料的收集、核实,对能否出具公证证明结论进行判定。因此,审查的内容主要是申请人提供的证明材料。

1. 审查原则

《公证法》第28条规定了公证机构"应当"审查的内容:"公证机构办理公证,应当根据不同公证事项的办证规则,分别审查下列事项:(一)当事人的身份、申请办理该公证的资格以及相应的权利;(二)提供的文书是否完备,含义是否清晰,签名、印鉴是否齐全;(三)提供的证明材料是否真实、合法、充分;(四)申请公证的事项是否真实、合法。"

"根据不同公证事项的办证规则,分别审查"是《公证法》确立的公证审查原则。公证审查因公证种类、事项的不同而呈现差异性。《公证法》第2条规定,公证主要是对民事法律行为、有法律意义的事实和文书这三大类进行证明。《公证法》第11条进一步将这三类证明对象列举为11项公证事项。对于不同种类的不同公证事项其审查的内容不能强求一致。比如,对于文书类的公证如:

学历、学位、房产证、结婚证、影印本与原本相符,主要是对公文书的证明。这类文书一般由有权机关印制核发,公证机构不用再要求当事人进行辅助举证,只需审查证明文书上的印鉴真实即可,不用对文书的内容进行核实。对于有法律意义的事实,比如出生、经历、亲属、有无犯罪记录等的证明,是与申请人个人信息有关的事实证明,需要由有权机关或单位出具公务性证明,公证机构根据这些公务性证明出具实体证明结论。在审查上重点放在公务性证明的真实性和出具证明的单位与申请人之间的关系上。民事法律行为类公证事项则比较复杂,如声明、委托、遗嘱、合同等以意思表示为要素的民事法律行为的证明,对主体身份真实性的审查和意思表示的固定是审查重点;对保全证据类公证,审查重点不在当事人的意思表示,而在于对取证过程客观性的记录和所取证言、证物客观性的证明;对现场监督类公证则又侧重于对预设活动规则的合法性审查和对活动现场是否按规则操作的审查。

由于公证证明对象的多样性,决定了公证审查的多样性,因此,要根据办证规则来确定要审查的具体内容。办证规则是公证机构及公证员在办理公证中应当遵守的关于办证程序方面的规章、规范性文件和行业规范。不同的办证规则有不同的审查标准。

2. 审查阶段的举证指导和询问

符合公证受理条件的公证申请,并不意味着当事人举证义务的结束。受理阶段的举证指导和证据审查只是一般形式上的审查,只要申请人提交的材料符合该类公证事项一般的受理条件即可。但是每个个案都是具有特殊性的,进入公证审查阶段后,承办公证员会针对个案中审查到的法律点和举证不足部分,指导当事人补充相关的证据材料。这种举证指导也是公证员审查证据的一种方式。

《公证法》第25条第2款规定:公证机构在审查中,对申请公证的事项的真实性、合法性有疑义的,认为当事人的情况说明或者提供的证明材料不充分、不完备或者有疑义的,可以要求当事人作出说明或者补充证明材料。由于当事人是公证活动的启动者,是公证证明的直接受益方,其有义务对自己提交的证明材料的真实、合法负说明和补充义务。在公证审查过程中,公证机构无权自行调查和搜集证据,而只负责对存疑证据进行核实。这一方面是对当事人举证义务承担的要求,另一方面也是对公证中立地位的要求。如果为了证明当事人申请公证的事项,由公证员自行去搜集有利于当事人的证据,不利于维护公证的客观、中立地位。

公证审查除了证据材料的书面审查之外,更主要的是通过公证员与当事人的询问谈话进行的。公证谈话一般包括两大部分内容,一部分内容是公证告知。《公证法》第2条确立了公证机构是对公证证明对象的真实性、合法性予以证明。但这并不是说公证机构要独立对所公证的事项的全部内容承担真实、合法的保证义务。公证活动的启动是基于当事人的申请,证明材料是基于当事人的提供,证明利益的获得者也是当事人,因此,当事人在公证活动中如实陈述和举证的责任和义务是不能被忽视的。公证机构只是一个证明机构,不是法律担保机构,对于当事人意思表示的审查无法达到绝对真实,只能是一种法律上的真实。公证机构对表意层面的真实性的证明,是通过告知的形式,使得当事人在理解和明白法律规定和后果的基础上,独立、慎重地作出自己的意思表示,在这种有专业法律咨询和法律辅导情况下作出的意思表示即视为其具有法律上的真实。因此,告知是公证谈话的重要内容,体现了公证审查对当事人的法律释明作用和法律帮助。另一部分内容是关于公证事项事实部分的询问,这部分谈话内容是公证员根据公证事项的法律点对证明事项进行必要的询问,当事人的自述回答将被做为证据通过笔录的形式固定下来。由于公证事项涉及当事人自身的权益,公证结果与当事人利益攸关,当事人在公证时的自述往往是公证审查的重点。公证询问也被《规则》列为公证审查核实的重要手段之一。询问过程要制作笔录,由被询问人核对后签字或者盖章、按手印确认,修改之处也要确认。

3. 当事人的如实说明和举证义务

与法院的诉讼活动不同,公证活动是一种诉前证明活动,当事人有时并不存在相对方。因此,当事人单方所提交的证明材料的真实性首先需要当事人的诚信。《公证法》第 27 条和《规则》第 25 条均规定了当事人的如实说明和举证义务,规定当事人应当向公证机构如实说明申请公证的事项的有关情况,提交的证明材料应当真实、合法、充分。对于当事人违反如实说明和举证义务,给他人造成损失的,《公证法》第 44 条规定了当事人应当承担的民事责任、行政责任和刑事责任。

4. 公证机构的核实义务

《规则》第 26 条规定:"对当事人提供的证明材料按照有关办证规则需要核实或者对其有疑义的,应当进行核实,或者委托异地公证机构代为核实,有关单位或者个人应当依法予以协助。"

核实权是公证机构根据办证规则要求或者对存疑证据进行核实、确认其真实性的权利。值得注意的是,公证机构虽然具有审慎审查的义务,但并不是说要对当事人提供的所有证明材料都进行真实性的核实,才算尽到了审慎审查的义务。对全部证明材料都进行核实,在时间上和成本上都是无法实现的。审查活动是一个主观上的判断活动,公证员依据职业道德,运用逻辑推理和日常生活经验,证据规则对证据有无证明力和证明力大小和证据链是否形成作出独立的判断。这种判断不一定必须通过核实的方式,但是如果有关办证规则要求,或者通过其他方式不能得出确定性判断的存疑证据,公证员则有义务履行核实程序。

《公证法》在规定了公证核实权的同时,也规定了相关单位和个人的协助义务。在实践中,有关职权部门依据部门规章或内部规定不予配合的情况时有发生,严重影响到公证核实权的实现,也影响到公证预防纠纷职能的发挥,对当事人的权益造成不必要的损害。因此,规定有关单位和个人应当依法予以协助的义务是非常必要的。

《规则》规定了五种公证核实方式:(1)询问当事人、利害关系人;(2)询问证人;(3)向有关单位或者个人了解相关情况或者核实、收集相关书证、物证、视听资料等证明材料;(4)现场勘验核实;(5)委托专业机构或者专业人员鉴定、检验检测、翻译。外出核实的,应当由二人进行,但核实、收集书证的除外。特殊情况下只有一人外出核实的,应当有一名见证人在场。

公证机构外出核实以二人进行为一般原则。值得注意的是《规则》关于"二人"的规定并未限制外出核实的人必须为公证员,而只要是公证机构的工作人员即可。在实务中,有公证机构专门设置了调查科室,由专门的辅助人员担任外调核实工作。一人外出调取书证的,应当制作工作记录,摘抄、复印相关证明材料的,要由保管机构盖章,并由见证人在上面签字。

异地委托核实,是公证机构之间经常使用的核实手段,体现了公证行业内部的配合协作,可以有效地提高公证工作效率,节省核实成本。实务中委托核实的公证机构向受托公证机构发公函请求核实,受托机构在1个月内完成核实,将证明材料和复函一并转交委托公证机构。

5. 补正、修改和代书申请公证的文书

在公证签署私文书的过程中,公证员对所申请公证的文书的内容的合法性、公平性进行必要的审查并提供法律意见,对于有明显失当的内容有权要求当事人补正和修改。经当事人的申请或同意,公证员可以对申请公证的文书代笔。对申请公证的文书进行补正和修改是公证审查中必不可少的一环。因为公证活动的介入是在当事人设立民事法律行为的时候,公证员对法律的解释和告知,对当事人的法律咨询都会在当事人设立法律行为时产生积极的影响,使当事人更清楚自己行为的法律后果。而对于在受到法律辅导之前自己拟定的法律文书必然会产生修改和完善的需求,这时候当事人可以选择采纳公证员的修改建议或是委托公证员代为起草文书。比如在实务中,经常会遇到立遗嘱人在与公证员做完谈话后,要求公证员代为起草遗嘱的要求。这时候公证机构应当把握代书中应当注意的基本问题。

一是坚持公正客观原则,在代书过程中要平衡各方的利益,不能仅为一方当事人的利益着想。二是要尊重当事人的真实意愿,不能把公证机构的意见强加给当事人。三是谨慎履行告知义务,对修改之处和为什么这么修改,以及修改之后有什么不同的法律后果应当书面告知当事人。四是对于当事人拒绝修改和补正的,除了要将当事人的态度记录在案,还要注意如果该拒绝直接影响到文书真实合法性的,公证机构应当不予办理。

6. 公证机构审查的标准

公证机构对当事人提供的各种证明材料是否能够证明公证事项进行审查,对当事人提供的证明材料是否真实、合法、充分的判断直接影响到公证书的出具。公证审查作出能够出证的判断系经过自由心证。

(1) 自由心证的原则

如前所述,公证审查是对证据材料收集、核实真伪、对其是否有证明力进行判断的公证员的主观活动。其中对证据材料的收集以当事人举证为必须;核实以公证员判断是否有疑义为前提;对证据材料的采纳以是否真实、合法、充分为判断标准。《公证程序规则》规定只有办证规则要求或公证员认为证据材料有疑义的,才需对证明材料进行核实,赋予了公证员对证据材料在主观判断上的两种权利:一是对证明材料是否"有疑义"进行判断的权利;二是对判断无疑义的证明材料直接采纳的权利。这种判断权构成了公证员对证据材料真实性认定和证据可采性认定的自由心证。但对于这种心证过程是否需要外化、或一定具有证据的表现形式并未做具体要求。

自由心证是指证据之判断或证据之评定,由审判官本其学识经验为自由之确信[1],是指对证据的取舍及其证明力,由法官针对具体案情,根据经验法则、逻辑规则和自己的理性良心自由判断,由此形成内心确信,并据此认定案件事实。在很大程度上,自由心证是相对于法定证据制度中法律对证据证明力判断的规制而言。[2] 公证员不是法官,对证据材料的判断和确认也不具有司法上的最终确认权。但基于其证明职责,也要对证据的证明力作出独立的判断,形成对证据是否"接近排除合理怀疑,具有高度盖然性"的内心确信。

"心证系由调查证据而成,既不得以自由心证缩小调查证据之范围;亦不许证据未经合法调查而形成自由心证"[3]更加强调了心证是建立在对证据的审慎审查和调查基础上的判断权,在未尽到调查或审慎义务的情况下,不得以自由心证推卸审查责任。

从目前的实务操作来看,公证员的心证依据主要来自两个方面:一是当事人提交的证明材料;二是当事人的自认。当事人的自认包括两部分内容,一是当事人自己填写的申请表;二是公证员通过询问得到的当事人的自述。从卷内留存的这些材料来看,公证活动主要是围绕当事人的意思表示进行,公证员的工作重

---

[1] 韩象乾主编:《民事证据理论新探》,中国人民公安大学出版社 2006 年版,第 56 页。
[2] 汪建成、孙远:《自由心证新论》,载何家弘主编:《证据学论坛》(第一卷),中国检察出版社 2000 年版,第 347—348 页。
[3] 同上注。

点在于固定、收集与当事人意思表示和待证事项有关的证明材料。核实手段采用的比较单一,主要是询问当事人,有一些是通过网上查询、卷内材料的相互印证主要是一种形式审;外调核实证明材料并制作核实记录的仅限于特定的或极个别的公证事项。这种操作模式一方面有其历史原因,也有工作习惯、工作量的承受等问题。公证员心证的基础基本是以当事人的诚实守信为前提,而对于经验法则的运用完全没有外化和传承。一旦出现当事人故意欺诈,公证即处于两难的境地。

因此,公证员有必要完善证明自己履行了审慎的审查义务的证据。尽量避免孤证不立。如果是通过经验法则作出的内心确认,应当将心证的理由公开,以证明确实尽到了审慎的审查义务。

(2) 心证的公开

事实上,当今绝大多数采取自由心证的国家都对该原则进行了限制性的规定。比如,要求法官将其心证的过程和结果公开,代上级法院审查;从证据能力的角度,对于形成心证基础的证据,要求必须经过正式的法庭调查程序。[①]

从外部保障自由心证的合理性必须依赖以下条件:(1) 判断的主体具有理性判断的能力;(2) 对于重大案件的判断采有复数主体制度;(3) 通过证据能力规则 把没有证据能力的证据排除在判断对象之外;(4) 当事人主义的各种制度对合理的心证的形成也是必要的;(5) 对判决理由的记录;(6) 对法官事实认定的事后审查制度。[②] 我国法院审判目前采纳了"现代自由心证"说,最高人民法院《关于民事诉讼证据的若干规定》第 64 条规定:"审判人员应当依照法定程序,全面客观地审核证据,依据法律的规定,遵循法官职业道德,运用逻辑推理和日常生活经验,对证据有无证明力和证明力大小独立进行判断,并公开判断的理由和结果。"明确要求法官将心证理由和结果公开。法院在证据审核上的这一原则所导致的证据审核思路必然会反映在法官对公证证据审核的认识上。

公证书目前也在进行要素式的改革,但对公证词必备要素的要求仍然侧重于对基本事实的审查结论性表述,如:当事人是否具有行为能力;提交了什么证明材料;双方意思表示是否真实;所涉财产是否有权利瑕疵等,最后得出公证结论。而对于公证结论的求证过程和结论的证据支撑则鲜有述及。"以证据审查为核实得出证明结论"的公证书写作理念的缺失,直接影响的是公证员办证过程中对证据收集的程式化、证据核实的形式化、证明结论的神秘化。如:当事人提交材料用以举证何事?证据材料通过何种核实手段确认为真实?公证员如何判断的当事人提交的证明材料真实并具有可采性?公证书中要不要体现公证程

---

① 纪格非:《证据能力论——以民事诉讼为视角的研究》,中国人民公安大学出版社 2005 年版,第 8 页。
② 同上。

序的履行过程？公证履行的告知义务要不要在公证书中公示？公证在核实证据材料过程中取得的相关证据要不要做为附件一并公示？相对于司法审判的公开原则，公证审查的过程和公证员内心确认的过程应不应当公开？一系列的问题都表明：公证人应当做证据审查方面的实务专家，而公证业在证据知识、证据意识、证据理论和证据审查标准上的缺失，正在阻碍要素式公证书改革的真正深入，也直接影响到公证工作模式的创新和对社会需求的适应。

(四) 公证书的审批和出证

公证书必须由具备公证员资格的公证员加盖签名章。制作程序主要包括草拟、审批、打印、盖章等，涉外公证书还需翻译和认证。《规则》第40条规定，公证书连同卷宗材料必须报公证机构负责人或其指定的公证员审批。

审批在《公证法》颁布前是出证的必经程序，出证日期是以审批日为依据的。以前，公证书审批带有更多的行政色彩，也和公证人员的专业素质和水平不高有关。但随着公证体制改革的推进，人员素质和专业技能的提高，根据公证工作主要是法律专业性证明活动的特性，对承办公证员的个人意见和办证独立性日益重视，公证实践中对审批制度进行了有选择的弱化。一方面，审批的存在对规范和统一出证标准提供了出口；另一方面，对于已具有丰富实践经验和质量控制水平的公证员，实务部门有的已通过采取"主办公证员负责制"和"首席公证员负责制"将部分简单证的独立出证权授予公证员，将常规证的审批权授予首席公证员，极大地减轻了审批的负担。《公证法》规定了审批内容包括公证事项的真实合法；证明材料的真实合法；程序的合法；公证书内容格式的合法，要求审批要全面审查。但事实上，审批人的职责与承办公证员应当是不同的。个案法律点的把握要由承办公证员负责，而对类型证的出证把握一个相对统一的标准则是审批人的任务。同时，对于承办公证员拿不准的案子，审批人可以起到参谋和指导的作用。出证是公证机构根据审查的结果，对符合出证条件的公证事项，在法定期限内，按照规定程序审批、制作、发送公证书的活动。出证是公证机构活动的结果，是公证程序工作的归宿。

我国公证书的出证条件即公证机构出具公证书的标准。公证主体明确，适用法律正确恰当，公证事项符合《公证法》、《规则》及有关办证规则的规定；公证程序履行完整、得当是公证书出证的基本条件。实务中根据不同的证明对象审查出证条件。

根据公证对象的不同类型，《规则》规定了不同的出证审查条件。

1. 法律行为公证是公证机构的一项主要业务，其出证条件具体包括以下几个条件：行为人具有相应的民事行为能力；行为人意思表示真实；行为的内容和形式不违反法律、法规或社会公共利益及善良风俗。公证法规定的其他条件；不办证规则有特殊要求的，从其规定。

法律行为是引起法律关系发生、变更和消灭的行为,分为民事法律行为、行政法律行为、诉讼法律行为等。公证证明对象的法律行为主要是以行为人意思表示为要素的民事法律行为。一直以来,由于民事法律行为以行为人意思表示为要素的特征,国内许多法学专家或学者便依当事人意思自治原则,主观地判定公证对合同等法律行为进行证明是一种公力干预,除非当事人自愿申请,否则不得要求公证形式为必备要件,而忽视了公证形式在建立社会经济公秩序中起到的引导、沟通和监督作用。做为一种特殊形式,公证形式与政府登记形式一样,都是社会管理与维护秩序的一种手段。

2. 有法律意义的事实和文书公证的出证应具备以下条件:该事实或文书对公证当事人具有法律上的利害关系;事实或文书真实无误;事实或文书的内容和形式合法,不违反社会公德;公证法规定的其他条件;不办证规则有特殊要求的,从其规定。

有法律意义的事实是指法律行为以外的,对权利义务关系的设立、变更、终止有法律影响的一切客观事实,如出生、死亡、经历、无犯罪等。有法律意义的文书是指在法律上具有特定意义或作用的各种文书、证件、文字材料的总称,如学历、学位、房产证、结婚证等。

3. 文书上签名、印鉴公证的出证条件是该签名、印鉴准确属实,即文书上的签名、印鉴确是当事人本人签署或加盖,而且签署或加盖的确是当事人本人的姓名和印鉴。证明的方法主要有两种:一是当事人在公证人面前亲自在文书上签名或盖章;二是由当事人在公证人面前签字确认文书上的签字、印鉴是本人所为。

这类公证事项具有认证性质,公证机构不对文书内容进行实质审查,只对印鉴和签名的真实性、客观性负责。

4. 赋予债权文书强制执行效力公证,其出证条件具有特殊性,包括以下几个方面:债权文书以给付货币、物品或者有价证券为内容;债权债和关系明确,债权人和债务人对债权文书有关给付内容无疑义;债权文书中载明债务人不履行义务时应受强制执行的承诺;公证法规定的其他条件。

(五) 公证期限

公证期限是公证机构办理公证事项和处理某些公证事项的法定时间限制,它有利于督促公证机构及时办理各类公证事务和提高效率,并保护当事人的合法权益。根据《公证程序规则》的规定,公证期限可分为出证期限和办证期限。

1. 出证日

公证书的出证日期与公证书的生效日期为同一日期。《规则》规定了三种出证日:需要审批的,审批日为出证日;无需审批的,承办公证员签发日为出证日;现场监督类公证以宣读公证词日为出证日。

2. 办证期限

办证期限是指公证处办理公证事项从受理到办结的最长期限。一般情况下,公证事项应从受理之日起 15 个工作日内办结。因不可抗力、补充证明材料或者需要核实有关情况的,所需时间不计算在前述期限内,但应及时告知当事人。

委托异地公证机构核实公证事项的,受委托的公证机构应在收到委托函后 1 个月内完成核实工作。因故不能完成的,应在上述期限内函告委托的公证机构。

(六) 公证书的送达

公证书制作完毕,公证处应依法将公证书交付当事人。法定的送达方式有二种:领取送达,即当事人或者代理人到公证处领取公证书;邮寄送达,即以邮寄方式送达公证书,通常如果客观原因不能领取的,当事人可以要求公证机构邮寄送达。由于《规则》要求当事人签收送达回执,因此,无特殊情况,公证机构均一般用第一种方式向公证当事人送达。邮寄送达一般针对比较固定的法人机构客户。

(七) 不予办理公证和终止公证

一般情况下,公证活动需要经过"申请—受理—审查—出证"从而完成整个公证活动。不予办理公证和终止公证属于公证活动的非正常终结,是指在公证受理后,公证机构发现证明对象不真实、不合法或者当事人有妨害公证活动的行为时,拒绝给予办理公证。这是公证机构行使法律监督职权、纠正违法、预防纠纷,以保护国家、公民和法人合法权益的一项制度。

不予办理公证和终止公证的区别在于:不予办理公证一般为公证机构发现了某法定不不予办理公证的情形后,主动地启动该程序结束公证活动;而终止公证则是基于当事人的申请启动或因当事人的原因,公证机构被动启动的终止程序。

1. 不予办理公证

不予办理公证是公证机构在受理公证事项后,办理公证过程中发现公证事项属于《公证法》第 31 条和《规则》第 48 条规定的法定情形的,依规定不予出具公证书的活动。《公证法》第 31 条和《规则》第 48 条规定的不予办理公证的法定情形如下:

(1) 无民事行为能力人或限制发事行为能力人且没有监护人代理申请办理公证的;(2) 当事人与申请公证的事项没有利害关系的;(3) 申请公证的事项属专业技术鉴定、评估事项的;(4) 当事人之间对申请公证的事项有争议的;(5) 当事人虚构、隐瞒事实,或者提供虚假证明材料的;(6) 当事人提供的证明材料不充分又无法补充,或者拒绝补充证明材料的;(7) 申请公证的事项不真实,不合法的;(8)申请公证的事项违背社会公德的;(9)当事人拒绝按照规定支付公证费的。

由于公证受理时的审查是一种形式审查,为了保证在公证受理后,公证机构对公证过程中发现的不真实、合法的情形有权决定是否继续办理,不予办理公证赋予了公证机构公证受理后的主动拒办权。

不予办理公证的,应由承办公证员写出书面报告,报公证机构负责人审批。报告的内容主要包括:当事人的基本情况,公证事项的办理情况,不予办理公证的事实、理由和有关证据以及承办公证员本的意见。为了防止公证机构滥用该权利,《公证法》和《规则》均规定了不予办理公证的法定情形,即非因法定事由不得无故拒绝办理已受理的公证事项。

公证机构负责人根据实际情况作出是否办理公证的决定。不予办理公证的决定应以公证机构的名义作出,并采用书面形式,其中应写明不予办理公证的理由、所依据的法律等。不予办理公证的决定作出后,应书面通知当事人。

2. 终止公证

终止公证是指公证处在办理公证过程中,在出具公证书以前,因出现法定事由致使公证处不可能或不必要继续办理公证,从而停止办理该公证事项。一般而言,公证以公证处出具公证书而终结。终止公证则是公证程序的非正常终结方式,它利于及时结案、减少积压、提高公证处的工作效率。终止公证包括终止公证的事由、终止公证的程序和终止公证的效力等三个方面的内容,具体分述如下:

根据《公证程序规则》第50条,终止公证的法定事由有五种:(1)因当事人的原因致使公证事项在6个月内不能办结的。所谓当事人的原因主要指:当事人不能及时作出正确的意思表示,或者不能提供相应的证据材料和收集证据的线索等致使公证处无从查证等。(2)公证书出具前当事人撤回公证申请的。提出公证申请是当事人的权利,在公证处受理并查证过程中,当事人因情况变化可以要求撤回公证申请,只要此时公证书尚未出具,公证程序即告终结。(3)当事人死亡(法人终止),不能继续办理或继续办理公证已无意义的。如果有数个当事人,其中一个当事人死亡或终止而又不影响继续办理公证的,是否继续办理则取决于其他当事人的意愿。(4)当事人阻挠、妨碍公证机构及承办公证员按规定的程序、期限办理公证的。应当注意:在办理公证过程中,如果出现"当事人虚构、隐瞒事实,或者提供虚假证明材料的",归入"不予办理公证",而当事人阻挠、妨碍公证机构及承办公证员按规定的程序、期限办理公证的,归入了终止公证程序。前者当事人的行为具有违法性、欺骗性,因此由公证机构直接行使拒办权;而后者当事人的行为是人为不具有明显的违法性,但却实际妨碍了公证活动的正常进行。(5)其他应当终止的表情形。本规定是个兜底条款,以适应现实中可能发生的各种情况变化。

根据《公证程序规则》第46条,终止公证须由承办公证员写出书面报告,报公证机构负责人审批。报告的内容主要包括:所办公证事项的概况和办理现状、当事人的基本情况、终止公证的事实和理由以及承办公证员本人的处理意见。公证机构负责人根据实际情况作出是否终止公证的决定。决定终止公证的,应书面通知有关当事人,并酌情退还部分已收的公证费。

二、公证程序的特别规定

公证特别规定是对原《公证程序规则》中"特别程序"制度的修订。鉴于公证事项种类繁多,办证适用的法律及规则也各不相同,制定《公证法》时只规定了办理公证的一般程序,对不同公证事项适用特殊程序、特别规定的问题,规定"应当根据不同公证事项的办证规则"予以处理。因此,《规则》设定的特别规定是细化、充实《公证法》以适应某些特殊公证事项的需要,另一方面,也是防范公证执业风险的措施。适用特别规定的公证事项多是易发生问题和纠纷的公证事项。就适用对象而言,公证特别规定,只适用于特定公证事项,而非所有公证事项;就内容而言,它只是部分程序,而非全部程序,更确切说就是对特定公证事项的程序在一般程序基础上所做的特别要求。有特别规定时,适用特别规定;无特别规定时,则适用一般程序。

公证特别规定依其适用对象和内容的不同,分为现场监督类公证的特别规定、遗嘱公证的特别规定、保全证据公证的特别规定、出具执行证书、调解公证事项履行争议的特别规定。

(一)现场监督类公证的特别规定

现场监督类公证主要包括:招标投标、开奖、拍卖等公证事项。他们的共同特征:一是必须按事先确定的章程或规则进行,否则无效;二是均是以特定人为一方而以不特定多数人为另一方之间所进行的活动;三是均采用公开或半公开的竞争方式,对招标投标而言是以竞标方式确定中标人,对开奖而言是以摇奖方式确定中奖人,对拍卖而言是以竞买方式确定买受人;四是整个活动均无法重复进行。

基于上述特点,招标投标、开奖、拍卖公证在程序上有其特殊性。具体表现为:

1. 对公证机构出现场的人数进行了特别规定。《公证程序规则》第52条规定:公证机构办理这类公证,"应当由二人共同办理",这里规定的"二人"仅指公证机构的工作人员。与2002年的《公证程序规则》第51条的"承办公证员应亲临现场"的规定相比,新《规则》对承办公证员必须亲临现场并未作强制性规定。

实务中,在人员允许的情况下,出席现场的二人中,至少应当有一名是公证员。当然,如果同一公证事项要分若干分会场进行,由一名公证员承办的现场监督公证就会产生公证员无法每个分会场都能出席的尴尬。我国公证机构的发展呈现地区性的不平衡,不可否认的现实是:在某些地区,有的公证机构只有一名执业公证员。对于人员较少的公证机构和偏远地区的公证机构来讲,这一规定是对公证现状的妥协。

2. 对主办方的资格进行审查。现场监督类的公证除主办方外,其他参加主体在申请公证阶段处于不特定状态,所以公证机构在受理阶段主要对主办方的资格进行审查。

3. 必须有预定的规则并公示。针对不特定多数主体举办的活动,一般要事先制定好活动的规则并以适当的方式公示。凡是参加活动的不特定主体均视为已同意按照预定的规则参加活动,预定并公示过的规则就是规范该活动双方的法律文件。

4. 公证机构在活动进行前,对规则的合法性、公平性、可操作性进行事前审查。实务中,规则一般需要公证员参与提供法律意见、制定和修改操作方案,以保证规则的制定更符合公开、公正、公平的原则。对于不符合三公精神的规则,主办单位拒绝修正的,公证机构有权不予办理。

5. 现场监督是对活动双方对规则履行情况的监督。预定的规则是活动各方必须遵守的法律文件,各方的活动、程序、评定都要严格按照规则进行。由于现场监督类活动通常无法重复或重复成本极高,活动的结果又要产生一定的利益分配,因此,对特定主体履行规则的情况就需要有中立的第三方根据规则进行监督,以切实保证活动结果的真实性和有效性。公证机构在这一过程中,充当的是中立的监督者,秉持公平原则,对活动过程是否按规则履行进行实地的监督,以保证活动结果的真实有效。对此类活动的监督类似于对合同履行的监督,只不过对活动的监督有一方是不特定的多数。就像合同签订好以后会出现实际履行过程中的变化一样,活动现场也会出现各种各样的变化、矛盾和问题。有的申请方认为活动现场出现了问题就得交公证机构解决,这是一个误解。公证机构始终只是一个监督者,并不是活动的参与者,对现场出现的规则中未明确规定的新情况、新问题要解决就是对原规则的补充或变更,需要经得参与各方的认同。而公证员则是这一变更和补充过程的见证方,对新的合议进行固定并监督。监督的基础来自活动各方的合议,问题的解决也来自各方的合议。公证机构不代表任何一方利益的中立地位和其法律专业证明机构的公信力都是承担监督责任的基础。实务中,富有现场监督经验的公证员会协调各方尽快达成合议,不影响活动的正常进行。对于不能达成合议的,公证员应当及时作出是否符合法律、规则的判断,以便及时决定公证程序是否继续进行。

6. 当场宣读公证词,并立即生效,无须经过审批程序。由于现场监督类公证的合法性审查已在活动前进行,只要活动履行过程符合规则,即可当场确认活动履行的真实有效。

7. 在公证监督过程中,承办公证员如发现主办方有弄虚作假、违反规则或违法行为的,应当场责令行为人改正,拒不改正的,不予办理公证并拒绝宣读公证词。

(二) 遗嘱公证的特别规定

新《规则》将旧《规则》中"遗嘱公证应由两名公证人员共同办理,由其中一名公证员在公证书上署名"改为"应当由二人共同办理。承办公证员应当全程亲自办理"。将"见证人应在遗嘱和笔录上签名"改为"见证人应当在询问笔录上签名或者盖章"。

实务中,一个公证事项一般由一名公证员负责承办,其他参与公证活动的人员一般为公证辅助人员或公证机构工作的其他人员。遗嘱公证要求应当由二人共同办理,二人中一人应当为该公证事项的承办公证员。"全程亲自办理"强调的是承办公证员对整个遗嘱公证程序的完整履行,而不是阶段性参与。从受理、告知、询问、记录、指导到监督遗嘱签署等全过程均要求公证员亲自办理,另一人主要从事复印、摄像、事务性工作。这主要是考虑到遗嘱涉及对财产的重大处分,遗嘱人立遗嘱通常对家里其他人保密,而遗嘱又是在遗嘱去世后才生效,牵涉到家庭各方的利益实现,实务中遗嘱公证的复查、纠纷比率一直较高。因此,对遗嘱人的身份、意思表示的审查和固定需要特别严谨。

对于特殊情况下只能由一名公证员办理的"特殊情况"是指因某种原因无法由二人共同办理遗嘱公证的情况。比如只有二名公证人员的公证机构,因一人具有回避情形,只能由一名公证员办理,或者情况紧急,现场只有一名公证员的。总之,都是极为特殊的情况。公证卷宗内应当存有特殊情况的记录。

原规则规定见证人要在遗嘱上签名,而新《规则》只规定见证人在询问笔录上签名或盖章。规则规定"见证人在询问笔录上签名或盖章"是指见证人要在公证员与立遗嘱人做的询问笔录上签名或者盖章,以保证谈话内容由二人进行的确认。

(三) 保全证据公证的特别规定

保全公证的规定是《规则》新增加的内容。保全证据公证是指在诉讼活动外,公证机构根据当事人的申请,依照法定程序监督当事人对日后可能灭失或者难以取得的证据,事先提取、固定的活动。取证的主体是公证当事人,公证机构只是监督方,不直接参与取证活动。

1. 外出保全公证员应当亲自办理

为确保所证明的取证过程和证据确实的客观性、真实性,保全公证一般均要求公证员亲自办理。外出保全要离开公证机构办公场所去实地监督取证,一般包括购买侵权产品、邮寄书证、清点物品等事项,不仅要求公证员必须亲自监督取证过程并进行工作记录,而且要求监督取证过程必须要保证二人,以保证保全公证书的证据效力。

2. 对取证方式是否得当进行监督

公证是一种法定证明职能,公证机构是行使法定证明职能的机构,公证员其实是一种专家证人,其职责就是从社会公共利益的角度出发,站在客观、公正、中立的立场上,通过运用自己的五官和思维对公证事项进行的真实性进行感知,并根据国家法律法规对所感知公证事项的合法性进行判断,通过公证词为当事人所申请公证事项的真实性和合法性进行证明。公证的基本原则是真实性和合法性,在办理保全证据公证中能否运用偷拍偷录手段进行收集、提取和固定证据在实务界在处理时一直比较谨慎。

2002年最高人民法院颁布的《关于民事诉讼证据的若干规定》第68条的规定明确了两个问题:非法证据应当排除;什么是非法证据即非法证据的判断标准。该解释设定了两个判断标准:一是看取证行为本身是否侵害了他人的合法权益;二是看取证行为本身是否违反了法律禁止性规定。公证员要对取证方式是否违反禁止性法律规定、有没有侵犯其他人的合法权益、有没有违背公序良俗等证据收集的合法性进行判断,如果不在应受非法证据排除规则排除的范围之内,公证机构才会出具公证书对该份证据的真实性和合法性进行确认。在这个过程中,公证机构对取证方式是否得当进行监督。

在办理保全证据公证过程中,公证机构和公证员应当注意几个问题:

(1) 公证机构和公证员不能担任取证主体。从我国《民事诉讼法》第64条的规定可以看出,在我国民事诉讼证据的收集主体是当事人、诉讼代理人及人民法院。同时,《公证法》第27条和第29条明确规定,公证申请人提供真实、合法、充分的证明材料的义务,公证机构只负责对申请人提供的证明材料进行核实而没有规定公证机构的证据收集义务。因此,公证机构不能成为也不应当成为证据收集的主体。公证员的职责就是对整个过程进行管理、控制、监督,对相关程序、步骤和结果等客观真实情况进行记录。公证员不能既当"运动员"又当"裁判员"。

(2) 要判断证据收集方式是否属于应受排除的范围。在办理保全证据公证时,如果需要采用偷拍偷录等秘密方式收集、提取和固定证据时,公证员应事先审查偷拍偷录时间、地点、内容等方面的情况以判断申请人的取证行为是否属于非法证据排除规则中的非法证据,同时在取证过程中,如果出现属于非法证据排除规则禁止的情况则应立即停止并销毁已收集、固定的内容。

(3) 要注意区分"偷拍偷录"与"窃听"、"窃照"的本质区别。"窃听、窃照"是一种侦查手段,只有法定部门经过法定程序批准后才能采用。"偷拍偷录"他人之间的谈话与"偷拍偷录"申请人作为一方当事人与他人之间的谈话是有本质区别的,前者属于"窃听",公证机构和申请人均无权采用。而后者则仅是对双方当事人之间进行的民事法律行为的一种证明,是再现事实发生和发展过程的一种表达方式,一般要与个人隐私权无关。如果在他人住房或其他个人空间安装窃听器、摄像机等方式进行取证,就属于"窃听"、"窃照",属于"违反社会公共利益和社会公德"的情形。如果"偷拍偷录"的场所是在自己家里或者公共场所,同时又没有采用其他非法手段,取得的证据也没有公开散布而仅仅是用于诉讼或办理公证,这样的证据就不属于非法证据。

(4) 要做好谈话笔录,尽到勤勉告知提醒义务。因为有关"非法证据排除规则"的立法还存在着争议,在公证中采取偷拍偷录等秘密方式收集证据存在着很大的风险性。以秘密手段取得的证据一旦被法院认定为非法证据,不仅公证书所证明的事实不被法院采纳,而且可能还要承担其他法律责任。因此,公证员在接待申请人时,不仅要对采取秘密手段取证行为是否违法作出合理判断,而且一定要谨慎全面地告知以该手段收集证据所带来的风险和法律后果,让申请人自己决定是否采取秘密手段收集证据并记录存档。这样全面地体现了公证员在办理此业务时已经尽到勤勉告知提醒义务,能有效地预防和减少公证员和公证机构自身执业风险。

(四) 出具执行证书的特别规定。

关于出具执行证书的程序,《公证法》中并未作明确规定。《规则》新增加的出具执行证书的程序规定是根据2000年9月1日最高人民法院、司法部的联合通知。该程序制度使强制执行公证书的执行具有了更好的操作性,《规则》修订时保留了这一制度安排,并列入特别规定一章。

1. 执行证书与具有强制执行效力债权文书公证书的关系

强制执行效力债权文书是强制执行的法律依据,执行证书的出具具有程序上的价值。这个道理就如同法院判决生效后,要启动执行程序还需要法院另行出具执行裁定一样。对债权文书赋予强制执行效力时,债权文书往往刚刚设立,尚未得到实际履行,在最后的履行期限到来前会出现多种可能:(1) 债务人全部履约;(2) 债务人完全违约;(3) 债务人部分履约。对于第(1)种情形,债权人不用启动强制执行程序;而对于后两种情形,债权人启动强制执行程序时,公证机构要核实违约事实,对违约部分签发执行证书。因此,无论从法理上,还是实务操作上,都需要有一个独立的执行启动程序,执行证书中需要对债权债务的履行情况进行确认,对需要执行的债权数额进行明确。

2. 关于对债务人对债权文书履行有无疑义的审查

办理债权文书赋予强制执行效力公证时,公证机构主要审查债务人接受强制执行的意思表示,告知其接受强制执行的法律意义和法律后果,并对债务人接受强制执行的承诺进行固定。而债权文书履行期限届满后,债权人申请启动强制执行程序的,公证机构在签发执行证书前要对债务人对债权文书履行有无疑义进行核实。"对债权文书履行有无疑义进行核实"并不是要债务人再次确认其是否接受强制执行,而是对债务人是否履行债务,还有多少债务未履行进行核实,是对债务人履约情况的一个核实。实务中,这一核实义务在办理债权文书强制执行公证时,通过债权人与债务人的自行约定,将债务人履约的举证义务约定在债权文书中。在债务履行届满前,债务人应当向公证机构举证证明自己全部或部分履行了债务,未举证的即违约。同时,签发执行证书前公证机构会按债权文书上约定的邮寄地址向债务人发函核实债务履行情况,根据核实结果出具执行证书。

3. 执行证书出具的期限

根据《民事诉讼法》第239条规定,申请执行的期间为二年。不再有法人或自然人在适用执行申请期限上的不同。

申请执行时效的中止、中断,适用法律有关诉讼时效中止、中断的规定。

"前款规定的期间,从法律文书规定履行期间的最后一日起计算;法律文书规定分期履行的,从规定的每次履行期间的最后一日起计算;法律文书未规定履行期间的,从法律文书生效之日起计算。"即自债权文书中约定的履约到期日起计算二年内,债权人可申请签发执行证书。超期申请的,公证机构不予以签发执行证书。

这个期限包含了向公证机构申请签发执行证书的时间和向法院执行庭申请执行的时间。债权人应当及时履行申请手续,逾期申请的,公证机构将不予受理。一般认为,债权人向公证机构申请签发执行证书后,执行期间的计算暂时中止。但在执行证书出具日后,执行期间继续计算,债权人应当在法定期限内向执行庭提出执行申请。

第五节 公证程序的案例评析

案例一:现场监督类公证的特别程序——股权拍卖过程监督公证
案情:
债权人a公司诉债务人b公司偿还借款一案,由北京市高级人民法院审理并向b公司发出执行通知书。因b公司无力偿还,高法裁定:对该公司以c厂名义持有的某银行的9000万股股票的股权进行拍卖以偿还债务。1999年7月17日,东方国际拍卖有限公司受高法委托,对该9000万股权进行拍卖,我处公证员对拍卖全过程进行了现场监督,并对成交确认书进行了公证。

评析：

拍卖是拍卖人接受出卖人的委托或根据法律的规定,通过公开叫价或者密封递价的方式,将特定财产出售给出价最高且超过底价的竞买人而进行的买卖。拍卖需具备三个条件:由中介结构——拍卖人主持;有两个以上的竞买人;围绕价格展开竞争。由于拍卖的形式和内容必须公开,如将一切买卖的详情公布,让公众知道,让公众参加,在公众监督下按公认的标准成交,因此从性质上讲,拍卖是最典型的公卖方式。

拍卖公证由拍卖物所在地或拍卖活动举行地的公证处管辖。鉴于拍卖的公卖性质,竞买人为不特定的多数,因此,保证拍卖过程的公开、公平、公正是公证对拍卖过程进行监督的主要内容。

在程序上,要求公证人员二名出现场进行监督,一般要进行现场的工作记录,记录方式有书面、拍照、录像等多种手段。公证员监督的对象主要是主办方预先设定好的拍卖规则。拍卖以价高者得,竞拍有效后,公证员现场宣读公证词。

案例二：保全证据

案情：

某兄弟有限公司是芝华士12年苏格兰威士忌的生产商,某(中国)有限贸易公司是该产品在中国的经销商。某兄弟有限公司、某(中国)有限贸易公司认为《国际金融报》刊登的两篇文章对芝华士12年苏格兰威士忌的成本及产品成分年限进行了内容严重失实的报道,准备提起侵犯名誉权之诉。在准备证据材料的过程中,向某公证处申请了保全证据公证。由某公证处指派公证人员监督某(中国)有限贸易公司的工作人员在北京随机选择六家大型商场购买六瓶不同批号的芝华士12年苏格兰威士忌,买回后由某公证处封存和保全;并由某公证处公证人员监督某(中国)有限贸易公司的工作人员将所购的六瓶威士忌运送到英国,送交有资质的检测机构进行检测;在英国公证员公证下购买在英国市场销售的芝华士12年九瓶,封存后交由某公证处公证人员运送回中国上海,并交上海有关公证处,由上海公证处公证在上海的消费者的评价测试。此案最后双方同意调解结案,被告《国际金融报》在和解协议中承认了侵权事实。

评析：

公证书具有证据效力,公证书认定的事实,除有相反证据足以推翻,应该作为认定事实的依据,在诉讼中不需要经过质证。(《公证法》第36条规定:经公证的民事法律行为、有法律意义的事实和文书,应当作为认定事实的根据,但有相反证据足以推翻该项公证的除外。《最高人民法院关于民事诉讼证据的若干规定》第9条规定:下列事实,当事人无须举证证明……(六)已为有效公证文书所证明的事实。)所以目前公证证据日益受到重视,不少侵权案件中,诉讼双方在调查取证中都使用了公证这个工具,而最后形成的公证证据也往往成为当事人在法庭上有力的武器,所以保全证据公证目前也已成为了公证机构的一项常规业务。但本案涉及的公证形式相比一般的购买物品类保全证据公证呈现出了许多新特点:

1. 公证证据完整性。一般的购买物品类保全证据公证只是对购买物品这一行为和取得的证据进行固定保全,公证证据只是证据链条中的一环。而本案公证证据则形成了完整的证据链。我们可以看到,在北京随机购买威士忌、封存所购产品、运送至英国、在英国检测、在英国购买产品、运送回中国上海、在中国上海进行消费者评价测试每一个环节都是在公证的监督下进行,公证证据形成了一个证据链,相互配合印证,几乎可以单独证明被告进行了不实报道。

2. 多家公证机构相互配合。一般保全证据公证只由一家公证机构完成,而本案涉及到北京、上海、英国两国三地的三家公证机构,中英两国的公证制度和法律文化背景存在差异,但在本案中相互配合,很好得完成了工作,这既是两国公证机构的合作,也是两国公证制度的在实践中的交流。

3. 跨地域性。本案的取证行为地域跨度大,不仅跨地域而且跨越国界,对于域外形成的行为能否进行保全证据公证的问题,这方面我国法律没有明确规定,但也没有禁止,某公证处进行了尝试。

某公证处在这个系列的取证过程中贯穿始终,起到了承前启后的作用,为最后完整的公证证据链的形成发挥了关键的作用。某公证处以保全证据公证的形式先公证了在北京随机购买6瓶不同批号的芝华士12年苏格兰威士忌的行为,然后对保全的物证造册、封存、拍照的过程进行了保全证据公证,又随同申请人某(中国)有限贸易公司的工作人员押送该封存物品来到英国,将物品移交给英国的公证员,见证了在英国进行了化学及感官测试过程以及在英国的购买物证行为,见证了英国公证员将所购物证移交给申请人的工作人员,又随同申请人的工作人员押送物证回到中国上海,将上述在英国取得的物证移交给上海方面的有关人员。本案的取证具有时间长、跨地域、环节多等特点,需要各方的配合和合作,而某公证处起到了贯穿全局的作用,通过一系列的行为,出具了一系列的公证书,使得在不同地域进行的调查取证行为得以相互贯穿联系,使得不同地区不同公证机构的行为能够相互配合,很好得为当事人的取证目的服务,使得各个证形成完整的证据链,成为了一个整体。这个案例中的某些特点对于某公证处而言也非常见,如跨国性,公证受理的地域问题,不同国家的公证机构的合作问题等,某公证处很好得处理好这些问题。对于域外形成的行为能否进行保全证据公证的问题,某公证处做了很好的创新和尝试。对于英国的检测和取证行为,由英国公证机构进行公证,但某公证处也参与了该过程,创新性的采用了见证的方式,使得这系列工作很少的贯穿起来。这是在实践上,不同法律体系和法律文化背景下的公证机构进行的合作和交流。该案件最后的结果虽然以调解结案,但被告承认了侵权事实,应该说这一公证证据是发挥了一定作用的。而这个案例也是保全证据公证的一个典型案例,里面出现了一些保全证据公证的新特点和新的课题,值得公证同行进行研究。

第六节 公证程序的问题与建议

一、公证程序应突出重点,加强规定的可包容性

公证法律证明活动存在多样性:证明角度的多样、取证手段的多样、工作方式的多样。程序立法的任务是保障公证证明活动的有利开展,在操作层面应给实务界更多的创新空间,更有利于公证满足多样化的社会需求。

建议《公证程序规则》在修订时,减少对实务操作的细节性规定或要求,或设置一个开放性的条款,为多种形式的实务操作提供空间和包容性。

二、修改《公证程序规则》第 63 条第 5 款的表述

《公证程序规则》第 63 条第 5 款规定:"公证书的内容合法、正确,但在办理过程中有违反程序规定,缺乏必要手续的情形,应当补办缺漏的程序和手续;无法补办或者严重违反公证程序的,应当撤销公证书。"根据该规定,在公证书证明事实无误的情况下,如果出现"违反程序规定"且无法补办或属于严重违反程序的情形,公证书无效。而程序规定内容之多、之细,《规则》并没有区分哪些是足以影响证明事实的程序,哪些是非必要程序,这就导致凡是发生程序性问题,都有可能导致公证书的撤销。这一规定单方面强调了公证程序的重要性,而忽略了对程序与公证证明活动本身的互动关系的关注,有失平衡。虽然从立法者本意是想强调和规范公证活动,但在实务应用中,这一条对公证工作和公证书预防纠纷的社会职能的发挥产生了较为负面的作用。

建议《规则》应当区分影响公证书效力的必要程序与不影响公证书效力的非必要程序。对程序价值的评估应当以是否影响公证证明活动的客观性为标准,在证明活动需要随时满足社会最前沿、最新的需求的情况下,有些程序的规定会产生滞后或阻碍,要求实务中完全按《规则》的规定全面落实各项程序规定细节,在实务操作中并不现实。本着发挥公证活动的职能作用,减少不必要的纠纷的精神,《规则》应在程序规定上采取适当粗放的立法,或明确必要程序与非必要程序。有的程序虽然有缺失,但通过公证卷宗内的其他证据可以支撑相应的公证结论的,该程序缺失不影响实体证明力,即为非必要程序。

建议对《规则》第 63 条第 5 款增加限制性表述:公证程序的失漏与不可弥补足以导致公证证明错误的,公证书予以撤销。

三、简易程序的设置对同一类型的公证对象,应区分风险程度、复杂程度,允许采取简易程序办理

司法界已在采用的"小额速裁程序"思路,对我国继承公证的办理也不失为一种借鉴。我国的继承公证,多年来因举证责任的负担和核实工作的必要,使得继承大标的额与继承几百、几千元的继承公证适用着同样复杂的程序,尤其是要求当事人对被继承人的父母死亡情况进行法定证据举证,给小额标的的继承人带来很大的困扰。有时,被继承人死亡时都已是 70、80 岁的高龄,要求孙子辈的继承人举证他们的爷爷奶奶死亡情况,确实非常困难,导致了老百姓对小额存款继承的畏惧心理,有的当事人只好放弃继承的办理,这对于老百姓权益的维护是十分不利的。

虽然公证从防范纠纷的角度出发,坚持严格按照程序办理无可厚非,但从风险评估、便民利民的角度,也可以考虑对万元以下的小额继承公证,效法法院采取相对简易的程序。对这类小额继承,可考虑采取减轻当事人的举证负担,免除其对被继承人父母死亡证明的举证,改为全部继承人做保证并承诺承担法律责任的形式,既方便群众,又明确了继承人不如实陈述的赔付责任,岂不两全?

建议在《公证程序规则》中增加一条弹性条款:对于公证事项中可预见、可评估或可控制的风险,公证机构可根据实际情况,适用相对简易的程序办理。

【问题与思考】

1. 办理公证事项的主要程序环节有哪些?
2. 公证简易程序的可行性与合理性何在?
3. 公证公信力的法律保障有哪些?

第十二章 不动产领域中的公证业务

【内容提要】
公证在不动产领域中的核心业务是房屋的买卖合同公证,本章主要围绕这一内容就土地和房屋的权属转移行为的有效性展开论述,对比发达国家的不同法律制度,总结我国公证在不动产交易过程中应该发挥的作用。

【关键词】 不动产　登记　转让　拆迁

第一节　不动产公证的基本理论

一、法律上的不动产概念

我国《物权法》第 2 条第 2 款规定,物包括不动产及动产。但我国《物权法》和《民法通则》都未对不动产作出明确的定义,《最高人民法院关于执行〈中华人民共和国民法通则〉若干问题的意见(试行)》第 186 条规定:"土地、附着于土地的建筑物及其定着物、建筑物的固定附属设备为不动产。"我国《担保法》第 92 条规定:"本法所称不动产是指土地以及房屋、林木等地上定着物。"由此可见,我国相关立法基本上把不动产分为土地和定着物两部分。其中土地作为重要自然资源,要成为支配的对象和交易的客体,必须加以特定化,这种特定化主要是通过登记来完成的,因此土地一般都有地籍。而定着物,是指固定附着于土地上的物,包括房屋等建筑物、构筑物和林木。①

不动产的基本特点是通常情况下不能移动,或者移动后会导致价值受到重大损失。不动产相对于动产其经济价值高,增值潜力大,财产信誉度高,便于利用和收益,与权利主体的利益更为攸关。②

二、不动产物权变动的公示公信原则

(一) 不动产物权变动公示原则

我国《物权法》第 6 条规定:"不动产物权的设立、变更、转让和消灭,应当依照法律规定登记。动产物权的设立和转让,应当依照法律规定交付。"由于物权侧重于对标的物的直接支配,具有排他的优先效力,即"物权者,直接支配其物,

---

① 江平、李国光主编:《物权法核心法条分类适用研究》,人民法院出版社 2007 年版,第 6 页。
② 胡志刚:《不动产物权新论》,学林出版社 2006 年版,第 27 页。

而具有排他性之权利",因此,物权的设立、变更、转让和消灭,必须有一定的公示方法表现出来,使当事人与第三人均可自外部认识其存在及现象。此即物权的公示原则。

物权公示是由物权的对世性所决定的,即物权是无特定义务主体的民事权利,权利人以外的一切人都负有不妨碍物权人行使权利的不作为义务。由于各国法律传统等方面的差异,导致了公示要求与公示效力结合方式上的不同。在法国、日本等主张意思主义的国家,采取公示对抗主义,即物权公示并非物权变动的要件而仅为发生物权对抗力的要件。例如不动产抵押,因当事人的协议即可有效成立,只是未经办理抵押权登记,该抵押权不能对抗善意第三人。此时,物权的公示不具有形成力,而只具有对抗力。① 在德国及我国台湾地区,物权变动非经公示不能生效,即公示要件主义。《德国民法典》为解决 30 年战争所发生的经济恐慌和不动产信用危机,通过公示将观念的、眼睛和肉体不能看到与触及的权利有形化,统一了物权变动中当事人之间的对内关系和对外关系,正式确立了"物权变动如未能依一定公示方法表现其内容,则物权变动法律效果无从发生"的近代物权公示制度。② 公示原则将人们观念中的物权变动过程得以外化为一定的物态形式,这对维护交易过程的安全,向处于交易之外的第三人提供消极的信赖利益起到了重要作用。

(二)不动产物权变动公信原则

尽管与公示相一致的物权不存在,但因信赖公示而为物权交易者获保护,产生与真实的物权状况一样的法律效果。这一法律效果是公示方法具备的另一机能或效力,称之为公信力。通过公信原则,如果在公示方法上表现出来的权利为甲所有,即使乙是真正的权利人而甲为无权利人,此时若有人与甲为物权交易,则甲就被视为真权利人,从而对交易人产生与有权交易一样的法律效果。③

物权公信原则有利于确保交易安全,提高交易效率。它向人们表明,参与交易行为的人,只需依公示方法所表现的物权状态从事交易即可,而不必花费巨大的时间和精力,详查标的物权利状态的实际底细。这样,交易人不再担忧有公示方法所表现的以外的物权状态存在,而在交易面前踌躇不前。因而,物权公信原则满足了市场交易之迅速和安全的社会理想,这是物权公信原则于近代法上生存的理由。④

我国《物权法》第 6 条仅规定了物权公示原则,并没有明确规定物权公信原则,但这并不意味着不承认物权公信原则,从《物权法》各章条文的内容来看,我

---

① 胡志刚:《不动产物权新论》,学林出版社 2006 年版,第 54 页。
② 赵俊、宋慧民:《物权的公示公信原则思考》,载《理论探索》2006 年第 3 期。
③ 江平、李国光主编:《物权法核心法条分类适用研究》,人民法院出版社 2007 年版,第 31 页。
④ 同上书,第 33 页。

国《物权法》还是承认了物权公信原则的,尤其在不动产物权领域。如第 16 条规定:"不动产登记簿是物权归属和内容的根据。不动产登记簿由登记机构管理。"这一条充分说明,通过不动产登记簿上所显示的权利人,可以推定不动产的归属,登记对任何第三人来讲都是正确的,对第三人来说,他只能相信登记而不能相信其他的证明。

三、《物权法》中的不动产登记制度

(一) 不动产登记的含义和意义

不动产登记,又称为不动产物权登记,是指经权利人申请国家专职部门将有关申请人的不动产物权的事项记载于不动产登记簿的事实。不动产登记是不动产物权变动的法定公示手段,是不动产物权依法获得承认和保护的基本根据。

从主体方面看,不动产登记需要有登记申请人和登记机关。登记申请人可以为不动产的所有人乃至共有人,也可以是不动产权利变更的当事人,还可以是与不动产登记有利害关系的人。登记机关在不同的国家、地区不尽一致:一类是由依法设立的专职登记机关充任,如日本的登记所;一类是由司法机关充任,如瑞士的地方法院;还有一类是由房地产行政管理部门充任,如我国台湾地区的地政局。[①] 我国目前的不动产登记机关不统一,中央政府有关部门和地方政府有关部门均有自己的不动产登记领域,其基本的出发点是不动产的行政管理,而不是物权公示。这种多部门登记和分级登记的现象给我国的经济生活带来了很多弊端,使得不动产交易往往因登记机关的部门利益原因而不能实现快捷而又安全的交易。

不动产登记作为物权公示的基本方法,通过登记可以体现不动产变动的状况,从而保障交易安全,登记制度作为维护市场经济有序化运转的重要法律手段,物权制度赖以存在的基础,其具有如下重要意义:

1. 明确权利归属,促进社会安定

市场经济以实现资源的有效配置为目标,而实现这一目标的方式就是通过对物权的界定。登记制度的实质就是赋予物权变动以一定的权利外观,从外在明确不动产物权的归属,换言之,凡事记载于不动产登记簿上的权利人就是法律所承认的权利人,这就是权利的最有效的界定。另外,市场秩序的稳定也离不开对物权的保护,否则任何人都可以不支付任何代价而随意占有和利用任何一种稀缺源,交换就没有存在的必要,商品经济也就无法产生和发展。

不动产物权登记制度的建立在很大程度上解决了不动产因无法或难以以外在物质性标示而带来的种种问题。通过登记将不动产的主体、客体范围、权利存

---

① 江平、李国光主编:《物权法核心法条分类适用研究》,人民法院出版社 2007 年版,第 52 页。

在的期间、权利消灭的条件等记载于登记簿中,并且通过登记的公开,使权利人的权利公诸于众,可以在很大程度上降低权利人和非权利人对权利存在状况的不确定性,同时因登记可以证明权利的存在,非权利人篡夺权利的可能性也会因此而大大降低,从而实现权利保护的目的。①

2. 保障交易安全,维护交易秩序

所谓交易安全,是动的安全即财产流转关系的安全,"动的安全乃吾人依自己之活动,取得新利益时,法律上对该项取得行为进行保护,不使其归于无效,俾得安全之谓,此种安全之保护,系着眼于利益之取得,故亦称'交易安全'"。② 通过不动产物权的登记,将不动产上的权属状况公之于众,明确不动产上的权利归属,有助于减少纠纷的发生,避免不必要的权利争执,稳定物权关系及社会秩序。同时,由于登记制度使各种不动产物权的权属及设立、移转等信息得以全面公开,给当事人提供了一个公正公开的交易环境,减少了交易者为了了解标的物权属状况而需花费的信息收集费用,从而有利于促进交易的便捷,提高交易效率,降低不动产交易众的信息成本和缔约成本。③

3. 风险警示功能

不动产登记的主要任务之一是如实反映不动产物权的详细信息,并将此信息提供给社会公众,包括向利害关系人提供信息,其目的是为社会提供不动产方面的风险警示,让社会公众尤其是不动产购买人了解其全部情况,然后决定是否进行交易。通过对不动产登记簿内容的了解,给相关利害关系人以警示,使其对交易的运行作出正确判断,从而避免交易风险的发生。

(二)我国现行不动产登记制度弊端之分析

当前,我国不动产登记制度存在诸多问题,如登记机关分散、登记法律不统一、登记效力偏低,等等。产生这些问题的关键是,各级政府部门依据条条和块块分割的方式对不动产资源进行分配和管理,之后的立法又把这种不合理的制度通过法律的形式确定下来,由此必然造成登记制度之改革困难至极。

1. 不动产登记机关不统一,登记信息分散

按照相关法律规定,土地、房屋、林地、草地、滩涂由国土资源、房产、林业、农业、海洋部门分别登记,并且,一些地方的铁路系统等部门也在进行着自己的不动产登记。此外,当前我国的不动产登记制度还形成这样一种局面,即依据土地登记申请人的级别不同,将中央所属企业、事业单位以及省级政府所属企事业单位的土地或房屋实行分级登记。受部门利益的驱使,上下级或同级政府"画地

---

① 江平、李国光主编:《物权法核心法条分类适用研究》,人民法院出版社 2007 年版,第 56 页。
② 郑玉波:《民商法问题研究(一)》,台湾三民书局 1980 年版,第 39 页。
③ 江平、李国光主编:《物权法核心法条分类适用研究》,人民法院出版社 2007 年版,第 56 页。

为牢"争夺登记权利,这使得不动产登记制度无法彰显其原有的功效,登记机关不统一,损害了登记制度的基础权威。较为突出的是房产和土地的登记问题。根据《担保法》第42条,在不动产上设定抵押权时,如果土地上无建筑物时,该抵押权的设立在土地部门登记;如果土地上有建筑物时,则抵押权的设立在房产部门登记。在土地权利上设定抵押权时,地上物同时纳入抵押;而在地上物上设定抵押权时,土地物权也同时纳入抵押。土地部门和房产部门职责权限不清,极易造成推诿扯皮,不仅增加了风险成本,同时也妨害不动产市场的顺利发展。

2. 不动产登记的法律依据不统一

我国《物权法》颁布之前,不动产登记从实体和程序上都缺乏统一的法律依据,甚至出现"法律冲突"的现象。最高人民法院1990年2月17日致黑龙江省高级人民法院《关于公有房屋的买卖及买卖协议签订后一方是否可以翻悔的函》中指出:"签订房屋买卖协议后,提出解除买卖协议,未办理转移登记手续,应认为该民事法律行为依法尚未成立,一方翻悔是允许的。"《担保法》第41条的规定,当事人以房地产抵押的,应当办理抵押物登记,抵押合同自登记之日起生效。上述两条法律规定,是将房产登记作为债法上合同成立、生效的要件。而有些司法解释却将房产登记作为物权变动的生效要件。如最高人民法院1989年8月30日《关于贯彻执行民事政策法律若干问题的意见》第56条规定:"买卖双方自愿,并立有契约,买方已交付了房产款,并实际使用和管理了房屋,又没有其他违法行为,只是买卖手续不完善的,应认为买卖关系有效,但应着其补办房屋买卖手续。"2000年最高人民法院《关于适用合同法的若干问题的解释(一)》第9条规定,有关不动产买卖合同,即使买卖合同生效,但当事人没有办理变动登记的,不发生不动产物权变动的效力。

3. 缺乏完善统一的不动产登记簿册,不动产登记信息缺乏公开化

由于不动产登记机关不统一,必然造成不动产登记簿的不统一。不同的登记机关备有各自的登记簿册,这妨碍了交易当事人查阅登记,并获取相关的登记信息。

与不动产登记公示制度密切相关的是公开查阅制度,即所有不动产登记的事项应对社会公众公开和开放。由于历史和现实的原因,我国行政执法透明度不高,所以对于不动产登记的内容,登记机关出于各种考虑而不允许查阅或采取消极的办法抵制查阅,尤其是对于社会公众的查阅要求更是被拒之门外。这样阻碍了不动产流通,加大了交易风险。

四、不动产领域中的公证业务种类

在不动产领域中大量的公证业务集中在与房地产有关的交易中,这主要是与房地产在百姓生活中的重要性密切相关,因此在这里我们也主要介绍房地产

领域中的公证业务种类。

（一）房地产转让公证

房地产市场作为市场经济的支柱产业之一，在其运转过程中必然涉及社会各阶层的切身利益，因此与房产转让相关的公证事项在公证业务中占有重要的地位。公证机构办理与房地产转让相关的公证事项主要有城镇房屋买卖合同、商品房预售合同、商品房销售合同等相关合同公证。

（二）房地产赠与公证

房地产赠与公证，是公证处依法证明赠与人赠与房地产，受赠人接受房地产的真实性、合法性的行为。现实中，通过公证的途径将依法拥有的房地产赠与给他人的赠与类公证也日益成为公证机构的主要业务之一，尤其是发生在亲属之间通过赠与公证的方式转让房产的公证案例日益增多。

（三）房地产继承公证

继承公证是指公证处根据申请人的申请，依法证明继承人继承遗产行为真实、合法的活动。可以说，继承公证是公证机构传统业务，且被社会广泛接受和认可。在房地产市场逐渐走热的今天，房地产作为遗产的继承公证也越来越多。

（四）用益物权公证

用益物权是权利人对他人所有的不动产或者动产，依法享有占有、使用和收益的权利。用益物权是以对他人所有的物为使用收益的目的而设立的，因而被称作"用益"物权。① 不动产领域中的用益物权公证要指土地使用权出让合同公证、土地承包合同公证等与土地有关的合同公证。公证机构作为国家的证明机构，依法监督和证明合同的真实、合法、有效。

（五）担保物权公证

以确保债权实现为目的，在债务人或第三人的特定物上或特定权利上设立的由债权人享有的支配权叫担保物权。担保物权是为确保债权人权利的实现而设立的物权，属于他物权。② 不动产领域中的担保物权公证主要有抵押合同公证、质押合同公证。担保物权公证是国家公证机构对当事人申办以不动产作为担保标的的担保行为真实性与合法性的证明。

第二节　不动产公证的立法背景

一、《公证法》的有关规定

在《公证法》中，虽然没有直接就不动产领域公证业务作出规定，但是，从该

---

① 胡康生主编：《中华人民共和国物权法释义》，法律出版社 2007 年版，第 256 页。
② 胡志刚：《不动产物权新论》，学林出版社 2006 年版，第 331 页。

法第 11 条可以看出,只要自然人、法人或其他组织的申请符合法律的规定,公证机构均可以受理并办理公证。因此,当事人对不动产领域中的公证事项提出申请,只要符合法律的要求,公证机构就可以受理并公证。另外该法第 12 条规定,公证机构可以办理法律、行政法规规定由公证机构登记的事务。这一规定为今后与《物权法》的衔接提供了契机,同时也为今后我国不动产领域登记制度的完善奠定了法律基础。

二、《物权法》中的相关规定

《物权法》并未规定法定公证,即未规定哪些情况必须进行公证,另外,《物权法》已经明确规定要进行不动产统一登记,且登记机构因登记错误,给他人造成损害的,要承担赔偿责任。可以说,《物权法》已经为不动产领域的公证业务发展带来了希望,至于未来不动产领域中的公证业务能否顺利发展还有待相关法律法规的完善。

三、其他国家和地区不动产领域公证制度相关立法

(一) 德国不动产物权变动中的公证制度

德国是形式主义物权变动模式和不动产权利登记制的代表。《德国民法典》第 873 条、第 875 条均有明确规定,它构成了不动产物权变更的著名公式:合意 + 登记 = 生效;登记官对登记事项进行实质审查;登记具有公信力,即登记簿上记载的事项视为实体有效,即使实体法上不成立或无效,也不得以其不成立或无效对抗善意第三人。[①] 按德国法学专家说法,德国法之所以规定将经公证后的债券合同作为不动产物权登记所必须提供的文书,是与物权变动的无因性原则有关。[②] 物权变动的无因性即指物权行为的法律效力不受债权行为的影响。

实践中,德国不动产登记的形式审查主义,并没有导致大量错误登记,不动产登记的公信力也没有降低。根据《德国民法典》第 313 条的规定,不动产物权变动的债权契约必须由公证人公证,否则债权契约无效,因此,在登记提出之前,公证人已经完成了对于债仅契约的实质性审查。至于物权行为,《德国民法典》并没有强制公证的规定,但是由于有《德国民法典》第 925 条规定除登记机关外,公证人也有权接受物权合意,以及《德国不动产法》第 29 条对于认证的强制性规定,所以在德国实务上,债权契约、物权合意、利害关系人同意登记的承诺及登记承诺,通常在公证人面前以同一个证书做成,德国不动产登记的准确性和公

---

① 李锦明:《公证介入不动产物权登记》,载《中国公证》2005 年第 11 期。
② 杨立新:《2001 年中国物权法国际研讨会纪要》,载《河南省政法管理干部学院学报》2001 年第 3 期。

信力,实际上是由公证人和登记人员共同保障的。①

(二)瑞士不动产物权变动中的公证制度

瑞士是折中主义物权变动模式和不动产权利登记制度的代表。在不动产物权变动上,瑞士没有完全接受德国的物权行为理论(尤其是物权行为的无因性),而是采取了折中主义立法模式。《瑞士民法典》第974条规定:"凡无法律原因或依无拘束力的法律行为而完成的登记,为不正当。"在不动产登记上,瑞士仿效德国实行权利登记制,但是登记人员不对登记申请进行实质审查,这一点是瑞士不动产登记与德国的主要区别。根据《瑞士民法典》,公证是不动产物权变动的原因行为的生效条件,也是进行登记的必备条件。《瑞士民法典》第657条第1款规定,转移不动产所有权的契约,不经公证,无约束力。第680条第2款规定,不动产法定所有权的限制,因法律行为而废除或变更,非经公证并在不动产登记簿登记不生效力。在登记阶段,登记人员对于原因关系的审查,其重点是确定原因关系是否履行了必要的形式。《瑞士民法典》第965条第1款规定:不动产登记簿上的处分,诸如登记、变更、涂销,不论何种情形,仅得依据处分权利证书和法律原因书证为之;第3款规定:法律原因的书证,即生效的必要条件已具备的书证。如前所述,对于转移土地所有权、设定土地负担和土地担保等的债权的法律行为,其生效所需要的条件是公证。由此可见,登记人员只须对登记申请作出形式审查,即原因行为是否进行了公证。

在瑞士,公证是登记公信力的前提,公证人首先对不动产登记的原因行为进行了审查,同时,公证书使得登记的程序得以简化和迅速完成。

(三)法国不动产物权变动中的公证制度

法国是意思主义物权变动模式和不动产契约登记制的代表。由于法国实行意思主义物权变动模式,不动产物权变动在当事人意思表示一致时,物权变动即发生效力,然而,该意思表示对于其他人是没有效力的。物权变动的意思表示必须在公共登记机关进行登记,从而达到对抗第三人的目的。同时,由于法国实行契约登记制,登记机关所登记的是当事人之间导致物权变动的债权契约。在法律上,登记只有公示效力,并无确权效力,更无公信力。法国的不动产登记并不意味着可以根据登记簿推定权利的真实性,作为第三人几乎无法对登记契约及相关物权变动的真实性和合法性作出正确判断。

针对上述问题,法律作出补充规定,只有真实的契约,才能进行登记。《法国民法典》中1955年1月4日的法令对不动产登记制度作出了具体、详细的规定。该法令第4条规定,只有经过认证的行为,才能交抵押登记机关予以公示。虽然公证书只是认证的一种形式,但其本身所具有的真实性和可靠性与公示的

---

① 姬英敏:《不动产物权变动中的公证制度》,载《河南商业高等专科学校学报》2003年第6期。

要求是完全一致的。公证人的作用并不终止于出具公证书,根据法国1954年法令第32条的规定,公证人须办理公证证书的登记申请程序。可以说在法国与不动产有关的契约的审订和登记均由公证人负责。由于有公证人的参与,实际上登记的准确性和公示效力并没有因登记审查的形式性而降低。[①]

基于交易安全保护的需要,随着时间的推移,不动产公示和公证行为之间的联系不断扩大和加强,以至于在某种意义上讲,在法国对于设定或转让不动产权利的法律行为的调整,公证人的作用比登记机关的登记人员更加重要。

(四)我国台湾地区不动产物权变动中的公证制度

台湾地区通过民法修正,将公证人制度引入不动产物权变动。这对我国物权法的制定具有启示意义。台湾地区多年来一直实行法院公证人制度,但近年以来,法院公证人数量已经不能满足实际的需要,台湾当局遂于1999年4月21日修正了公证法,并引入了民间公证人制度。"公证法"第1条第1项规定,公证事务,由法院公证人或民间公证人办理之。根据规定,修正后的公证法及其实施细则已经于2001年4月21日生效。

2000年4月26日,台湾地区对其"民法典"的债权篇进行了修正,增加了第166条第1项。该项内容为:契约以负担不动产物权之转移、设定或变更之义务为标的者,应有公证人做成公证书。该条新增内容的目的在于将公证制度引入不动产物权变动。关于新增166-1条的立法说明书如下:不动产物权具有高度经济价值,订立契约约定负担移转、设定或变更不动产物权之义务者,不宜轻率。为求当事人缔约时能审慎衡酌,辨明权义关系,其契约应由公证人做成公证书,以杜事后之争议,而达成保障私权及预防诉讼之目的。参考《德国民法典》第313条第1项及《瑞士债务法》第216条第1项之法例,而增订第1项规定。

为了公证人制度能够满足实际的需要,台湾当局确立了民间公证人制度。在"民法典"实施多年之后,台湾当局为了将公证制度引入不动产物权变动,不得不修正"民法典"。台湾当局上述立法上的变化值得我们思考和借鉴。[②]

第三节 不动产公证的热点前沿问题

一、不动产契约公证制度

不动产契约公证,是指以契约公证的方式确保不动产契约债权债务关系的合法与稳定。不动产契约公证制度在不动产交易发达的国家和地区实行得较为普遍,特别是赋予不动产登记以公信力的国家和地区,更是将契约公证制度作为

---

① 姬英敏:《不动产物权变动中的公证制度》,载《河南商业高等专科学校学报》2003年第6期。
② 同上。

不动产交易的一项保障性制度而严格实行。目前,我国的不动产交易市场也非常活跃,房产交易数量更是逐年递增,但不动产登记制度方面尚存在制度上和法律上的欠缺,为了克服不动产登记制度方面的缺陷,我国应建立不动产契约公证制度,以实现公权力与私权力的有效分离和不动产交易物权和债权的有机衔接,从而为确保不动产市场健康发展提供重要的制度保障。

实行不动产契约法定公证制度的原因如下:

第一,不动产物权契约的签订和履行往往牵涉契约当事人的重大利益,这就要求契约能够对当事人产生法律上的拘束力,虽然依据《合同法》的规定,当事人签署的合同只要符合法律的相关规定就会产生法律效力,但是这种拘束力较之经过公证的不动产契约的拘束力来说相差很远。现实中经常会发生有的当事人随意签订合同、一物多卖的现象。一些不动产所有人信用观念淡薄,为获取更高的经济利益,常常就同一不动产物权转移而先后与数个买受人签订合同。不动产物权的绝对排他性决定了只能有一个买受人取得合同约定的不动产物权,对那些不能取得合同约定的不动产物权的善意买受人来说,无论采取何种救济措施,都无助实现其取得不动产物权之契约目标。实行不动产物权契约公证,以公证作为不动产契约生效的条件,不仅能起到不动产契约公示作用,避免善意买受人签订毫无意义的合同,浪费精力和财力,而且可以在合同当事人之间确立稳定的、有约束力的债权债务关系,约束双方当事的行为,防止利用合同实现非法目的,维护不动产市场的信用和秩序。[①]

第二,签署不动产契约是一项非常复杂的法律行为。一份严谨的不动产契约对当事人的法律知识要求较高,而现实中能够运用法律武器捍卫合法权益的人毕竟是少数,经常会发生不动产物权合同不完善甚至无效的情况。其原因主要在于合同涉及的内容比较复杂,除专业的法律人士一般人很难把握。实行不动产契约公证制度,由公证机构对合同的真实性、合法性进行形式和实质审查,对合同存在的瑕疵提出纠正意见,为善意缔约人提供服务,对违法合同则不予公证认可,使其无从生效,这样可以从制度上杜绝无效合同的产生,确保市场秩序的稳定。

第三,不动产契约公证能兼顾公平与效率,在制度上保证不动产市场的公正、高效。作为不动产交易客体的标的物大多经济价值巨大,加之供需双方之间、供给方之间、需求方之间在社会地位、经济实力、知识和经验等方面存在较大差距,不动产契约订立、履行任何环节的不公都会给受害人造成极大经济损失和精神伤害。如商品住房,许多人为购买一套住房往往倾其所有积蓄而不可得,在经过百般努力终能签约购房时,合同的瑕疵,经销商的毁约、欺诈,住房质量低

---

① 李玉文:《建立不动产契约公证制度的意义》,载《法学》2004 年第 8 期。

劣,售后服务欠缺,都足以击碎其安居梦想,甚至影响到家庭稳定和社会安宁。实行不动产契约公证,由公证机构代表国家对不动产契约订立、履行的全过程进行监督和证明,为当事人各方提供法律、政策乃至于专业技术方面的服务,可以把不公平契约消解于无形,使依法成立的合同得以公正地履行。①

二、物权登记与法定公证

(一)统一的登记机构只能对物权变动进行形式审查

《物权法》第9条规定"国家实行统一的不动产登记制度"。目前,我国的不动产登记分属于房屋管理部门、土地管理部门,以及农业、林业、海洋、地质矿产等各主管部门。虽然各部门都不愿放弃这部分行业管理的权力,但既然法律已作出规定,统一就不会是无限期的。

不动产登记的审查可分为两种:实质审查和形式审查。实质审查是指登记机关不仅就登记之申请在登记程序上是否合适加以审查,同时就登记的申请,是否与实体法上的权利关系相一致,且其实体法上的权利关系,是否有效,亦加以审。② 从大陆法系近代物权登记制度的历史沿革来看,在物权登记制度建立之初,采纳的是登记实质审查主义。登记人员的审查权限非常大,不仅审查引起物权变动的物权契约,而且审查作为原因的债权契约。从另一方面讲,登记人员的责任也非常大,如果审查不周发生错误登记,登记人员需要承担损害赔偿责任。③ 物权登记实质审查主义,带来了严重弊端,一方面,延长了交易时间,增加了交易成本,延缓了交易进程,最终阻碍社会经济的发展。另一方面,登记人员为了避免承担错误登记的责任,追查细节,无限度的扩大审查范围,侵犯私权利的情况也时有发生,过多干预了市民私生活,以至社会怨声载道。④

鉴于实质审查的诸多弊端,目前欧洲各国一般都采取了形式审查主义,即登记人员一般并不审查债权行为,而只是审查物权行为。在不动产登记中,只要登记申请人提供的资料能够符合土地登记条例中登记发生的条件,登记机关即将其纳入登记,而对申请人与相对人的关于实体法律关系意思表示不予审查。⑤ 在对不动产登记进行形式审查的同时,又将实质审查的任务交给相关的法律部门来承担。为什么会发生这样的转变?按笔者的理解,这并不是简单的技术分工(当然包含技术分工的因素),而是一种更高层次的社会职能分工,就像现代社会不会把所有司法事物都交给一个机构统管,而是由公检法等诸部门分别掌

---

① 李玉文:《论我国不动产契约公证制度之构建》,载《法学评论》(双月刊)2005年第3期。
② 俞剑英:《不动产登记机构的选择》,载《中国公证》2008年第2期。
③ 梁慧星:《中国物权法研究》,法律出版社1997年版,第87页。
④ 陈华彬:《物权法原理》,国家行政学院出版社1998年版,第121页。
⑤ 孙宪忠:《德国当代物权法》,法律出版社1997年版,第144页。

管一样,有其制衡公共权力、保障社会公平正义的意义。即使从简单的技术分工角度来说,形式登记和实质审查相分离也是势在必然。

(二) 公证作为前置程序是保证统一登记安全高效的最佳选择

不动产以登记为生效原则,但统一登记在法律上只有公示效力,并无确权效力,如果公示的内容是虚假的、无效的或可撤销的,公示就必然失去准确性,进而影响其公信力,丧失其对抗力和通过对抗保护第三人的作用,使交易安全和交易效率无法保证。因此,登记必须以对物权移转行为的法律评价为基础,即对物权变动行为的真实性、合法性作出评价。无论从国际还是国内、从历史抑或现实来看,能够站在中立的立场上对物权登记事项既进行专业调查、又进行法律审查的,没有比公证机构更合适的其他机构存在。物权关系作为一种法律关系,表现出来的乃是人与人之间的社会关系。物权关系的稳定关系到社会的稳定和发展。建立和完善稳定的物权关系是终极目标。公证的职能能够有效地契合物权关系的要求。公证是一项预防性的法律制度,通过公证活动,积极引导公民、法人正确行使权力履行义务,规范当事人的物权变动行为,预防纠纷,减少诉讼,保护双方的合法权益,从而维护社会关系的稳定,促进社会发展。因此,公证的职能和作用与物权法的追求相一致。①

公证作为前置程序的基础是公证对象与物权登记的契合。正如上述所言,统一的登记机构只能对物权变动进行形式审查,而实质审查的重担则交由专业的机构进行,这里的专业机构即为公证机构,由其进行的实质审查具有以下优势:

1. 在行业体制方面,新颁布的《公证法》第 6 条规定:"公证机构是依法设立,不以营利为目的,依法独立行使公证职能、承担民事责任的证明机构。"从法律规定可以看出,我国将公证机构定性为代表国家行使证明权的机构,而非行政机关,这就从体制上保障了公证机构执业的独立性,不受行政机关的非法或不当干预,从而凸显了公证机构的中立性质。

2. 在机构设置方面,《公证法》颁布实施后,全国各地的公证机构都进行了不同程度上的改制,很多公证机构已是自收自支的事业单位,这种发展方向进一步否定了公证机构的行政机关和授权行使行政权的机关的性质。公证机构的性质正在向社会中介组织方向过渡,并逐步发展成为为社会提供证明服务的具有公权力性质的组织。

3. 在业务水平和人员素质方面,根据《公证法》的要求,公证员必须通过国家司法考试,并且需要经过国家任命方能执业,可见公证员属于法律职业共同体中的成员,具有法律的思辩力和判断力。作为法律人的一份子,运用其自身所掌

---

① 彭娜:《论物权登记的法定公证前置》,西南财经大学 2004 届硕士论文,第 43 页。

握的法律知识为当事人提供法律服务,其结果也更能够获得交易双方的认同和接受。

实质审查的标准要求高,尤其是在社会信用体制缺失的情况下,对合同和其他法律文书的实质审查并非易事。而公证机构的业务范围广泛,几乎涵盖了整个物权登记需要审查的民事法律行为和权利义务关系,因此可以说在长期的执业过程中已经积累了丰富的经验。

4. 在行业监督方面,《公证法》及相应的《公证程序规则》,对公证机构的设置、公证业务辖区、公证员执业、公证业务范围、公证法律责任等方方面面都作出了相应的法律规范。这些规定,一方面确保了公证活动的正常进行,另一方面也是对公证全方面的法律监督和控制。

5. 在责任承担方面,《公证法》第 14 条规定,公证机构应当建立业务、财务、资产等管理制度,对公证员的执业行为进行监督,建立执业过错责任追究制度。第 15 条规定,公证机构应当参加公证执业责任保险。作为为社会提供法律服务的证明机构的公证机构与申请公证的当事人之间是一种平等的关系。由于公证机构特殊的"第三方"地位,决定了在发生错误时负有民事赔偿责任。把公证作为不动产物权登记的要件或前置条件,这样不仅将不动产物权登记审查纳入到法律规范的范畴,同时也实现了责任和风险转移。[①]

第四节 不动产公证的实务探析

一、房屋买卖合同公证

(一) 房屋买卖合同公证的概念

房屋买卖合同公证是指公证处依照法定程序证明出卖人与买受人之间签订房屋买卖合同行为的真实性、合法性的活动。房屋买卖合同是转让房屋所有权的重要法律行为,世界各国都将其规定为要式法律行为,必须采用书面形式,大陆法系各国更是规定其必须采用公证形式。在我国,房屋买卖合同也必须采用书面形式,涉外或者涉港澳台的有关房屋所有权转移的法律行为,登记或者转移、变更登记和委托所需的证件文书也须经公证。[②]

(二) 房屋买卖合同公证实务

1. 对当事人主体资格的审查:自然人要提交身份证明,以及要证明与公证申请有一定的利害关系。法人要提供法人资格证明、法定代表人身份证明及其复印件。

---

① 汤维建、陈巍:《物权登记与法定公证制度》,载《法学论坛》2007 年第 1 期。
② 张燕妮、刘博:《律师公证法——法律适用依据与实战资料》,山西交易出版社 2006 年版,第 476 页。

2. 代理人代为申请的,代理人应提交授权委托书和本人身份证明。

3. 审查房屋买卖合同公证所涉权属关系,例如房屋权属证书、单位购买私房的,买方应当提交房屋管理部门批准买方的批准文件,房屋蓝图、房屋管理部门对房屋的估价报告等。

4. 审查房屋买卖合同的主要条款,主要的法律依据有《合同法》、《城市房地产管理法》、《城市房地产抵押管理办法》等相关法律、部门规章及规范性文件。

5. 在受理公证的过程中,公证员向申请人履行法律告知义务,并认真做好现场谈话笔录。

二、土地使用权出让与转让合同公证

(一) 土地使用权出让与转让合同公证的概念

土地使用权出让与转让合同公证,是指国家公证机构根据当事人的申请,依法证明土地使用权出让与转让合同的真实性、合法性的活动。

(二) 地使用权出让与转让合同公证实务

1. 申请人向公证员提交相关资格证明,例如法人资格证明、法定代表人身份证明,委托代理人的还要提交授权委托书及代理人身份证件。

2. 房产证或土地使用权证。

3. 土地使用权出让合同公证要提交土地管理部门同意出让土地使用权的批准文件,以招标、拍卖方式出让土地使用权的,须提交定标、拍卖文件。

4. 土地使用权转让合同公证,转让方要提交付清全部地价款的证明、投入开发建设的资金已达土地使用权出让合同规定总投资额的 25% 以上的证明。受让方要提交从事土地开发的资格证明、企业经营状况证明。

5. 依据相关法律、规范性文件审查合同文本。

6. 公证员根据《公证法》的规定向公证申请人履行法律告知义务,并做好现场谈话笔录。

三、房屋拆迁补偿安置协议公证

(一) 房屋拆迁补偿安置协议公证的概念

房屋拆迁补偿安置,是指取得房屋拆迁许可证的单位(拆迁人)对拆迁范围内的房屋实施拆迁,同时对被拆迁房屋的所有人(被拆迁人)进行补偿和安置的民事法律行为。

房屋拆迁补偿安置协议,是拆迁人与被拆迁人为明确拆迁补偿安置中相互间权利义务关系所订立的协议。

房屋拆迁补偿安置协议公证是公证处依照法定程序证明房屋拆迁当事人订

立拆迁补偿安置协议行为的真实性、合法性的活动。①

(二) 房屋拆迁补偿安置协议公证实务

1. 申请人要提供身份、资格证明文件。
2. 区、县以上人民政府房屋拆迁主管部门颁发的房屋拆迁许可证。
3. 拆迁主管部门公布的拆迁公告、建设章程及方案等。
4. 被拆迁房屋的产权或使用权证件及其复印件。
5. 房屋拆迁补偿、安置协议文本。
6. 办理房屋拆迁补偿、安置协议公证需要重点审查:当事人的意思表示是否真实、房屋拆迁补偿安置协议是否已经上报拆迁主管部门、被拆迁房屋的产权或使用权情况及现状。②
7. 公证员履行法律告知义务,做好谈话笔录。

四、房屋赠与合同公证

(一) 房屋赠与合同公证的概念

房屋赠与合同公证是指公证处按照法定程序证明赠与人与受赠人签订房屋赠与合同行为的真实性、合法性的活动。

(二) 房屋赠与合同公证实务

1. 居民身份证、户口簿、房屋所有权证及土地使用权证。
2. 房屋赠与合同公证,若赠与人为公民的,赠与公证不能委托他人办理。
3. 赠与的房产为共同财产或夫妻共有的,应共同办理。
4. 所赠与的房产产权要清楚,无争议、无抵押、无担保的情况。
5. 赠与房产的行为不能有故意规避法律,即禁止以合法的形式掩盖非法目的。
6. 公证员在履行法律告知义务时,依据《合同法》的规定应重点向赠与人告知其所享有的赠与撤销权。

第五节 不动产公证的案例评析

案例一:房地产开发出售环节的公证
案情:

上海古北(集团)有限公司(下称"古北公司")是一家大型房地产开发企

---

① 司法部律师公证工作指导司:《公证员办证参考》,法律出版社 2005 年版,第 155 页。
② 张燕妮、刘博:《律师公证法——法律适用依据与实战资料》,山西交易出版社 2006 年版,第 478 页。

业,公司采取的是投资一块、建造一块、销售一块,然后再投资、再建造、再销售的循环开发模式。因而,如何及时进行销售,资金如何及时到位,就成为下一轮开发能否进行的前提条件。古北公司为了更多地销售房屋,采取了一套灵活的促销方式,也就是只要购买方先付一笔预付款,就将房屋先行交付给买方使用,然后买方分3—5年付清剩余房款。但对于开发商来说,这一方式虽然有利于销售却不利于资金及时回笼。因此,古北公司在交付房屋的同时,要买方与其同时签署一份委托合同,由买方授权古北公司在将来有了明确的贷款银行后,可以将买方所购房屋向贷款银行进行抵押贷款,由此使房款能迅速到位。发展商的这一营销思路是否与法律相符?公证处能否对此办理公证?

评析:

此案涉及诸多法律问题,例如:(1)如何保证发展商将买方所购期权房屋向银行设定抵押时不侵犯买方的权利?(2)如何保证买方按期付清全部房款后及时解除抵押?另外本案中涉及四种类型的合同,即发展商与买方签订的《先行交付使用房屋分期付款协议书》、《委托合同》、《预售合同》和贷款银行与买方代理人的发展商签订的《抵押贷款合同》。

本案中,公证员面对复杂的法律关系和随时都可能发生的交易风险,从市场经济发展的一般规律出发抓住了房地产开发出售过程中各个环节的内在法律联系,指导当事人完善了上述合同文件,从而把开发商、购买方、贷款银行各自的权利义务有机地联系在一起,尤其是在《委托合同》的签署过程中,公证员建议约定开发商将来代表买方与贷款银行所签订的《抵押贷款合同》必须经公证处公证方才生效,通过对开发商是否有越权代理行为进行公证监督,确保了各方利益和期权的实现。[①]

案例二:未经公证,难避风险

案情:

某市居民王女士与某房地产开发公司于1998年7月25日签订一商品房购销合同。王女士交付了购房款和相关税费后,委托其女婿张先生代为申请办理房产证。事后,王女士多次催问此事,张先生一直推托房产证尚未办妥。2000年11月,张先生与其妻陈女士(王女士之女)离婚,张先生提出了分割共同财产诉求,并出示了所有权人为其妻陈女士的房产证。经查,张先生根本没有替王女士办理房产证,而是利用委托人王女士提供的身份证、户口本、私章和购房相关材料,伪造了王女士将该两套房屋赠给女儿陈女士的"声明"。又凭伪造的"声明"以买受人陈女士的名义对同一标的物与房地产开发公司签订了第二份合

---

① 中华人民共和国司法部公证司:《公证案例选编》,法律出版社1999年版,第82页。

同。房地产开发公司在未开具红字发票的情况下,又开出了以陈女士为买房人的第二张发票。张先生凭第二份合同和发票在缴纳了相关税费后,以陈女士名义办理了产权登记并领取了房产证。为维护自己的合法权益,王女士遂决定提起诉讼。

法院审理后,以张先生上述行为系欺诈和房地产开发公司存在过错为由,判决陈女士与房地产开发公司的房屋买卖关系无效。

评析:

此案法院的判决并无可非议之处,但是如何通过法律手段真正简洁、有效、经济地保护出资人、买卖当事人的权益却困难重重:

第一,按照现行法律规定,房地产登记机关的登记发证行为并无不当,王女士以房地产登记机关为被告提起行政诉讼必定败诉。

第二,法院虽然判决陈女士与房地产开发公司的房屋买卖关系无效,但王女士要获得该争议房产的所有权,尚须申请房地产登记机关撤销对陈女士的房产登记,并为王重新登记。[①]

此案反映了目前我国现行不动产登记制度所存在的不足,即房地产登记部门并不具备核实证明材料真假的能力,因此也就无法避免欺诈情形出现。此案中如果王女士在签署《商品房购销合同》过程中公证机构介入的话,则可以有效防止他人的欺诈行为。也就是说买卖双方在签署《商品房购销合同》时如果明确规定,此合同只有经过公证方能生效,且合同在履行过程中需要变更则必须经过公证机构公证方能生效,这样在合同的履行过程中,不经双方当事人的同意以及公证机构的公证,任何人都无法私自变更合同。试想如果王女士与房地产开发公司签署了一份经过公证的购销合同,那么王女士的女婿即使拿着各种伪造后的文件材料也无法单方要求房地产开发公司变更买方人,因为,若要变更合同的规定要经过公证机构的公证,而公证机构对于其女婿所提供的材料要进行严格审查,且还会要求王女士本人到场,这样就自然而然揭穿了其女婿的这一阴谋,保护了合法所有人的权益。

第六节 不动产公证的问题与建议

完善不动产领域中的公证业务,重点是完善相关法律法规,只有这样公证业务的发展才能做到有理有据、依法办事。

[①] 李玉文:《建立不动产契约公证制度的意义》,载《法学》2004年第8期。

一、修改建议一

建议在《物权法》不动产登记的法律规定中增加一条,即:"不动产物权因继承、遗赠、赠与取得的,应当由不动产所在地的公证机构对登记事项进行公证;登记机构依据公证书办理登记。"

1. 不动产的所有权因继承、遗赠、赠与取得应办理公证,系根据1991年司法部和建设部两部联合发文《关于房产登记管理中加强公证的联合通知》〔司公通字(1991)117号〕的规定,即因继承或赠与发生的不动产物权转让登记,如果该项继承或赠与行为未经公证,登记机关不予办理登记,《联合通知》发文二十多年来事实上已成为物权登记的一项公认惯例,也充分体现出实践的需要。国家立法应当尊重惯例、尊重实践需要,将其纳入物权法立法规定。

2. 不动产物权的继承公证,不仅仅是一种证明活动,更是一种确权活动。这种确权活动如果不涉及纠纷,不可能由法院进行;登记机构自身的性质也决定了它不宜进行确权。因此,如果不规定法定公证,就会产生法律监管的空白。通过公证机构的公证,确认所取得的物权,可起到明确物权、定纷止争、使社会经济关系趋于稳定的作用。

3. 不动产物权的赠与和遗赠不同于买卖,赠与人实施赠与后不动产物权可能完全缺失,对赠与人的影响远较出卖人来得巨大,立法应通过法定公证保障此类意思表示的真实、合法,以免有违赠与人意志的赠与行为发生;此外,现实生活中赠与人往往需要保留部分物权,特别是老年人在将不动产赠与给子女后大都需要终生保留居住权,因而,赠与活动中需由作为中立的法律人员的公证人提供专业服务,例如早在1992年,司法部制定的《赠与公证细则》第15条就规定了公证人对赠与公证应着重审查下列内容:(1) 赠与人的意思表示真实,行为合法;(2) 赠与人必须有赠与能力,不因赠与而影响其生活或居住;(3) 赠与财产的权属状况,有无争议;(4) 赠与书、受赠书、赠与合同真实、合法;(5) 公证人员认为应当查明的其他情况。[①]

二、修改建议二

建议在《物权法》关于物权的设立、变更、转让和消灭的法律规定中增加:"当事人之间订立、变更、转让和消灭不动产物权合同,合同自经过公证机构公证后生效,法律另有规定的除外。"

1. 将公证作为不动产物权合同的生效要件,主要是从不动产交易的安全角

---

① 黄群、薛凡、李华玺、陈德峰:《物权法中引入公证制度的建议与论证》,载《中国司法》2005年第9期。

度考虑,由于不动产价值高、流动风险大,且我国社会诚信体制尚未建立,在不动产交易过程中经常会发生利用虚假材料文件进行欺诈交易的情况,不仅损害了他人的合法权益,还破坏了市场经济秩序。因此将公证作为不动产物权合同生效的要件,可以有效降低风险、预防纠纷。

2. 参考市场经济发达国家的相关立法,我们可以得出这样一个结论,即:越是不动产交易发达的国家,越是重视公证在不动产领域中的预防作用,通过法律的形式规定不动产契约的法定公证制度,从现实效果上来看,这些国家的不动产交易活动,发生纠纷的几率较低、并且也取得了较高的社会效益。

三、修改建议三

建议在《物权法》第8章共有的规定中增加:"处分共有的不动产的,应当由不动产所在地公证机构进行公证。"

1. 共有是指多个权利主体对一物共同享有所有权。共有的形式我国《物权法》规定包括按份共有和共同共有。其中按份共有,是指数人按应有份额(部分)对共有物共同享有权利和分担义务的共有。共同共有是指两个或两个以上的民事主体,根据某种共同关系而对某项财产不分份额地共同享有权利并承担义务。

2. 《物权法》中对共有财产的处分规定:"处分共有的不动产或者动产以及对共有的不动产或者动产作重大修缮的,应当经占份额三分之二以上的按份共有人或者全体共同共有人同意,但共有人之间另有约定的除外。"共有人对共有的不动产进行的任何处分,会直接对其他共有人的利益产生影响。法律有必要对此处分行为加以适当的限制,以保证各共有人的处分行为不会侵害其他共有人的利益。但该条文仅停留在意思自治的层面上,如何使各共有人意思自治不有悖法律,并使意思表示固定化、证据化,就有必要在物权法中规定处分共有不动产的法定公证制度。

3. 将共有财产的处分与法定公证制度结合起来,一方面可以防止共有人之间串通一气通过无偿赠与或超低价买卖而以合法形式掩盖非法的目的;另一方面可以使各共有人在公证员面前真实表达自身的意思,以防止个别共有人受到欺诈和胁迫,违背自身意愿处分共有财产。

【问题与思考】

1. 试述公证处承担不动产登记职能的法律依据和现实可行性。
2. 不动产买卖合同公证审查的基本要件是什么?
3. 公证处审查不动地产交易的法定职责有哪些?

第十三章 保全证据公证业务

【内容提要】

本章阐释了保全证据公证对于解决纠纷、减少诉讼的优越性,对保全证据的要件、程序、注意事项进行了探讨。

【关键词】 证据　保全　合法性

第一节　证据保全公证的基本理论

一、保全证据公证的概念和特征

保全证据公证,是指公证机构根据自然人、法人或者其他组织的申请,依法对与申请人权益有关的,以及有可能灭失或者日后难以取得的证据加以提取、收存、固定、描述、监督的证明活动。

保全证据公证具有以下特征:

(一) 及时性

一般来说,证据往往具有存续期间的短暂性和随时可能灭失的可能性。因此,提请公证保全的证据都有可能在日后难以取得,或者在某个瞬间完全灭失。公证机构在受理保全证据公证后,应当及时赶往现场提取固定证据,以防止因事过境迁或者人为因素导致无法实施证据的有效保全。由于这一特点,相对于其他公证事项而言,保全证据公证对办证活动的及时性提出了更高的要求。

(二) 争议性

《公证法》规定,公证当事人之间对申请公证的事项有争议的,公证机构应当不予办理公证。《公证程序规则》规定,公证机构受理公证的条件之一必须是公证申请人之间对申请公证的事项没有争议。[①] 根据这些规定,只要公证申请人或者当事人对申请公证的事项没有争议,公证机构即可受理或办理公证,并不要求公证机构审查有关的利害关系人对申请公证的事项有无争议。从保全证据公证看,由于申请保全的证据涉及的关系人都可能与申请人存在实体民事权利义务方面的争议。从这个意义上,可以说,争议性本身就是保全证据公证的一个特点,不能因为它有或可能有争议,公证就不能介入。如果这样,公证机构将无

[①]　《公证法》第31条规定,当事人之间对申请公证的事项有争议的,公证机构应当不予受理。《公证程序规则》第19条规定,公证机构受理公证的条件之一是申请人之间对申请公证的事项无争议。

法办理此类公证。正因为这样,最高人民法院在《关于审理著作权民事纠纷案件适用法律若干问题的解释》中明确规定,公证员在办理当事人以定购、现场交易等方式购买侵权复制品的保全证据公证过程中,在未向涉嫌侵权的一方当事人表明身份的情况下,如实取得的证据和取证过程出具的公证书,应当作为证据使用(匿名取证)。当然,在同一申请事项中,若干个申请人(当事人)对保全证据的方式方法必须取得一致意见,申请人(当事人)之间不能有争议,否则公证机构应当不予受理。

(三) 客观性

保全证据公证与大多数公证业务在性质上的最大区别在于只有一方当事人向公证机构提出公证申请,而在事后实际使用公证书时可能涉及的他方当事人(利害关系人)并未申请公证,而且对公证保全的事实或者行为有无发生、如何发生,也就是证据的客观性,一般情况下,日后又很可能就是申请人和他人(利害关系人)之间争议的焦点。因此,保全证据公证必须具有客观性、真实性。只有具有客观性、真实性,公证保全的证据才具有法律规定的证据效力,保全证据公证书也才能发挥应有的作用。所谓客观性,是指公证保全的对象是客观存在的,不是主观臆造的。这种客观性主要表现在:必须是在事实和行为发生的现场进行直接证明,而不能进行间接证明;必须是对事实、行为发生、发展的客观过程加以证明;公证员必须以中立者的身份加以证明。根据客观性的要求,《公证程序规则》对办理保全证据公证提出了特殊的要求,如规定需要外出办理的保全证据公证,必须由二人共同办理,承办公证员应当亲自外出办理,并应当根据具体情况,采取封签、制图、拍照、录音、录像、复制、鉴定、勘验、制作笔录等方法和措施,以保证保全证据公证的客观性。

(四) 合法性

是指公证证明的收集、取得证据的方式必须是合法的,申请人(当事人)不得采用法律禁止的方式。这也是证据的合法性对保全证据公证提出的要求。要注意的是,要求收集、取得证据的方式合法,并不必然要求保全的证据所证明的事实也具有合法性,恰恰相反,往往保全证据公证证明的事实本身就是违法的,如证明申请人发送催款函,就是由于对方当事人已经存在违约事实,证明侵权行为发生的后果,就是因为有侵权事实的发生。

二、保全证据公证的分类

一般地说,申请公证保全的证据为民事证据。如果从静态和动态两方面看,可以将公证保全证据的对象分两大类,一是保全事实,包括保全书证、物证、视听资料、鉴定结论、勘验笔录等;二是保全行为,包括保全证人证言、当事人陈述、录音、录像或拍摄行为、送达文书、购物行为等。可以根据公证保全证据的对象,结合《民事诉讼法》第 63 条对民事证据的分类,相应地将保全证据公证分为:保全书证公证、保全物证公证、保全视听资料公证、保全证人证言公证、保全当事人陈述公证、保全鉴定结论公证和保全勘验笔录公证等。司法部在《关于保全证据等三类公证书试行要素式格式的通知》中,将保全证据公证分为保全证人证言或当事人陈述公证、保全物证或书证公证、保全视听资料或软件公证和保全行为公证等。

在公证实践中,除了办理上述作为《民事诉讼法》规定的民事证据形式的事实和行为的保全公证外,根据申请人的要求,公证机构还就申请人的某项特定行为的过程进行证明,称保全行为公证。如对申请人的送达文书行为、录音、录像或拍摄行为、购物行为等加以证明,并同时对与行为过程有关的证明材料加以保全,以形成一种既保全行为又保全相关书证等的复合型的保全证据公证。

三、保全证据公证的效力

保全证据公证的效力,即保全证据公证的法律效力,集中表现为公证的证据效力。关于公证的证据效力,《公证法》第 36 条规定:"经公证的民事法律行为、有法律意义的事实和文书,应当作为认定事实的根据。"《民事诉讼法》第 69 条规定,经过法定程序公证证明的法律行为、法律事实和文书,人民法院应当作为认定事实的根据。应该说,保全证据公证在很大程度上体现了公证在《公证法》和《民事诉讼法》上的特殊的证据效力。具体而言,保全证据公证的效力主要表现为以下两个方面:

(一)经公证保全的证据,可免除提交保全证据公证书的一方当事人的举证责任

根据《公证法》和《民事诉讼法》的规定,对于公证书,人民法院和有关部门应当作为认定事实的根据。最高人民法院《关于民事诉讼证据的若干规定》规定,已为有效公证书证明的事实,当事人无须举证证明。最高人民法院《关于行政诉讼证据的若干规定》也规定,以有形载体固定或者显示的电子数据交换、电子数据以及其他数据资料,其制作情况和真实性经对方当事人确认,或者以公证等其他有效方式予以证明的,与原件具有同等法律效力。另外,司法部、国家版权局于 1994 年 8 月 26 日发布的《关于在查处著作权侵权案件中发挥公证作用的联合通知》中明确规定:"著作权行政管理部门在查处侵权行为时,要求申请人和有关当事人提供证据的,应当对证据进行证据保全公证。对于公证机构出具的有关证据保全的公证文书,著作权行政管理部门应当作为查处侵权案件时认定事实的根据。"根据上述规定,提交保全证据公证书的一方当事人,对公证书证明的事实不再承担举证责任,如对方当事人否认公证书证明的事实,推翻公证证明,则必须承担相应的举证责任。

(二) 经公证保全的证据,其效力高于或优于其他证据

在同时存在经公证保全的证据和其他形式的证据的情况下,根据《公证法》和《民事诉讼法》的规定,经公证保全的证据,其效力具有高于或优于其他形式的证据的效力。最高人民法院《关于民事经济审判方式改革的若干规定》第27条第1款规定:"物证、历史、档案、鉴定结论、勘验笔录或者经过公证、登记的书证,其证明力一般高于其他书证、视听资料和证人证言。"最高人民法院《关于民事诉讼证据的若干规定》第77条第2款规定:"物证、档案、鉴定结论、勘验笔录或者经过公证、登记的书证,其证明力一般大于其他书证、视听资料和证人证言。"最高人民法院《关于行政诉讼证据的若干规定》第63条第2款规定:"鉴定结论、现场笔录、勘验笔录、档案材料以及经过公证或者登记的书证优于其他书证、视听资料和证人证言。"

第二节 证据保全公证的立法背景

在我国,自公证制度恢复重建以来,保全证据公证一直就是一项法定的证明业务。1982年《中华人民共和国公证暂行条例》第4条规定,保全证据是公证处的证明业务。从20世纪80年代到90年代,随着城市化进程的加快,在城市旧城改造过程中,需要对与拆迁房屋有关的事实和证据进行保全并办理公证。1993年12月1日,为了规范城市房屋拆迁证据保全公证活动,根据《城市房屋拆迁管理条例》等规定,司法部出台了《房屋拆迁证据保全公证细则》。《房屋拆迁证据保全公证细则》对房屋拆迁证据保全公证的申请、受理、审查等主要程序和环节进行了比较全面的规范。二十多年来,全国各地的公证处根据《中华人民共和国公证暂行条例》、《房屋拆迁证据保全公证细则》的规定,办理了大量房屋拆迁证据保全公证,有效保证了《城市房屋拆迁管理条例》等相关法律法规的贯彻实施,依法维护了房屋拆迁关系各方当事人的合法权益。

2000年,为了增强保全证据公证的证明力,司法部出台了《关于保全证据等三类公证书试行要素式格式的通知》,决定对保全证据等三类公证书试行要素式公证书格式。改革保全证据公证书格式,进一步增强了保全证据公证出具公证书的灵活性和实用性,适应了保全证据公证事项多样性的实际需要。根据司法部《通知》,公证保全的证据类分为保全证人证言或当事人陈述、保全物证或书证、保全视听资料或软件、保全行为等四大类。对每类保全证据公证书格式,都规定了必备要件和选择要件,同时,制作了相应的参考格式。

2004年,为了规范办理保全证据公证活动,提高保全证据公证质量,中国公证协会制定了《关于办理保全证据公证的指导意见》(以下简称《指导意见》)。《指导意见》对办理保全证据公证的原则、办理保全证据公证的条件、保全证

公证的种类、保全证据公证的管辖和办理保全证据公证的程序等作了具体规定。《指导意见》作为办理保全证据公证的一部行业规范,对指导、规范该项公证活动,发挥了重要作用。

在2006年3月1日起实施的《公证法》第11条中,明确规定保全证据公证属于公证机构可以办理的一项证明业务。全国人大常委会在讨论《公证法》(草案)时,委员们对保全证据是否可以作为公证事项是有争议的。有意见认为,在《公证法》第11条列举的公证事项中,有些已经包括了对相关文书的保全,而且公证保全证据与司法机关的证据保全容易发生冲突。但大多数委员认为,《中华人民共和国公证暂行条例》颁布实施以来,保全证据就一直是公证机构的一项证明业务,实践已经表明,这项公证在发挥公证的职能作用,维护申请人的合法权益方面收到了很好的效果。因此,《公证法》保留了保全证据公证事项的规定。当然,司法行政部门和公证机构应当对办理保全证据公证加强规范,特别是要处理好公证保全证据和诉讼保全证据的关系,保证公证质量。2006年5月修订实施的《公证程序规则》在"特别规定"一章中,对公证机构办理保全证据公证的程序提出了特别要求,规定外出办理保全证据公证的,必须由2人共同办理,承办公证员应当亲自外出办理。承办公证员发现当事人是采取法律、法规禁止的方式取得的证据的,应当不予办理公证。

另外,最高人民法院的有关司法解释以及国务院颁布的有关法规和国务院各部门颁发的有关规章中涉及保全证据公证的内容,也是保全证据公证立法的组成部分。

第三节 证据保全公证的热点前沿问题

保全证据公证有许多基本理论问题需要认真研究,本节着重探讨以下三个方面的问题:

一、申请人保全证据行为的合法性问题

根据《公证法》的规定,公证活动必须坚持合法原则。公证的合法原则既要求公证程序合法,也要求公证证明对象合法。在保全证据公证活动中,公证的证明对象就是申请人保全证据的行为。在保全证据过程中,申请人基于自身利益考虑,需要对其保全证据的行为进行保全,并要求公证证明。公证机构依照法律规定,首先必须要对申请人保全证据行为的合法性作出判断,其中,对申请人申请保全证据行为与行为涉及的相关利害关系人的利益保护必须加以权衡。

根据《民事诉讼法》第64条的规定,当事人对自己提出的主张,有责任提供证据。在实践中,由于有些证据客观上存在随时灭失的可能,同时,由于民事审

判制度的改革,人民法院在一般情况下不主动去调查收集证据,而在许多情况下,当事人自行收集的证据的效力又往往不被人民法院采证,为了确保收集证据的时效性、有效性,他们自然会向公证机构提出公证保全证据的要求。在公证保全证据活动中,虽然有公证机构介入并证明申请人的保全证据行为,但这种行为本质上仍然是一种私力救济手段。在现代社会,虽然国家在公正和有效率地处理民事纠纷和保护私权方面发挥主导作用,但私力救济在任何社会都是一种客观存在的现象,具有一定的正当性,并为法律所承认。《瑞士债法》第52条第3款规定:依"当时情形确属在适当时期内得不到官方救助并且只能依靠自助才能防止其请求权消灭或明显行使困难的场合",可以实施"以保全正当请求权为目的的自力保护"。在英美法系国家,"可以认为普通法在原则上承认自力救助,为避免因自力救助对财产或人身造成不必要的或不相应的损害,仅在必要的限度内对其加以限制"。①

另一方面,也应当看到,通过私力救济的保全措施不可避免地要与相关利害关系人的利益发生冲突。那么,保全证据行为的合法性边界在哪里?我们认为,判断保全证据行为合法性(正当性)有两个基本的原则:一是保全证据的措施不能违反法律的禁止性规定。比如,申请人不得以侵害他人通信自由和通信秘密为手段实施保全证据行为,不得未经利害关系人的许可,进入其私人空间实施保全证据行为。二是保全证据的措施不得侵犯他人的合法权益。比如,申请人不得采取窃听、偷拍等违法手段收集数据,因为这些行为侵犯了利害关系人的隐私权。②

二、关于公证活动中公证员的匿名取证问题

公证员的匿名取证是指公证员应申请人的要求,在没有向相对人表明身份的情况下,对相关证据加以固定和保存的一种保全证据的方法和手段。申请人为什么要求公证员匿名取证?这是由有关保全证据公证的特殊性决定的。按照常理,在相对人明知公证员现场证明申请人取证,而这些证据将用来证明相对人的违法行为(侵权行为),在这种情况下,申请人将无法取得其所需要的证据。正因为这样,最高人民法院在《关于审理著作权民事纠纷案件适用法律若干问题的解释》第8条第2款才规定:公证人员在未向涉嫌侵权的一方当事人表明身份的情况下,如实对另一方当事人按照前款规定的方式取得的证据和取证过程出具的公证书,应当作为证据使用。也就是说,最高人民法院通过司法解释明确

---

① 〔日〕田中英夫、竹内昭夫:《私人在法实现中的作用》,李薇译,法律出版社2006年版,第119页。
② 在认定行为人收集证据行为的合法性问题上,最高人民法院《关于民事诉讼证据的若干规定》第68条已经作出了原则规定,这一规定也应当是公证机构判断申请人保全证据行为合法性的依据。

规定公证员匿名取证的合法性，并赋予这类证据的证明效力。当然，为了确保保全证据公证的证明力，司法部和中国公证协会在相关的规范性文件中，对办理这类公证提出了严格的要求。

在讨论公证员匿名取证问题时，有人往往将其与所谓的"陷阱取证"联系起来，并以此为由对这类证据的合法性提出质疑。其实，在大多数国家的诉讼法上，"陷阱取证"通常用来指称刑事诉讼中的"侦察陷阱"或"警察陷阱"。在民事诉讼中，对取证行为合法性的认定标准一般应宽于刑事诉讼中的认定标准。正如有学者所言，在民事诉讼活动中，如果一定要借用刑事诉讼中的"陷阱取证"概念来对公证活动中的取证方式进行定性，那么，对所有"机会提供型的陷阱取证"原则上应认定为合法，对"犯意诱发型的陷阱取证"，则可以认定为违法。①

三、公证保全证据与诉讼证据保全的关系

根据《民事诉讼法》第81条的规定，诉讼参加人在证据可能灭失或者以后难以取得的情况下，可以向人民法院申请保全证据，人民法院也可以主动采取保全措施。可见，公证保全证据和诉讼证据保全的最大区别是，前者只能根据申请人的申请启动保全证据公证程序，后者除了依据诉讼参加人的申请，人民法院还可以根据实际情况，依职权主动采取保全措施。对于已经进入诉讼程序的案件，公证机构可否受理申请人的保全证据公证申请？公证界对此有不同意见。本书认为，对于已经进入诉讼程序的案件，只要诉讼参加人没有向人民法院提出保全证据申请，同时，人民法院也没有依职权主动进行保全证据，申请人向公证机构保全证据公证申请的，公证机构可以受理。理由是，《公证法》等相关法律在规定公证机构可以办理保全证据公证业务的同时，并未禁止公证机构办理这类保全证据业务。实践中，在进入诉讼程序后，诉讼参加人向人民法院提出保全证据申请，人民法院基于种种原因，不能及时进行保全，特别是在最高人民法院颁布实施《关于民事诉讼证据的若干规定》以后，诉讼参加人通过法院实施保全证据的难度进一步加大。因此，应当允许申请人在诉讼程序开始后向公证机构申请办理公证保全证据，人民法院应当向对待诉前证据保全公证一样，承认这类公证的效力。

---

① "机会提供型的陷阱取证"指犯罪嫌疑人本来就有犯罪故意，侦察人员的诱惑行为只是为犯罪的实施创造了条件。"犯意诱发型的陷阱取证"指嫌疑人原本并无犯罪的意念，是在侦察人员的引诱下才产生犯罪的。参见李浩：《利益衡量的杰作，裁判方法的典范——评"北大方正案"的再审判决》，载《人民法院报》2007年3月26日。

第四节　证据保全公证的法律实践

一、保全证据公证的一般程序

根据《公证法》和《公证程序规则》的规定，申请人办理保全证据公证，可以向其住所地、经常居住地、保全行为地或者事实发生地的公证机构提出，办理涉及不动产的保全证据公证，应当向不动产所在地的公证机构提出。申请人办理保全证据公证，应当填写公证申请表，并向公证机构提交下列材料：自然人的身份证明，法人的资格证明及其法定代表人的身份证明，其他组织的资格证明及其负责人的身份证明；委托他人代为申请的，代理人须提交当事人的授权委托书，法定代理人或者其他代理人须提交有代理权的证明；申请公证的文书；申请公证的事项的证明材料，涉及财产关系的须提交有关财产权利证明；与申请公证的事项有关的其他材料。公证机构在受理保全证据公证申请后，应当根据不同保全证据公证的具体情况，依据相关办证规则，对申请人提供的材料和有关情况进行审查，特别要注意审查以下内容：申请保全的证据的来源；保全证据的方式、方法有无侵害他人的合法权益；申请保全的事实是否与当事人有利害关系；参与保全证据的相关人员是否具有相应的资格。对受理的保全证据公证事项，需要外出办理的，公证机构应派出二人共同办理，承办公证员应当亲自外出办理。公证机构应当按照《公证法》、《公证程序规则》和有关办证规则的规定，履行相关告知义务，并制作谈话笔录或工作记录。公证机构应按照法律规定的格式制作公证书并按规定的期限出具公证书。

二、保全证据的方法和措施

保全证据公证，是公证机构对公证申请人已有的证据和将要收集证据的行为（活动）加以证明，以强化证据的证明力。因此，我们讨论的保全证据的方法和措施，主要是指当事人实施的保全证据的方法和措施，同时也包括公证机构的证明方法和手段。根据保全对象的不同，保全证据可以分为保全事实和保全行为，前者一般是对当事人提交的书证、物证、视听资料、鉴定结论、勘验笔录等所进行的保全，后者一般是对证人证言、当事人陈述以及当事人的录音、录像或拍摄行为、送达文书、购物行为等所进行的保全。

公证机构办理保全书证、物证和视听资料公证的，应当采取现场勘验和现场提取证据的方式进行。勘验或者封存需要保全的书证、物证和视听资料，要将情况认真记录在案。记录应包括：勘验的时间、地点；办理保全的公证员及在场的相关人员的人数、姓名；保全对象的基本情况；保全的方式、方法；证据取得的时间、方式或证据的存放方式、地点、现状;取得的证据数量、种类、形式等。对不易收存的物证,可以采取记录、制图、拍照、录像、录音、复制等方式加以提取。办理保全物证、书证和视听资料的公证涉及专业问题的,应当在公证员的监督下,由专业人员采取技术手段进行。

需要保全证人证言、当事人陈述的,证人或者当事人应当在公证员面前进行,保全证人证言或者当事人陈述,公证员必须亲自接待和询问,向有危重伤病的人提取证人证言或者当事人陈述时,应当由医疗机构证明其意识状况并对保全活动的全过程进行录音或录像。

办理信函、文书送达公证的,应做好送达笔录,笔录应当记明送达申请人、被送达信函、文书的名称、送达地点和被送达人、送达方式,信函、文书的接收人应当在送达笔录上签名,拒绝签名或拒绝接受信函、文书的,公证员应当记录在案。采用邮寄、电传方式送达的,应当将送达凭证复印件存入卷中。信函、文书送达由申请人进行,公证员对全过程进行监督,公证员不得代理当事人送达。申请人无法确认送达地点或者被送达人身份的,公证处应当不予受理。

办理涉及知识产权内容的保全证据公证时,公证机构有权根据当事人的要求和被保全对象的不同特点,采取监督当事人购买或者索取实物、现场拍照、摄像、询问证人、记录、录制证人证言等保全方式,全面、客观地反映真实情况。涉及著作权、专利权等知识产权的,公证员应当告知申请人保全证据公证不产生确认权利的效力,如果被保全的证据产生侵犯他人权利的后果,当事人应当承担相应的责任。监督购买侵权物或者外出提取侵权证据时,为便于申请人取证,公证员可以不公开身份,但必须亲临现场,监督取证过程,并及时补记现场记录,记清取证的时间、地点、证据名称、数量等情况,由申请人或者在场人签名;取证过程中取得的票据、单据等证书,能收存原件的应当收存原件,有正当理由无法收存原件的应当收存复印件。

涉及互联网上侵权和违约的保全证据公证,应当在公证员的监督下由第三方专业技术人员在计算机上操作,详细记录上网、进入相关网址、网页、下载、打印相关内容的整个过程和所使用的操作软件的名称与版本,如有必要可对全过程进行录像。公证机构应当告知当事人,在保全网络证据过程中,不同的操作软件可能会引起保全结果产生差异,请当事人自行采取必要措施。

因单方收回出租房屋或者其他物业而申请办理保全证据公证的,为保护相对人的合法权益,申请公证的事项必须具备以下条件:(1)申请人须是房屋或者其他物业的所有权人或管理人,提交权属证书或者授权委托书;(2)提交经过公证的承租合同(协议),且其中必须载明承租人不履行或者不完全履行合同(协议)义务时,承租人愿意接受所有权人或者管理人单方、自行收回出租房屋或物业的承诺;(3)承租合同(协议)约定出租人单方收回出租房屋或者其他物业前应当履行催告程序的,申请人应当先就其履行催告义务的过程申办保全证据公证;(4)提交承租人存在违约事实的证明材料(如催交租金的函件);(5)申请人承诺对单方收回房屋行为而侵犯他人合法权益承担相应的法律责任;(6)申请人有能力保护房屋内承租人财产的完整和安全。申请人应当有能力控制证据保全现场的局面,防止矛盾激化;申请人无法控制现场局面的,公证机构应当不予办理,已经开始取证的,可暂时中止保全程序,待恢复正常后视情况继续或者终止。

对现场清点的物品,除造册登记外,应当进行封存,由申请人妥善保管;除清点记录外,公证员对保全过程亦应做好现场记录,如有必要也可采取拍照、摄像等方式对现场状况加以固定。公证员在保全证据公证过程中,为了保证保全行为的连续性、客观性和真实性,在紧急情况下,对清点过程中放置待清点物品的房间,可以采取粘贴临时性封签的方式,对物证及其存放环境等事实进行固定。

对于公证机构提取或者保存的书证、物证等,公证机构应当归档。对于保全证据过程中所形成的录音、录像、摄像、测绘、评估或者鉴定等证据,由公证员、专业人员签名并由公证机构封存,存放于公证机构或公证机构指定的保管场所。公证机构可以与当事人约定被封存证据的保管期限,并将该期限写入公证书的证词中。公证机构应当妥善保管保全证据的公证卷宗及证据,健全完善相关人员及部门调阅手续,防止证据被篡改或丢失。

公证机构在办理保全证据过程中,要把握好自身的角色定位。承办公证员应始终以监督人的身份参与保全证据活动,并对相关事实和行为加以证明,不得亲自实施保全证据行为。

第五节 证据保全公证的案例评析

案例一:北大方正诉高术天力和高术科技侵权案
案情:
方正集团是国内为数不多拥有自主知识产权且具一定规模的骨干软件企业,近年来一直受到盗版的侵害,特别是其自主开发的核心软件,据估计因盗版造成的损失巨大。北京高术天力科技有限公司(下称高术天力)、北京高术科技公司(下称高术科技)曾为北大方正代理销售激光照排机业务,销售的激光照排机使用的是方正RIP软件和方正文合软件。1999年5月间,由于双方发生分歧,导致代理关系终止。虽然高术公司的代理关系终止了,但方正发现高术仍旧在出售RIP软件。2001年7月20日,北大方正的员工以个人名义(化名),向高术天力购买了不含RIP的激光照排机。2001年8月22日,高术天力的员工在北大方正员工临时租用的房间内,安装了激光照排机,并在北大方正自备的两台计算机内安装了盗版方正 RIP 软件和方正文合软件,并提供了刻录有上述软件的光盘。应北大方正的申请,北京市国信公证处先后于 2001 年 7 月 16 日、7 月 20 日、7 月 23 日和 8 月 22 日,对上述过程进行了现场公证,并对安装了盗版方正 RIP 软件、方正文合软件的北大方正公司自备的两台计算机及盗版软件进行了公证证据保全,制作了公证笔录五份。北大方正支付了公证费 1 万元。2001 年 9 月 3 日,北大方正、红楼研究所以高术天力、高术科技非法复制、安装、销售行为,侵犯了其享有的计算机软件著作权为由诉至北京市第一中级人民法院,请求判令两被告停止侵权、消除影响、公开赔礼道歉;赔偿经济损失 300 万元;承担诉讼费、保全费、取证费及审计费等。

北京一中院认为,北大方正为了获得高术天力、高术科技侵权的证据,投入较为可观的成本,其中包括购买激光照排机、租赁房屋等,采取的是"陷阱取证"的方式,该方式并未被法律所禁止,应予认可。公证书亦证明了高术天力、高术科技实施安装盗版方正软件的过程,同时对安装有盗版方正软件的计算机和盗版软件进行了证据保全;高术天力、高术科技作为计算机设备及相关软件的销售商,对他人的计算机软件著作权负有注意义务,拒绝盗版是其应尽的义务,否则,应当承担相应的法律责任。2001 年 12 月 20 日,一审法院作出判决:高术天力和高术科技停止侵权,公开道歉,并赔偿北大方正和红楼研究所经济损失、调查取证费、购机款等 100 多万元。两被告对此表示不满,认为北大方正伪装身份、编造谎言,且特别要求把正版软件换成方正盗版软件,这些都涉嫌违法,所以立即提出了上诉。北京市高院认为,公证处出具的公证书是公证员在四天、五个场景下作出的公证,而对于北大方正一个月的购买过程来看,缺少连贯性和完整性。但高术天力对此没有提出相反证据,所以认为公证书是合法的。同时法院认为,方正要想找到确凿证据并非只有"陷阱取证"这一种方法,这种设圈套的手段违背了公平原则,一旦被广泛使用,将对正常市场秩序造成破坏,因此法院对该取证方式不予认可。但由于高术天力承认盗版行为,法院最终判令,高术天力和高术科技立即停止复制、销售方正 RIP、文合软件,公开道歉,并按照一套正版软件的价格赔偿方正 13 万元的经济损失和 1 万元的公证费。

北大方正、红楼研究所不服二审判决,向二审法院提出再审申请。2003 年 8 月 20 日,再审申请被驳回。

北大方正、红楼研究所仍然不服,向最高人民法院申请再审。其主要理由是,北大方正采取的取证方式不违反法律、法规的禁止性规定。如果不采取这样的取证方式,不但不能获得直接的、有效的证据,也不可能发现高术天力、高术科技进行侵权行为的其他线索。北大方正不存在违背公平及扰乱市场秩序的问题。

最高院审理后认为,二审法院在否定北大方正公司取证方式合法性的同时,又以该方式获取的法律事实经过公证证明而作为认定案件事实的依据,是不妥当的。北大方正通过公证取证方式获取打假线索,其目的并无不正当性,其行为并未损害社会公共利益和他人合法权益。加之计算机软件著作权侵权行为具有隐蔽性强、取证难度大等特点,采取该取证方式有利于解决此类案件取证难的问题,起到威慑和遏制侵权行为的作用,也符合依法加强知识产权保护的法律精神。

基于以上理由,最高院认定方正的取证方式合法有效,对其获取证据所证明的事实应作为定案根据。2006年9月下旬,最高院作出(2006)民三提字第1号判决书,撤销北京市高院的二审判决,判决高术天力、高术科技共同赔偿北大方正、红楼研究所经济损失60万元。①

评析:

这是一起近年来在知识产权保护领域影响较大也是比较典型的案件。在案件的审理过程中,公证机构出具的保全证据公证书的合法性和有无证据效力始终是相关各方争议的焦点。北京市一中院一审认为,北大方正实施的保全证据行为虽然采取的是"陷阱取证"的方式,但同时认为该方式并未被法律所禁止,因此承认了保全证据公证书的效力。而北京市高院二审则认为,一方面,虽然公证处出具的公证书缺少连贯性和完整性,但高术天力对此没有提出相反证据,所以应当认为公证书合法。另一方面又认为,北大方正要想找到确凿证据并非只有"陷阱取证"这一种方法,这种设圈套的手段违背了公平原则,一旦被广泛使用,将对正常市场秩序造成破坏,因此法院对该取证方式不予认可。实际上推翻了保全证据公证书的效力。最高人民法院再审认为,北大方正通过公证取证方式获取打假线索,其目的具有正当性,其行为并未损害社会公共利益和他人合法权益。因此,认定北大方正的取证方式合法有效,对其获取证据所证明的事实应作为定案根据。我们注意到,一审、二审法院都认为北大方正的取证方式是"陷阱取证",不同的是前者肯定了保全证据公证的效力,后者虽然认为公证书合法,但实际上又不承认保全证据公证的效力。对于所谓的"陷阱取证",正如本章第三节所述,大多数国家在民事诉讼领域,一般对这种取证方式都采取比较宽容的态度,实践中并不轻易否认这类证据的效力。最高人民法院《关于民事诉讼证据的若干规定》也只是将"以侵害他人合法权益或者违反法律禁止性规定"取得的证据作为非法证据加以排除和禁止使用。最高人民法院更认为,在本案中,北大方正通过公证取证方式获取打假线索,其目的并无不正当性,其行为并未损害社会公共利益和他人合法权益。事实上,由于计算机软件著作权侵权行

---

① 孙继斌:《最高法提审改判 洗脱北大方正"陷阱取证"恶名》,载《法制日报》2006年12月27日。

为具有隐蔽性强、取证难度大等特点,采取这种取证方式有利于解决此类案件(也包括其他著作权侵权案件和侵犯专利权、商标权案件)取证难的问题,起到威慑和遏制侵权行为的作用,也符合依法加强知识产权保护的法律精神。事实证明,肯定这种保全证据公证的合法性并确认这类证据的证据效力,非但不违背了公平原则,不会破坏正常的市场秩序,而且有利于维护社会的公平正义,有利于建立健康有序的市场秩序。最高人民法院在这一案件中正确运用的利益衡量方法对今后各级人民法院审理类似案件将起到很好指导和示范作用。

案例二:李某亲子鉴定案

案情:

青年男女张某、李某未婚同居,在女方怀孕六个月后,男子张某突然在一次意外事件中死亡。张某遗留有大量遗产,为证明死者是胎儿的亲生父亲,保护胎儿的继承权,防止日后可能产生的纠纷,在死者火化前,李某经征得死者父母的同意,向公证处提出申请,要求提取死者头发,并申请公证保全证据,以做亲子鉴定用途。公证处在收到公证申请后,经审查,认为可以受理,并建议死者父母和李某共同作为申请人,死者父母也同意作为申请人。公证处受理申请后及时派出一名公证员和一名公证处的工作人员随同申请人、鉴定人员前往医院,由医护人员从死者张某头上剪取头发若干,分成三份,分别装入三个塑料袋,由公证员现场封存。公证员对提取头发的过程进行证明,并将封存的头发交给申请人。同时,公证员依照《继承法》的规定,告知张某父母,在分割遗产时,应当为待进行亲子鉴定的胎儿保留必要的遗产份额。随后,申请人将其中的一袋张某的头发转交鉴定机构进行鉴定,其余两个装有头发的袋子分别交由李某和死者父母保管。鉴定机构及时出具了鉴定报告。三个月后,李某顺利产出男婴,经鉴定机构鉴定,证实死者张某确为男婴的生父,张某父母随即从张某的遗产中分给了男婴部分遗产。

评析:

未婚同居者所生子女,如确认生父,一般只需当事人向法定鉴定机构申请亲子鉴定即可。但在本案中,由于同居者张某死亡时,胎儿尚未出生,死者的生父身份无法确定,在死者火化后就会面临无法进行鉴定的问题。为此,李某向公证处提出了保全死者头发的公证申请。公证员在受理申请后,要求李某提供证据证实同居关系,李某无法提供有效证据加以证实,因此,公证员要求必须取得死者父母的同意,并要求死者父母与李某共同提出公证申请,这就保证公证申请人的资格完全符合法律规定的条件。在提取死者张某头发的过程中,公证员直接在现场进行监督,以证实头发确实是从张某本人头上提取的,并对提取头发的过程进行录像,制作现场工作记录由医护人员、申请人等签字确认,从而锁定了这项证据链中的最关键一环。在提取死者头发后，分三袋分别封存，分别交鉴定机构和申请人，这样做的目的是，即使对第一次提交鉴定的结果有争议，还可以对其他两袋头发再行鉴定，以最大限度防止在鉴定环节可能发生的纠纷。

第六节 证据保全公证的问题与建议

一、关于公证申请人的资格

按照公证制度的要求，启动任何一项公证活动的程序，必须基于当事人的申请，保全证据公证当然也不例外。当事人办理保全证据公证，必须按照《公证程序规则》第17条的规定向公证机构提出申请。根据《公证程序规则》第19条第1款第1项的规定，公证机构受理公证的条件之一是申请人与申请公证的事项有利害关系。根据这一规定，如何理解保全证据公证的申请人与申请公证的事项有利害关系，实践中有不同的认识。一种意见认为，申请人与申请公证的事项必须有直接的利害关系，一种意见认为，就保全证据公证而言，这种利害关系可以从宽掌握。笔者同意后一种观点。这是因为，由于保全证据公证具有证据稍纵即逝、易于灭失等特殊性，我们对申请人与申请公证的事项的"利害关系"不宜作过于苛刻的限制。而且，有些保全证据公证，从其性质上说，也不宜一律要求申请人与证明事项之间必须有利害关系，如证人证言公证，很难说证言所证明的事实和证人本人有什么利害关系，更谈不上什么直接的利害关系。我们认为，对申请人与申请公证的事项的利害关系，可以区别对待：对事实方面的保全证据，一般应要求申请人须与该事实有利害关系；对行为方面的保全证据，只要把握行为确为申请人实施即可，公证机构可以不审查这类公证的申请人与申请公证的事项之间有无利害关系。建议在相关规范性文件中对此加以明确。

二、关于保全证据公证的业务范围

在保全证据公证实践中，绝大多数保全证据公证事项仅涉及民事纠纷，由民事纠纷的一方当事人向公证机构提出申请，但也有少数行政执法部门出于种种原因，要求对其执法活动进行保全证据公证。对公证机构可否以行政执法活动为证明对象的保全证据公证申请，公证界有不同意见。有人认为，公证保全证据的业务范围仅限于因平等民事主体之间的纠纷而提出的保全证据公证申请，公证机构不应受理行政执法部门就其执法活动提出的保全证据公证申请，也有人认为公证机构可以办理行政执法活动保全证据公证。认识上的不同必然带来做法上的差异。建议有关部门对此问题进一步加以调研论证，就保全证据公证的业务范围作出统一规范。

三、关于申请人保全证据行为所要求的"合法性"

正如本章第三节所述,目前,相关规范性文件对保全证据行为的合法性的界限规定得比较模糊,这种状况对公证实务带来了直接影响。为解决这一问题,笔者试图提出若干原则,希望能对公证机构在办理保全证据公证过程中对如何判断这种"合法性"有所裨益。但这些原则毕竟还是比较抽象、笼统,缺乏可操作性。因此,我们建议有关部门通过制定规范性文件,明确规定各类保全证据行为的"合法性"的标准,以指导办证实践。

四、认真研究和规范各类保全证据公证的程序

保全证据公证是看似简单但实际上是相对比较疑难复杂,特别是对公证程序要求非常严格的一项证明业务。一份合格的保全证据公证文书,无论从内容到形式,从实体到程序都必须经得起法律和事实的检验。目前,由于相关的办证程序的方面制度不健全不完善,我们应当从确保保全证据公证的证明力出发,结合诉讼证据制度的规定,认真加强对公证保全证据程序的研究。司法行政部门和公证协会应当在此基础上,对这类公证的受理条件、承办公证员的要求、公证审查的具体内容和方式、保全证据的方式、方法和措施以及出具公证书的形式和特殊保全证据公证的执业区域(如电子证据保全公证中的执业区域划分)等作出更加明确具体的规定,以使得保全证据公证活动更加严谨,确保公证书的证据效力,切实保护公证申请人的合法权益,维护社会公共利益。

【问题与思考】

1. 什么是保全证据公证?
2. 试述保全证据公证的意义。
3. 如何理解保全证据公证中的陷阱取证?

第十四章　强制执行公证业务

【内容提要】

重点介绍债权文书的特征,特别是对债的不同形式的处理方式根据司法解释和公证实践作出了分析说明。

【关键词】　强制执行　债权文书

第一节　强制执行公证的基本理论

一、民事强制执行理论

在我国司法实践中,民事强制执行一直作为一种重要手段来保障法律的实施和当事人权利实现。随着经济的发展,执行案件增多,使强制执行出现了充满困惑的"执行难"问题。"执行难"问题的出现引起了理论界的重视,专家学者们对"执行难"问题开始进行研究,提出了许多观点、方法,以期解决这种尴尬而困惑的现状。出现这样现状的原因,可以根源于现行强制制度与经济基础的发展不相适应。

强制执行与人类法律制度相伴而生,是权利受到侵害时要求保护的产物,是一种救济。在古代,法律制度处于低级阶段,这种救济是靠自己的力量来实施,通称为自力救济。随着社会的发展和进步,国家制度的完善,逐渐禁止自力救济,代之以公力救济,即国家以强制力来保护权利人的合法权利,权利人只能请求国家以国家权力来强制义务人履行义务。法律制度的发展和经济社会的进步使强制执行成为国家执行机关行使国家权力的一种方式,其目的是为了迫使义务人履行义务,保护权利人的合法权利,保障交易的诚信、安全和社会正常的经济秩序,是国家以公权力实现私权利和保护社会秩序的程序。因此,强制执行应当由能够行使相应国家公权力的国家机关承担。

强制执行可以看做是国家执行机关行使国家权力以实现私权利的实现程序,程序一般情况下依据权利人的申请而启动,这是权利人意思自治和私权利自由处分的性质要求。当然强制执行保护社会秩序的功能也决定着执行机关在一定条件下可以主动启动执行程序,如我国《民事诉讼法》第236条规定"……也可以由审判员移送执行员执行",主要是针对诉讼费的执行、民事制裁的执行。

强制执行程序启动的必需条件也是最重要条件是要有执行名义。我国现有的法律规定和司法实践中，对执行名义的认识是模糊的，执行名义是申请强制执行的生效法律文书，解决的是凭什么申请强制执行的问题。

二、有强制执行效力的债权文书公证

有强制执行力的债权文书公证(以下简称"强制执行公证")是指公证机构根据当事人的申请，对无疑义的追偿债款、物品的文书，赋予强制执行效力的一种特殊的公证活动。债权文书是指体现债权债务关系的各种文书的总称，包括各种合同、协议、借据、欠条、有价证券等。公证机构只能对无疑义的债权文书赋予强制执行效力。公证证明债权文书有强制执行效力是公证机构的一项特殊职能，但这种证明并非随意出具，最高人民法院、司法部《关于公证机构赋予债权文书强制执行效力的债权文书执行有关问题的联合通知》(以下称《联合通知》)第1条规定：公证机构赋予强制执行效力的债权文书应当具备以下条件：(1)债权文书具有给付货币、物品、有价证券的内容；(2)债权债务关系明确，债权人和债务人对债权文书有关给付内容无疑义；(3)债权文书中载明债务人不履行义务或不完全履行义务，债务人愿意接受依法强制执行的承诺。凡是符合上述条件的债权文书，只要当事人自愿申请，公证机构均可受理并出具强制执行公证书，确认该债权文书具有强制执行效力。

强制执行公证效力是预置的，它不同于法院的生效判决。此类公证文书付之强制执行的必须具备的两个条件是：(1)债权人在履行期限届满时仍未履行给付义务的事实发生；(2)要使法院执行部门明确需要执行的对象和范围。对于符合上述条件的有强制执行效力的公证文书，债权人可以依据《民事诉讼法》第238条的规定，向有管辖权的人民法院申请强制执行。

第二节 强制执行公证的立法背景

1982年《公证暂行条例》第4条第10项规定："对于追偿债款、物品的文书，认为无疑义的，在该文书上证明有强制执行的效力"，此为我国强制执行公证制度的起源。

1985年4月9日，最高人民法院、司法部联合发布《关于已公证的债权文书依法强制执行问题的答复》，最高人民法院、司法部在该答复中对强制执行公证对象作了进一步说明，该答复称：根据国务院发布的《中华人民共和国公证暂行条例》第4条的规定，公证机构能够证明有强制执行的效力的，不是第4条第1项规定的一般的合同文书，仅限于第4条第10项规定的"追偿债款、物品的文书"。而且，要经过审查，认为这种追偿债款、物品的文书是无疑义的，公证机构才在该文书上证明"有强制执行的效力"。

1990年12月12日,司法部发布《公证程序规则(试行)》,对强制执行公证的条件进一步具体化,该规则第35条规定:赋予债权文书具有强制执行效力的公证,应当符合下列条件:(1)债权文书经过公证证明;(2)债权文书以给付一定货币、物品或有价证券为内容;(3)债权文书中载明债务人不履行义务时应受强制执行的意思表示。

1991年4月9日,全国人民代表大会通过《民事诉讼法》,首次以法律形式对《公证暂行条例》所规定的强制执行公证制度予以追认。《民事诉讼法》第218条规定,公证机构依法赋予强制执行效力的债权文书是人民法院的执行依据之一。

2000年9月21日,最高人民法院、司法部发布《关于公证机构赋予强制执行效力的债权文书执行有关问题的联合通知》,此联合通知第1条明确规定,公证机构赋予强制执行效力的债权文书应当具备以下条件:(1)债权文书具有给付货币、物品、有价证券的内容;(2)债权债务关系明确,债权人和债务人对债权文书有关给付内容无疑义;(3)债权文书中载明债务人不履行义务或不完全履行义务时,债务人愿意接受依法强制执行的承诺。

2002年6月18日,司法部发布《公证程序规则》,该规则第35条再次强调,赋予强制执行效力的债权文书应当具备《关于公证机构赋予强制执行效力的债权文书执行有关问题的联合通知》第1条所规定的三个条件。依照我国现行相关法律、法规的规定,公证机构可以通过公证赋予强制执行效力的仅限于符合特定条件的债权文书。

2005年8月28日,全国人大通过了《公证法》,自从2006年3月1日起实施。这是我国公证的第一部专门法律,明确了公证机构的定位和责任的内容,其中第11条规定了公证机构的公证事项并未将强制执行公证作为单独事项,而是在第五章公证效力里(第37条)规定"对经公证的以给付为内容并载明债务人愿意接受强制执行的债权文书,债务人不履行或者履行不适当的,债权人可以依法向有管辖权的人民法院申请执行"。这一规定再次明确了公证机构"赋予强制执行"的法律效力。

随后根据《公证法》作出修改的《公证程序规则》第39条详细规定了具有强制执行效力的债权文书公证应当符合的条件。特别是第3款规定,债权文书中载明当债务人不履行或者履行不适当时,债务人愿意接受强制执行的承诺,成为能赋予该债权文书强制执行力的必要条件。

从关于赋予债权文书强制执行力的法律沿革来看,对于该类公证事项的规定随着经济的发展和法制的进步,而更加细化了范围和操作条件。然而在实践中存在着赋予强制执行效力的公证债权文书得不到有效执行的客观情况。除去客观的执行环境不好、缺乏配套的法治环境等原因,更多的还是,法院和公证机构在公证强制执行的一些基本问题上存在着仁者见仁、智者见智的看法。拉丁法谚:"执行乃法律之终局及果实。"有再好的制度,没有实践的贯彻,都等于零。因此,必须加强对公证强制执行效力问题理论与实践相结合的研究。

第三节 强制执行公证的热点前沿问题

一、公证强制执行的执行名义及其意义

执行名义,是指当事人据以申请执行和人民法院据以采取执行措施的生效法律文书。在我国又被称为执行根据或执行依据,在德国和我国台湾地区也都是使用"执行名义"这一概念,日本民事执行法则称为"债务名义"。作为民事执行的凭据,没有执行名义,当事人不能申请执行,人民法院也不能立案执行。在某些欧洲国家中,当事人为了迅速经济有效地解决纠纷而实现自己的权利,经常通过提起诉讼后成立诉讼上的和解,借以取得执行名义。

在法官面前达成的和解协议是具有强制执行力的,是执行名义,这是没有争议的。那么在公证强制执行效力中,执行的名义是赋予强制执行的公证债权文书还是由公证机构签发的执行证书?这个问题事关赋予强制执行效力的公证债权文书是否可诉、申请执行期限何时起算等一系列问题。

我们认为,赋予强制执行效力的公证债权文书为执行名义。法理上言,公证机构办理的公证文书之所以能被赋予强制执行力是因为符合私法的意思自治原则,即双方当事人在合同中形成的双方的对于愿意接受强制执行的意思表示。因而被赋予强制执行效力的公证债权文书应该成为执行名义。而如果认为执行证书是执行名义,则可能产生公证强制执行效力是来源于公证机构,公证机构有权赋予也有权不赋予,这显然超越了公证的法定的职能范围。执行权的产生,是基于当事人的约定,公证机构没有权利对其进行否定,甚至从某种程度上来说有必须认可的义务。以执行证书作为执行名义事实上是对当事人意思自治的不尊重,也可以说是一种公证机构中心主义的表现。

从法律角度来看,《公证法》第 37 条的规定只涉及赋予强制执行效力的公证债权文书,在法律上并无执行证书一说。从《民事诉讼法》的第 238 条的规定来看,也只涉及赋予强制执行效力的公证债权文书,也无执行证书一说。其规定:"对公证机构依法赋予强制执行效力的债权文书,一方当事人不履行的,对方当事人可以向有管辖权的人民法院申请执行,受申请的人民法院应当执行。"最高人民法院《执行规定》规定,执行机构负责执行下列生效法律文书:人民法院民事、行政判决、裁定、裁定、调解书,民事制裁决定,支付令,仲裁机构作出的

仲裁裁决和调解书,公证机构依法赋予强制执行效力的关于追偿债款、物品的债权文书。从该《执行规定》来看,公证债权文书与法院判决具有同等地位,这事实上肯定了公证债权文书是执行名义。从上述的分析可知,在公证强制执行效力中,执行名义能而且只能是赋予强制执行效力的公证债权文书。

确立赋予强制执行效力的公证债权文书为执行名义,具有重要的现实指导意义:

1. 法院对赋予强制执行效力的公证债权文书具有必须执行的义务,除非执行名义本身存在着错误。赋予强制执行效力的公证债权文书作为执行名义在法律上与法院的判决具有同等的执行力,法院负有执行的义务。人民法院不能以执行名义签署后的事后理由来推诿或不予以执行。因为事后理由只构成在执行中异议之诉的事由,却不能构成执行名义本身错误的事由。只有在执行名义本身错误的情况下,才可能存在裁定不予以执行的适用余地。

2. 作为生效的执行名义,赋予强制执行效力的公证债权文书其本身具有不可诉性(这里不包括债务人、第三人提取异议之诉)。正如法院的生效判决不可诉一样,赋予强制执行效力的公证债权文书本身不可诉。确立赋予强制执行效力的公证债权文书的不可诉性,有利于发挥公证强制执行制度的作用。如果承认公证债权文书的可诉性,则不可能排除当事人的恶意诉讼,从而从根本上抵消了强制执行的制度价值。而且,也可能关于赋予强制执行效力的公证债权文书的不可诉性,将在下一节中进一步展开论述。

3. 申请执行的期限从赋予强制执行效力的公证债权文书确定的期间开始,而非始于执行证书。目前,公证机构和银行当事人远未认识到其丧失执行权的危险性。丧失执行权后的银行债权只能转变为没有法律保障的普通自然债权,正如错过了诉讼时效的普通自然债权一样。关于执行期限的论述,将在下文进一步展开。

正确的赋予强制执行效力的公证债权文书人民法院必须执行。而如果错误的公证债权文书,法律赋予了人民法院裁定不予执行的权利。《公证法》第37条第2款规定:"前款规定的债权文书确有错误的,人民法院裁定不予执行,并将裁定书送达双方当事人和公证机构。"何谓确有错误呢?确有错误并无法定的标准,凭法官的法律知识和普遍常理,进行判断衡量。而这很可能导致法官的姿意,导致该条款的使用扩大化,从而导致公证强制执行效力的减弱。因而,有必要对确有错误进行解释。

二、公证债权文书可诉性之争

被赋予强制执行效力的公证债权文书,债权人是否可以不申请强制执行而另行提起诉讼?债务人是否可以另行申请诉讼?关于公证债权文书是否具有可诉性的问题,法律无规定,理论和实践中争议较多,目前存在着几种观点。第一种观点认为,根据《公证法》第 40 条的规定,即:"当事人、公证事项的利害关系人对公证书的内容有争议的,可以就该争议向人民法院提起民事诉讼",赋予强制执行效力的公证债权文书作为公证书,当事人对内容有争议的,当然可以就该争议向人民法院提起诉讼。第二种观点认为,债务人放弃了诉权,而债权人本身并没有放弃诉权。因此,债权人可就赋予强制执行效力的公证债权文书诉到人民法院,而债务人则不可以诉之法院。第三种观点认为,赋予强制执行力的公证债权文书,其本身意味着债权人和债务人都放弃了诉权,因此,债权人和债务人都不可以将之诉至法院。

从赋予强制执行效力的公证债权文书的性质、公证强制执行的制度价值和法律的体系解释来看,第一种观点是错误的。赋予强制执行效力的公证债权文书正如前文所分析的那样,是执行名义,区别于一般的公证书。在公证债权文书中,赋予强制执行效力,意味着当事人放弃了诉权。所谓诉权,是指法律所确定的赋予当事人进行诉讼的基本权利。根据义务不能放弃,但权利可以放弃的法理,诉权是可以依当事人的自由意志放弃的。公证强制执行的效力产生在于当事人自由选择放弃了其诉权。当事人放弃了诉权,其已经非一般意义上的公证书。而且执行名义本身不可诉。从法律体系的解释来看,《公证法》第 40 条和第 37 条是普通条款和特殊条款的关系。在立法实践中,赋予强制执行效力的公证债权文书向来被认为是特殊公证事项,应该适用特殊条款的规定,而不应适用普通条款。

从公证债权文书的性质和当事人平等享有权利的角度来看,第二种观点是错误的。当事人不能在同一实体法律关系上设立两个程序法上的效力(两个执行名义),二者非此即彼。如果承认债权人可以将公证债权文书诉之法院,那么事实上承认了债权人和债务人的不平等。而且也无法解释债权人在负有对待给付义务的情形下,其缘何有诉权的问题。对于债权人来说,富有强制执行力的债权文书本身已经有执行力,债权人可径行申请强制执行,而对于债务人来说,公证债权文书的强制执行力本就是来源于债务人放弃了诉权,承诺接受强制执行。这样,该债权文书即处于执行的状态下,因此,被赋予强制执行效力的债权文书所涉及的给付内容,本身应排除当事人的诉权。

本书赞成第三种观点,原因主要是基于前面所述的公证债权文书的性质,即作为执行名义的债权文书是不可诉的。这里不再赘述。除了这一般情况,关于上述公证债权文书不可诉的问题有一些特殊情况,在这些特殊的情况下,当事人的诉权应被恢复:法院判定公证书确有错误,裁定不予执行;当事人双方协商变更了合同的标的、价款等合同主要内容而未重新办理公证;公证债权文书中存在未约定受强制执行的部分,当事人可就未约定的部分提起诉讼;公证机构撤销了该债权文书的公证书。

在此情况下,应该恢复债权人和债务人的诉权,允许当事人就争议事项诉之法院或重新办理赋予强制执行效力的公证。在裁定不予执行的情况下,债权人本身失去的并非给付请求权的丧失,而只是一种相对快捷、安全的救济方式的丧失。当事人本身的给付请求权依然存在,法院依然有给予救济的必要和义务。如果当事人丧失了公证救济途径,就意味着当事人的给付请求权也丧失,将会导致债权人的债权得不到实现,也必然地导致债权人和债务人的利益严重失衡。这显然不是设计公证强制执行制度的初衷。而且根据有权利必有救济的法理,也应该给予债权人以充分救济。因此,在裁定不予执行情况下,当事人可依公证债权文书和裁定诉之于人民法院。因裁定不予执行的情形甚多,在当事人自愿的情况下,也可通过重新办理赋予强制执行效力效力的公证书来恢复公证强制执行救济途径。

赋予强制执行的公证债权文书,除人民法院裁定不予执行外,还有公证机构撤销该公证书之情形。《公证法》第 39 条规定:"当事人、公证事项的利害关系人认为公证书有错误的,可以向出具该公证书的公证机构进行复查。公证书的内容违法或者与事实不符的,公证机构应当撤销公证书并予以公告,该公证书自始无效;公证书有其他错误的,公证机构应当予以更正。"在公证机构撤销赋予强制执行效力的债权文书公证后,当事人的诉权是否恢复?笔者认为其诉权应恢复。因为公证机构撤销赋予强制执行效力的公证书其本质跟人民法院裁定不予执行是一样的,并不存在着实质上的差异。如果公证机构撤销赋予强制执行效力的公证书后,当事人丧失了诉权,意味着公证机构对纠纷行使了最终的司法裁决,这显然是不妥当的。纠纷的最终裁决权应该由人民法院来行使。

第四节 强制执行公证的法律实践

一、执行证书的存废之争

公证执行证书是指债务人不履行具有强制执行力的债权文书公证书所规定的义务,债权人向原公证机构要求出具的直接向有管辖权的人民法院申请执行的凭证。在现行的制度中,被赋予强制执行效力的公证书在当事人向法院申请执行是,还应当向公证机构另行申请执行证书。这种操作模式也存在于德国法国等国家。该项制度设置的目的在于:(1)执行证书对债务人产生一个警示作用,在真正开始强制执行前促使其清偿债务;(2)有利于进一步确认从债权文书生效到申请执行这段时间内实际的债权债务关系。

新中国建立后,恢复公证制度之初,并没有执行证书的制度。20 世纪 50 年代,若赋予强制执行效力的公证债权文书发生了违约,债权人可持公证书直接向人民法院申请执行,无须公证机构出具执行证书。1982年起开始实施的《公证暂行条例》对强制执行的规定也无执行证书,而是"向有管辖权的基层人民法院申请执行"即可。1991年的《公证程序规则(试行)》对执行证书制度亦无规定。执行证书制度的规定出现在最高人民法院、司法部2000年《关于公证机构赋予强制执行效力的债权文书执行有关问题的联合通知》。该通知的第4条规定:债务人不履行或不完全履行公证机构赋予强制执行效力的债权文书的,债权人可以向原公证机构申请执行证书。

执行证书为何性质?有学者指出,执行证书制度主要是考虑到公证机构赋予强制执行效力的预置性,而从预置效力到实际效力的实现之间有一个过程,这个过程会发生各中影响执行的情况,为了使人民法院明确了解执行的对象和标的,规定了执行证书制度。执行证书与赋予强制执行的公证债权文书性质不一。执行证书非执行名义。赋予强制执行效力的公证债权文书其是否进入执行程序是不确定的,强制执行效力只是预先设置了一种可能性,有待于法律事实(违约事实)的发生。从公证到最终进入执行存在着一个期间,使得许多因素具有了可变性。如给付的部分完成、当事人变更履约期限等。可变性的存在使得公证强制执行变得复杂化。同时,在当事人不履行或不完全履行的事实发生时,执行标的即给付内容始得确立。因此,在此种情形下,由公证机构对上述情况进行初步的、过渡性的审查成为必要。有资料显示,目前发生不履行或不完全履行时,债权人申请执行证书,经过公证机构在出具执行证书时的核实、督促等工作,约有80%的债务人会自动履行义务,由此可见,执行证书制度有利于节约司法资源,快速地实现债权的执行。公证机构基于办理该项公证事项的便利,对当事人提供的证据材料的审查可以节约法院审查的成本。如果每一个赋予强制执行效力的公证债权文书的执行都需要由法院来进行审查确定,无疑会加重法院的成本。而且,法院并非执行案件信息的掌握人(指公证当事人、公证机构),必然的会面临着信息沟通的问题。将审查责任转由公证机构来行使,不失为一种较好的办法。因此,在笔者看来,执行证书是一种由公证迈向执行的过渡性审查,其审查可以被法院的审查所推翻,执行证书的推翻不意味着对执行名义(即公证债权文书)的否定。

然而在司法实践中,对于公证机构签发执行证书的条件,法院和公证机构存在着巨大的争议。争议之大,已经掀起了执行证书制度废存之争。法院认为,公证机构在签发执行证书时,必须再次确认债务人对债权文书无意义,且要二次表示对履行义务无异议。而公证机构认为法院所提的条件过于苛刻,在合同发生违约是,债务人通常是逃避的,在《公证法》中,公证机构的定位是"证明机构"并非强制机构,只拥有"核实权",无法完成法院所要求的"二次核实"。因此执行证书制度的弊端大大暴露:导致对执行名义的重复审查,使得执行程序繁琐,降低了执行效率。

如何化解上述弊端？在前面的分析中,已经提到执行证书只是一种过渡性的审查,并非司法的最终审查。执行证书本身所载明的审查结果,其对人民法院没有必然的约束力。人民法院可以根据当事人提出的异议,根据事实和法律对执行证书的内容进行变更,对变更后的给付内容予以执行。执行证书存在着其自身的缺陷,其审查的结论并非百分之百正确,由司法权来进行最终的调整,具有合理性。

从上面的分析来看,本书认为有必要按照上述执行证书的定位来对执行证书的制度进行改造。建议设置为四个方面的内容:

第一,债务人不履行或不完全履行公证机构赋予强制执行效力的债权文书的,债权人可以向原公证机构申请签发执行证书。

第二,公证机构签发执行证书,应置性审查以下内容:

(1) 不履行或不完全履行的事实是否发生。

(2) 债权人履行合同的义务的事实和证据,债务人按照债权文书已经部分履行的事实。

(3) 债务人对债权文书的规定的履行义务有无合理疑义。

第三,债权人有义务提供证明其主张的证据材料,对于债权人的主张债务人有相反意见的,应提供相应的证明材料。债务人对公证机构发出的主张异议的通知未予回复的,公证机构可以认定债权人的主张成立。

第四,在执行中,人民法院认为执行证书的审查结果有误或债务人提出异议成立的,人民法院应裁定变更执行证书,按裁定的结果进行执行。

二、申请强制执行期限的问题

申请强制执行期限是指经公证的赋予强制执行效力的债权文书在债务人不履行或不完全履行时开始起算,债权人有权利申请人民法院执行的期间。债权人超过申请强制执行期限的,人民法院将不予以受理。在这种情况下,债权人不但丧失了申请执行权,而且也丧失了诉权——超过申请强制执行期限并非诉权恢复的原因。因为债权人怠于行使申请执行权,其应承担不利之法律后果,而不能恢复其诉权。如可恢复其诉权,无疑于承认且鼓励其懈怠行为。因此,从这个角度来看,申请强制执行期限具有非常重要的意义。我国《民事诉讼法》第239条规定:"申请执行的期限为两年。"关于强制执行的期限问题,在《公证法》、《公证程序规则》中均无特别规定,应适用一般法律规定。在实践中,如债权人一旦错过了强制执行期限,将面临着债权不能实现资产不能收回的法律后果。

关于申请强制执行期限问题有两个问题值得探讨:

第一，在申请强制执行期限将至，债权人向公证机构申请强制执行证书，而可以合理预期其不可能在申请期限内向人民法院申请执行的，该如何认定其申请强制执行的期限？比如，银行与客户于2004年1月签署了借款合同并经公证赋予强制执行效力。客户于2004年7月1日未进行还贷。银行于2005年6月30日向公证机构申请执行证书。在这种情况下，其向公证机构申请执行证书时尚在申请强制执行期限内。但可以合理预期因时间问题，其有可能不会在申请执行期限内向人民法院申请强制执行。在此种情况下，是否应确认债权人仍然保有申请执行权？本书认为，应承认债权人仍保有申请执行权。因为从申请执行期限的设计来看，其主要是对怠于行使申请执行权的行为进行惩罚。而从本情形来看，当事人已经采取了向公证机构申请执行证书的行为，其本身是无怠于行使之故意，其主观上不因受法律的责难。而且从客观上来看，执行证书作为一种执行的过渡性审查，其本身也具有司法初步审查的性质。因此，在此种情况下，确认债权人保有申请执行权是合法、合理的。在实践中，由于法律认识等诸多因素，导致许多银行在强制执行期限最后时刻向公证机构申请执行证书的，如果否认其保有申请执行权，其实践危害后果也是巨大的，不利于保护善意的债权人的权益。

第二，在分次履行债权文书中，该如何确定申请执行期限的起算点？在实践中，银行采用的基本都是分期还款的方式，而且一般在当事人连续逾期三期才开始启动追偿程序。按照第一次违约的时间为起算点的话，则可能导致银行债权无法得到有效的保障。例如，在当事人逾期13期（按月计算）不还款的时候，银行拟采取强制执行措施。但这个时候，按照第一次违约起算，其已经超过了一年的期限，其申请执行权已经丧失。可见，以开始不完全履行为起算点，对银行的债权的保护是远远不够的。鉴于此，笔者认为在分期还款的情况下，应该允许债权人和债务人对于执行期限的起算点进行约定。当事人放弃诉权是基于其自由意志，而当事人对执行期限起算点的约定也是其自由意志的体现，法律并没有禁止性规定而且也不应有禁止性规定。因此，对分次履行债权文书是可作下面的规定：债权人与债务人约定分次履行的债权文书，如迟延履行一次的，其后之期间视为亦已到期，申请强制执行期限开始起算。但当事人对起算时间另有约定的除外。

第五节 强制执行公证的案例评析

案例：公证机构赋予借款合同强制执行力后的诉权争议
案情：
1998年某银行某省分行营业部与某房管所分别签订了《借款合同》两份，借款500万元，同时，某房地产有限公司对上述借款提供保证，保证期限2年，双方亦签订了保证合同。现除偿还本金 50 万元，还有本金 450 万元和利息 30 万余元未还。1998 年底，该银行分行营业部与房管所又签订了两份借款合同，共计借款 500 万元。同时另一房管所为上述借款签订保证合同，承担连带责任，保证期限 2 年。该银行分行营业部与房管所在该省公证处就本案所涉及的借款合同及保证合同办理了"具有强制执行效力的债权文书公证书"。借款期满后未还款，三方又达成延期还款协议，延期至 2000 年 6 月、7 月。但至今借款人及保证人对本金 500 万元及利息均未偿还。请求法院判令房管所、房地产有限公司偿还借款本金 450 万元，利息若干元；判令房管所、做担保人的另一房管所偿还借款本金 500 万元及利息，承担本案的全部诉讼费用。

该案由该省高级人民法院立案审理，法院认为，银行与房管所签订的借款合同是双方当事人的真实意思表示，合法有效，应受到法律的保护。银行与借款人房管所、保证人房地产有限公司和另一房管所签订的保证合同属实，保证人提出因银行未在法定申请执行期限内向人民法院申请执行"具有强制执行效力的债权文书的公证书"，是放弃了债权，保证人保证责任应予免除理由与法不符。因具有强制执行效力的债权文书是公证证明文书，法律赋予当事人可以享有凭生效债权文书向人民法院申请强制执行的权利。同时，并不排斥当事人以同一诉讼标的直接向人民法院行使诉权。当事人是依"具有强制执行效力的债权文书的公证书"向人民法院申请强制执行，还是直接向人民法院提起诉讼，当事人具有选择权。为此当事人并未丧失胜诉权或在程序上无诉权。银行的诉求该院应予支持。

之后房管所上诉最高人民法院，最高人民法院审理认为，本案所涉借款合同和保证合同是各方当事人的真实意思表示，内容不违反法律，应依法得到保护。二审中，两上诉人对原审判决认定的事实并无异议，争议的焦点在于案件的法律适用，即"具有强制执行效力的债权文书公证书"是否具有禁止诉讼的效力。上诉人认为"具有强制执行效力的债权文书公证书"本身具有排斥诉讼的作用，原审法院受理本案无法律依据。根据《中华人民共和国公证暂行条例》第 24 条的规定，经过公证处公证证明有强制执行效力的债权文书，一方当事人不按文书规定履行时，对方当事人可以向有管辖权的基层人民法院申请执行。《中华人民共和国民事诉讼法》第 218 条明确将公证机构依法赋予强制执行效力的债权文书纳入可直接执行的程序中。因此，当事人可以不经过诉讼，持公证书直接申请人民法院对不履行债权文书的当事人强制执行。对于当事人而言，是依公证书申请强制执行还是再行诉讼，是债权人的权利，法律并不禁止当事人行使诉讼权利。上诉人上诉无任何法律依据，本院不予支持。

评析：

公证机构已经赋予了该借款合同强制执行效力的，作为债权人的银行分行营业部没有诉权;房管所也受该强制执行效力的约束,不具有诉权;银行分行营业部在法定期限内未申请强制执行的,无特殊事由,在申请执行期限届满后不能另行起诉。

理由有三:

其一,《民事诉讼法》将人民法院的判决书、仲裁委员会的裁决书、公证机构赋予强制执行效力的债权文书放在同一阶位上的。公证机构出具了《具有强制执行效力的债权文书公证书》后,作为债权人的青海省分行营业部已经取得了与人民法院通过诉讼程序作出的判决书具有同等强制执行效力的执行根据。也就是说判决书、仲裁书和公证机构赋予债权文书强制执行效力的公证书三者的效力是相等的,地位是相同的,即都属于执行根据,都具有同等的强制执行效力。我国《民事诉讼法》正是基于这一原理,规定公证机构赋予强制执行效力的债权文书可以作为执行根据的。作为债权人的青海省分行营业部已经通过公证程序取得了执行根据,因此,就不能另行寻求诉讼程序再次取得执行根据。

其二,1991年的《民事诉讼法》第219条规定:"申请执行的期限,双方是法人的为6个月。"超过法定申请期限,债权人便丧失了申请执行的权利。因为,公证赋予强制执行力的债权文书是经过公证机构按法定程序公证的。债权文书本身没有错,只是因为债权人未在法定申请执行期间内申请强制执行,这说明债权人放弃了自己的权利,债权人享有的权利也就不再受法律保护。债权人不能另行通过诉讼程序重新确认公证机构已经确认了的债权。债权人再向法院起诉,法院当然不能受理案件。

其三,从法学原理上讲,当事人申请公证机构赋予债权文书强制执行效力,是以放弃诉权为前提条件的。当事人既然自愿选择公证机构赋予债权文书强制执行效力的这一债权确认方式,就意味着自愿放弃了诉权,就不能再选择按诉讼程序二次确认债权。两级人民法院混淆了审判程序与执行程序的关系,因为,诉讼的目的是通过审判程序来确认当事人之间的权利与义务关系,并取得执行根据。而公证机构赋予债权文书的强制执行效力就是对债权的一种国家确认,其本身就是一种执行根据。也就是说,当事人不能在同一实体法律关系上设立两个程序法上的效力。二者非此即彼,公证机构赋予了债权文书的强制执行力就必然使诉权不再发生。而执行程序是强制实现当事人之间的权利与义务关系的。因此,当事人既选择了申请公证机构赋予债权文书的强制执行效力,就不存在当事人另行诉讼的问题。不管是债权人,还是债务人,他们都必须对自己的理性选择负责,一方不履行债务时,另一方不得再就同一债务向法院起诉。

笔者认为作为债权人的青海省分行营业部向人民法院起诉的,人民法院应驳回其起诉。

第六节　强制执行公证的问题与建议

　　首先有必要对关于公证强制执行的法律法规作具体梳理,因为对于现有法律规范的梳理是提出问题与建议的重要基础性工作。第一,《民事诉讼法》中的规定可以分成一般规定和特殊规定两个部分。一般规定主要是指《民事诉讼法》第三编"执行程序"中的规定,这是对于法定的可直接提交法院执行的程序的一般性规定,具有强制执行效力的公证债权文书的强制执行同样需要遵守。如第201条第2款规定:"法律规定由人民法院执行的其他法律文书,由被执行人住所地或者被执行的财产所在地人民法院执行",该规定不仅适用于仲裁裁决书和调解书的执行,同样也适用于具有强制执行效力的公证债权文书的执行。另一部分是关于公证强制执行的特殊规定,主要是指第214条的规定,即"对公证机构依法赋予强制执行效力的债权文书,一方当事人不履行的,对方当事人可以向有管辖权的人民法院申请执行,受申请的人民法院应当执行。公证债权文书确有错误的,人民法院裁定不予执行,并将裁定书送达双方当事人和公证机构"。第二,是《公证法》第37条的规定,即"对经公证的以给付为内容并载明债务人愿意接受强制执行承诺的债权文书,债务人不履行或者履行不适当的,债权人可以依法向有管辖权的人民法院申请执行"。第三,《公证程序规则》对于公证强制执行的程序作了更具体的规定,有利于在实践中进行操作,如第39条规定:"具有强制执行效力的债权文书的公证,应当符合下列条件:(一)债权文书以给付货币、物品或者有价证券为内容;(二)债权债务关系明确,债权人和债务人对债权文书有关给付内容无疑义;(三)债权文书中载明当债务人不履行或者不适当履行义务时,债务人愿意接受强制执行的承诺;(四)《公证法》规定的其他条件。"第55条规定:"债务人不履行或者不适当履行经公证的具有强制执行效力的债权文书的,公证机构可以根据债权人的申请,依照有关规定出具执行证书。执行证书应当在法律规定的执行期限内出具。执行证书应当载明申请人、被申请执行人、申请执行标的和申请执行的期限。债务人已经履行的部分,应当在申请执行标的中予以扣除。因债务人不履行或者不适当履行而发生的违约金、滞纳金、利息等,可以应债权人的要求列入申请执行标的。"通过对现行法律法规的考察,可以发现现有立法中仍存在很多问题,笔者接下来将这些问题提出来,并提出对以后立法进行修改的建议。

　　第一,《公证法》第37条对《民事诉讼法》第238条的"公证机构依法赋予强制执行效力的债权文书"概念进行了解释,并将民诉法中关于申请执行的主体进行了限制,即将申请执行主体为双方当事人改为了债权人。从字面上看,下位法对上位法规定进行了限制,但从立法者原意推断《公证法》这一规定并无不妥。但出于法制统一的考虑,建议在民诉法中对申请执行具有强制执行效力的公证债权文书的主体进行修改。

第二,关于启动法院执行程序的立法问题。《公证程序规则》中第 55 条有关于执行证书的规定,首次将执行证书以部门规章形式制定下来,平息了各界对于执行证书存废之争。2000 年最高人民法院、司法部发布的《关于公证机构赋予强制执行效力的债权文书执行有关问题的联合通知》第 4 条、第 5 条、第 6 条、第 7 条都规定了执行证书的有关内容。但这些内容并没有完全被《公证程序规则》所吸收,只有第 4 条和第 6 条通过规章形式确定下来。值得注意的是《公证程序规则》中只规定了执行证书的签发、记载事项等,并没有将《联合通知》中第 7 条规定的"债权人凭原公证书及执行证书可以向有管辖权的人民法院申请执行"这一内容以规章形式确定下来。这一条规定了债权人向法院申请强制执行的程序的启动条件,即原公证书及执行证书的提交,是具有强制执行效力的公证债权文书执行中的重要程序性规定。但是无论在《民事诉讼法》、《公证法》还是《公证程序规则》中都没有体现。笔者认为将《联合规定》的第 7 条吸收进《公证程序规则》中十分有必要。

第三,《民事诉讼法》第 238 条第 2 款中"确有错误"的标准应该进一步细化。什么样的情况属于"确有错误"?"确有错误"是由哪个主体进行判定的?在《民事诉讼法》的司法解释中也没有对"确有错误"这一模糊标准进行具体的表述,这就使得在实践中操作起来有很大困难。在立法上对"确有错误"予以量化,将不予执行的理由法定化是今后修改相关法律时应当注意的问题。从实践中来看,下列情形之一者,人民法院可以裁定不予执行:(1) 债权文书未载明债务人不履行义务或不完全履行义务时,愿意接受强制执行承诺的;(2) 不属于依法可以赋予强制执行力的债权文书范围的;(3) 债权文书申请办理公证时,债务人未亲自或委托代理人到场公证的;(4) 债务人未收到债权文书公证书的;(5) 债权文书的内容违背公共利益,违背事实或法律的;(6) 公证人员在办证中有索贿受贿、徇私舞弊等不良行为的。[①] 可以考虑将以上几点或部分在民诉法的司法解释修改时增加进去。

【问题与思考】

1. 什么是执行证书?什么是债权文书?
2. 如何理解"公证债权文书确有错误"?
3. 如何把握申请执行的期限?
4. 设定抵押的不动产可否作为执行标的?

---

① 潘绍华:《关于公证强制执行效力的法律思考》,载《中国公证》2007 年第 1 期。

第十五章　其他公证事务

【内容提要】

逐项对《公证法》规定的其他公证事务做了介绍,对公证员办理这些事务所需要的法律知识、审核内容、遵循的程序都做了必要地说明。

【关键词】　提存　保管　认证　咨询

第一节　其他公证事务的基本理论

公证机构业务范围是公证机构根据法律法规规定和公证机构的职责权限可以办理的公证法律事务,包括公证证明业务和与证明活动有关的法律事务(非证明业务)。一般认为,"其他公证事务"指代的是非证明业务,即公证证明业务以外的其他公证法律事务。"其他公证事务"语义本身是动态的、可变更的,它经历了一个不断充实、完善的发展过程。

在我国,"其他公证事务"的语义变迁可概括为以下几个阶段:

第一,《公证暂行条例》并未区别证明业务与非证明业务,将公证机构的业务范围统一规定于第4条中,根据该规定,"公证处的业务如下:(一)证明合同(契约)、委托、遗嘱;(二)证明继承权;(三)证明财产赠与、分割;(四)证明收养关系;(五)证明亲属关系;(六)证明身份、学历、经历;(七)证明出生、婚姻状况、生存、死亡;(八)证明文件上的签名、印鉴属实;(九)证明文件的副本、节本、译本、影印本与原本相符;(十)对于追偿债款、物品的文书,认为无疑义的,在该文书上证明有强制执行的效力;(十一)保全证据;(十二)保管遗嘱或其他文件;(十三)代当事人起草申请公证的文书;(十四)根据当事人的申请和国际惯例办理其他公证事务"。据此,"其他公证事务"指代的即是第(一)项至第(十三)项以外的其他公证事务,其中,作为非证明业务的保管、代书等亦位列于公证证明业务范畴,并未被纳入"其他公证事务"范畴。根据《公证暂行条例》规定的精神,1990年颁布了《公证程序规则(试行)》,该规则分别在第39条、42条、53条、54条以分散的形式规定了翻译、代办认证、提存、调解等公证法律事务,似可理解为"其他公证事务"所包含的范畴。

第二,适应公证改革于2002年出台的《公证程序规则》,"其他公证事务"的范畴同样散见于第第39条、42条、53条、54条,包括翻译、代办认证、提存、调解等公证法律事务,只是对个别内容作了一定的调整。

第三,2005年8月28日《公证法》颁布,首次在法律上将公证业务划分为公证证明业务和非证明业务(其他公证事务),并分别在第11条和第12条作了明确规定。《公证法》第11条规定:"根据自然人、法人或者其他组织的申请,公证机构办理下列公证事项:(一)合同;(二)继承;(三)委托、声明、赠与、遗嘱;(四)财产分割;(五)招标投标、拍卖;(六)婚姻状况、亲属关系、收养关系;(七)出生、生存、死亡、身份、经历、学历、学位、职务、职称、有无违法犯罪记录;(八)公司章程;(九)保全证据;(十)文书上的签名、印鉴、日期,文书的副本、影印本与原本相符;(十一)自然人、法人或者其他组织自愿申请办理的其他公证事项。""法律、行政法规规定应当公证的事项,有关自然人、法人或者其他组织应当向公证机构申请办理公证。"该条以列举的方式规定了公证证明业务范畴。《公证法》第12条规定:"根据自然人、法人或者其他组织的申请,公证机构可以办理下列事务:(一)法律、行政法规规定由公证机构登记的事务;(二)提存;(三)保管遗嘱、遗产或者其他与公证事项有关的财产、物品、文书;(四)代写与公证事项有关的法律事务文书;(五)提供公证法律咨询。"根据该条规定,"其他公证事务"包括登记、提存、保管、代书、咨询五项。此后,2006年颁布的新《公证程序规则》又对此作了补充,在进一步细化登记、提存、保管、代书、咨询事务的同时,还规定了翻译、代办认证、调解、法律援助等其他公证事务。

按照这一划分标准,综观世界各国公证制度,"其他公证事务"的规定林林总总,难以一概而论,据此我们可大致判断一国公证制度的服务范围、社会地位、体系构建、完善程度及法律特色。总体而言,以英美法系国家为主的弱势公证基本上不存在"其他公证事务",而以大陆法系国家为主的强势公证制度中有关"其他公证事务"的规定则内容丰富,各具特色。

在法国,公证服务领域相当广泛,主要包括家庭法域、不动产法域、公司法域等三大领域,公证人除了证明文件和合同的真实性外,还承担着包括保管文书在内的"其他公证事务",主要有:(1)在家庭法域,公证人可以介入家庭财产经营如房地租的确定、财产的估算、收入的申报等;可以代为拟定婚约、变更夫妻财产制度;可以就如何建立家庭事务管理制度提供法律咨询;可以应邀处理家庭事务,如仲裁家事纠纷,促成离婚协议,确定无行为能力人的监护人等。(2)在不动产法域,公证人可以在不动产活动的各个阶段提供法律咨询;可以参与不动产的管理,利用所掌握的有关不动产市场的专业知识向用户提供信息;在征用土地方面提供法律服务。(3)在公司法域,公证人可以协助公司的成立,起草公司章程及其他有关文书;可以参与公司的有关社会活动如订立劳动合同、场地出租等;可以在公司解散时参与清算。①

德国公证人的职务行为包括公证和认证,除此之外,公证人还可以从事与公证有关的"其他公证事务":(1)保管。《德国公证人法》第23条规定:"公证人可以保管当事人交付的金钱、有价证券、贵重金属等有价物品,或将上述物品转交第三者。(2)代书和咨询。《德国公证人法》第23条规定:"公证人可以为当事人起草文书和提供咨询服务以预防纠纷⋯⋯。"(3)作为当事人的代理人。只要法律没有限制性规定,公证人可以在法院或行政机关代理当事人进行活动。(4)充当类似于调解员的角色,对当事人之间发生的纠纷进行调解,目的是减轻国家的负担。

《日本公证人法》第1条规定:"公证人拥有下列权限:根据当事人或其他有关人员的申请,就法律行为及其他关于私权的事实,制作公证证书;对私人制作并签署的文书进行认证;根据《商法》第167条及其准用规定,对公司章程进行认证。"可见,日本公证人的职务行为主要包括公证和认证。此外,公证人还兼从事保管、代书、咨询等方面的"其他公证事务"。

在苏联,根据苏联中央执行委员会及人民委员会的决议,国家公证处应当担负下列责任:(1)依照公证程序证明法律行为;(2)做成法律所规定的拒付证书;(3)证明文件的副本和簿册、文件的摘录部分;(4)证明签字是否真实;(5)证明可能具有法律意义的情况和事实,但是这种情况和事实,以公证员能够亲自直接证明,而法律对于证明这种情况和事实也没有另定其他程序的时候为限;(6)登记对建筑物和建筑权的扣押、撤销扣押和变更扣押的事项;(7)保管文件;(8)加盟共和国法律所规定的其他行为。据此,公证人除了履行"证明"职责外,还承担保管、登记等与公证证明有关的"其他公证事务"。同时,个别取得资格的公证处还可以承担翻译事务并证明翻译的正确性。随着公证事业的发展,"其他公证事务"范围有所拓宽,增加了新的内容如公证处可以发给许可执行的签证,可以宣告公民失踪和宣告失踪人死亡等。苏联解体后,俄罗斯对公证制度作了部分调整和变更,在《俄罗斯联邦公证立法纲要》中规定了公证人证明业务范围的同时,还规定了包括保管、提存等在内的"其他公证事务"。

第二节 其他公证事务的立法背景

一、"其他公证事务"的具体立法表现

综合《公证法》和《公证程序规则》的规定,我国公证法律规范所涉及的"其

---

① 参见司法部律师公证工作指导司编:《中外公证法律制度资料汇编》,法律出版社2004年版,第576页。

他公证事务"大致可归纳为登记、提存、保管、代书、咨询、翻译、代办认证、法律援助、调解等。以下分述之:

(一) 登记①

《公证暂行条例》、《公证程序规则(试行)》、《公证程序规则》中均无对公证登记事务的规定。有关公证登记事务的法律规定最初体现在1995年颁行的《担保法》。根据《担保法》第42、43条的规定,办理抵押物登记的部门如下:(1)以无地上定着物的土地使用权抵押的,为核发土地使用权证书的土地管理部门;(2)以城市房地产或者乡(镇)、村企业的厂房等建筑物抵押的,为县级以上地方人民政府规定的部门;(3)以林木抵押的,为县级以上林木主管部门;(4)以航空器、船舶、车辆抵押的,为运输工具的登记部门;(5)以企业的设备和其他动产抵押的,为财产所在地的工商行政管理部门。当事人以其他财产抵押的,可以自愿办理抵押物登记,登记部门为抵押人所在地的公证部门。据此,司法部于2002年颁布了专门的《公证机构办理抵押登记办法》。2005年颁布的《公证法》第12条规定:"根据自然人、法人或者其他组织的申请,公证机构可以办理下列事务:法律、行政法规规定由公证机构登记的事务;⋯⋯。"2006年在《公证法》的基础上出台的《公证程序规则》第71条进一步规定:"公证机构根据《公证法》第12条规定受理的提存、登记、保管等事务,依照有关专门规定办理;没有专门规定的,参照本规则办理",即2002年颁布的《公证机构办理抵押登记办法》目前仍然是我们办理公证登记的依据和准则。

(二) 提存

提存公证是公证处按照法定条件和程序,对债务人或担保人为债权人的利益而交付的债之标的物或担保物(含担保物的替代物)进行寄托、保管,并在条件成就时交付债权人的活动。提存公证可根据提存目的不同分为两类:即以清偿为目的的提存公证和以担保为目的的提存公证。1982年《公证暂行条例》颁行时尚无提存公证业务。1987年司法部第一次发布了《关于部分城市公证机构试办提存业务的通知》,先在北京、上海、沈阳、开封四个城市试办提存公证业务。经过三年的实践,提存公证的价值得到了社会的认可,并且公证机构在办理提存业务方面也积累了一定的经验,普遍开展提存业务的时机业已成熟。于是,1990年司法部发布了《关于普遍开展提存公证业务的通知》,决定在全国普遍开展提存公证业务。之后,于1990年底颁布的《公证程序规则(试行)》也将提存纳入公证业务范畴,该规则53条规定:"公证处办理提存公证,应以通知书或公

---

① 公证程序中的"登记"包括公证申请事项的分类登记、清点财产类公证中的登记造册、独立的担保登记事务等,由于分类登记、登记造册等仅为办理具体公证事项中附带的某一环节,并非独立的公证事务,因此本文论及之登记仅指代"担保登记事务",包括抵押登记和质押登记。

告方式通知债权人在确定的期限内领取提存标的物。债权人领取提存标的物时,应提供身份证明和有关债权的证明,并承担因提存所支出的费用。不易保存的或债权人到期不领取的提存物品,公证处可以拍卖,保存其价款。提存人可以凭人民法院的裁决书或提存之债已清偿的其他证明领回提存物。从提存之日起,超过二十年无人领取的提存标的物,视为无主财产,上交国库。"但最初的提存公证业务仅限于以清偿为目的的提存。随着提存公证的发展,提存的内涵得到了丰富和扩展,1995年颁布了专门的《提存公证规则》,该规则对提存的定义即包括了以清偿为目的的提存公证和以担保为目的的提存公证。另外,为了适应市场发展时势要求,加速财产流转,充分利用和发挥财产价值,同时为了防止债权人有意长期怠于领取提存物,增加社会的提存资源消耗和成本负担,1999年颁布统一的《合同法》时,开始考虑缩短领取提存物的最长期限,将债权人领取提存物的"除斥期间"由原来规定的20年修改为5年。《合同法》第104条规定:"……债权人领取提存物的权利,自提存之日起五年内不行使而消灭,提存物扣除提存费用后归国家所有。"于2002年颁布《公证程序规则》时,也依此作了调整,在第53条中规定:"从提存之日起,超过五年无人领取的提存标的物,视为无主财产,上交国库。"2005年颁布的《公证法》和2006年颁布的新的《公证程序规则》第71条肯定和延续了这一规定。

(三) 保管

1982年《公证暂行条例》第4条规定:"公证处的业务如下:……保管遗嘱或其他文件;……"同年在司法部发布的《办理几项主要公证行为的试行办法》中也规定:"经遗嘱人申请,公证处可代为保管遗嘱。"随着民众生活水平和法治意识的提高,通过公证遗嘱处分财产的愿望越来越迫切,遗嘱公证量也逐年增长。遗嘱公证中暴露出的问题需要统一的规则进行规范,因此,于2000年专门针对遗嘱公证事项的的统一的《遗嘱公证细则》颁布了。该细则第20条规定:"公证处可根据《中华人民共和国公证暂行条例》规定保管公证遗嘱或者自书遗嘱、代书遗嘱、录音遗嘱;也可根据国际惯例保管密封遗嘱。"随着公证事业的发展和公证业务领域的拓展,2005年颁布的《公证法》进一步扩大了保管的对象范畴,而不仅限于以往的遗嘱文件。根据《公证法》以及在《公证法》基础上制定的2006年《公证程序规则》的相关规定,公证机构可以根据当事人的申请保管遗嘱、遗产或者其他与公证事项有关的财产、物品、文书等。

(四) 代书

1982年《公证暂行条例》第4条规定:"公证处的业务如下:……代当事人起草申请公证的文书;……"可见,最初的代书仅指的是代为起草公证法律文书,似乎不包括修改法律文书,这与公证实践显有出入。为了完善代书的概念,1986年的《办理公证程序试行细则》第20条更加明确:"公证处可以应当事人的请求,帮助当事人审查、修改、起草法律文书。"1990年颁布的《公证程序规则(试行)》又进一步规定了代书的法律责任问题。根据该规则第31条规定,公证处可以应当事人的请求,帮助当事人起草、修改法律文书。当事人申请公证的文书内容不完善、用词不当的,公证人员应指导当事人予以改正;当事人拒绝修改的,应在笔录中注明。2002年颁布的《公证程序规则》沿袭了上述作法,规定公证处可以应当事人的请求,帮助当事人起草、修改法律文书。但《公证法》的立法者们显然忽略了这一问题,仍然在第12条将公证机构的代书事务表述为"代写与公证事项有关的法律事务文书"。为了弥补这一不足,2006年颁布的《公证程序规则》吸收了2002年《公证程序规则》规定,在第34条规定:"公证机构在审查中,认为申请公证的文书内容不完备、表达不准确的,应当指导当事人补正或者修改。当事人拒绝补正、修改的,应当在工作记录中注明。应当事人的请求,公证机构可以代为起草、修改申请公证的文书。"

(五) 咨询

由于我们习惯性地认为咨询是公证的当然事务,因此无论《公证暂行条例》、还是《公证程序规则(试行)》均未将咨询作为公证机构的一项独立事务予以单列,并且在实践中公证咨询通常是免费的。尽管1997年国家计委、司法部《关于印发〈公证服务收费管理办法〉的通知》第3条明确规定"解答法律咨询"为独立的收费的公证事务,但2002年颁布的《公证程序规则》仍然没有单独涉及公证"咨询"事务的规定。直至《公证法》颁布,才在第12条对咨询事务作出专门的规定,即"根据自然人、法人或者其他组织的申请,公证机构可以办理下列事务:……提供公证法律咨询"。

(六) 翻译

公证书的翻译问题一般规定于有关办理公证的程序性规范中。最初,根据规定,我国发往国外使用的公证文件,应当以中文本为正本,并使用我国公证书格式。外文译本只作副本。1986年《办理公证程序试行细则》第一次规定了公证书可以附外文译文,该细则第38条规定:"因使用需要或当事人要求,公证书可附外文译文。"1988《司法部关于办理外文书公证事的意见》进一步规定:"凡是我国有关单位或公民申请公证拟在域外使用的有法律意义的文书,一般应以中文制作,文书使用国家或地区要求附译文的,可附译文。"1990年颁布的《公证程序规则(试行)》第39条则注意区别少数民族地区公证的情况,作出了更加明确的规定:"制作公证书应使用中文。在少数民族聚居或者多民族共同居住的地区,除涉外公证事项外,可使用当地民族通用的文字。根据需要或当事人的要求,公证书可附外文译文。"2002年颁布的《公证程序规则》规定与此一致。至2006年根据《公证法》精神颁布新的《公证程序规则》时,又进一步将涉外公证书区分为发往港澳台使用的公证书和发往国外使用的公证书,因此对于公证书翻译问题的规定也显得更为细致、详尽。该规则第43条规定:"制作公证书应当使用全国通用的文字。在民族自治地方,根据当事人的要求,可以同时制作当地通用的民族文字文本。两种文字的文本,具有同等效力。发往香港、澳门、台湾地区使用的公证书应当使用全国通用的文字。发往国外使用的公证书应当使用全国通用的文字。根据需要和当事人的要求,公证书可以附外文译文。"

（七）代办认证

1982年《公证暂行条例》第27条规定:"当事人申请办理的公证文书如系发往国外使用的,除按本章程规定的程序办理外,还应送外交部或者省、自治区、直辖市外事办公室和有关国家驻我国大使馆、领事馆认证。但文书使用国另有规定或者双方协议免除领事认证的除外。"根据该规定,1986年《办理公证程序试行细则》进一步对办理认证的程序进行了明确,该细则第40、41条分别规定了须认证公证书的递送和认证费用的收取,即公证书根据规定需要办理领事认证的,应由承办公证处送有关部门认证,认证费亦由承办公证处代收。1990《公证程序规则(试行)》将上述有关公证书认证的问题合而为一,规定在同一个条款中,该规则第42条规定:"公证书需要办理领事认证的,应由承办公证处送有关部门认证,并代收认证费。"2002年颁布的《公证程序规则》第42条延用了这一规定。2005年《公证法》颁布后,对公证书认证问题的规定有所变更,根据《公证法》第33条,公证书需要在国外使用,使用国要求先认证的,应当经中华人民共和国外交部或者外交部授权的机构和有关国家驻中华人民共和国使(领)馆认证。与此相应,2006年颁布的《公证程序规则》对涉及认证事宜的条款也作了调整,第47条规定:"公证书需要办理领事认证的,根据有关规定或者当事人的委托,公证机构可以代为办理公证书认证,所需费用由当事人支付。"

（八）法律援助

长期以来公证进行法律援助的方式比较单一,即表现为为符合一定条件的当事人减免公证费,因此有关公证的法律规范一般在涉及这一内容时均直接表述为"减免公证费"。1982年《公证暂行条例》第22条规定:"公证处办理公证事务,应当按规定收费。公证费收费办法由司法部另行制定。"据此,1986年《办理公证程序试行细则》第41条对减免程序作了明确,规定"公证处办理公证事项应按规定收取公证费。减、免收费应由主任或副主任决定"。1990《公证程序规则(试行)》第20条在此基础上又对减免条件和减免程序的启动作了补充规定:"公证处受理公证申请后,应按规定标准由专人收取公证费。公证办结后,经核定的公证费数额与预收数额不一致的,应当办理退还或补收手续。当事人交纳公证费有困难的,应提出书面申请,由公证处主任或副主任决定是否减、免。"之后,尽管1997年司法部发布了专门的《关于开展公证法律援助工作的通知》,细化了法律援助的条件、程序,但2002年《公证程序规则》第20条仍然直接沿用了1990年《公证程序规则(试行)》第20条的规定,并未调整并使用"法律援助"一语。随着法律援助制度的健全和发展,有关法律援助的规定也规范化、体系化,为了与法律援助制度规范相配套,2005年颁布的《公证法》第一次在法律上正式使用"法律援助"的概念,于第34条规定:"当事人应当按照规定支付公证费。对符合法律援助条件的当事人,公证机构应当按照规定减免公证费。"2006年颁布的《公证程序规则》第23条据此进一步明确:"公证机构受理公证申请后,应当按照规定向当事人收取公证费。公证办结后,经核定的公证费与预收数额不一致的,应当办理退还或者补收手续。对符合法律援助条件的当事人,公证机构应当按照规定减收或者免收公证费。"

(九) 调解

有关公证调解的内容均体现于公证的程序性规范中。1990年颁布的《公证程序规则(试行)》第43条规定:"经过公证的事项在履行过程中发生纠纷的,原公证处可应当事人的请求进行调解。经调解后当事人达成新协议的,公证处应给予公证;新达成的协议符合本规则第35条规定条件的,公证处应依法赋予强制执行效力。调解不成的,公证处应告知当事人向人民法院起诉或申请仲裁。" 2002年颁布的《公证程序规则》第54条规定与此完全相同。2006年颁布的《公证程序规则》对调解的规定则稍有改动,但大同小异。该规则第56条规定:"经公证的事项在履行过程中发生争议的,出具公证书的公证机构可以应当事人的请求进行调解。经调解后当事人达成新的协议并申请公证的,公证机构可以办理公证;调解不成的,公证机构应当告知当事人就该争议依法向人民法院提起民事诉讼或者向仲裁机构申请仲裁。"

二、"其他公证事务"立法背景分析

从上述规定可以看出,我国公证制度重建以来,"其他公证事务"的内涵和外延发生了巨大的变化。不仅"其他公证事务"语义所囊括的种类越来越丰富,而且每一类型事务的规定根据公证发展的时代需要适时作出调整和变更,越来越显完善。

分析"其他公证事务"在立法上呈现出上述诸多变化的背景和原因,大体可概括如下:

(一) 市场经济决定了公证法治的发展方向

一方面,市场的开放性融合了多元化的价值理念、多层次的利益需求、多样化的行为模式,构成了一个复杂多元的社会。鉴于"现代社会和当事人在利益、价值观、偏好和各种实际需要等方面的多元化,本质上需要多元化的纠纷解决方式,需要有更多的选择权"①,这恰恰成就了多元化纠纷解决机制萌生与发展的社会条件,于是,ADR(即替代性纠纷解决机制、非诉讼纠纷解决机制或称诉讼外纠纷解决机制)应运而生,成为当下司法改革研究的热点。公证作为非诉讼法律救济手段之一,是 ADR 不可或缺的组成部分,自然也要满足多元化社会的需求,以社会价值和手段的多元化为基本理念,积极发展和丰富自身的内涵,充分挖掘和发挥自己的多元优势,尽力为当事人提供更多选择的可能性;另一方面,市场的"效益观念"为现代纠纷解决机制注入了更多的"理性",也就是说,市场经济条件下,效益观念同样成为当事人选择纠纷解决方式的基本判断依据。解决纠纷和实现正义必须考虑成本与效益,当事人不可能盲目倚重于诉讼,而是较为理性地选择最为经济、节本、快速、便捷、高效且非对抗性的方式。这就使得当代纠纷解决机制的发展事实上已不仅局限于纠纷的事后和补偿性处理,而在不断地向纠纷预防、早期协调的方向发展。毫无疑问,在多元化的社会背景下,法治本身也在经受着锤炼和考验,ADR 的发展趋势表明"ADR 的应用并不仅仅限于纠纷的解决,从合同的签订、公约的缔结、组织机构形成、共同体规则的建立等各个环节,ADR 都开始越来越多地起到了预防纠纷发生的作用"。② 公证制度作为国家为公民提供的预防性的公共法律服务资源,本身即以"预防纠纷、减少诉讼"为己任,理当责无旁贷,全面地多方位地开发自己的潜能,不断扩大法律服务渠道,体现自身作为一种与诉讼异质的非诉预防手段的诸多优势,为当事人提供更加多元的维权启蒙和更加便利的选择引导,由此承担更现实的法治功能,发挥更实用的社会价值。

(二)构建和谐社会需要和谐的救济手段与之契合

"和谐社会"是法治国家治理社会所追求的价值目标和期待达到的理想状态。在多元化社会背景下,"和谐"本身即意味着多元利益的合理共存、协调发展和互补互动。"'和'不等同于'同',有差异才有和的必要,才需要通过'和'的努力使相互矛盾、存在差异的事物达到协调,即'和而不同'及'和衷共济'的境界。因此,'和'体现了一种辩证思维"。③ 和谐之"和"不仅描述了一种和谐、协调的秩序和状态,也倡导以平和、和缓、和解的方式解决纠纷、消除冲突、化解矛盾,力求纠纷各方达到和谐、互利、共赢。而"无论是追求和谐社会的理想还是在社会治理和纠纷解决中力求和解之道,最终都必然以多元化的理念、价值和制度为基点——只有在各种利益相对协调,各种价值观和谐共存,各种社会机制有机互动,社会稳定有序的情况下,社会才能和谐发展;只有运用多元化的规范

---

① 范愉:《以多元化纠纷解决机制保证社会的可持续发展》,载《法律适用》2005 年第 2 期。
② 范愉:《浅谈当代 ADR 的发展及其趋势》,载《比较法研究》2003 年第 4 期。
③ 范愉:《纠纷解决与社会和谐》,载徐昕主编:《司法(第一辑)——纠纷解决与社会和谐》,法律出版社 2006 年版,第 52 页。

和解决机制,冲突和纠纷才可能以最平和、经济和有效的方式获得最佳的解决"。① 这就是说,和谐社会并非保证社会不出现纠纷和冲突,而是尽力通过建立合理的多元化纠纷解决机制,确保多元利益得到平衡与协调,重新回归社会的和谐状态。由此可见,和谐社会所要求的法律救济手段必须是奠基于多元价值理念之上、能够满足多元利益群体需求的和谐的、有机的系统。就公证制度而言,其本身所具备的"非诉性"、"预防性""中立性"以及"无争议"原则、"真实、合法"原则等与生俱来即自带了诸多的"和谐"基因。而为了更加契合"和谐"需求,体现更完满的"趋和"倾向,公证应当吸纳更多的"和谐"元素,开拓更加广阔的服务领域,除了"证明"业务外,寻求和发现更多的"非证明事务",以宽容而合理的制度设计满足不同阶层的社会主体的不同需求,为之提供更加广阔的选择空间。在当事人尚未真正形成争端之际,尽快通过此种开放性、自主性、选择性、多元性的机制早期介入,由其根据自身的价值判断,理性选择最佳方案,以消除纠纷隐患,降低交易风险,减少纠纷解决的成本与周期。总之,不论对于个案当事人追求自身利益的"小和谐"而言,还是对于整个社会的"大和谐"而言,运用科学严谨的机制提前规划、未雨绸缪、预防纠纷,比事后解决纠纷陷入"讼累"无疑更加契合"和谐"之本意。

（三）公证自身的发展和经验的积累

公证作为国家治理社会的法治手段之一,事实上体现了国家对重大经济活动与公民的重要法律行为的干预政策,这从公证的发展历程可略见端倪。在计划经济时代,以"必须公证"为原则,体现了国家微观调控和强制干预的政策,公证的职能单一,且公证实务缺乏可资借鉴的经验,公证服务范围十分受限。市场经济的发展要求政府转变职能,实行宏观调控,国家仅对重大经济活动与公民的重要法律行为进行适度干预,公证同样回应了这一变化,转而以"自愿公证"为原则。不仅如此,社会转型期的多元格局为公证职能的"多元化"发展奠定了基础。随着公证实践的不断丰富和经验的不断积累,公证的服务内容不断创新,服务领域不断拓展。国务院于2000年7月批准司法部发布了《关于深化公证工作改革的方案》,其规定:"……尽快建立健全适应社会主义市场经济要求的公证制度,充分发挥公证机构的服务、沟通、公证、监督作用,把我国的公证事业推向一个新的发展阶段。"根据《方案》的精神,公证改革不仅实现了单一的证明职能向集"证明、沟通、监督、服务"于一身的多元职能的转变,而且还开始推行了公证性质多元化、公证机构多种体制并存的尝试,尽管这样的改革颇为"急功近利",所引发的负面问题至今未能有效解决。但是,就公证法律服务的专业范围

---

① 范愉:《纠纷解决与社会和谐》,载徐昕主编:《司法(第一辑)——纠纷解决与社会和谐》,法律出版社2006年版,第52页。

而言,不可否认的一点是,公证在改革中拓宽了业务,扩大了视野,激发了潜能,积累了经验,"其他公证事务"的不断健全与完善即是事实。

(四)"以人为本"法治理念的影响

现代法治国家所推崇的"依法治国"除了要求"有法可依"外,还要求所依之"法"应为"良法",必须立足于"以人为本",体现高度的"人性化",表达细致的"人文关怀"。随着社会法治意识的普遍提高和维权力度的普遍增强,人们对法律救济机制提出了更高层次、更周到、更精细、更专业的要求,相应的立法也应及时调整和更新,以人们的需求为本位,更充分地体现"当事人主义"。公证也不例外,公证立法从多维度贯彻了"当事人主义":第一,公证程序的启动原则上由当事人自愿选择、自主申请;第二,公证事项的受理和出证,均强调当事人自由参与和自主决策,整个程序简便易行、快速高效;第三,公证属于"公益性、非营利"的公共法律服务活动,公证收费低廉,能够满足当事人"成本最小化、利益最大化"的需求;第四,与其他事前救济手段比较,公证不仅具有内在的法定效力优势,而且与外在机制如司法审判的衔接问题立法也十分明确,因此拥有可信可靠的执行保障,能够实现当事人通过公证救济预期达到的目的;第五,基于"以人为本"的价值取向,《公证法》审时度势,第一次对公证的事务进行了逻辑梳理和全面整合,正式区分了公证的证明业务和非证明业务,在第 11 条列举了公证证明业务范围的同时,又于第 12 条专门规定了非证明业务——"其他公证事务",并在《公证程序规则》以及具体公证事务规范中对"其他公证事务"予以补充、细化,使得有关"其他公证事务"的规范形成了一个内容开放、有机协调、互补互动的整体,概由当事人于申办公证时根据自己的预期目标和实际需要进行选择,或辅助强化公证书之功效,或独立发挥作用,力求最大限度地反映"民意"之所需。由此足见立法者"人本主义"之用心。

总之,"其他公证事务"随着公证制度的日益发展成熟而不断得以规范、充实与完善并非偶然,而是多元化社会背景下之多重原因合力作用使然。

第三节 其他公证事务的热点前沿问题

ADR(Alternative Dispute Resolution),译为替代性纠纷解决方式、选择性纠纷解决方式、诉讼外纠纷解决方式或非诉讼纠纷解决方式,现已引申为"对世界各国普遍存在着的、民事诉讼制度以外的非诉讼纠纷解决程序或机制的总称"。[①]

20 世纪中后期,在世界范围内,众多国家都启动了不同程度的民事司法改

---

① 范愉主编:《ADR 原理与事务》,厦门大学出版社 2002 年版,第 1 页。

革,尽管各国国情有别、法治传统不一、改革背景迥异,但在改革的路径选择方面却有着惊人的相似,即"替代性纠纷解决机制或非诉讼纠纷解决机制(ADR)受到了普遍关注,并在不同程度上被纳入民事司法改革的总体架构"。① 这种默契的共识其实不乏相互借鉴的因素,但借鉴不等于简单的移植,各国因时制宜、因地制宜,因此所建构的 ADR 模式也并非千篇一律、一层不变,而是各有千秋、各具特色。这就是说,ADR 的发展和运作完全取决于特定国家、特定社会解决纠纷的需要,并不存在一种普适于任何国家、任何社会的"放之四海而皆准"的模式,ADR 本身是一个相对自由开放、形式各异、内容广博的体系。

一、大陆法系强势公证制度与 ADR 的内在契合

公证是一种国际普遍通行的非诉性司法证明制度。基于各国不同的历史文化、传统习惯、法治背景以及设置公证制度的功能预期,各国公证制度体系的内容与效力并不一致,大体形成了世界两大公证体系——英美法系国家的公证体系和以大陆法系国家为主的拉丁公证体系。前者属于弱势公证,后者属于强势公证。

对照公证制度的基本特点,可以看出,公证制度与 ADR 的确有着天然的契合性:

1. 关于替代性。公证作为一种非诉性的司法证明制度,同样具有替代法院诉讼解决纠纷的功能。而且相对于诉讼而言,公证程序高效、成本低廉的明显优势也是毋庸置疑的。如德国对公证人的定位是:公证人是中立人,他独立于国家之外,独立于当事人之外;公证人经济上必须独立;公证人类似于调解员,他目的是减轻国家的负担②。这就是说,公证人可以充当类似调解员的角色,对当事人之间发生的纠纷进行调解。公证调解达成的协议,不必经过诉讼即具有执行力。同样,在日本,根据《日本民事执行法》规定,关于以一定数额的金钱支付或其他代替物或一定数量的有价证券的给付为目的的请求,公证人所制作的记载了债务有直接服从强制执行的陈述的公证证书,可作为强制执行的依据。一旦发生纠纷,该公证证书提交法院,法官不作审查,债务即可得到强制执行。

2. 关于选择性。大陆法系构建法制体系遵循的是"私权自治"与"适度干预"相结合的原则,公证制度的设置上,即体现为"自愿公证"与"必须公证"相结合,民商事法律对于一般民事法律行为不规定必须公证,仅对于重大的经济活动和公民重要的法律行为要求强制公证。因此,对于一般的公证事项,公证所体现

---

① 范愉主编:《多元化纠纷解决机制》,厦门大学出版社 2005 年版,第 173 页。
② 司法部律师公证工作指导司编:《中外公证法律制度资料汇编》,法律出版社 2004 年版,第 573 页。

的"选择性"是显而易见的。首先,在公证程序的启动上,原则上非经当事人自愿主动申请不可启动公证程序。其次,当事人有选择公证和不公证的自由,也有选择公证后撤回公证申请的自由,还有选择这个公证人或那个公证人为自己办理公证的自由。再次,在公证办理的过程中有充分表达自己意志的自由,可以自主处分公证法律事项,公证人必循尊重当事人的意思表示,维护当事人正当的利益需求。总之,整个公证程序的公开性、参与性和自治性,能够确保当事人作为自主的主体参与平等地对话、交涉、抗辩、监督,并达到控制公证人权力滥用的目的,以此达到真正公正的公证。

3. 关于解决纠纷。大陆法系国家公证文书被赋予强势的证据效力和强制执行效力,这对于解决纠纷的影响无疑是决定性的。不仅如此,有些国家的公证还可以应当事人的申请直接介入纠纷的解决。如,法国公证服务领域广泛,主要包括家庭法域,不动产法域,公司法域等,公证人可以应邀处理家庭事务,如仲裁家事纠纷,促成离婚协议,办理收养证书等。据统计,经过公证的法律行为,只有万分之五的案子发生纠纷①。对于经公证后产生的法律关系,一旦发生纠纷,当事人可申请法院根据公证书强制执行。日本也一样,在法律未对公司章程作出必须公证的规定之前,有关公司方面的纠纷很多,经常诉至法院,1940年商法作出公司章程必须公证的规定之后,这样的情况就很少发生了。并且,公司章程的认证至今一直是占有重要地位的公证业务项目。

二、公证纳入我国 ADR 的必要性

我国研究 ADR 的法治背景与西方国家并不相同,我国法院诉讼尽管也存在一定的问题,但还没有出现明显的诸如"诉讼爆炸"式的严重危机。然而这不是说我国就没有必要研究 ADR。众所周知,我国强调依法治国、健全法治的当下目标在于构建和谐社会。既然我国在社会发展转型期业已形成了社会主体需求多样化、利益多元化的格局,那么社会的"和谐"就必然包涵着多重需求的满足、多元利益的平衡之含义,这就意味着我们面对矛盾和纠纷时不能采取单一化、片面化的思路,而要考虑构建一种与多元"和谐"内涵相适应的多元的纠纷解决机制——具有更大包容性和灵活性的纠纷解决机制,而 ADR 本身的多元化恰好满足了这样的需求,这说明我国探讨和构建 ADR 同样势在必行。我国的公证属于类似于大陆法系的强势公证,它在预防纠纷、减少诉讼方面的职能自不待言,而在纠纷解决方面的价值同样不可忽视,主要体现在:

1. 在诉讼中的作用——作为证据之王的价值。我国公证机构出具的公证书具有不同于一般证据的特别"强势"的证明力,这种特殊"强势"之具体表现在

---

① 司法部律师公证工作指导司编:《中外公证法律制度资料汇编》,法律出版社2004年版,第583页。

本书第六章"公证法律效力"中已有论及,于此不再赘述。总之,"从解决纠纷的角度看,公证书提供的强大证明力无疑可以省去很多纷繁复杂的事实认定程序,使事实认定变得更加精确和快捷,从而大大提高诉讼程序解决纠纷的效率和成功率。从审判机关的角度看,公证是节约审理时间、提高审判效率、改善审理质量、减少当事人讼累的有力手段,审判机关的认可反过来进一步强化了公证的效力"①。

2. 在执行中的作用——作为强制执行的依据。公证处根据当事人的申请,对于追偿债款、物品的债权文书,在查明权利义务关系后,可依法赋予强制执行效力。债务人不履行义务发生纠纷时,债权人可持具有强制执行效力的债权文书直接向有管辖权的人民法院申请强制执行,而不必经过诉讼程序。我国公证可赋予符合一定条件的债权文书具有强制执行效力的法律依据。一旦发生纠纷,不必经过诉讼,该具有强制执行效力的公证债权文书即可迳直得到执行。

3. 我国公证独具特色的公证调解制度。我国公证中特有的调解是 ADR 的典型模式。《公证程序规则》第 56 条规定:"经公证的事项在履行过程中发生争议的,出具公证书的公证机构可以应当事人的请求进行调解。经调解后当事人达成新的协议并申请公证的,公证机构可以办理公证;调解不成的,公证机构应当告知当事人就该争议依法向人民法院提起民事诉讼或者向仲裁机构申请仲裁"。这是公证调解纠纷的法律依据,它表明了我国公证完全具备 ADR 的基本要件,是 ADR 的一种代表性的形式。同时,这一 ADR 形式也典型地体现了我国公证的特色和优势,确证了我国公证在构建现代 ADR 中的重要地位。当然,根据这一规定,我们也必须注意到,我国公证调解并非无所不能,无处不在,它的程序启动须满足以下条件:一是产生纠纷的事项是之前已经办理过公证的事项,只是在履行中发生了争议;二是当事人应向原出具公证书的公证机构申请调解方能得到受理;三是公证调解中以当事人的意思自治为本位,经调解能够达成协议的,即调解后的协议仍然符合"无争议"原则的,公证机构方可对新的协议进行公证,该协议也才能成为新的履行依据。

由此可见,公证在纠纷解决中,不仅能够为其他纠纷解决方式诸如行政调解、司法审判等提供依据,从而促进纠纷快捷、高效的解决,这恰恰正是当下司法改革所追求的目标。更为重要的是,其自身也作为一种独立的纠纷解决方式——在一定条件下可以应当事人申请以中立调解人的身份承担着调解的职责,只是这一公证调解方式的服务范围有所限制(即仅仅针对业已办理公证的当事人)而已。因此,可以说,"从公证职能的发展趋势看,特别是在许多国家越

---

① 麻荣鸿、庞云龙:《论公证预防及解决纠纷的功能》,载张卫平、齐树洁主编:《司法改革论评》(第六辑),厦门大学出版社 2007 年版,第 41 页。

来越倾向于建立包括对话、中立评估、调停、协调、仲裁等在内的预防机制的背景下,公证作为 ADR 的一种形式,降低了人们寻求司法的成本,符合社会的需求"①。但是,迄今为止,许多人谈论公证仍然停留在"预防纠纷、减少诉讼"的习惯性意识中,根本没有注意到公证还有调解这么一项特殊的解决纠纷的职能,甚至连公证业内人士也没能对公证的这一职能引起足够的重视,认为公证证明才是主业务,"调解"只是一种次要的附带性的可有可无的职能。因此,在未来建构和完善我国的 ADR 体制中,我们有必要摒弃传统偏见,矫正认识误区,因地制宜,就地取材,将现成的法律已作出明确规定的公证"调解"职能作为着眼点之一,充分发挥公证解决纠纷的价值,将其纳入 ADR 体系,作为我国 ADR 独具特色和优势的组成部分。这样,一方面可以挖掘公证的潜能,拓展公证服务空间,解决公证业务过于单一的现实问题,另一方面又可以充实和丰富 ADR 的内涵,使其更加契合我国纠纷解决机制多元化发展的需求。

第四节 其他公证事务的法律实践

一、登记

(一)关于办理公证登记的公证机构

1. 抵押登记。根据《担保法》第 42 条第 2 项的规定,以城市房地产或者乡(镇)、村企业的厂房等建筑物抵押的,为县级以上地方人民政府规定的部门,如县级以上地方人民政府规定的登记部门为公证机构,则由不动产所在地的公证机构办理抵押登记的;当事人以《担保法》第 42 条规定以外的其他财产抵押并自愿办理抵押物登记,登记部门为抵押人所在地的公证部门。

2. 质押登记:当事人以《担保法》第 75 条规定和《物权法》第 223 条规定以外的其他权利进行质押并自愿办理权利质押登记的,登记机构为抵押人所在地的公证部门。

(二)关于公证登记的抵押物/质押权利范围

1. 抵押物范围:一为《担保法》第 42 条第 2 项规定的城市房地产或者乡(镇)、村企业的厂房等建筑物;二为《担保法》第 43 规定的"其他财产",主要包括:(1)个人、事业单位、社会团体和其他非企业组织所有的机械设备、牲畜等生产资料;(2)位于农村的个人私有房产;(3)个人所有的家具、家用电器、金银珠宝及其制品等生活资料;(4)其他除《中华人民共和国担保法》第 37 条和第 42 条规定之外的财产。

---

① 张文章主编:《公证制度新论》,厦门大学出版社 2005 年版,第 490 页。

2. 质押权利范围：一般认为，主要包括《担保法》第75条所列权利以外的其他权利，如承包经营权等合同权益、应收账款或未来可得权益等，《物权法》颁行后，将其中"应收账款"的质押登记明确规定由"信贷征信机构"办理，由此，公证机构的质押登记范围即有所缩减。

（三）关于公证登记的程序

1. 申请。以《担保法》第42条第2项规定的城市房地产或者乡（镇）、村企业的厂房等建筑物作为抵押标的的，当事人必须申请办理公证登记；以《担保法》第43规定的"其他财产"设定抵押或以《担保法》、《物权法》规定以外的"其他权利"设定质押的，则当事人可自愿选择是否申请办理公证登记。办理抵押/质押登记的申请，由抵押/质押合同双方当事人共同向有管辖权的公证机构提出，填写《抵押/质押登记申请表》并提交相关证明资料。《抵押/质押登记申请表》的内容主要包括申请人的主体资格、主合同和抵押/质押合同名称、被担保的主债权种类及数额、抵押物/质押权利基本情况、债务人履行债务的期限、抵押/质押担保范围、申请抵押/质押登记时间等；

2. 受理。如申请符合下列条件，公证机构应予受理：（1）申请抵押/质押登记的财产符合《担保法》规定的属于公证机构登记的范围；（2）抵押/质押登记事项属于接受申请的公证机构管辖；（3）申请人提交的材料齐全。包括申请人和代理人的主体资格证明、主合同和抵押/质押合同、抵押物/质押权利凭证、抵押物/质押权利清单以及与抵押/质押登记事项有关的其他材料。

3. 登记。公证机构应在受理之日起5个工作日内进行审查并决定是否予以登记。经查符合条件的，应出具《抵押/质押登记证书》。如审查发现当事人提交的材料无效或对抵押物/质押权利存在争议或以法律法规规定不得抵押/质押的财物设定抵押/质押的，则公证机构不予办理抵押/质押登记。

（四）关于公证登记的效力

以《担保法》第42条第2项规定的城市房地产或者乡（镇）、村企业的厂房等建筑物抵押的，县级以上地方人民政府规定由公证机构办理抵押登记的，以及法律、法规规定抵押合同自公证机构办理登记之日起生效的，抵押合同自公证机构办理登记并出具《抵押登记证书》之日起生效；以"其他财产"抵押或以"其他权利"质押并且当事人自愿办理抵押/质押登记的，抵押权人/质权人自公证机构办理登记并出具《抵押/质押登记证书》之日起，取得对抗第三人的权利，并且在清偿顺序上，抵押物/质押权利已登记的优先于未登记的受偿。

（五）关于公证登记的变更与注销

在公证机构办理抵押/质押登记后，当事人如变更抵押/质押合同或者履行完毕主债务或提前终止、解除抵押/质押合同，需要变更或注销抵押/质押登记的，应向原办理抵押/质押登记的公证机构提出申请，经查符合规定的，公证机构应予以办理变更或注销抵押/质押登记。

必须注意的一点,由公证机构办理房地产抵押登记的,公证机构应在出具《抵押登记证书》后将抵押登记、变更登记、注销登记等情况告知房地产管理部门。

二、提存

(一) 关于提存机构

《合同法》、《担保法》、《物权法》均涉及了提存,但仅为笼统规定,对于具体办理提存的提存机构则没有明确。实务中对此有不同看法。有观点认为,为与《担保法》的规定相衔接,应对照和参考《担保法》有关抵押和质押登记部门的规定来确定提存机构,若当事人的合同涉及《担保法》第43条规定的"其他财产"时,则当然地以公证机构为提存部门。也有观点认为无论公民还是法人抑或其他社会组织,只要为提存当事人所信赖,均可充任提存机构。而公证机构则是法定的具有普适性的提存机构,在立法上有专门的规定,而且有关公证提存的规定目前最为明确、详尽、具体,同时提存公证在实务中也发展得相当成熟,这些又从另一方面说明了公证机构作为承担社会提存职责的提存机构之优势所在。

(二) 关于提存标的物

可以提存的标的物包括:(1)货币。(2)有价证券、票据、提单、权利证书。如根据《担保法》第77、78、80条以及《物权法》第225、226、227、228条的规定,以载明兑现或者提货日期的汇票、支票、本票、债券、存款单、仓单、提单出质的,汇票、支票、本票、债券、存款单、仓单、提单兑现或者提货日期先于债务履行期的,质权人可以在债务履行期届满前兑现或者提货,并与出质人协议将兑现的价款或者提取的货物用于提前清偿所担保的债权或者向与出质人约定的第三人提存;以基金份额、股权出质的,出质的基金份额、股权一般不得转让,但经出质人与质权人协商同意的可以转让,出质人转让基金份额、股权所得的价款应当向质权人提前清偿所担保的债权或者向与质权人约定的第三人提存;以注册商标专用权、专利权、著作权等知识产权中的财产权出质的,权利出质后出质人不得转让或者许可他人使用,但经出质人与质权人协商同意的可以转让或者许可他人使用。出质人所得的转让费、许可费应当向质权人提前清偿所担保的债权或者向与质权人约定的第三人提存;以应收账款出质的,应收账款出质后不得转让,但经出质人与质权人协商同意的除外。出质人转让应收账款所得的价款,应当向质权人提前清偿债务或提存。(3)担保物(金)或其替代物。如根据《担保法》第49、69、70条以及《物权法》第174、191、215、216条的规定,担保期间,担保财产毁损、灭失或者被征收等,担保物权人可以就获得的保险金、赔偿金或者补偿金等优先受偿,被担保债权的履行期未届满的,也可以提存该保险金、赔偿金或补偿金等;抵押期间,抵押人经抵押权人同意转让抵押物的,应当将转让抵押物所得价款向抵押权人提前清偿所担保的债权或者向与抵押权人约定的第三人提存;质押期间,若质权人不能妥善保管质物可能致使其灭失或者毁损的,出质人可以要求质权人将质物提存,或者要求提前清偿质权而返还质物。若质物有损坏或者价值明显减少的可能,足以危害质权人权利的,质权人可以要求出质人提供相应的担保。出质人不提供的,质权人可以拍卖或者变卖质物,并与出质人协议将拍卖或者变卖所得的价款用于提前清偿所担保的债权或者向与出质人约定的第三人提存。(4)其他适宜提存的标的物。提存的标的物应在性质上属于便于保管、适于提存的财物,如易燃易爆的危险品、易腐蚀变质的肉品果蔬、需要特殊照管的牲畜、提存费用过高的标的物等均不宜提存。当然,这些不适宜提存的标的物可以在保全证据后,通过拍卖或变卖,对其所得的价款进行提存。

(三)关于提存条件

以清偿为目的的提存,若债务清偿期限届至,而由于出现法定的情形致使债务人无法按时给付的,债务人可申请办理提存:根据《合同法》第101条的规定,这些情形包括:(1)债权人无正当理由拒绝受领;(2)债权人下落不明;(3)债权人死亡未确定继承人或者丧失民事行为能力未确定监护人;(4)法律规定的其他情形如《合同法》第70条即规定:"债权人分立、合并或者变更住所没有通知债务人,致使履行债务发生困难的,债务人可以中止履行或者将标的物提存"。《提存公证规则》进一步明确为:(1)债权人无正当理由拒绝或延迟受领债之标的的;(2)债权人不在债务履行地又不能到履行地受领的;(3)债权人不清、地址不详,或失踪、死亡(消灭)其继承人不清,或无行为能力其法定代理人不清的。具体而言,《合同法》第316、393、420条列举的情形均属于以清偿为目的的提存条件。《合同法》第316条规定:"收货人不明或者收货人无正当理由拒绝受领货物的,依照本法第101条的规定,承运人可以提存货物。"第393条规定:"储存期间届满,存货人或者仓单持有人不提取仓储物的,保管人可以催告其在合理期限内提取,逾期不提取的,保管人可以提存仓储物。"第420条规定:"行纪人按照约定买入委托物,委托人应当及时受领。经行纪人催告,委托人无正当理由拒绝受领的,行纪人依照本法第101条的规定可以提存委托物。委托物不能卖出或者委托人撤回出卖,经行纪人催告,委托人不取回或者不处分该物的,行纪人依照本法第101条的规定可以提存委托物。"

以担保为目的的提存公证,若存在有下列情况之一的,当事人可申请办理:(1)债的双方在合同(协议)中约定以提存方式给付的;(2)为了保护债权人利益,保证人、抵押人或质权人请求将担保物(金)或其替代物提存的。当事人申办以担保为目的的提存公证,必须列明提存物给付条件,公证处应按提存人所附条件给付提存标的物。

此外，为保护财产权利人的利益，亦可在特殊情况下将特定权利人的财产提存。如司法机关或行政机关因执行公务需要申办提存公证；监护人、遗产管理人为保护被监护人、继承人利益，请求将所监护或管理的财产提存；遗嘱人或赠与人为保护遗嘱受益人或未成年的受赠人利益，请求将遗嘱所处分的财产或赠与财产提存的；实施强制拆迁房屋保全证据时，拆迁人可申请公证机构对屋内物品进行清点登记、保全证据并办理提存。

（四）提存公证的程序

1. 申请。提存人在向公证机构申请办理提存公证时，必须遵循有关公证执业区域的规定，提存公证一般由债务履行地的公证机构管辖。以担保为目的的提存公证或在债务履行地申办提存公证有困难的，也可由担保人住所地或债务人住所地的公证机构管辖。以清偿为目的的提存公证的提存人一般是债务人，以担保为目的的提存公证的提存人可以是债务人，也可以是担保人如抵押人、出质人等。提存人在申请提存公证时应当填写申请表，并提供申请人的主体资格证明、合同（协议）等债务履行依据、符合法律规定的提存条件的证明材料、提存受领人的基本情况、适于提存的标的物的详细情况等。

2. 受理与审查。符合条件的提存申请，公证机构应当受理。受理条件如下：(1) 申请人对提存受领人负有清偿或担保义务；(2) 符合提存条件的；(3) 申请的提存事项属于本公证处管辖；(4) 提交的证明材料基本齐全。公证机构受理提存申请之后，应当审查：(1) 申请人提交的材料是否齐全、内容是否属实；(2) 提存人的行为能力和清偿依据；(3) 提存之债的真实性、合法性；(4) 提存的原因和事实是否属实；(5) 提存标的物与债的标的是否相符，是否适宜提存；(6) 提存标的物是否需要采取特殊的处理或保管措施等。经审查符合要求的公证处应当予以提存。

3. 出证与通知。公证处应当自提存之日起3日内出具提存公证书。标的物提存后，提存人有通知的义务，如《合同法》第102条规定："标的物提存后，除债权人下落不明的以外，债务人应当及时通知债权人或者债权人的继承人、监护人"。《提存公证规则》第18条也规定："提存人应将提存事实及时通知提存受领人。"以清偿为目的的提存或提存人通知有困难的，公证处应自提存之日起7日内，以书面形式通知提存受领人，告知其领取提存物的时间、期限、地点、方法。提存受领人不清或下落不明、地址不详无法送达通知的，公证处应自提存之日起60日内，以公告方式通知。公告应刊登在国家或债权人在国内住所地的法制报刊上，公告应在一个月内在同一报刊刊登三次。

4. 提存物的保管、领取与收费。(1) 保管。公证机构应当验收提存标的物并登记存档，对于难以验收的标的物，公证机构可予以保全证据，并在公证笔录和公证书中注明。验收后公证机构应当采用封存、委托代管等必要措施妥善保管提存物,防止提存物毁损、变质或灭失,如在指定银行设立提存账户,备置保管有价证券、贵重物品的专用设备或者租用银行的保险箱等。对不宜保存的、提存受领人到期不领取或超过保管期限的提存物品,公证处可以拍卖,保存其价款。不仅如此,基于提存物保值和节本经济原则的考虑,法律还对特殊物品的保管期限作了特别规定,如根据《提存公证规则》第 20 条,不适于长期保管或长期保管将损害其价值的提存物及 6 个月的保管费用超过物品价值 5% 的提存物,其保管期限为 6 个月。(2)领取。① 由提存受领人领取提存物的,公证处应当按照当事人约定或法定的条件给付提存标的。以对待给付为条件的提存,在提存受领人未为对待给付之前,公证处不得给付提存标的物。提存受领人领取提存标的物时,应提供身份证明、提存通知书或公告,以及有关债权的证明,并承担因提存所支出的费用。提存受领人负有对待给付义务的,应提供履行对待给付义务的证明。委托他人代领的,还应提供有效的授权委托书。由其继承人领取的,应当提交继承公证书或其他有效的法律文书。提存物在提存期间所产生的孳息归提存受领人所有。② 提存人取回提存物的,根据规定,提存人可以凭人民法院生效的判决、裁定,或提存之债已经清偿的公证证明取回提存物,若提存受领人以书面形式向公证处表示抛弃提存受领权的,提存人也可以取回提存物。提存期间提存物所产生的孳息亦归提存人所有。③ 提存物自提存之日起,超过 5 年无人领取的,视为无主财产,扣除提存费用后上交国库,归国家所有。(3)收费。除当事人另有约定外,提存费用由提存受领人承担。提存费用包括:提存公证费、公告费、邮电费、保管费、评估鉴定费、代管费、拍卖变卖费、保险费,以及为保管、处理、运输提存标的物所支出的其他费用。提存受领人未支付提存费用前,公证处有权留置价值相当的提存标的物。提存人取回提存物的,所产生的费用由提存人承担。提存人未支付提存费用前,公证处亦有权留置价值相当的提存标的。

(五)关于提存效力

1. 提存公证的法律效力体现:(1)以清偿为目的的提存公证具有债的消灭和债之标的物风险责任转移的法律效力,这就是说,债务人将标的物提存后,无论债权人是否受领,均发生债务消灭的效力,提存期间所发生的有关提存标的物的毁损、灭失的风险亦转由债权人承担。如《合同法》第 91 条规定:"有下列情形之一的,合同的权利义务终止:……债务人依法将标的物提存;……"第 103 条规定:"标的物提存后,毁损、灭失的风险由债权人承担。"《提存公证规则》第 27 条也明确规定:"提存期间,提存物毁损灭失的风险责任由提存受领人负担;但因公证处过错造成毁损、灭失的,公证处负有赔偿责任。"(2)以担保为目的的提存公证具有保证债务履行和替代其他担保形式的法律效力。不符合法定条件的提存或提存人取回提存标的的,不具有提存公证的法律效力。(3)提存人取回提存物的,视为未提存,自始不发生法律效力。

2. 提存发生法律效力的时间:《提存公证规则》第 17 条规定:"公证处应当从提存之日起三日内出具提存公证书。提存之债从提存之日即告清偿。"由此可见,提存的法律效力自提存之日起产生,并非自公证机构出具提存公证书之日起发生。提存日期的起算依提存物不同而有所不同:提存货币的,以现金、支票交付公证处的日期或提存款划入公证处提存账户的日期为提存日期;提存的物品需要验收的,以公证处验收合格的日期为提存日期;提存的有价证券、提单、权利证书或无需验收的物品,以实际交付公证处的日期为提存日期。

三、保管

(一)保管的公证机构

公证机构的保管事务最初仅限于保管遗嘱类文书,后保管的对象范围扩至"遗嘱、遗产或者其他与公证事项有关的财产、物品、文书等"。尽管法律法规并未明确处理保管事务的公证机构,但实务中公证机构受理保管事务在地域管辖上是否与保管对象有关联,似有争议。首先,关于保管遗嘱类文书的公证机构。由于遗嘱公证可由遗嘱人住所地、经常居住地或者遗嘱行为发生地的公证机构受理,事实上遗嘱人申办遗嘱公证几乎不受公证机构执业地域的限制,遗嘱人可以自由决定自己订立遗嘱的行为地,从而对办理遗嘱公证的公证机构进行选择。何况,作为公证机构保管对象的遗嘱不仅限于公证遗嘱,而是包括自书遗嘱、代书遗嘱、录音遗嘱,甚至包括根据国际惯例订立的密封遗嘱,这样就更增加了遗嘱人选择保管遗嘱文书的公证机构的任意性。也就是说,遗嘱人可以选择此公证机构保管遗嘱文书,也可以选择彼公证机构保管遗嘱文书,甚至可以选择此公证机构为自己办理遗嘱公证,而选择彼公证机构保管遗嘱文书,这一选择权基本不受约束。但也有人认为,从保管的法律意义而言,自书遗嘱、代书遗嘱、录音遗嘱、密封遗嘱等似可由当事人根据需要任意选择公证机构进行保管,但公证遗嘱则应当规定由办理遗嘱公证的公证机构一并进行保管,这样对遗嘱所涉及的所有文书、材料进行完整的、归一的保存和管理,才能真正起到保管的作用,实现保管的目的。其次,关于保管遗产的公证机构。倘若当事人仅要求保管遗产权利凭证,那么选择任何公证机构均无不可。倘若当事人要求保管遗产实物,有观点认为应当区别动产和不动产,对于动产的保管可由当事人自行选择公证机构进行保管,对于不动产则应当规定由不动产所在地的公证机构进行保管,这不仅符合所保管的财产本身的性质,而且也与法律法规确定的公证受理原则相契合。也有观点认为,不管遗产为动产或不动产,只要当事人愿意,仍有权选择任何公证机构为之保管,当然,在当事人与公证机构签订的保管合同中可针对不同保管对象就保管方式、保管措施等作特别约定,如不动产的保管,即可约定由公证机构再转委托专业的物业管理机构代为管理等。再次,关于保管与公证事项有关的财产、物品、文书等的公证机构。有观点认为既然所提交保管的"财产、物品、文书等"被限定于"与公证事项有关",那么,选择何地公证机构办理保管事务就要依随所涉及的公证事项本身的受理原则而定,公证事项由何地公证机构办理,与公证事项有关的"财产、物品、文书等"亦由该公证机构保管。也有观点认为,不能将"与公证事项有关的财产、物品、文书等"之语作机械和僵化的字面理解,该语指的是可作为保管对象的"财产、物品、文书等"不是任意的,而是与"公证事项有关",但这并不当然地意味着"财产、物品、文书等"的保管机构的确定必须以有关的"公证事项"的受理原则为依据,若当事人向此公证机构申请办理公证事项,则仍应当允许其选择彼公证机构办理与该公证事项有关的财产、物品、文书等保管事务。总之,关于如何确定受理保管事务的公证机构,目前争议颇多,各地公证机构在实践操作上也各不相同,难以一概而论。

(二)保管的财产范围

如前所述,目前法律规定公证机构保管事务所涉及的对象范围主要包括:(1)遗嘱。根据《遗嘱公证细则》的规定,公证机构可以依当事人申请保管公证遗嘱、自书遗嘱、代书遗嘱、录音遗嘱,也可以根据国际惯例保管密封遗嘱。(2)遗产。包括遗产权利证书和遗产实物(动产和不动产)。(3)其他与公证事项有关的财产、物品、文书等。当然,这些财产、物品、文书在性质上必须是适宜于公证机构保管的,如货币即不宜保管。

(三)保管的程序

1. 申请。申请人向公证机构提出保管申请,填写申请表,并提交主体资格证明、拟保管的财产、物品、文书以及与之相关的权利凭证等。

2. 受理。申请人的申请符合《公证程序规则》规定的,公证机构可以受理。受理后,公证机构须与申请人签订《保管合同》,就保管事宜进行约定。《保管合同》的内容应区别不同的保管对象而有不同,涉及遗嘱类文书的《保管合同》内容主要包括:(1)保管物。应明确遗嘱形式、份数,申请人并应声明所提交保管的遗嘱系本人在神智清楚的情况下基于自己真实的意思表示所立的最终遗嘱,并由本人对遗嘱文书内容的真实性、合法性负责。(2)保管处所。(3)保管期限。(4)保管措施。如是否需要采取特殊保管措施,是否允许保管人转委托他人保管等。(5)保管费用及支付。(6)双方的权利义务。申请人可以自行对保管物办理保险或要求保管人代办保险;在保管期间,遗嘱人在世时本人可以调取保管物,若遗嘱人去世,可由遗嘱人指定的遗嘱执行人调取保管物;在保管期间如申请人联系方式有变更,申请人应以书面方式及时告知保管人。保管人应尽妥善保管义务和保守秘密义务,若保管物在保管期间发生毁损、灭失的,保管人应负赔偿责任。(7)合同的解除。(8)争议的解决。涉及非遗嘱类财产、物品、文书的《保管合同》内容主要包括：(1)保管物。应明确保管物名称、数量、质量、价值、来源，是否有权利凭证等，申请人并应如实告知保管物所存在的瑕疵。(2)保管处所。(3)保管期限（最长为20年）。(4)保管措施。如是否需要采取特殊保管措施，是否允许保管人转委托他人保管等。(5)保管费用及支付。(6)双方的权利义务。申请人可以自行对保管物办理保险或要求保管人代办保险；在保管期间，申请人可亲自或委托他人调取保管物；在保管期间如申请人联系方式有变更，申请人应以书面方式及时告知保管人。保管人应尽妥善保管义务和保守秘密义务，若保管物在保管期间发生毁损、灭失的，保管人应负赔偿责任，但发生毁损、灭失如系申请人隐瞒保管物瑕疵造成，则由申请人自行承担责任。保管期届满，申请人应领回保管物或重新办理保管服务手续，逾期未领取保管物又没有重新办理保管手续的，则保管合同自行终止，保管物灭失的风险由申请人承担。同时，申请人应允许并事先确认公证机构可以采取一定的方式处置保管物（如销毁、邮寄送达或自动续期保管等），所发生的费用由申请人支付。(7)合同的解除。(8)争议的解决。

3. 保管物的领取。保管遗嘱类文书的，在保管期间，如遗嘱人在世，保管物仅得由遗嘱人本人持身份证和保管合同亲自调阅和领取。遗嘱人去世后，则由遗嘱人指定的遗嘱执行人（事先指定并在保管人处备案）凭身份证、遗嘱人死亡证明、户籍注销证明、保管合同至保管人处调阅和领取遗嘱文书。保管非遗嘱类财产、物品、文书的，申请人可随时凭身份证件及保管合同领取保管物，委托他人领取的，还需持授权委托书及代理人身份证件。保管物取回，保管费用结清，保管合同即告终止。

（四）保管的效力

公证机构的"保管"行为不等于"公证"行为，不取得当然的"公证"的效力，即当事人将财产、物品、文书提交公证机构保管，并不意味着所提交保管的财产、物品、文书本身取得"业已经过公证"的效力。如保管遗嘱，所提交保管的遗嘱本身并不取得公证遗嘱的效力，保管服务并非是对遗嘱有效性、可执行性的确认，不论何种遗嘱形式，其效力不因公证保管而受到任何影响、发生任何改变。若当事人变更遗嘱，则仍然依照法律的规定来确定遗嘱变更的效力，即《继承法》第20条的规定："遗嘱人可以撤销、变更自己所立的遗嘱。立有数份遗嘱，内容相抵触的，以最后的遗嘱为准。自书、代书、录音、口头遗嘱，不得撤销、变更公证遗嘱。"

四、代书

公证机构的代书事务经历了一个发展变化的过程。20世纪80年代初期，我国的公证事业刚刚起步，公证队伍整体的法律专业素质还不容乐观，因此有关的法律规范在确定公证机构的代书范围时,将其限制于"代写与公证事项有关的文书",不仅代书的方式单一,仅表现为"代写文书",而且作为代书对象的文书范围也被限定于"与公证事项有关",如1981年《公证费收费暂行规定》中规定了"代写与公证事项有关的文书"的收费标准,1982年《公证暂行条例》将"代当事人起草申请公证的文书"明确纳入公证业务的范畴。这样,当事人仅得根据具体公证事项的要求向有管辖权的公证机构申请代写"与公证事项有关的文书"。随着公证事业的发展和公证实践经验的不断积累,公证代书事务也日渐成熟,为了拓展公证服务的深度和广度,法律规范对代书的概念作了适度的扩张和调整。1988年司法部、财政部、物价局联合发布《关于下发〈公证费收费规定〉的通知》,《通知》中不仅将一般的"起草、修改合同文本"与"代写与公证事项有关的文书"作了区分,并分别将二者作为独立的收费项目,而且还规定,当事人提供的合同不完善,需要公证处帮助修改甚至重新拟定的,可根据复杂程度收取代书费,但合同签订后办理公证的不另收代书费。这就是说,代书方式既包括"代写",也包括"修改",代书的范围既包括"与公证事项有关的文书",也包括与公证事项无关的其他法律文书,只不过前者不必另收代书费而已。这样就增加了当事人选择的任意性和便捷性,当事人一旦有代书需求即可选择向任何公证机构申请代书,而不必拘泥于向对公证事项有管辖权的公证机构申请代书"与公证事项有关"的文书。为了回应和体现"代书"语意的这一变迁,之后出台的相关法律规范在"代书"的方式和范围方面均有调整和变更。如1990年颁布的《公证程序规则(试行)》第31条即规定:"公证处可以应当事人的请求,帮助当事人起草、修改法律文书……。"2002年颁布的《公证程序规则》完全沿袭了《公证程序规则(试行)》的这一规定。不仅如此,一些涉及专门公证事项的单行规范中也明确了公证可以介入的代书范畴,如1994年司法部《关于贯彻执行〈公司法〉为企业向公司制改造提供公证服务的若干意见》中即规定,各地公证机构要根据《公司法》的规定和企业向公司制改造的要求,积极运用公证手段,通过法律咨询、代拟公司章程等法律文书、提供法律顾问、现场监督、代理等,尽早介入公司设立活动。近年来,随着"依法治国,建设法治国家"理念的提出,我国法治发展迅速,法律领域的专业分工越来越细化,越来越精深,加上公证市场化改革的影响,使得公证机构不宜再过多地涉入公证法律以外的领域。基于此,2005年颁布的《公证法》重新对代书概念作了限制,《公证法》第12条将"代书"事务表述为"代写与公证事项有关的法律事务文书"。这样的修改显然又有些矫枉过正,使得"代书"又回归了最初始的过于狭隘的含义,即代书的方式仅为单一的"代写",代书的范围仅限于"与公证事项有关的法律事务文书"。因此,2006年颁布的《公证程序规则》对此作了补充,在第34条中进一步明确了"代书"的概念,即:"公证机构在审查中,认为申请公证的文书内容不完备、表达不准确的,应当指导当事人补正或者修改。当事人拒绝补正、修改的,应当在工作记录中注明。应当事人的请求,公证机构可以代为起草、修改申请公证的文书。"这就是说,目前公证机构的"代书"在方式上仍表现为"代为起草、修改",在范围上则限定为"与公证事项有关的"或"拟申请公证"的文书。至于代书的效力,由于在代书法律文书时,公证员的身份事实上已转换为代书人和法律专家,而并不是在从事公证证明活动,因此公证机构的代书行为并不等于当然取得"公证"的效力,所代写或修改的文书只有经该公证机构依照公证程序办理公证并出具公证书,方才具备法定的公证效力。

五、咨询

公证机构提供公证法律咨询服务实际上是公证人承担一定的释法责任的法律体现,通过咨询事务,公证机构可以不仅可以宣传公证制度价值,普及公证法律知识,扩大公证的影响力,而且可以提高全社会的法律认知,培养民众利用公证维权的意识。在公证机构依法可以办理的所有"其他公证事务"中,咨询事务最具弹性,表现在:(1) 任何当事人只要想了解与公证有关的信息,可向任何公证机构咨询,任何公证机构均可接受咨询,咨询事务不受公证执业区域的限制;(2) 咨询的内容可以与所申办的公证事项有关,也可以与公证事项无关,只要为公证人能力之所及,均可提供咨询服务;(3) 鉴于不同的公证人在专业素养上存在个体差异,对于同一法律事务的理解和判断并不相同,对于同一咨询事务的解答也不尽一致,因此,咨询结果不具有权威性,也不产生当然的公证效力,仅供当事人参考,所咨询的事务最终仍由当事人自行处理和决断。

六、翻译

(一) 翻译机构

任何公证书的制作均应当使用全国通用的文字。在民族自治地方可根据当事人的要求,同时制作当地通用的民族文字文本。发往国外使用的公证书可以根据需要和当事人的要求附外文译文。涉外公证书应由具有涉外办证资格的公证机构和公证员受理和承办。公证机构有条件配备翻译人员的,可自行提供翻译服务,没有条件的可委托专业机构翻译。需要说明的是,关于委托翻译,1990年颁布的《公证程序规则(试行)》和2002年颁布的《公证程序规则》均规定由公证处聘请和委托专业部门翻译,2006年颁布的《公证程序规则》则有不同,规定对于需要委托专业机构或专业人员翻译的公证文书,公证机构应当告知当事人由其自行委托办理或征得当事人的同意由公证机构代为办理。这样的修改更加突出了当事人的"意思自治"原则,也更充分地体现了公证"以人为本"的服务理念。

(二) 译文的内容与形式

1. 译文的内容。一般的附有译文的涉外公证书,其译文包括作为公证证明对象的文书的译文和公证书译文。一些国家对公证书翻译有特殊要求的,译文所包括的内容也较特殊,如发往美国使用的公证书即要求除了要附申请公证的文书译文和公证书译文外,还要证明译文与原文相符,那么这样的公证书译文内容就包括:作为公证证明对象的文书的译文、证明文书真实合法的公证书的译文以及证明译文与原文相符的公证书的译文。

2. 译文的形式,包括中文译外文、外文译中文:(1) 中文译外文。如申请公证的文书为中文文本,欲发往国外使用并要求附外文译文,公证机构仅得证明当事人在中文文本上的签字、盖章属实,制作公证书时也仅得在中文公证书上加盖承办公证员签名章和公证处印章。所附的译文,不论是作为公证证明对象的文书的译文还是公证书本身的译文,均不再由当事人签字盖章,也不再加盖公证员签名章和公证处印章。(2) 外文译中文。如申请公证的文书为外文文本,公证机构可证明外文文书上当事人的签字、盖章属实,制作公证书时,该外文文书不需附中文译文,只需附公证书本身的外文译文即可,但当事人应向公证机构提交外文文书的中文译文存档。对此,司法部《关于办理外文书公证事的意见》规定得十分明确:"凡我国有关单位或公民应其他国家或地区要求,在其提供的下列外文文书或表格上签字盖章并申办公证的,公证机构可以另纸证明该签字盖章属实。该外文文书或表格不需附中译文,但当事人应提交一份该外文文书或表格的中文译本供公证处存档:向域外申请专利时填写的对方提供的外文表格;其他国家或地区银行提供的外文表格、票据或单据;在域外参加诉讼、仲裁时填写的对方国家或地区的律师或有关机构制作的表格式委托书;涉及寄养、监护权等民事法律关系时填写的对方国家或地区提供的声明书、委托书等。""我国有关单位与其他国家或地区的企业,或其他经济组织签订的合同、协议,要求公证机构证明我方法人代表在合同、协议上签字、盖章属实的,如果该合同、协议是由双方选定的外文制作的,在无需或无法附中文文本的情况下,可不附中译文,我公证机构可直接予以证明,并要求当事人提交一份中文译本供公证处存档。"

(三) 译文的装订

发往域外使用的需附译文的公证书在装订时,一般将译文排在公证书证词之后。对于证明有法律意义文书的,应将所证明文件的译文排在公证书证词之后,再将公证书译文排在所证明文件的译文之后。对于还需证明译文与原文相符的,其排列顺序为:(1) 所证明文件(如声明书、委托书)中文本(或复印件);(2) 公证书;(3) 所证明文件的译文;(4) 公证书译文;(5) 证明译文与原文相符公证书;(6) 证明译文与原文相符公证书译文。对于仅证明译文与原文相符的,应将所证明文件的中文本排在第 1 页,其译文排在第 2 页,公证书排在第 3 页,公证书译文排在第 4 页。

(四) 翻译的效力

在民族自治地方,使用全国通用文字制作的公证书文本与根据当事人要求同时制作的当地通用民族文字文本的公证书,二者具有同等效力。而一般的涉外公证书所附的外文译文则不具有法律上的效力,仅仅是为便捷当事人使用而为之,如外文译文与中文文本有出入的,以中文为准。但公证书证明译文与原文相符的,则译文具有公证的法律效力。

七、代办认证

认证是外交、领事机构对发往域外使用的公证书或认证书上的最后一个签名或印章的真实性给予证明的行为。认证的目的是为了使公证文书能为使用国的有关当局承认,产生域外法律效力,而不至于因怀疑公证书上的签名或印章的真实性或不了解公证书发出国的公证制度而影响公证书的法律效力的实现。因此,只有发往域外使用的公证文书才需要办理认证。随着我国国际地位的提高和对外开放政策的实施,涉外公证越来越多,我国公证文书大量发往域外使用,已在国际上赢得了良好的信誉,获得了广泛承认。因此,许多国家的外交机构已免除了对我国公证书的认证。[①] 这一变化在公证立法上也有明显体现,从 1982 年颁布的《公证暂行条例》中有关认证的规定可以看出,发往国外使用的公证书,一般都应送交认证,除非文书使用国另有规定或者两国协议互免认证,即以认证为原则,以不必认证为例外。而 2005 年颁布的《公证法》正好相反,体现的是以不必认证为原则,以认证为例外,一般情况下公证书不必认证即可在国外使用,但使用国要求认证的除外。

(一) 关于认证机构与代办认证的机构

认证,通常由外交、领事机构办理,各国使领馆均有此项职能。世界各国关于办理认证的机构的规定各有不同。在我国,根据《公证法》的规定,办理认证的机构包括:(1) 外交部;(2) 外交部授权的机构如省、直辖市、自治区人民政府外事办公室;(3) 驻外使、领馆。根据规定,公证机构可应当事人的委托代为办理公证书认证,但代办认证的公证机构应为原出具公证书的公证机构。

(二) 代办认证的具体事务

公证机构代办认证的具体事务包括递送拟认证的公证书并代收认证费。关于递送认证的公证书范围、份数,因各国情况不同,与我国的关系不同,相应规定也就不同。有的国家要求所有的公证书均须认证,如菲律宾、泰国、马来西亚等;

[①] 安华、江晓亮主编:《公证操作实务全书》,中国物资出版社 1999 年版,第 1560 页。

有的国家仅要求部分类别的公证书需要认证,如美国、加拿大、法国、德国等即要求涉及财产继承、转让以及商务类文书需办理认证;也有个别国家不要求办理认证,如日本、俄罗斯、缅甸、孟加拉等。同时,有些国家还对递送认证的公证书数量有特别要求,如菲律宾、泰国、委内瑞拉即要求加送一份公证书副本,由使馆留存。需要强调的是,尽管认证不是确认文书实体内容的真实性、合法性,而只是审查出证机构在公证书上的签名、印章是否属实,但由于认证是外交或领事机构以国家名义进行的活动,因此,送交认证的文书内容如有明显违反我国法律、政策或损害我国国家和人民利益的,认证机构可以拒绝办理认证。

(三) 认证的形式与程序

1. 认证的形式。认证有两种形式:双认证和单认证。双认证是指我国外交机构及外国驻华使领馆同时认证,单认证是指只要中方单独认证或外方单独认证即可。一般而言,发往与我国建立外交关系国家使用的公证书,大部分需要双认证,即办理我国外交部领事司认证及有关国家驻华使馆认证;发往与我国建交、但在华未设外交领事机构国家使用的公证书,大多只需单认证,即办理我国外交部领事司认证或根据使用国要求送与该国委托代办的驻华使馆认证;发往与我国无外交关系国家使用的公证书,一般亦只需单认证,即办理我国外交部领事司认证或送与该国有外交关系的国家的驻华使馆认证。

2. 认证的程序。双认证的一般程序是:公证书办妥后,由承办公证机构开具认证介绍函连同公证书封好,交当事人送与外交部领事司或外交部授权的机构如中国旅行社总社签证代办处及省、直辖市、自治区人民政府外事办公室,申请认证。经外交部领事司认证,证明公证书上公证机构的印章和公证员的签名章属实,然后再转请公证书使用国的驻华使、领馆认证,证明公证书上我国外事机构的印章属实。反之,凡是外国公证机构出具的发往我国境内使用的公证书,其认证手续与此相同。另外,我国公证机构出具的发往与我国未建交国家使用的公证书如需双认证的,应先经我国外交部领事司认证后,转请与该国有外交关系的国家(第三国)的驻华使馆认证,然后方可在未建交国家使用。单认证的程序则较为简单,或由中方单独认证或由外方单独认证,仅需履行双认证中的程序之一即可。

(四) 认证的效力

一国公证书一般仅在本国领域内发生法定的效力,在域外并不当然有效。通过公证书的认证,公证书的法律效力之范围得以延伸,可以超越一国法域,在国际上获得普遍认可和通行使用。

八、法律援助

（一）申请法律援助的条件

1981年司法部、财政部发布的《公证费收费暂行规定》第4条规定："公证处办理公证事项时，遇有下列情况可减、免收费：1. 办理抚恤金（或劳工赔偿金）、劳动保险金的证明；2. 办理养老金、子女助学金的证明；3. 申请人所在工作单位、城市街道办事处或人民公社证明申请人确实经济困难无力负担者；4. 有其他特殊情况需要减、免者。"1988年司法部、财政部、物价局下发的《公证费收费规定》规定的法律援助条件与此基本相同，同时它还强调了公证处主任或副主任在减免收费方面的决定权。该《规定》第4条规定："公证处办理公证事项时，遇有下列情况可减、免收费：1. 办理抚恤金（或劳工赔偿金）劳动保险金的证明；2. 办理养老金、子女助学金的证明；3. 当事人所在工作单位、城市、街道办事处或乡、镇人民政府证明当事人确实经济困难无力负担者；4. 有其他特殊情况需要减、免者。减免收费由公证处主任或副主任决定。"1997年司法部发布了《关于开展公证法律援助工作的通知》，《通知》中明确的法律援助条件为"公民在办理与抚恤金、救济金、劳动保险金、劳工赔偿金、赡养、抚养、扶养等有关的公证事项，本人经济困难确需减免公证服务费的，可以申请公证法律援助"。而同年国家计委、司法部发布的《公证服务收费管理办法》则规定得更为详尽具体，同时还扩大了公证法律援助的范围。该《办法》第12条规定："有下列情况之一的，公证处应当按照法律援助的有关规定，减收或者免收公证服务费：1. 办理与领取抚恤金（或劳工赔偿金）、救济金、劳动保险金等有关的公证事项；2. 办理赡养、抚养、扶养协议的证明；3. 办理与公益活动有关的公证事项；4. 列入国家"八七"扶贫攻坚计划贫困县的申请人申办的公证事项；5. 申请人确因经济困难而无力负担的；6. 其他特殊情况需要减免的。"由此可见，申请公证法律援助的条件主要体现在"经济困难无力负担公证费"方面，而当公证法律援助的受援人因公证事项而获得较大利益时，其"经济困难"的条件消失，则应视同于非法律援助事项，向公证处补交公证费。

（二）申请公证法律援助的程序

首先，公民申请公证法律援助，应向有公证管辖权的公证处所在地的法律援助机构书面提出，并提交有关经济困难状况的证明材料。其次，法律援助机构根据有关规定，对申请人进行经济困难条件审查，凡符合经济困难标准的应当书面通知有管辖权的公证处，同时转交申请人的公证法律援助申请，并书面通知申请人。再次，公证处经审查，对属于本处管辖的公证事项并符合公证条件及范围的，应当依法办理公证，并提供相应的公证法律援助。对不符合公证条件和范围的，应当按有关规定处理，并书面通知法律援助机构和申请人。遇有紧急或特殊情况,公证处可先行提供公证法律援助,之后就受援人的经济困难条件及减免收费等情况送法律援助机构补核。最后,公证处依法办结法律援助事项后,应以表格形式书面告知法律援助机构和公证主管部门,并以此作为完成公证法律援助的数量统计依据(公证员每年义务提供法律援助的数量,由各省、自治区、直辖市司法厅(局)规定)。公证员超过规定的义务量,再提供公证法律援助的,由法律援助机构按照国家规定的公证收费标准及时核定,向所在公证处支付法律援助费用。

（三）公证法律援助事项的办理

由于公证法律援助仅是针对经济困难需要减免公证费的当事人而为之,即"当事人经济困难"是公证法律援助的唯一条件,而诸如公证事项本身有瑕疵、当事人提交证据材料有欠缺或当事人举证方面有困难等并不能成为公证法律援助的事由,因此进行法律援助的公证事项的办理与其他任何公证事项的办理无异,公证机构除了另需审查当事人是否符合法律援助条件并据此决定是否减免公证费外,关于所援助的公证事项本身的申请、受理、审查、出证,均同于一般公证事项,并不存在特殊之处。因此,进行法律援助的公证事项本身若不符合公证法律法规的规定,公证机构同样可以拒绝办理。而公证机构为符合规定的法律援助事项出具的公证书,其法律效力亦不存在特别之处,与其他公证书等同。

九、调解

（一）公证调解的条件

公证以"预防纠纷、减少诉讼"为己任,公证事项"无争议"是公证的基本原则之一。因此,一般情况下,公证不宜介入业已存在争议的公证事项,只有在特定的条件下,公证方可介入调解纠纷,促进纠纷的解决。根据规定,公证调解的条件为:(1)必须是已经办理过公证的事项,尚未办理公证的事项发生纠纷的,公证不宜介入调解;(2)必须是公证事项在履行过程中发生纠纷,继续履行发生障碍的;(3)必须经当事人请求而进行公证调解,公证机构不得主动介入纠纷的调解;(4)必须向原先出具公证书的公证机构申请调解。因为原出具公证书的公证机构对公证事项的来龙去脉最为了解,所存留的原始证据材料最为完整,分析产生纠纷的症结也更具优势,因此更容易也更有把握进行调解,调解的成功机率也较高。

（二）公证调解的原则

在公证调解中,公证员始终作为中立的"第三人",站在客观、公正、偏不倚的立场上进行调解,以中间人的身份斡旋,从专业法律角度为当事人答疑解惑、分析利弊、提出建议,从而推进调解的进行,促进调解的成功。整个调解程序中必须始终贯彻"当事人意思自治"的原则,以当事人的权利为本位,尊重当事人的意愿和决策。不论调解程序的启动、调解过程的参与、当事人双方的谈判、辩论以及最终达成和解与否，均由当事人自主选择和决定，公证员不得强加干涉，亦不得代替当事人作决定。

（三）公证调解的效力

经公证调解，当事人达成和解协议，但不对和解协议申请公证的，该协议仅具有一般书面合同的效力，对当事人双方均产生法律上的约束力，但不具有当然的公证效力。调解达成的和解协议只有经当事人申请公证（视同一个新的公证事项，其申请、受理、审查、出证程序与原公证相同），公证机构经审查符合条件并出具公证书的，和解协议方才具有公证所具备的法定效力。若当事人同意，还可对符合规定条件的和解协议依法赋予强制执行效力，以强化和固定调解结果。当然，公证调解不成的，当事人仍可寻求其他救济途径，就所发生的争议依法向有管辖权的人民法院提起民事诉讼或者向仲裁机构申请仲裁。

第五节　其他公证事务的案例评析

本节仅选择较为典型"其他公证事务"案例并作简单评析。

案例一：登记

案情：

林某做生意急需一笔大额资金周转，由于银行手续繁琐费时，林甲担心耽误生意，于是选择以自有的机械设备（塔吊）作抵押向朋友张某借款，为了避免将来发生不必要的纠纷，双方签订了《借款合同》并办理了公证，同时还要求公证处对抵押物进行登记。

评析：

这是一起典型的民间借贷。民间借贷往往出于相互间的信赖而为之，因此手续简单、便捷，有时一张寥寥几字的便条就能成为借贷行为的唯一凭证，但这样的方便同时却意味着纠纷隐患的增加，很可能成为将来引发争议的导火索，所以当事人事先应当慎重选择并适当进行风险防范。而选择对借贷合同进行公证并对抵押物办理公证登记则是一个很好的防范措施。本案中，当事人以自有的机械设备作为抵押物向公证机构申请办理抵押登记，符合《担保法》和《公证机构办理抵押登记办法》规定的公证机构办理登记的抵押物范围，并应由抵押人（林甲）所在地的公证机构受理。公证机构受理申请后，应对当事人的主体资格、合同内容、抵押物权属凭证等进行审查，如抵押物存在共有人，该抵押还应征得共有人的同意。经审查决定给予登记的，公证机构应向当事人出具《抵押登记证书》，载明下列内容：（1）抵押人、抵押权人的姓名、身份证明号码或名称、单位代码、地址;(2)抵押担保的主债权的种类、数额;(3)抵押物的名称、数量、质量、状况、所在地、所有权或者使用权权属;(4)债务人履行债务的期限;(5)抵押担保的范围;(6)再次抵押情况;(7)抵押登记的日期;(8)其他事项。自公证机构出具《抵押登记证书》之日起,抵押权人(张某)即获得对抗第三人的权利。

案例二:提存
案情一:

白鹭实业有限公司长期租用黄某的一幢私有楼房办公,月租十余万元,双方签订了房屋租赁合同,一直以来也相安无事。2007年10月黄某去世,黄某的妻子和几个子女发生纠纷,均要求白鹭实业有限公司将租金支付给自己,欲将该笔租金据为己有。白鹭实业有限公司感到十分为难,不知如何支付租金,一方面公司认为继承纠纷与己无关,另一方面又担心如果自己不及时交付租金可能面临承担违约责任的风险。后了解到公证处的提存事务,便向公证处申请办理了提存租金的公证,结果轻而易举地解决了自己的尴尬处境。

案情二:

白某夫妇一次性付款向某开发商购得一处商品房,出于种种考虑,夫妇俩之后又改变了主意,商量着转让该房产。由于房产产权登记手续尚在办理中,受让人郭某夫妇提出分期付款要求,现预付一部分房款,另外的款项待房产过户手续办毕之后再行支付。双方尽管签订了《房产转让合同》,但均心存顾虑:转让方白某夫妇担心倘若自己先行按照合同履行了房产交接、过户手续,对方可能反悔不支付或急于支付剩余款项,自己将拿不到全部房款而陷入被动;受让方郭某夫妇则担心如果对方拖延不办理产权过户登记手续,自己先行支付的房款可能打水漂。最后双方经协商一致,决定将剩余房款提存至公证处,并约定以房产过户手续办毕并且郭某夫妇取得房产证作为领取提存款的条件。二个月后,双方一起来到公证处,确认了房产过户手续办毕的事实,并向公证处出示了权属人登记为郭某夫妇的房产证,公证处经查符合领取提存款的条件,便即时将所提存的房款及提存期间产生的利息一并给付转让方,为这单房产交易画上了一个圆满的句号。

评析:

案例一是以清偿为目的的提存公证。以清偿为目的的提存公证具有债的消灭和债之标的物风险责任转移的法律效力。本案中,由于债权人死亡,继承人之间存在纠纷而暂时无法确定继承人,致使债务人履行债务发生困难,应允许债务人通过提存而消灭债务以维护自身的合法权益。白鹭实业有限公司自向公证处提交租赁合同所约定的租金之日起,其债务即视为已经履行完毕,同时,涉及租金所可能发生的风险也转由债权人即黄某的继承人承担。而黄某的继承人之间的纠纷,可另行通过诉讼途径解决,继承人最终可凭生效的判决书向公证处主张领取提存款。这样,白鹭实业有限公司就可以依约正常履行债务,黄某的继承人之间的争议对其丝毫不产生影响。通过此类提存公证的办理,既避免了债务人的履约风险,消除了债务人的精神负累,维护了债务人的正当权益,又为将来可能发生的有关租赁合同的纠纷的解决提供了准确、有力的依据。

案例二是以担保为目的的提存公证。二手房买卖涉及财产数额较大,有关房屋质量、付款方式、产权过户等纠纷相当普遍。为了有效避免纠纷,减少争议,增加交易的安全因素,申请办理提存公证是一个明智的选择,将全部或部分交易款项提存于公证处,可以达到双赢的效果。一方面,由公证搭桥,可以降低风险隐患,增强当事人交易的安全感,增进当事人履行义务的责任感;另一方面,一旦发生纠纷,有提存公证书作为依据,也较容易解决问题。通过提存公证,有效地解决了交易中潜在的风险承担问题。本案中,从转让方的角度而言,当事人把房款提存公证处后,只要满足双方约定的提款条件,转让方就可以持有关证明和受让方一起从公证处提取购房款,从而使其债权实现得到了保障。从受让方的角度来说,办理了提存公证后,由于房款交给具备较高公信度的公证处保存而不是由债权人(转让方)直接取得,转让方从公证处取得房款的前提必须是已经办理完产权过户手续,使受让方实际拿到了产权证,否则,受让方仍可从公证处取回自己的购房款,保护自己的切身利益。在生活实践中,交易双方互不信任的情况比比皆是,在合同协议中约定以提存的方式支付价款、履行义务无疑是既便捷又安全的解决方式。因此,今后公证机构应做好这方面的宣传、引导,使人们更好地了解公证、利用公证,以保护自己的合法权益。

案例三:保管
案情:
厦门电业局拟为本单位职工订制一批工作服。由于该批制服区别不同的工种,每一工种的制服有不同的样式和制作工序,各种制服必须严格按规定遵照统一的服装设计样式制作,为了确保制服的制作质量,厦门电业局在与接受订制的服装公司签订的合同中,特别约定对合同办理公证并将双方共同确认的各种制服样式提交公证处保管,倘若将来发生纠纷,即以公证处保管的制服样式作为解决纠纷的标准和依据。

评析:
《公证法》将公证保管事务的范围扩及"遗嘱、遗产或者其他与公证事项有关的财产、物品、文书等",而不仅限于以往的遗嘱类文书,这无疑拓宽了公证的服务领域,同时,允许将公证保管职能普遍渗入一般的社会生活中,也增加了普通民众对于救济途径的选择。本案即典型地体现了公证保管介入一般的合同交易所发挥的作用——不仅"牵线搭桥",消除了合同双方的风险顾虑,促成了合同双方的成功交易,而且"未雨绸缪",为双方日后可能发生的纠纷事先准备了准确的、权威的解决依据,从而在真正发生纠纷时,能够省时省力,促进纠纷的高效解决,避免讼累。的确,在市场交易中,"诚信危机"、"诚信陷阱"随处可见,迫使交易者不得不谨慎防范,而在交易双方相互陌生、缺乏信任的情况下,将合同所涉及的标的交由双方均感可信、可靠的第三方保管,则不失为一个稳妥、明智的解决办法。而由公证机构保管则具有其他机构所不及的"职业化、技术化和程序化"优势:首先,公证机构本身以国家公信为后盾,在信用上独具优势,公证机构履行"保管"事务有立法作依托,"保管"系公证之职责所在,是公证机构的职务行为,是公证机构的"分内"之事;其次,公证保管体现了一定的专业化、技术化、规范化的特点,它要求公证机构采取必要的保管措施,设立必要的保管条件,妥善保管当事人交托的物品,若因公证机构过错致使所保管的物品损毁、灭失,则公证机构应承担赔偿责任;再次,公证程序规范要求公证机构客观、中立、不偏不倚,不仅要严格按照一系列程序规范履行保管职责,而且在处理保管事务中同样要遵循保密原则,保守与保管事务有关的国家秘密、商业秘密、个人隐私等,这就更让交托保管的当事人吃了一颗定心丸,增强了他们的信赖感、安全感。但总的来看,公证机构的保管事务所发挥的作用与提存事务多少有些相通、相似之处,因此,有学者主张将保管纳入提存的范畴,认为提存有广义狭义之分,广义的提存包括清偿提存、担保提存和保管提存三种形式,狭义的提存仅指清偿提存。①

案例四:翻译

案情:

当事人何某拟前往澳大利亚探亲,向公证处申办了亲属关系公证。领取公证书时发现公证书译文上未加盖公证员签名章和公证处印章,疑为公证处之工作疏漏,遂提出疑义并要求公证处补盖,公证处说明原因后,拒绝为其加盖印章。何某不服,向当地媒体投诉。公证处最终借助该媒体对公证译文问题作了全面的答复,不仅平息了风波,也向社会公众宣传和普及了涉外公证的基本常识。

评析:

语言文字问题看起来似乎是一个小问题,其实不然,尤其在涉外公证书中,它更是一国国格的标志和象征。一国的公文书,只能而且必须以本国的语言文字为之,这是原则问题。因此,无论根据我国法律法规的规定还是根据国际惯例,代表我国国家行使公共职能的部门所出具的公文书都只能而且必须使用中

---

① 王利明主编:《合同法研究》(第二卷),中国人民大学出版社2003年版,第330页。

文,当然,出具公文书的部门和单位也只能在中文文本上加盖印章,仅对所发出的中文文本予以确认。公证书也不例外,公证处只能而且必须以中文制作,并且只能在中文文本上加盖公证员签名章和公证处印章,但公证书较为特殊的是,为了便于当事人使用,应使用国的要求和当事人需要,涉外公证书允许附译文,附译文的公证书整体由面及底以通透的方式压上公证处钢印,而译文本身尽管作为公证书的组成部分,却不允许如同中文文本一样再加盖公证员签名章和公证处印章。那种想当然地认为公证处既然提供翻译服务,就意味着不仅对中文内容负责,而且必须对英文负责,并应同时在英文文本上加盖公证员签名章和公证处印章的观点显然是错误的。涉外公证书中文文本与所附的外文译文如有歧义或抵触,应以中文文本为准,这就是说,即使译文有这样的瑕疵,也并不影响公证书整体的效力和使用。

案例五:代办认证

案情:

徐先生因要在法国结婚,按照法国相关法律规定,需要在国内出具单身证明,并办理公证及领事认证。后经朋友提醒,国内有代办领事认证服务。徐先生找到有权代办领事认证的公证处,要求将认证后的公证文书直接寄往法国。为了不耽误徐先生的人生大事,公证处工作人员直接与外交部领事司审查部门沟通衔接,出证后迅速通过快件将认证文书寄往法国。没有花费过多的时间和精力,徐先生在国外顺利拿到了所需的所有证件。根据该公证处负责人介绍:"市民只需递交要办理的公证文书,由公证处代为办理便可节约5—10天的时间。如果市民选择自行前往办理往往需要排队等候,办理时间大概要1个月。"①

评析:

当涉外公证书需要公证机构代办认证手续时,代办的公证机构最好再次全面审查公证书的制作是否合格,避免因公证忙乱而出现疏漏,并对疏漏之处及时补救,为当事人把最后一道质量关。合格的公证书应符合如下要求:中文公证证词页盖有公证处红色印章和公证员签名章,有的国家要求承办公证员在公证书中亲笔签名的,按要求办理;公证书整体由封面及封底以通透方式加盖钢印;公证员的中文姓名与外文译文一致;公证书按规定附外文译文,译文应为使用国要求的相应文字,译文应正确、规范;委托公证中委托人应《委托书》上签名或盖章;婚姻、学历、出生、经历等公证书中应按使用国要求加贴照片;按要求一事一证,不能将两种以上的公证内容合订成一本;公证书的用纸、字体、编号、行间距均要符合规定要求,证词内容规范;公证员须为司法部、外交部备案的具有涉外

---

① 《急需办理领事认证 可找公证处帮忙了》,载《成都日报》2012年9月24日。

办证资格者;公证事项符合规定要求;公证书中不能出现涂改、挖补痕迹。

一般情况下,对于有瑕疵而不能办理认证手续的公证书,负责认证手续的外交官员会按如下程序处理:(1)明确指出公证书的不合格,不规范或错误所在;(2)进行登记后退回申请人,代办认证单位或原公证处,并附有退改原因的便条通知;个别特殊的转给司法部公证司,再由司法部公证司退给原公证处;(3)公证处收到退改的公证书后进行改正或重新办理,办妥后再交回外交部领事司或外事办公室认证。因此,在遇到退改的公证书时,申请人首先要冷静查看退改的原因,并按上述程序待退改合格后再行办理认证。

外国驻华使(领)馆办理我国公证机构出具的公证书的认证手续时的一般要求是:符合该国有关当局要求的合格公证书(如译文是否准确,是否要求译文类别等);公证书须经我国外交部领事司或有关省、自治区、市外办等办妥认证手续。对于符合要求的公证书,驻华使(领)馆即予以受理,办理认证。认证的证词都用其本国文字或英文。证词内容一般都是证明我国外交部领事司或省、自治区、市外办的印章和外交官员的签名属实,并由负责认证的官员签字、盖章,有的还贴有印花税,证明交费情况等。

案例六:公证调解
案情:

唐某某在 A 市购买了一幢别墅拟装修入住,遂与该市某装修公司签订了一份装修合同,合同约定的装修方式为包工包料,竣工时间为 2007 年 3 月 1 日,该合同办理了公证。后由于装修材料上涨,装修公司见无利可图,便将工期一拖再拖,于竣工时间届至时,装修尚未完毕。唐某某急忙找到公证处,承办公证员闻讯后对装修现场进行实地勘察、保全证据,制作了现场笔录,拍摄了几十张现场照片。此后,公证处对双方进行了多次调解,耐心地摆事实讲道理,并提出了各种建议供当事人参考。双方终于各作让步、握手言和:唐某某愿意追加部分装修款,同时采纳了公证员的提议,将追加款项提存至公证处,待装修完毕并经检验合格,方可由装修公司领取。装修公司见唐某某颇有诚意,便诚恳地承认了错误,并表示愿意按照原《装修合同》的约定支付违约金,适当补偿唐某某因工期延误造成的损失。双方据此在原《装修合同》的基础上达成了《补充协议》,将工期推迟两个月,并申请公证处对《补充协议》办理了公证。这样,一场装修纠纷在公证调解下平息了,双方信守《补充协议》,装修工程如期完工,质量优良,装修公司也拿到了所有的装修款,双方皆大欢喜。

评析:

基于公证制度自身的特点,公证调解有着其他机构调解所无法比拟的天然优势,而注重发挥自身的优势进行调解则是公证行业长期以来努力探索的方向。

所谓发挥公证自身的优势,是指在调解过程中,强调运用公证的证明、提存、保全证据以及赋予强制执行效力等公证独有的特殊手段,涉及专业技术问题的,还可委托专业机构或专业人员进行评估、鉴定、检验检测等,辅助进行调解,巩固阶段性调解的成果,促使矛盾纠纷最终解决。本案即典型地反映了公证调解的这一优势和特色。在本案中,原合同已经申办公证,合同双方在履行中发生了纠纷,这正好符合公证程序规范所规定的允许公证调解介入的情形。在调解前,公证处先是运用保全证据的方式将工期延误、装修工程现状等事实固定下来,并以此作为调解的依据,不仅为此后的调解赢得了"铁证",而且彻底打消了当事人心存侥幸或存心抵赖的念头。公证处几经努力,最终使双方当事人达成了《补充协议》,并申请再次对《补充协议》办理公证,同时对《补充协议》中所涉及的追加款项进行提存。由于公证处作为中立第三方采取如此"步步为营"的方式介入调解,循序渐进地推动调解进程,使得整个调解过程有理、有据、有节,很容易为当事人所接受,而且,公证所采取的必要的保全证据、提存等辅助手段,能够有效地消除当事人的思想顾虑和抵触情绪,有力地监督和推动双方的守约、履约。一场纠纷就此获得圆满解决,不仅双方的正当利益得到了有力的保障,而且也因此增强了当事人运用公证维权的法律意识。

第六节 其他公证事务的问题与建议

传统公证以"证明"职能为要务,随着社会发展的日益多元化,公证法律服务也由以往的单一化向多元化方向发展,集"证明、监督、沟通、服务"等多元职能于一身。近年来公证机构"其他公证事务"的不断发展与成熟、不断充实与丰富即是最突出的表现。但与此同时也不能否认,目前"其他公证事务"中所囊括的各类事务都或多或少地存在着不同程度的缺憾和疏漏,如缺乏统一的细化的事务处理规程、各地公证机构实务操作不统一不规范等,仍然有待进一步予以完善。

一、登记

1. 公证机构的登记事务不仅仅包括抵押登记,也包括质押登记。2002年司法部颁布的《公证机构办理抵押登记办法》事实上也包括了权利质押的内容,该《办法》第18条规定:"以承包经营权等合同权益、应收账款或未来可得权益进行物权担保的,公证机构办理登记可比照本办法执行。"因此,未来修订时,建议将《公证机构办理抵押登记办法》修改为《公证机构办理担保登记办法》,使公证"登记"之语意与实务一致。

2. 根据《物权法》的规定,对公证登记的质押权利范围作相应调整。如《物权法》已明确规定"应收账款"的质押登记由信贷征信机构进行,有关的公证登记规范也应作相应变更和修正。

3. 尽管《公证机构办理抵押登记办法》规定对于符合条件的登记,公证机构应向当事人出具《抵押登记证书》,并且还明确规定了《抵押登记证书》应载明的内容。但实践中,各地公证机构操作不尽一致,所出具的《抵押登记证书》大小不一、形式各异,再加上根本无法对多数办理抵押登记的动产进行实质意义上的监控,影响和弱化了《抵押登记证书》应有的价值和功效。因此,建议未来修订新的《公证机构办理担保登记办法》时,一并由司法部制作统一的《担保登记证书》范本供各地公证机构使用,并且规定受理抵押登记申请的公证机构应当对抵押物实物进行审查、核对和确认,并在出具《担保登记证书》的同时,对抵押物实物加贴抵押标记。

4. 完善公证担保登记信息的管理。充分利用现代网络技术手段,设立专门的全国公证担保登记网站,开发科学、先进的公证担保登记软件,并在《公证机构办理担保登记办法》中规定办理担保登记的公证机构不仅必须备置书面登记簿,记载本公证机构办理担保登记的情况,而且必须配备计算机,完整录入担保登记的信息,实现公证担保登记信息管理的网络化、技术化、规范化,使得公证担保登记信息的管理做到"点"、"面"结合,不仅承办公证机构的登记数据完整而全面,而且要确保全国公证机构的登记信息互通共享,查询途径便捷顺畅。

二、提存与保管

(一) 关于提存机构

从理论上而言,任何为提存当事人所信赖的第三方,包括公民、法人或其他社会组织,均可充当提存机构。但从提存的目的和意义而言,笔者认为应当区分不同的提存类别来确定提存机构。如为清偿提存,则应确定公证机构为法定的提存机构,否则不产生消灭债务和风险转移的效力;如为担保提存,则应允许提存当事人选择其共同信任的第三方作为提存机构,同时,还应将公证机构列为法定的提存机构。

(二) 重新整合提存事务与保管事务的关系

公证实务中,办理保管事务的公证机构应遵照何种管辖原则进行确定,目前仍然众说纷纭,莫衷一是,尚缺乏一部统一的公证保管事务规范予以规制,各地公证机构也是各行其事,按照自己的理解和习惯从事,做法并不一致。从理论上而言,处理保管事务的公证机构由当事人随意选择和决定并无不妥,但这样可能达不到保管的目的。如遗嘱保管,当事人在某地订立遗嘱(不论是自书遗嘱、代书遗嘱、录音遗嘱、公证遗嘱还是密封遗嘱),却选择异地公证机构保管该遗嘱,而由于遗嘱人、公证机构、遗嘱继承人之间事实上存在着不可避免的信息沟通障碍，继承人可能对于保管遗嘱事宜根本无从知晓，而仍然按法定继承进行，这样无形中就违背了遗嘱人的遗愿，使得保管的效果适得其反。因此，从保管的目的和意义而言，应当尽快出台一部公证保管事务的统一规范，对公证机构处理保管事务的管辖原则、受理条件、保管方式、保管期限、保管效力等作详尽、明确的规定。目前，已有学者在学理上提出划分广义和狭义的提存概念，认为广义的提存包括清偿提存、担保提存和保管提存，狭义的提存仅指清偿提存，从而将保管纳入广义的提存概念中。笔者认为，既然保管所发挥的作用与提存事实上存在共通之处，并且二者之间的逻辑关系有学理依据，那么不妨采纳学理解释，将保管纳入提存中，以现成的提存规则来规范保管，不仅可以解决保管事务无"法"可依的现状，而且可以省去新订一部法律规范的麻烦，同时，还可以使公证实务与法学界的理论探讨保持一致，使公证提存本身的内涵更显充实和完善。

三、代书

从公证实务来看，代书既包括代写法律文书，也包括修改法律文书。为了统一规范代书的概念和内涵，使立法与实务保持一致，并且使《公证法》与《公证程序规则》等其他规范之间相互谐调统一，建议将《公证法》第 12 条第 4 项"代写与公证事项有关的法律事务文书"修改为"代为起草、修改与公证事项有关的法律事务文书"。

四、法律援助

（一）有必要修改和完善现行的《法律援助条例》，将公证法律援助纳入我国统一的法律援助体系中

国务院 2003 年 7 月 21 日颁布的《法律援助条例》中并未将公证法律援助囊括其中，而许多地方性的《法律援助条例》则明确规定了公证法律援助。如《武汉市法律援助条例》即规定"律师事务所、公证机构、基层法律服务所及其法律服务人员应当依法履行法律援助义务"。《浙江省法律援助条例》将法律援助机构定义为："本条例所称法律服务机构，是指律师事务所、公证处和基层法律服务所；法律援助人员，是指根据法律、法规和本条例规定实施法律援助的律师、公证员、基层法律服务工作者，以及法律援助机构工作人员；受援人，是指获得法律援助的当事人。"《福建省法律援助条例》也明确："律师事务所、公证处、基层法律服务所及律师、公证员、基层法律工作者应当承担法律援助义务，无正当理由不得拒绝法律援助机构指派的法律援助事项。"

（二）扩大法律援助的范围

目前，公证法律规范所规定的公证法律援助条件主要体现在"申请人确因经济困难无力负担公证费"方面，对于非因经济困难但从人道主义角度考虑，确

实需要公证提供援助的公证事项,则没有涉及。笔者认为,为了更加深入地贯彻公证"以人为本"的服务理念,更加充分地体现现代法治的"人文关怀"情结,公证法律援助规范应从"人性"视角考虑扩大法律援助的范围,如对于因见义勇为产生的民事权益需要办理相关公证的,再如遭受特大自然灾害的当事人需要办理死亡公证、继承公证、以及孤儿收养公证等一系列公证的,公证机构均应无偿提供人道主义援助。

(三)增加公证法律援助的方式

不仅限于一般的办理公证事项,还可包括提供法律咨询、代拟法律文书、代理非诉讼法律事务、代理与公证专业有关的诉讼案件等。

五、调解

我国拥有悠久的调解传统,在古代,调解蔚然成风,为息讼而强制调解已成惯例,甚至对不服调解执意诉讼者,不问青红皂白先予行刑惩戒。现代司法审判程序中,也多采取"先调后判"的做法,并相沿成习。只是在推行司法改革后,这一情况稍有改观。审判理念由原来的"法官职权主义"向"当事人主义"的变迁,使得法官主动进行"调解"的做法渐渐喊停。

就公证调解而言,鉴于目前我国公证的法律定位尚不明确,应将公证纳入司法调解还是社会调解范畴还存在争议,但是,并不能因此而否认和质疑公证调解本身在调解体系中的地位和价值。与其他调解方式相比,公证调解所具有的多重优势是显而易见的:首先,公证员执业门槛较高,属于法律专家,在调解过程中能够运用自己的专业知识帮助当事人分析利弊、答疑解惑、提供建议,从而推进调解进程,增加当事人调解的理性,使之真正做到"心服口服",而不仅限于初级和浅表性的"情感"劝服。其次,公证程序规范要求公证调解必须遵循一系列的原则,强化了调解的严肃性和规范性。如客观、公正原则要求公证员必须坚持中立立场,依法进行调解;真实、合法原则要求公证员应确保当事人最终达成的调解协议无论形式还是实体均符合法律规范,具有可操作性、可执行性,在法律上不存在效力被否定的风险;保密原则要求公证员不得泄露在调解过程中知悉的国家秘密、商业秘密和个人隐私等,诸多原则的约束无疑增加了公证调解的安全性、可靠性。再次,公证调解可以运用自身独有的证明、保全证据、提存、赋予强制执行效力等方式作为特殊的调解辅助手段,不仅能够将阶段性的调解结果固定下来,防止当事人轻率翻悔,而且能够让当事人感受到公证调解的力度和分量,使之慎重考虑、理性调解。又次,公证调解协议的效力优势。根据《最高人民法院关于审理涉及人民调解协议的民事案件的若干规定》,一般的调解协议,仅具有相当于"民事合同性质"的效力。但经公证调解达成的调解协议,当事人申请办理公证的,则《调解协议》具有法定的强势的公证效力,对于符合规定条件的,公证处还可依法赋予强制执行效力。最后,调解过程中,如因公证员过错给当事人造成损失的,公证机构应按照《公证法》和《公证程序规则》的规定承担相应的赔偿责任,这也是其他调解方式所没有的。毋庸质疑,重视公证调解,充分利用公证调解的天然优势,将公证调解纳入《调解法》范畴应是构建完整的社会调解体系之题中应有之义。

总之,一部科学、完善的《调解法》可以在构建多元化纠纷解决机制中甚至在构建和谐社会目标中起到至关重要的作用。

【问题与思考】

1. 提存审查的事项有哪些?
2. 登记应注意哪些问题?
3. 保管有何法律意义?
4. 调解的对象是什么?

第十六章 涉外公证

【内容提要】

本章介绍了涉外公证的概念、特点、注意事项,对于公证书的域外效力和外交认证也进行了阐释。

【关键词】 域外效力 国际惯例 外交认证

涉外公证是对具有涉外因素的公证事项的统称。涉外公证书是公证机构依法出具的一种国际通行的可靠的、具有域外法律效力的法律文书。基于国际惯例等原因,涉外公证在我国公证制度发展的历程中占有重要地位。特别是改革开放以来,在全球经济一体化大趋势的推动下,我国与世界各国的民商事交往日益频繁,公证机构承办了大量的涉外公证业务。目前,涉外公证书已发往一百多个国家和地区使用,随着我国改革开放的不断深入、经济全球化进程的不断推进,我国与世界各国民间和经济的交往不断增加,涉外公证会越来越显现出增进民事主体之间的相互了解、建立诚信、保障自然人、法人和其他组织合法权益的公证职能作用。

第一节 涉外公证的基本理论

一、涉外公证的概念

涉外公证是指公证的当事人、所证明的对象或公证书使用地诸因素中有一个或一个以上具有涉外因素的公证证明活动。[①] 简言之,就是指含有涉外因素的公证证明活动。主要包括以下三种情形:(1)涉外公证的当事人中有外国自然人、外国法人、外国组织、无国籍人。(2)涉外公证证明的对象,即法律行为、有法律意义的事实和文书发生在域外或在域外形成。(3)涉外公证书的使用地或采证机构在域外。

涉外公证包括:出生公证、受刑事处分公证、未受刑事处分公证、未婚公证、结婚公证、未再婚公证、亲属关系公证、离婚公证、国籍公证、夫妻关系公证、在读证明公证、死亡公证、学历公证、经历公证、高考成绩证明公证、机动车驾驶证公证、职业资格证公证等。

---

① 参见张云柱主编:《现代公证法学》,新华出版社2001年版,第310页。

二、涉外公证的特征

涉外公证除具有公证的特殊证明和非诉讼一般特征以外,还具有以下特征:

(1)办理涉外公证业务时,在适用法律方面,既要符合我国法律的有关规定,又要遵守国际条约和国际惯例,同时还要考虑到公证书使用国的有关具体规定。

(2)涉外公证的当事人多数是准备出国或已经出国的我国的自然人或有对外经济、技术、文化往来事务的国家机关、企事业单位和社会团体以及居住在我国的外国人或旅居国外的华侨。

(3)涉外公证书通常需要发往域外使用,并在域外发生法律效力,即涉外公证书在域外具有与在本国内相同的法律证明力。由于涉外公证书是证明法律行为、有法律意义的事实和文书的真实性、合法性、可靠性的司法证明文书,各国公证机构在制作公证书方面又具有相同的标准和准则。因此,这种具有可靠性、通用性的涉外公证书,在域外具有现实的法律效力。

(4)发往域外使用的部分涉外公证书具有一定的使用时效,即涉外公证书制发副本有期限的限定。由于公证当事人持有的部分涉外公证书证明对象具有一定的可变性,因此,不同的使用国家对部分涉外公证书证明的对象有不同的期限规定和要求。如有无违法犯罪记录公证书,自出具之日起超过2个月或6个月,使用国即不再采证。

(5)涉外公证书除由国内具有办理涉外公证业务资格的公证机构出具外,还有相当的一部分是由我国驻外使、领馆出具的。依据我国法律、法规和国际公约、缔结或参加的国际条约以及国际惯例,办理公证事务是国内公证机构的职责,也是我国驻外使(领)馆的工作职责之一。我国公民发生在国内的事实和行为原则上应向国内的其户籍所在地的涉外公证机构申办公证。我国驻外使(领)馆可以受理驻在国或领区内我国公民的公证申请。

(6)办理涉外公证业务的公证机构已经省、自治区、直辖市司法厅(局)批准并报司法部备案;公证员具有办理涉外公证业务的资格,并且其签名章连同所在公证机构印章均已在司法部、外交部备案。

(7)涉外公证书通常要根据使用国或公证当事人的要求,附相应的外文译文,并依照相关规定或约定办理外交认证手续。

(8)涉外公证书须要使用专门的公证用纸制作。

三、涉外公证的主要用途

涉外公证是保障和促进我国与世界各国民间交往和经贸往来的不可缺少的重要法律手段之一。随着我国经济社会的不断发展以及与各国民间和经济的交

往不断增加,公证当事人申办涉外公证的用途也十分广泛,根据公证的实践,涉外公证的用途主要包括以下几个方面:

(一)办理出境和入境手续

1. 用于办理本国批准公民出国的手续。出国人员办理出国手续,有关部门要审查有关事项,如果这些事项国家规定必须办理公证,公证证明就成为获得办理出国手续的必要条件。

2. 用于办理前往国家的入境签证手续。如申请去某国家自费留学,一般要求申请人提供由我国公证机构出具的申请人的毕业证书、成绩单等公证书,以及接收院校发布的留学生签证资格证书,方能获得前往国家的签证。

(二)域外民间往来

1. 用于去往域外探亲、定居。申请去某国家探亲或定居,所去国家一般要求申请人提供由我国公证机构出具的亲属关系、出生、结婚公证书等。

2. 用于去往域外谋职。申请去域外工作的,所去国家一般要求申请人提供由我国公证机构出具的申请人的经历、学历、职称或具有某种技能或身份的公证书。

3. 用于去往域外留学、参加域外考试。申请留学或者为了获得所去国家的某种学位、技术职称、医师资格等而参加域外考试的,所去国家一般要求申请人提供由我国公证机构出具的申请人的毕业证书、经历或医师执照等公证书。

(三)域外经济活动

1. 用于在域外设立办事机构,开展对外经济贸易活动。按照有关国家法律规定和国际惯例,我国法人、经济组织在域外设立办事机构,应向驻在国提供经过我国公证机构公证的一些文件,如公司章程、营业证书、董事会成员名单、资本注册证明书、资产负债表等。

2. 用于进出口贸易。为了保证信誉,明确责任,预防国际经济纠纷,进出口双方往往相互要求对方提供经过公证的有关文件。如外贸企业与外商洽谈贸易,签订涉外经济合同,需办理授权委托书、资本注册证明书、资产负债表等文件的公证书。

3. 用于吸收外资,引进技术设备。我国政府或企业向域外银行或有关部门申请贷款或投资,以及引进域外先进技术设备,外方往往要求引进方提供我国公证机构出具的有关公证书,如担保书、保证书、资金证明、经营外汇许可证等文件的公证书。

4. 用于在域外招投标、承包工程、提供劳务和技术合作。我国法人到域外招投标、承包工程、提供劳务和技术合作业务,有关国家要求企业提供经公证的营业执照、投标和签订承包发包工程合同的授权书,以及有关人员的职称、学历、经历、有无违法犯罪记录等公证书。

（四）域外遗产继承、申请补领退休（职）金、人寿保险金等民事法律事务

如我国公民继承域外亲属的遗产，遗产所在国往往要求提供其亲属关系证明、死亡证明、委托律师的委托书、婚姻状况等公证书。

（五）域外诉讼

我国法人在对外经济交往中，特别是在履行涉外经济合同过程中以及公民在域外的民事活动中，往往会发生一些诉讼案件。由于涉及适用外国法律问题，往往需要委托有关国家的律师或提供相应的证据，因此，有关国家要求提供经过公证的委托书、证据等。

四、涉外公证的分类

涉外公证业务的分类因其划分的标准不同，其分类也不尽相同。如按公证证明对象可分为证明法律行为，证明有法律意义的事实和证明有法律意义的文书。按办证方式可以分为证明业务与非证明业务。实践中一般依据涉外公证业务的申请人和使用范围，将涉外公证业务分为涉外民事公证和涉外经济公证两大类。

（一）涉外民事公证

涉外民事公证是指公证当事人、所证明对象或公证书使用地诸因素中有一个或一个以上涉外因素的民事公证业务。① 它是相对于国内民事公证而言的。涉外民事公证在公证业务中占有重要地位。我国公证制度的建立和恢复之初，首先开展的是涉外民事公证业务，也就是公证业务是从办理涉外民事公证的基础上建立恢复发展起来的。

（二）涉外经济公证

涉外经济公证是指公证的当事人、所证明对象或公证书使用地诸因素中有一个或一个以上涉外因素的经济公证业务。② 按公证书使用目不同还可将涉外经济公证业务分为两类：一类是我国企业和其他组织到域外从事进出口贸易、设立办事机构、参加投标、承包工程、提供劳务、引进贷款和技术设备，以及在域外参加诉讼、仲裁、索赔等而办理的公证；另一类是公证机构按照法律、法规和行政性规章的规定，对涉外招标、拍卖等法律行为进行现场监督公证以及对外经外贸、涉外房地产等涉外经济合同的公证。

五、涉外公证机构和涉外公证员

（一）涉外公证机构和涉外公证员的概念

涉外公证机构是指具备办理涉外公证业务条件并且履行了有关审批、备案

---

① 马宏俊、郑小川：《民事公证的理论与实务》，人民法院出版社2001年版，第244页。
② 张云柱主编：《现代公证法学》，新华出版社2001年版，第310页。

程序的证明机构。主要包括以下两类：一是依法设立、独立行使公证职能、承担民事责任的国内公证证明机构；二是我国驻外国大使馆、领事馆，即办理涉外公证业务的机构在国内为公证机构，在域外是中国驻外使（领）馆。一般我国的自然人、法人或者其他组织发生在境内的事实和行为原则上应向境内的公证机构申请办理公证。我国驻外使（领）馆一般只受理其驻在国或领区内的我国的自然人、法人或者其他组织的公证申请。

涉外公证员是指符合《公证法》规定的条件，经法定任职程序，已取得涉外公证员资格并且履行了有关审批、备案程序，在公证机构从事公证业务的执业人员。

（二）涉外公证机构办理涉外公证业务的法律依据及业务范围

根据《公证法》第6条的规定，国内的公证机构是依法设立，不以营利为目的，依法独立行使公证职能、承担民事责任的证明机构。其证明范围不仅包括具有国内因素的民事法律行为、有法律意义的事实和文书，还应当包括具有涉外因素的民事法律行为、有法律意义的事实和文书。公证机构依法独立行使公证职能，按照《公证法》的有关规定，受理公证申请，办理公证业务，以本公证机构的名义出具公证书，并独立承担相应的民事责任，任何单位、个人不得非法干预。

《公证法》第45条则规定了驻外使（领）馆可以依照该法的规定或者中华人民共和国缔结或者参加的国际条约的规定办理公证业务。《维也纳领事关系公约》第5条第6款则赋予了驻外领事担任公证人的权力。此外，我国与外国签订的一些双边领事条约也规定了领事担任部分涉外公证职能。如对出具在派遣国使用的各种文书、出具在派遣国境外使用的各种文书；认证派遣国有关部门或接受国有关部门所颁发的文书上的签字和印章等。

（三）涉外公证机构和涉外公证员应当具备的条件

根据《公证法》和《公证机构执业管理办法》等有关规定，设立涉外公证机构，应当具备以下条件：（1）有自己的名称；（2）有固定的场所；（3）有二名以上公证员，其中至少有一名以上具有涉外公证员资格的公证员；（4）有开展公证业务所必需的资金，并且有较好的办公条件和设备；（5）有专职或兼职的外文翻译。此外，还应由该公证机构所在省、自治区、直辖市司法厅（局）审查批准，报司法部备案后，方可办理涉外公证业务。

当然，在涉外公证机构中并非所有的公证员都能从事涉外公证业务，按照司法部的有关规定，涉外公证员除具备公证员的条件以外，还应当具备以下条件：（1）经全国涉外公证业务考试合格；（2）熟悉涉外法律；（3）涉外公证员还应经所在的省、自治区、直辖市司法厅（局）批准，报司法部、外交部备案后，方可开始从事涉外公证业务。

（四）涉外公证机构及涉外公证员备案制度

为了便于统一管理涉外公证业务，保证涉外公证书的质量，维护国家的尊严，保护当事人的合法权益，根据有关规定，公证机构、公证员办理涉外公证业务须履行备案手续。

办理涉外公证业务的公证机构，应由其所在省、自治区、直辖市司法厅（局）上报司法部律师公证工作指导司，经审核后统一转外交部领事司备案。因行政区域变更或其他原因变更公证机构名称的，应将变更后的公证机构的印章、钢印上报备案，机构内已经备案的涉外公证员的签名章无变更的，可继续使用，不需重新备案。

办理涉外公证业务的公证员，应按规定填写涉外公证人员登记表，经省、自治区、直辖市司法厅（局）批准后，报司法部律师公证工作指导司备案。涉外公证员使用的签名章统一由省、自治区、直辖市司法厅（局）上报司法部律师公证工作指导司，经审核后统一转外交部领事司备案。涉外公证员调离或自然减员，其签名章应停止使用，并报司法部律师公证工作指导司办理注销备案手续。涉外公证员的签名章因磨损、不清晰或其他原因，需要更换的，应在重新备案后才可启用新的签名章。新批准办理涉外公证业务的公证员的签名章，从司法厅（局）上报备案之日起30天内，如未被退回，其签名章方可使用。

六、涉外公证书的外交认证

（一）涉外公证书的外交认证概念

涉外公证书的外交认证，又称领事认证，是指外交、领事机构（包括本国和外国的外交、领事机构）或法律授权机构通过对发往域外使用的涉外公证书上的最终签署人身份及其签字和印章的真实性予以证明的活动。

按照国际条约和国际惯例，除国家之间有免签协定的以外，发往域外使用的涉外公证书许多采证国都要求进行认证，这是国家主权原则在公证领域的具体体现。《公证法》第33条规定：公证书需要在国外使用，使用国要求先认证的，应当经中华人民共和国外交部或者外交部授权的机构和有关国家驻中华人民共和国使（领）馆认证。《公证程序规则》第47条规定：公证书需要办理领事认证的，根据有关规定或者当事人的委托，公证机构可以代为办理公证书认证，所需费用由当事人支付。涉外公证书办理认证是根据国家与国家之间在司法领域达成的协议而办理的。其目的是确保涉外公证书被使用国境内的有关部门所承认、采证，产生域外法律效力，使采证部门确信涉外公证书上的签名和印章的真实性，合法性。不因怀疑涉外公证书上的签名或印章的属实或不了解公证书发出国的公证制度而影响涉外公证书的域外法律效力实现。根据国际惯例，办理认证一般主要是审查涉外公证书上的印章是否出自该公证机构和公证员的印章,并不审查证明对象的内容。经过认证的涉外公证书,如果证明对象的内容不符合证书使用国的有关规定,其采证部门有权拒绝采证,不受涉外公证书是否已经外交认证的影响。证书内容是否真实,由出证机构负责,是否符合证书使用国法律规定,则由接受部门负责审查。

按照国际惯例、结合我国领事实践,我国公民在域外学习、工作、居住,或是在国内办理出国签证时,一般要使用一些由国内公证机构出具的涉外公证书,如出生公证、学历公证、亲属关系公证、未受刑事处分公证、声明书公证、授权委托书公证、合同公证等等,这些发往域外使用的涉外公证书在送往域外或外国驻华使(领)馆使用前一般都需要办理领事认证。如中国企业因境外经贸活动需要,不仅要向贸促会或其地方分会申请原产地证、发货清单、形式发票、规格证明、重量证明、装箱单、提单、保险单等,或向各地出入境检验检疫机构申请原产地证明、商品检验证明书、动植物出口检疫证明书等文书,而且这些文书在发往域外使用前,一般还需办理领事认证。反之,外国有关文书在送中国使用前,也需办理相应的领事认证。因此,公证当事人在申请办理前往国需要的涉外公证书之后,应当了解是否须办理认证手续以及与办理认证相关的各项程序。

(二) 涉外公证书的外交认证原则

涉外公证书的外交认证原则系贯穿整个外交认证活动的基本准则。主要包括主权原则、合法原则和法定原则。

1. 主权原则。所认证的文书内容不得有损于我国主权以及危害我国国家和人民利益的,否则应当拒绝认证。

2. 合法原则。认证的文书内容违反我国法律、政策以及与使用国法律相抵触的,应当拒绝认证。

3. 法定原则。我国法律法规等规范性文件有明确规定不予认证的事项,不予认证。

(三) 涉外公证书的外交认证机构

涉外公证书的外交认证机构一般为一国的外交部领事司或者外交部授权的机构和有关国家驻另一国家的大使馆、领事馆。

我国办理认证的机构,域内是外交部领事司和有关外国驻华使(领)馆所在的省、自治区、直辖市外事办公室及有关国家驻我国大使馆、领事馆。域外是我国驻外使(领)馆。与我国已建立外交关系的国家发出的需要在我国使用的证明文件,向我驻外使(领)馆申请办理认证的,应先经与我国有外交关系的某国外交部或该国驻外使(领)馆认证后,再给予认证。我国发出的要求在未建交国家使用的证明文件,可经我国外交部领事司认证后送与该国有外交关系的第三国的驻华使(领)馆办理认证。

（四）涉外公证书的外交认证范围

发往域外使用的涉外公证书办理外交认证范围，因使用国要求不同，其认证的范围也不尽相同，一般主要包括：

1. 普遍认证，即所有发往域外使用的涉外公证书，均需办理认证手续。
2. 商业性认证，即所有发往域外使用的涉外经济公证书均需办理认证手续，如经公证的商检证明等。
3. 部分民事公证认证，即使用国只要求发往域外使用的部分涉外民事公证书需办理认证手续，如经公证的继承、健康、死亡、亲属关系等。
4. 商业性及部分民事性公证书认证，即使用国要求对所有发往域外使用的涉外经济公证书及部分涉外民事公证书办理认证手续。

七、涉外公证书查证制度

涉外公证书查证，是指公证书的使用人对于公证文书的真实性和合法性所进行的审查，其中合法性审查的依据属于出证国和证书使用地国双方的法律、法规及其规定等。涉外公证书的查证制度具有以下特点：

1. 查证的主体是公证书的接收机构，与认证的主体不同，后者往往是外交、领事机构或者其他经授权的机构。
2. 查证的对象是公证书的真实性与合法性，与认证对象不同的是，后者为公证书上公证机构及相应机关或接受机关的最后一个签字或盖章。
3. 查证的目的是公证书的真实性，与认证的目的也不相同，认证是为了保证公证书的权威性与严肃性。

第二节　涉外公证的立法背景

涉外公证的办理由于具有很强的个案因素，公证书的使用涉及不同国家的要求和我国的外交政策，因此在涉外无小事的指导思想下，办理涉外公证在一开始基本遵循的是个案请示、个案处理答复的原则。鉴于公证机构在遇到没有办理过的涉外公证事项或新需求时，需要逐事、逐级向上级公证管理机关请示和汇报，最终由司法部公律司进行书面指导性答复。因此，涉外公证的依据具有较强的政策性特征。

20世纪80、90年代，司法部公证律师司根据地方公证实务部门或司法行政机关报上来的请示，根据当时的政策情况研究并下发对有关具体问题的"批复"、"复函"或"通知"，针对实务问题进行个案指导。这些部颁的"批复"、"复函"或"通知"不断积累，逐渐形成了有关涉外公证办理的相关指导性文件，用于指导公证机构的一般业务办理。司法部律师公证工作指导司每隔若干年，分别整理出《公证规章汇编》下发到公证机构,以便于实务部门的查询和使用。目前已有2000年版、2002年版、2010年版的《公证规章汇编》。

在20世纪90年代以前,司法部公律司在涉外公证工作中的业务指导作用是十分重要的,公证机构与上级司法行政机关、司法部公律司之间的业务沟通也相对较为频繁,涉外公证经过二十多年的积累也形成了较为固定和全面的部颁规章。

20世纪90年代中期,公证体制改革后,公证机构逐步脱离行政体制,进入事业单位为主体的时代,司法部和司法行政机关对公证机构的业务指导开始减少,中国公证协会的业务指导职能逐渐加强。但协会的指导意见一般是对某类公证事项的办理,进行办证操作规范上的总结和归纳,指导意见并没有像部颁规章一样,在全国具有强制性。2007年中国公证协会在网站上设立了业务咨询的专门栏目,在线进行公证个案的业务咨询和指导。中国公证协会的业务指导意见只构成对办证的指导,不具有在全国执行的强制性。

第三节 涉外公证的热点前沿问题

一、公证书的域外效力

涉外公证书的域外效力是指公证书在域外具有与在本国内相同的法律证明力。根据1967年3月19日生效的《维也纳领事关系公约》以及有关国际条约规定,一国公证机构出具的公证书经过使用国外交机构确认或认可后,在该国具有与其本国公证文书同等的法律效力。也就是说,涉外公证书作为国际间民事、经济交往不可缺少的一种法律文书,在域外具有现实的法律效力,这种域外法律效力得到了国际上广泛的承认。这主要是因为涉外公证书作为证明法律行为、有法律意义的事实和文书的真实性、合法性的可靠的司法证明文书,在制作公证书时各国公证机构大都又采用相同的标准和准则。因此,可以说涉外公证书的域外效力是由公证制度的性质和公证书的特点决定的,是公证证据效力在空间上的延伸。

二、涉外公证的真实性审查标准探讨

公证证明所要求的真实,是以"客观真实"为目标,以"法律真实"为路径的。公证证明结论的"真实"判断,首先要达到法律规定和认可的举证要求,同时,也区别于法官完全依据证据、质证,仅对"已发生的法律事实"进行法律推定的审判思维。公证做为一种证明活动,形成的是一种证据,其证明对象并不限于已发生的法律事实,还包括法律文书和正在发生的法律行为。尤其对于发生在公证

人面前的法律行为的证明,公证证明活动"对绝大部分当事人来讲不是终点,而是处理各种事物的起点",不可能将真实性的判断完全建立在已产生的其他证据形式之上。对于法律文书本身真实性的直接证明,也要求公证审查所关注的是采取何种方式以确定文书本身的真实性,而不是利用公证人对证据的法律推定能力。

公证的证据效力规定来源于《民事诉讼法》,根据《民事诉讼法》第69条规定,在无相反证据的情况下,法院对公证证明应当予以采信。公证书法定的可采性要求公证审查活动应当对证明结论的真实、合法性予以高度的、专业性的关注。"公证制度的目的在于去伪存真"、"预防纠纷,维护社会经济生活安全",问题越在前端解决其成本越低。公证证明要解决的真实性问题往往是最基础的事实判断,是一项证明单一事项的证据产生时所应当具备的特质。

但现实情况是"公证机构不具备完全达到客观真实所具备的权利和能力",这"需要法律赋予公证机构广泛的调权",而"公证机构目前仅享有极弱的"核实权",因此不可能完全达到客观真实的标准"。① 另外,追求客观真实的成本也是不容忽视的因素,"如何实现成本最小化和效益最大化,是制定每一项制度所必须要考量的。……如果仅仅为了保证公证文书的真实合法,任何内容都进行事无巨细的核实,相信很难有假的东西可以隐藏,但如是操作必然须花费大量成本。……调查核实的成本还与要达到何种证明标准有关。……社会也应当正视公证制度的成本与效益"。② "在公证领域,由于缺少对抗式诉讼模式下的质证程序,不排除为了自身利益,当事人仅提供对自己有利的证据,在这种依靠单边提供证据材料进行事实认定的模式下,若以客观真实为标准,给当事人、公证员的压力太大,而如果放任公证员在有限的时间内完全通过自由心证作出认定,又难免有失偏颇。"故应以"法定证据框架下的公证员内心确认应该是现阶段我国公证事实认定的最佳标准"。③

采取证据判断框架,对司法审判来说是适宜的,对于作为证据使用的公证证明来说又有所欠缺。《公证法》及《公证程序规则》规定公证机构对当事人提交的证据是否真实、充分、合法有权提出"疑义"④,即通过公证员与当事人的交谈、对当事人举证的初步审查,公证员有权利对所证明的事项因存在"合理怀疑",而要求当事人补充其他证据或采取外调核实等手段,排除公证员对证据本身的

---

① 刘疆:《〈公证程序规则〉争议问题研究(上)》,载《中国公证》2006年第11期。
② 章锡丰、许传高:《如何看待公证制度的成本与效益》,载《中国公证》2011年第5期。
③ 胡永刚:《公证员视角下的事实认定标准》,载《中国公证》2010年第5期。
④ 《公证程序规则》第25条第2款规定:"公证机构在审查中,对申请公证的事项的真实性、合法性有疑义的,认为当事人的情况说明或者提供的证明材料不充分、不完备或者有疑义的,可以要求当事人作出说明或者补充证明材料。"第26条规定:"按照有关办证规则需要核实或者对其有疑义的,应当进行核实,或者委托异地公证机构代为核实。有关单位或者个人应当依法予以协助。"

"疑义"。这个"疑义"权,使公证审查明显区别于法官对证据的审查。法官不对证据提出疑义,疑义权利是当事人诉讼质证过程中的权利,法官只负责对证据是否可采进行判断和对诉讼主张是否成立进行判断。而公证员要对当事人的举证保持敏感的"疑义",通过完善、充分各项证据排除"疑义"。所以,公证活动对真实性的判断过程是一个不断排除"疑义"和"疑义可能"的过程。这就要求公证员必须能够证明其证明结论是在"无疑义"的前提下得出的。

另一方面,公证证明有很多是对某个文件、证书本身的真实性或发生在公证人面前的某法律行为的真实性予以直接证明,并没有复杂的法律判断,也没有更多的证据可供推定,就是要公证机构审查并确认,当事人的提交"这份"文件或证书是真是假?行为人就站在公证员面前,需要公证员作出独立的判断——这个人身份是真是假?这类公证事项决定了公证人的真实性审查不能完全依赖于对当事人所举证据的法律推定,而需要发挥公证人的主观能动性,运用询问、补充证明材料、核实、录像等多种手段,形成公证人的内心确认并固定对证明对象真实性的判断。因此,公证对真实性的判断,是建立在是否符合公证法定程序、是否排除了公证审查的合理疑义、是否符合相关办证规则的具体要求等基础上的判断。从这个角度上说,公证证明所追求的真实,首先要符合公证审查工作所要求的"法律层面的真实",通过"法律真实"实现客观真实。

公证证明结论的真实是否能够实际达到"客观真实",并不绝对。《民事诉讼法》规定了公证证据在有其他足够证据的情况下是可以被推翻的,从法律体系上并没有要求或规定公证证据就等于绝对的"客观真实",不容置疑。毕竟,公证员对证据材料的收集、审查、判断也是有局限性的。在发生公证证明结果与客观真实不能重合时,公证责任并不以结果论,而是根据公证人是否履行了公证法定程序、是否排除了公证审查的合理疑义、是否符合相关办证规则的具体要求,做为判断公证证明是否具有"过错"的依据。

三、涉外公证真实性判断的复杂性

涉外公证书具有良好的国际通行性,但制约涉外公证书域外通行效力的,恰恰是对所证明对象的真实性审查。目前,涉外公证书面临的主要难点是对有关公证对象真实性的核实渠道不畅通问题。在核实渠道不畅、核实成本高、公证需求量大、社会诚信度低的综合条件下,目前的中国公证对于涉外公证的办理尚不能实现全部核查。

涉外公证的证明对象主要集中在事实类证明和证书类证明方面,如出生事实、无犯罪事实的证明;学历证、结婚证、职称证的证明等。这些证明的出具单位多样,证书文本、印鉴也未在公证机构做过备案,要实现每件证明对象真实性的确认,如果没有建立公证与各证书制发部门的特殊查核渠道,很难实现。

公证证明真实性的判断属于公证员内心确认范畴。而公证证明对象的多样性,决定了公证员对被证明对象真实性的审查及确认具有相对的复杂性。根据《公证法》第 2 条,公证的证明对象包括民事法律行为、有法律意义的事实和文书三大种类。证明对象的广泛性决定了公证真实性判断在操作上的复杂性。

(一) 对发生在公证员面前的法律行为的真实性判断

一切事实的真实都需要证据的证明。对发生在公证员面前的法律行为,公证员除了要依据法定证件判断行为人的身份外,对行为发生的过程及留下的结果都有义务固定证据。公证员通过自己的观察、感受、询问、所见所闻等亲自参与的方式对行为人的身份进行确认,对被证明行为是否"客观真实"作出直接判断,并通过自己参与的照相、录像、工作记录、笔录等取证方式证明法律行为发生的"客观真实"。对于公证员直接监督的法律行为,公证真实性审查的关键在于如何准确判断行为人的身份、更好地固定证据以再现该法律行为的客观性。

(二) 文书、印鉴属实的公证事项的真实判断

以学历、证书、文件上的印鉴等的真实性为证明对象的公证事项,很难通过收集充分、有效的证据,通过证据链或法律逻辑来判断其真实性。这类证明的证明对象就是文件本身的真实性,没有什么复杂的法律判断,要求公证员对印鉴的真实性依经验或核实等手段作出"真"或"假"的直接判断。当此类直接判断出现错误时,公证机构必须要证明自己的审查是完全符合工作程序和要求的,公证机构的判断错误是在公证人已履行了必要的审查手段后仍无法避免的。

在文书、印鉴类公证事项中,为了实现公证证明的真实性,采取方便有效的核实渠道十分必要。目前对于国内身份证[①]、学历证书[②]、企业营业执照[③]的查询方面已有相对权威的网上核实渠道;对于国家颁发的执业资格证书(如厨师证等国家有专门执业考试的证书)一般也可以通过本地区的"人力资源和社会资源保障局网"进行查询。随着国家信息网络体系的逐步建立,相信会有越来越多的信息资源可以共享。

(三) 对法律事实的真实性判断

对已发生的法律事实的证明,是公证机构依据有权机构出具的证明材料进行的一种法律真实推定。即法律事实并不是在公证员的监督下发生,公证员无法确保证明材料上所证明的事实是否"客观真实"。公证员基于对当事人提交的相关一系列证明材料的审查作出符合法律逻辑的推定,如证明材料必须是有权证明机构出具;证据材料之间无明显矛盾;可以形成一定的证据链等。这种基

---

① 中华人民共和国公安部全国公民身份证号码信息查询服务中心,http://www.nciic.com.cn/framework/gongzuo/。

② 中国高等教育学生信息网(学信网),http://www.chsi.com.cn/。

③ 北京市企业信用网,http://qyxy.baic.gov.cn/zhcx/zhcxAction! query.dhtml。

于第三方证据所进行的法律推定,属于"法律真实"。"法律真实"强调的是证明材料是否具备法定形式、由职权机构出具;证据材料上是否有明显可见的法律瑕疵;如结婚证上没盖钢印,没有当事人身份证号等;是否与其他证据无矛盾,可形成相互印证的证据链等。

就法律事实的证明而言,公证证明只是基于当事人所提供材料的一种法律推定和判断,公证审查更多的是一种法律审查,当事人应当对其提供的证据材料的客观真实性承担责任。只要证明材料形式上符合要求,没有明显疑点、证据之间无矛盾,能够形成证据链,公证员就可以推定其真实。"法律真实"是建立在公证员对多项证据形成的证据链的合理判断基础上的。采用"法律真实标准"要防止"孤证"或证据矛盾的问题。

第四节 涉外公证的法律实践

一、居住在国外的当事人申请涉外公证的途径

居住在国外的当事人可以通过以下途径申请公证[①]:

1. 委托国内(内地)代理人申办民事公证事项。此时,代理人应持委托人从国外寄来的委托书信(含电传、电报)到公证机构申办,该委托书信(含电报、电传)不需办理公证。

2. 向我驻外使领馆提出公证申请或委托,再通过司法部有关部门转到公证机构。此类公证申请书或委托书不需再办理公证。

3. 外国人通过其本国驻华使馆转司法部有关部门的,再转到公证机构。此类公证申请或委托书也不需再办理公证。

4. 通过直接给公证机构去函申办公证。此种情况应按司法部公证律师司、中国银行综合局、外交部领事司1980年10月9日〔80〕司公字第57号《关于公证处可直接受理从国外和港澳地区来信要求办理公证书的通知》办理。

二、如何制作涉外公证书

(一)涉外公证书的制作要求

为了确保涉外公证书在域外法律效力的实现,防止不法分子伪造、变造涉外公证书,涉外公证书的制作除应符合公证书的一般制作要求外,还要符合以下特殊要求:

1. 涉外公证书须由具有办理涉外公证业务资格的公证机构出具,并由涉外

---

① 参见崔淑萍主编:《办公证200问》,江苏人民出版社1998年版,第27页。

公证员具体办理。不具有办理涉外公证业务资格的公证机构和公证员不能出具和制作涉外公证书。否则,该公证书在域外不具有法律效力。

2. 涉外公证书通常要根据使用国或当事人的申请或要求,附相应的外文译文。根据有些国家的要求,发往该国使用的涉外公证文书还需附证明公证书译文与公证书中文文本相符的证词及证词译文。

3. 涉外公证书(包括公证书的译文)需要使用公证专用纸制作。"涉外公证书专用纸"是指为涉外公证业务等专门生产的、带有防伪标识的、专供公证机构制作涉外公证书使用的 A4 纸型特种纸张。自 1992 年 4 月 1 日起,公证机构制作发往域外的公证书正本和副本的证词页(含证词的译文页)一律改用公证专用纸。公证书的封皮、封底、被证材料以及归档的公证书等一般不采用公证专用纸制作。此外,公证机构处理其他业务及其他机关和部门一律不得使用公证专用纸。

(三) 涉外公证书副本的制作要求

涉外公证书副本是指公证机构依据公证书原本或者正本制作的、发给公证当事人用于域外使用的公证书。公证书副本与公证书正本或原本具有同等的法律效力。

由于一些公证当事人在公证机构出具涉外公证书正本后,又请求公证机构为其制发先前办理的公证书,而此时公证书证明的对象是否已发生变化,难以判断,给认证工作和公证书发往域外使用带来难度。同时,1992 年 4 月以来,发往域外使用的公证书已统一使用公证专用水印纸,为保证发往域外使用的公证书的统一性。司法部就制发涉外公证书副本作出了相关规定。对于 1992 年 4 月 1 日以前出具的公证书,公证机构不再制发公证书副本。对于 1992 年 4 月 1 日以后出具的婚姻状况、未受刑事处分、存款、生存、居住、职务等证明对象具有可变性的公证书,自公证之日起超过 6 个月的,公证机构不在制发公证书副本。当事人请求制发副本的,一律按规定程序重新办理。

考虑到目前许多公证机构已经或正面临着体制改革,许多公证机构名称已经或即将发生变化等情况,对于当事人在办理涉外民事公证后又请求公证机构为其制发公证书副本的,应当根据以下情况予以处理:(1) 制发公证书的原公证机构仍存在的,如公证书自出具之日起未超过 6 个月的,按规定制发副本。(2) 制发公证书的原公证机构已变更名称或合并,但原承办公证员未变动的,且公证书自出具之日起未超过 6 个月的,按规定制发副本。(3) 制发公证书的原公证机构已变更名称或合并,并且原承办公证员已变动的,按规定程序重新办理。(4) 制发公证书的原公证机构已撤销的,按规定程序重新办理公证。

此外,一些国家针对公证当事人的不同情况对当事人可变性的事实和行为还规定了涉外公证书的有效期限。如:未受刑事处分公证书 2 个月内有效。

（四）涉外公证书证词的制作要求

涉外公证书属于公文书范畴，是司法文书的一个重要组成部分，是公证活动的最终结果。涉外公证书最重要的组成部分是证词。公证证词是公证书的核心部分，它包含了证明的对象、证明的内容和使用范围、证明所依据的法律、法规等。《公证法》第32条规定："公证书应当按照国务院司法行政部门规定的格式制作，由公证员签名或者加盖签名章并加盖公证机构公章。"因此，公证员在制作公证书时，应当按照司法部规定或者批准的证词格式制作。

目前，司法部规定公证书证词采用定式与要素式公证书两种格式。要素式公证书是指公证书的内容有规定的要素构成，文字、措辞、语序、结构等由公证员酌情撰写的公证书[1]这是近年来公证文书制度改革的一项重要成果。在涉外公证业务中，涉外公证书的证词采用定式公证书的格式。2011年司法部印发了《关于推行新的定式公证书格式的通知》，新格式于2011年10月1日在全国范围内正式启用。

三、如何办理涉外公证书的外交认证

（一）涉外公证书外交认证的程序

发往域外使用的涉外公证书办理外交认证的程序一般是先由我国的外交部领事司或有关省市外事办认证，证明涉外公证书上的公证机构印章和公证员的签名章属实。然后，再由涉外公证书使用国的驻华大使馆、领事馆认证，证明涉外公证书上我外交部门的印章属实。对于办理发往尚未与我国建立外交关系的国家使用的涉外公证书认证，可经我外交部领事司认证后，转请与该国有外交关系的国家（第三国）驻华使馆认证，然后发往该国使用。

（二）涉外公证书外交认证的要求

涉外公证书办理外交认证手续的具体要求主要包括以下几个方面：

1. 涉外公证书须办理认证的，一般应先由我国外交部领事司或其授权的外国驻华领馆领区内省级外事办公室办理领事认证，确认出具涉外公证书的公证机构印章及公证员的签字属实，然后再由涉外公证书使用国的驻华使馆或领馆办理外交认证，确认外交部或其授权机构的印章及官员签字属实。（1）涉外公证书涉及公证当事人因公出国办理有关个人资料的，可凭出国任务批件直接向外交部领事司申办或通过代办机构申办认证手续。（2）涉外公证书涉及公证当事人因私使用的，应通过代办机构申办外交部领事司认证。（3）涉外公证书涉及商业单据或单位证明文书的，可凭单位介绍信和本人身份证件直接向外交部

---

[1] 参见司法部律师公证工作指导司编：《2006年全国公证岗位培训大纲》，法律出版社2006年版，第120页。

领事司申办认证或通过代办机构申办认证手续。(4)在华外国自然人持有的公证书,可凭本国驻华使馆照会或凭本人护照直接向外交部领事司申办或通过代办单位办理认证手续。

2. 涉外公证书需要办理外交认证手续时,一般应当附指定的公证书译文。译文上不盖公证机构的印章和公证员的签名章。

3. 依照规定公证员在涉外公证书上亲笔签名(仅限阿根廷)或使用已经备案手续的签名章,不得以代盖印鉴、代签字的方式代替。

4. 涉外公证书的装订,应当按照规定的顺序依次装订。

5. 发往与我国尚未建立外交关系国家的涉外公证书,应交我国外交部领事司认证后,转请与该国有外交关系的第三国驻华使(领)馆认证,然后再发往该国使用。

6. 发往虽与我国建立外交关系,但尚未设立使馆的国家公证书,只办理我国外交部领事认证。

7. 一些国家驻华使(领)馆在受理领事认证时对部分种类文书的时效性有特殊规定。如婚姻状况公证、未受刑事处分公证、健在公证、存款证明等部分涉及的事实具有可变性的公证书,一般有效期为6个月。

8. 一般情况下,证书应经中国外交部领事司(或外事办公室)和外国使(领)馆双重认证。只有在当事人明确了解文书使用机构只要求对文书办理中方单认证的情况下,才可只办理中国外交部或外事办公室的认证,不办理外国使(领)馆领事认证。

9. 因外国驻华使(领)馆不掌握中国国内公证书出证机构的签字或印章备案,难以核实文书真伪,所以要求文书必须先经中国外交部领事司或其授权外事办公室认证,而后使(领)馆再确认中国外交部领事司或外事办公室的印章、签字属实。

10. 被授权办理领事认证的省级外事办公室因只掌握本省、自治区、直辖市内涉外公证机构或商业文书出证机关的签字或印章备案,对其他省份出具的文书不便核实真伪,因此,非本省、自治区、直辖市不能为其办理认证。当事人应到户口所在地、居住地或有关事实发生地的涉外公证机构申办公证书,并到该公证机构所属的省级外事办公室申请认证。

11. 当事人无法亲自回国办理的,除有特殊规定的一般可委托国内亲友或律师申请公证,并办理中国外交部领事司或其授权单位的领事认证和文书使用国驻华使(领)馆的认证。

12. 中国驻外使(领)馆因不掌握国内公证书出具机构的签字或印章备案,不便核实文书真伪,因此原则上不受理国内出具的公证书的认证申请。当事人应将文书送回国内,按正常程序补办外交部领事司或其授权单位的领事认证和文书使用国驻华使(领)馆的认证手续。

13. 送往不同国家驻华使馆认证的公证书,要分别邮寄。若几个人前往一国使用的,可用一个公函,一同寄送签证代办处。同一使用目的的公证书可以合订成册,办理一个认证。

14. 送认证的婚姻、学历、经历和以实体形式出具的人民币存款、个人收入以及往美国、法国、泰国等国家使用的出生等公证书应当附当事人的照片,并加盖钢印。

15. 2000年3月1日起,涉外公证书已经改变了先前在涉外公证书中设置认证页的做法,而改为将涉外公证书认证贴纸直接粘贴在公证书证词译文页背面的做法。

(三) 涉外公证书的认证费用

发往域外使用的涉外公证书办理外交认证手续,除部分国家对部分因私使用的涉外公证书免收认证费以外,一般都需要缴纳认证费,并需预先交纳且只收现金。同时,部分外国驻华使馆的认证费会随汇率变化等原因随时调整,故认证费应以驻华使馆的实际收费标准为准。

此外,按照司法部颁布的《公证程序规则》第47条规定:"公证书需要办理领事认证的,根据有关规定或者当事人委托,公证机构可以代为办理公证书认证,所须费用由当事人支付。"

四、涉外公证书查证的途径

1. 外国驻华大使馆申请查证。根据1992年11月27日司法部公证司下发的《关于外国驻华使领馆要求查核我公证书应当如何处理的复函》的精神,原则上由司法部公证司协助核查,或由公证机构将核查结果通过省级司法厅(局)公证管理处报司法部公证司处理。

2. 外国驻华领事馆申请查证。由该领事馆辖区的省(区、市)外办转省级司法厅(局)公证管理处协助核查,或由公证机构将核查结果通过省级司法厅(局)公证管理处答复,同时抄报司法部公证司。

除上述两条途径外,公证机构不得直接接受驻华领事馆对于公证书的查证申请。

第五节 涉外公证的案例分析

案例一:公证机构不能直接对外国查询公证书真伪
案情:
2001年,某公司持我国公证机构的公证书作为证据在国外法院诉讼,外国法院要求国内公证机构出具公函证明公证书的真实性,并由公证员在可视电话上作证。经当地司法厅公证管理处请示司法部律师公证司,司法部律公司答复如下:

……经研究认为:外国法院提出上述要求是为在我国领域内调查取证。一国法院为审理案件的需要在另一国领域内调查取证应通过司法协助条约规定的途径或外交途径进行。因此,公证处不宜应外国法院要求直接出具公函并由公证员在可视电话上作证。此复。

评析:

公证书具有国际通行的域外效力,但公证书本身的真伪的核实需要通过外交途径,通过外交部转司法部进行内部核实,而不能由公证机构直接对国外的司法机构或查询机构。实务部门有时会直接接到某国驻华使馆打到公证处查询公证书的电话或者拜访,公证机构一般不能对外直接答复。这涉及外交、司法协助、司法调查等诸多敏感问题,因此,处理上需十分谨慎。

案例二:外国护照不能在中国办理护照真实性公证

案情:

甲是美籍华人,长期在中国居住。因要在中国购买房产,来公证处办理美国护照公证。公证员经审查,发现甲持有的是美国护照,中国公证机构无权管辖,告知其不能办理。

评析:

护照是公民身份的法定证明,但国外机关颁发的外国护照的真实性,中国公证机构无权确认。虽然公证书在国际上具有通行的效力,但在受案范围和证明范围上,仍然受本国法律的约束。同时,对外国的证书、证件,中国的公证机构也无从核实和认定真伪。当面临当事人的实际需求时,一般情况下,可以指导当事人到该国驻中国的使馆去进行公证并经我国外交部门认证后使用。对于这类外国证件,可以办理的是关于译文相符的公证,但因公证书不对外国证件进行审查和确认,公证书对这类外国证照统称为"外文文件"。

案例三:涉外学历公证

案情:

户口在 A 地的甲申请办理其在 B 地大学取得的学历、学位证书公证。公证员要求其提供身份证、户口本、学位、学历证原件、档案部门出具的学历登记查询证明后,经审查各项证据中的登记一致无误后,出具了公证书。

评析:

这个案例就是典型的通过证据材料的相互印证,来实现公证员内心真实性确认的案例。对异地证书真实性的审查,有二个途径:一是发函直接核实,二是通过户口本、档案记载等相关材料进行印证核实。前者对时间的要求高,且不一定有回复。在实践中,当事人无法忍受漫长而不确定的核实等候,也无法满足当事人实际的办证需求。在没有其他现代化的、及时便利的可核实手段的情况下,由其他多种证明材料相互印证,也是公证员获得内心确认的一个途径。这涉及对户口本中登记的当事人的学历信息的审查,对档案内保存原当事人的学历记录的审查。当这些印证材料能够达到证据链的一致时,公证员内心的真实性确认即完成。实务中的大多数涉外公证的办理是依靠这种核实方式进行的。

第六节　涉外公证的问题与建议

一、加强司法部的业务指导

根据涉外公证政策性强、外交敏感度强的特点,在涉外公证的办理上应当强调司法部的业务指导作用,加强司法部与外交部门的沟通和协调,有利于涉外公证在全国的执行标准统一。

二、推进司法部公证规章的电子化

我国涉外公证的部颁规章,经过二十多年的积累已形成多版较为系统和全面的汇编。由于条目多,纸质的汇编在查询使用和接收的及时性上都有不足。建议将相关规章形成可查询的电子规章汇编,在公证行业内部网站上提供检索、查询、下载。

【问题与思考】

1. 公证与认证的差异是什么?
2. 如何理解涉外公证的适用范围?

第十七章　涉港澳台公证

【内容提要】

本章介绍了涉港澳台公证的基本概念,重点阐释委托公证人制度、查证、转递制度,并就完善涉港澳台公证提出建议。

【关键词】　委托公证人　转递　查证

随着香港、澳门回归祖国,与祖国内地经济合作与交流不断深入,经贸关系更加紧密,公证机构办理的涉港澳公证为处理香港、澳门与祖国内地日益繁多的民事及经济事务提供了一条更加便捷、有效的法律服务途径,为维护香港、澳门与内地当事人的合法权益,促进香港、澳门与祖国内地的经济发展和繁荣,发挥着重要的桥梁和纽带作用。同时,通过办理涉港澳公证,宣传教育公民、法人遵守国家法律,全面理解和贯彻落实"一国两制"的方针,保证全国性法律、法规、规章及香港、澳门特别行政区基本法的正确实施。

与港澳地区不同,我国的台湾地区虽然还没有与祖国大陆完全统一,但海峡两岸民间交往的日益扩大却已成为事实,经贸关系的不断发展,促使涉台公证的作用日益突出,一方面为保障台胞和台属正当民事权益的实现提供了有效的法律依据,另一方面也为促进海峡两岸同胞的相互了解和正常往来提供了重要的法律途径。因此,如何完善涉台公证的各项制度和程序、保障台胞和台属正当权益、促进两岸同胞的往来和经贸关系的发展、维护两岸交往秩序等问题业已成为公证理论界和实务界的讨论和研究的重要课题。

第一节　涉港澳台公证的基本理论

一、涉港澳台公证的概念和特征

涉港澳台公证是指公证的当事人、所证明对象或公证书使用地诸因素中有一个或一个以上具有涉港澳台因素的公证证明活动。简言之,就是指含有涉港澳台因素的公证证明活动。主要包括以下三种情形:(1)涉港澳台公证的当事人中有香港、澳门特别行政区、台湾地区的居民、法人或者其他组织等。(2)涉港澳台公证证明的对象,即法律行为、有法律意义的事实和文书发生在香港、澳门特别行政区、台湾地区或者在香港、澳门特别行政区、台湾地区区域内形成。(3)涉港澳台公证书的使用地或采证机构为香港、澳门特别行政区及台湾地区。

由于香港、澳门和台湾地区实行着与祖国内地不同的政治、经济、法律制度，因此在办理涉港澳台公证时，在适用法律、办证程序、证书采证和使用等方面，既有不同于办理一般的普通国内公证业务的方面，也有不同于办理涉外公证业务的方面，具体表现为以下几个方面：(1)公证当事人或公证书使用地具有涉港澳台因素。(2)适用法律上，既要符合全国性法律规定和原则，也要符合香港和澳门特别行政区法律等规定，考虑台湾地区的有关规定和历史因素。(3)在办证程序上，除依据国内公证事项的办证程序规定外，还应遵守一些特殊的规定：如一些情况需参照涉外公证的一般程序规定（涉港澳公证书的正本、副本制作，参照涉外公证书的正本、副本制作要求）；涉港澳台公证不适用免批程序等。(4)在公证书的格式、制作、使用、寄送等方面有特殊的要求，如涉港澳的公证书和有关证明材料，则须要经司法部委托的香港律师、澳门律师或澳门机构证明，并由中国法律服务公司确认、转递等；发往台湾使用的部分公证书副本，必须由省级以上公证协会向台湾海基会寄送。(5)承办涉港澳台公证业务的公证机构和公证员须具备相应的资格，其中办理涉港澳公证要求承办公证机构和公证员具有涉外资格，而办理涉台的公证机构和公证员还需省、直辖市、自治区司法行政部门的特别授权。(6)公证书用纸须使用公证专用水印纸，并加盖钢印。(7)发往港澳地区的公证书还可以根据公证当事人的要求附英文、葡萄牙文译文。(8)涉港澳台的公证书编号，公证机构应按国内业务统一编号的方式进行编号。

二、涉港澳台公证业务的分类

根据涉港澳台公证业务申请人和使用范围的不同，一般可分为涉港澳台民事公证和涉港澳台经济公证两类：

(一)涉港澳台民事公证业务

常见的涉港澳台民事公证业务包括：继承、收养、婚姻状况（未婚、未再婚、离婚）、财产状况、个人经济收入状况、亲属关系、赠与、委托书、声明书、出生、死亡、生存、经历、学历等公证。

(二)涉港澳台经济公证业务

常见的涉港澳台经济公证业务包括：购销合同、补偿贸易合同、加工合同、技术转让合同、合资合作合同、抵押借款合同、公司章程、营业执照、授权委托书、董事会决议、监事会决议、担保书、资信证明、声明书、注册商标证书、专利证书、知识产权等公证。

三、涉港澳台公证证明对象的法定性

在涉港澳台公证的证明对象方面，必须以法定性作为基本原则，有相关法律等规范性文件明文规定的，才能依法予以公证，否则不得出具公证书。这意味着,承办涉港澳台公证事务的公证机构和公证员要随时关注立法机构颁布的相关法律法规、国务院司法行政管理部门所颁布的各种业务指导性文件及中央有关的政策文件,并以上述文件为依据,严禁任意更改证明对象、证明方式以及证词格式。在没有明确规定的情况下,一方面要及时上报司法行政管理部门,另一方面要严格限制出证条件。

四、委托公证人制度

（一）委托公证人制度的产生与概念

委托公证人制度始建于1981年,当时祖国内地实行改革开放,香港与内地联系日益紧密。大量的港商到内地从事投资、经商活动,许多香港同胞到内地探亲、定居、领养子女或结婚,但内地有关部门无法了解香港当事人的真实情况。此外,工商登记机关也需要了解在内地进行商业活动或投资的香港企业的商业登记纪录等,但内地与香港在公证制度上差异很大。为解决这一问题,司法部经商中央有关部门同意,建立"中国委托公证人制度"。1997年中国政府恢复对香港行使主权后,该制度继续实行。1999年澳门回归祖国后,为了加强内地与澳门特别行政区之间的贸易与投资合作,2006年2月8日司法部首次委托澳门律师共5人为委托公证人,至此委托公证人制度在澳门也得以成功建立。

从上述委托公证人制度的产生与发展的过程,我们不难理解,"委托公证人公证"是指具备一定条件的香港、澳门律师,依据司法部授权和当事人的申请,对发生在香港、澳门的法律行为、有法律意义的事件和文书,依照法定程序对其合法性、真实性予以证明的活动。委托公证人制度则是关于委托公证人的原则、内容、程序、方式、效力等一整套规则的总称。它是围绕委托公证人活动形成的一种证明制度,是我国公证制度的重要组成部分。

（二）委托公证人出具的公证书效力

最高人民法院、司法部《关于涉港公证文书效力问题的通知》中规定:"在办理涉港案件中,对于发生在香港地区的有法律意义的事件和文书,均应要求当事人提交委托公证人出具并经司法部中国法律服务(香港)有限公司审核加盖转递的公证证明。对委托公证人以外的其他机构、人员出具的或未经审核加章程序的证明文书,应视为不具有《中华人民共和国民事诉讼法》中规定的公证文书的证明效力和执行效力,也不具有《中华人民共和国担保法》第四十三条规定的对抗第三人的效力,所涉及的行为不受法律保护。"因此,委托公证人所出具的到内地使用的公证文书,须经国务院司法行政部门在香港设立的中国法律服务(香港)有限公司加章转递,确认使用。凡未经过该公司审核并加章转递的公证文书,均不具有证明效力。

自2006年2月6日起,澳门也开始实施与香港一致的"内地认可的公证人"

制度,即委托公证人制度,对于发生在澳门地区的有法律意义的事件和文书,均应要求当事人提交委托公证人出具并经司法部中国法律服务(澳门)有限公司审核加盖转递的公证证明。对委托公证人以外的其他机构、人员出具的或未经审核加章程序的证明文书,应视为不具有《中华人民共和国民事诉讼法》中规定的公证文书的证明效力和执行效力,也不具有《中华人民共和国担保法》第43条规定的对抗第三人的效力,所涉及的行为不受法律保护。也就是说由司法部任命的澳门委托公证人出具公证文书,必须经中国法律服务澳门有限公司加章转递,才具有法律效力并在内地使用。

五、海峡两岸公证书使用查证制度

为进一步促进海峡两岸的民事、经济交往,解决两岸公证书的使用查证问题,防止错假公证书引发不良后果,确保涉台公证书的真实、可靠,1993年海峡两岸第一次"汪辜会谈"签署了《两岸公证书使用查证协议》并于1993年5月29日正式开始施行,双方同意通过相互寄送公证书副本,以正、副本比对的方式确认证书的真伪,并对有问题的公证书进行查证,从而建立了海峡两岸公证书使用查证制度。协议的执行主体是中国公证协会和各省、自治区、直辖市公证协会与台湾海峡交流基金会。其中中国公证协会和各省、自治区、直辖市公证协会负责大陆发往台湾地区的公证书副本的寄送和查证,并对台湾海峡交流基金会寄来的台湾公证书副本进行比对、查证;台湾海峡交流基金会于1990年11月正式成立。该机构具体负责发往台湾使用的大陆公证书的核验、查证,以及台湾发往大陆使用的公证书副本的寄送、查证工作。

第二节 涉港澳台公证的立法背景

港澳台地区与大陆经历了较长时间的隔绝,至今也未完全放开往来,导致往来时"信用"被高度关注,解决信用问题不仅需要公证介入,而且公证的制作和使用都有严格规定。尽管该类公证在信用削弱原因、公证查证方面与涉外公证相似,其规制却与涉外公证有着本质区别。概括而言,公证机构办理该类公证仅得遵守大陆的法律,但是往来政策对公证的影响更为显著;办理该类公证还要能够及时向行政管理机构传递港澳台地区与大陆的法律、政策冲突,在维护国家统一的前提下,针对冲突积极向民事、经济往来提供救济。

在放开往来之初,对涉港澳台公证的规制就与对其他国内公证的规制截然不同。对其他国内公证的规制是以程序来提纲挈领的,具体问题授权公证机构进行处置。对涉港澳台公证的规制则是对程序以及具体问题给予同等重视,原则上不下放具体问题的处置权。对具体问题的规制与对程序的规制的关系类似于特别法与一般法的关系,并且特别法规模庞大,至今未见减少之势。这种规制方式,表面看来是行政管理需求与民事需求相互协调的结果,归根结底则是相对地区的行政管理需求相互协调的结果,具体表现在三个方面。

第一,公证程序立法的主体以司法部为主,涉及诸多部门和行业,但尚未上升至最高立法机构。

在大陆的法律框架下,全国人大有权进行公证立法,最高法院有权进行司法解释,专门负责管理公证的司法部有权就公证程序进行立法。但是,不管哪一级部门立法或者制政,都要尽可能与往来的需要相衔接。

为保证衔接有效率,只宜作粗线条的立法。因此,全国人大并不对涉港澳台公证给予特别立法,而是允许有关机构或者行业采取与司法部共同会商港澳台事务的方式介入该类公证立法,即由有关机构或者行业规定港澳台事务中哪些环节需要公证介入,再由司法部规定公证的受理条件以及公证程序。

第二,调整公证程序的法律文件形式多样、层次多样,但司法部未就程序作内部的最高层次的立法。

只作粗线条立法还体现在司法部自身对涉港澳台公证立法形式的选择上。从法律渊源的视角来看,司法部就某类公证的程序进行立法的最高层次是制定规章,即公证办证细则(规则)。然而,涉港澳台公证法律文件不仅无一达到规章层次,甚至绝大多数并未达到渊源层次。这是因为办证细则(规则)应该具有长期效力,公证程序如果不具有相当的灵活性,就不便与政府的有关政策进行对接,也不便应对新发、突发的问题。因此,司法部制定的涉港澳台公证程序性法律文件以通知最为多见,还包括联合发文、办法、复函、函、批复、意见。即使达不到渊源层次,很多文件一样发挥着与规章同样的效力,且对公证实务产生深远影响。

第三,大多数涉港澳台公证书使用前要经历比涉外公证书"认证"更加严格的"查证",查验真实才可以被采信。查证具有半官方半民间的性质。

外交认证以双认证为主,依次发生两次证明:第一次是公证书出具国的外交机构确认公证书真实,之后出具证明。第二次是公证书使用国的外交机构确认公证书出具国的外交机构的证明真实,之后出具证明。

涉港澳公证书的查证由中国法律服务(香港)有限公司、中国法律服务(澳门)有限公司完成。公司由大陆官方派员组成,公司确认公证书为司法部认可的该地区的律师公证人制作,之后出具证明。大陆的单位(包括公证机构)如欲采信港澳地区制作的公证书,则需要该公证书经历了查证。但是,涉港澳公证书可以直接在香港、澳门使用,不需要查证。因此,这里的查证是单方的。

涉台公证书的查证一般由海基会和海协会共同完成。根据《两岸公证书使用查证协议》,公证机构一般要将制发给当事人的公证书的副本递交省级公证协会,由公证协会向海基会和海协会同时转交副本。当事人欲使用公证书,须先持公证书向海基会(海协会)请求查证。海基会和海协会受理查证申请后,将互相比对所收到的副本,确认公证书真实之后方可出具证明。

以上立法方式体现了对效率、灵活、真实的高度重视,很好地诠释了"一家亲",在很大程度上可以满足民事主体的需求。当然,这种层次偏低的立法形式不会长期持续,随着往来增多,政治、经济、法律、文化差异逐渐减小,这一立法方式也会有相应的调整。

第三节 涉港澳台公证的热点前沿问题

一、司法行政机构在降低公证程序复杂性方面应有所作为

港澳台地区出具的公证书或大陆出具的公证书能否在相对地区顺利使用是民事主体最关心的问题,公证的受理和办理是否可以较少地受到对方法律的限制也是被民事主体高度关注的问题。如何在解决这两个问题时既把握好原则,又能够灵活地给予救济,不单是公证行业的重要课题,还是司法行政机构的重要课题。

放开往来之初,公证首先扮演了传递需求的角色。当民事主体因两地往来事宜而被港澳台地区的行政管理机构施加公证要求时,其会向大陆的公证机构提出申请。大陆的公证机构则迅速将成类的或者特殊的公证需求汇报给司法行政机构,司法行政机构会根据往来现行的政策对公证的办理给予具体答复。遇有法律、政策冲突时,公证机构会根据司法行政机构的意见采取不予受理(办理)或者部分(一定程度)满足公证需求的方式,将冲突传递给民事主体。之后,公证又不断扮演推动法律、政策协调的角色。遇到法律、政策冲突的民事主体会向提出公证要求的行政管理机构解释在大陆为何公证不能办理或者为何公证不能完全证明有关情况,并进而与需求方商议替代方案。替代方案会再传递到大陆的公证机构,并被向上传递到司法行政机构。司法行政机构遇有往复传递的冲突,或者遇有成类的冲突,就会与其他相关机构进行会商,逐渐出台新政新规。

上述桥梁作用的发挥,依赖于公证机构保持着传递冲突的积极性。以涉台公证为例,在过去很长一段时间里,司法行政机构仅允许少数公证机构办理该类公证。为的是公证需求以及冲突集中呈现,便于发现端倪以及把握趋势;还可以减少不同的公证机构对法律、政策理解的分歧,统一办证程序。但是,被官方选择的公证机构只是享有荣誉。该类公证自身并不具有经济利益上的吸引力,反而具有办证规定繁多和程序严格、复杂的不便,所以很难鼓励这些公证机构积极传递冲突。反之,扩大涉台公证机构数量的做法效果也不理想。办证机构数量扩大确实产生了竞争,刺激了办证积极性,但是刺激难以持续,以及刺激过度引发的掩盖冲突、降低办证标准等问题也不容回避。

在拓宽接口的效果用尽之时,民间的其他呼吁,如简化办证、查证手续,减少行政环节等等应被管理机构逐渐纳入吸收日程。办证手续应与往来渐久渐深的情况相适应,不宜始终停留在放开往来之初的低层次规制之上。司法部可以按照抓大放小的原则,对简单事项制定办证规则,适度降低涉港澳台公证手续的复杂性。还可以与其他行政管理机构积极协商,为民事主体办理公证的举证提供便利。

二、公证行业应深究法律冲突,深化证词改革

港澳台地区与大陆放开往来时间已经不短,因历史遗留问题产生的公证需求已经渐近尾声(如去台老兵遗产继承公证已越来越少),而因婚姻、出资、学习、旅游等关系新生的公证需求不断活跃和扩大。公证行业要想跟上形势,就应该加强研究法律冲突,创新证明方式。

以行为公证为例,香港公证人证明行为真实时,对行为合法性仅作形式审查且在证词中明确表述未作实质审查。大陆过去不允许对合法性进行消极审查,但又不在证词中就公证审查了合法性予以明示。公证行业自认为,只要拿到了行为公证书,就意味着公证证明了行为是实质合法的。到2011年10月1日施行新版定式公证书时,这一"规矩"被打破了,是否审查实质合法可以进行选择,审查了的必须在证词中特殊注明,未审查的不得在证词中特殊注明。可是,改革后的证词对于没有实质审查的表述仍然存在模糊的问题。如果香港的民事主体在大陆办理了行为公证,大陆公证未作实质合法的审查,且不在公证词中注明未审查实质合法,那么香港的有关机构或主体是会按照当地的法律和文化理解为公证未作实质审查,还是会依照改革前的大陆公证习惯理解为已作实质审查?应该充分关注公证法系的不同和法律文化的不同,尤其要关注有关不同是否会因公证的介入而获得明示。显然,行为公证未作实质合法审查的,在证词中注明最妥。而且,增加注解的方法还可以使公证得以最大程度地满足公证需求,减少不予受理(办理)的粗暴。

再以保全证据公证为例,涉港澳台公证必须按照定式制作公证书,不得制作要素式公证书。然而,定式公证书只能证明书证(即证明影印件与原件一致),其他证据就无法适用了。此外,要素式公证书所能承载的大量信息也是定式公证书所望尘莫及的。除非使用人对定式公证书背后的工作做了调查,定式公证书才能发挥应有的效力。既然如此,为何不使用要素式公证书来说清办证来由和过程,避免使用人把公证所做的工作再做一遍!

港澳地区都接受未译成外文的公证书,涉港澳台公证的证明对象也比涉外公证宽阔和复杂,不局限于简单文书、事实和行为,因此,涉港澳台公证的证词不应该惜墨如金。

第四节　涉港澳台公证的法律实践

一、涉港澳公证书副本的制发期限

对于1992年4月1日以前出具的涉港澳民事公证书不再制发公证书副本。对于1992年4月1日以后出具的婚姻状况、未受刑事处分、存款、生存、居住、职务等证明对象具有可变性的公证书，自公证之日起超过6个月的，公证机构不再制发公证书副本。当事人请求制发副本的，一律按规定程序重新办理。如果公证机构名称已经或即将发生变化，当事人在办理涉港澳公证后又请求公证机构为其制发公证书副本的，应根据以下情况予以处理：(1)制发公证书的原公证机构仍存在的，且公证书自出具之日起未超过6个月的，按规定制发副本。(2)制发公证书的原公证机构已变更名称或合并，但原承办公证员未变动的，如公证书自出具之日起未超过六个月的，制发副本。(3)制发公证书的原公证机构已变更名称或合并，并且原承办公证员已变动的，按规定程序重新办理公证。(4)制发公证书的原公证机构已撤销的，按规定程序重新办理公证。

二、涉台公证业务的管辖

大陆居民和在大陆定居的台湾居民申请办理公证事项，由其住所地或法律行为、法律事实发生地或不动产所在地的公证机构受理。回大陆探亲、旅游的台湾居民申请办理公证事项，由其原籍或临时户籍所在地或法律行为、法律事实发生地或不动产所在地的公证机构受理。居住在台湾地区的居民委托大陆人士或亲友申请办理公证事项，由其原籍所在地或法律事实发生地或不动产所在地的公证机构受理。住所地不同的若干个当事人共同申办一个公证事项的，应在其中一名当事人住所地的公证机构统一受理。

三、涉台公证书寄送公证书副本的适用范围及程序

《两岸公证书使用查证协议》最初只规定了继承、收养、婚姻、出生、死亡、委托、学历、定居、扶养亲属及财产权利这10项公证事项须寄送公证书副本，这些公证事项不仅是两岸相互使用的最为常见的，也是关系到两岸同胞重大人身和财产权益的事项。1994年，经海协会和海基会协商，又增加了涉及病历、税务、经历和专业证书4类公证事项须寄送公证书副本。目前，相互寄送的公证书副本已达到14项，具体包括：(1)用于继承的亲属关系公证书、委托公证书以及根据案情需要办理的出生、死亡、婚姻等公证书。(2)收养、婚姻、出生、死亡、学历、委托书公证书。(3)用于大陆居民赴台湾定居，或台湾居民赴大陆定居的亲

属关系、婚姻、出生等公证书。(4) 用于减免所得税而办理的抚养、亲属关系公证证明,包括亲属关系、谋生能力、病残、成年在学、缴纳保险费或医药费公证书。(5) 财产权利证明公证书,指公民、法人或其他组织所享有的财产权利公证证明。包括物权、债权、继承权等有形财产权利和专利著作、商标等无形财产权,以及企业的资格、资信、法定代表人、授权委托书以及生产许可证、生产企业的合格证、产品检验报告书等。(6) 病历、税务、经历、专业证书等。

发往台湾属于《两岸公证书使用查证协议》约定相互寄送副本范围的公证书,应办理一份副本(该副本必须使用公证专用纸,无须粘贴公证书封面和封底,不需要加盖副本章),经办公证机构应先将公证书副本寄省(自治区、直辖市)公证协会审查。公证协会审查无误后,应登记并在3日内通知公证机构向当事人送达公证书正本,同时公证协会将副本寄送海基会法律服务处。经审查认为公证书有问题的,应退回公证机构重新办理。各公证协会收到海基会寄来的在大陆使用的公证书副本,应进行登记并根据公证书的用途转寄公证书使用部门。

四、涉台公证书查证的适用范围及程序[①]

根据《两岸公证书使用查证协议》规定公证书有下列情形的,双方应相互协助查证:(1) 违反公证机构有关受理范围规定。(2) 同一事项在不同公证机构公证。(3) 公证书内容与户籍资料或其他档案资料记载不符。(4) 公证书内容自相矛盾。(5) 公证书文字、印鉴模糊不清,或有涂改、擦拭等可疑痕迹。(6) 有其他不同证据材料。(7) 其他需要查明的事项。接受查证的一方,应于收受查证函之日起30日内答复。除以上原因,一般不予查证,并且,当申请查证方申请查证时未叙明查证事由,或公证书上另加盖有其他证明印章者,接受查证一方可以拒绝查证,但必须附加理由。

海基会的查证函寄致中国公证协会的,后者应在3日内转寄出证的公证机构或地、市司法局公证管理科,同时抄公证机构所在省(区、市)公证协会。公证机构或公证管理科收到查证函后10日内将查证结果报中国公证协会,抄省(区、市)公证协会。由中国公证协会答复海基会。海基会查证函直接寄给省(区、市)公证协会的,后者应在3日内出证的公证机构或地、市司法局公证管理科。公证机构或管理科收到查证请求后10日内将查证结果报省(区、市)公证协会。对于查证属实的公证书,由省(区、市)公证协会登记后直接答复海基会;凡是有问题的公证书,省(区、市)公证协会应将情况报告中国公证协会,经同意后由省(区、市)公证协会答复海基会。公证机构不能在规定的时间内答复的应说明原因,无正当理由超过期限的,应承担延误时间造成的损失。海基会将查证

[①] 参见张万明:《涉台法律问题总论》,法律出版社2003年版,第102—105页。

函直接寄送公证机构,或通过当事人、其他组织转交的,公证机构不予答复,由中国公证协会统一向海基会交涉。

大陆公证书使用部门需要向台湾出证机关进行查证的,应将需要查证的公证书复印件寄送所在省(区、市)公证协会或中国公证协会,并说明要求查证的事由。公证协会审查认为符合有关查证情形的,应登记并出具查证函转寄海基会。海基会答复后,应将查证结果转公证书使用部门。

五、制作涉台公证书的特殊要求

考虑两岸的实际情况,为了确保涉台公证书在台湾地区使用,涉台公证书的制作除应符合公证书制作的一般要求外,还应符合以下特殊要求:

1. 涉台公证书格式须按照司法部规定或批准的涉台公证书格式制作。
2. 涉台公证书的编号,应按国内业务统一编号的方式编制。
3. 涉台公证书的证词和被证明的文书中不得有与法律、法规、政策相抵触或危害国家利益的内容。
4. 涉台公证书的证词页必须使用公证专用纸。
5. 涉台公证书应加盖公证机构钢印。对当事人要求加贴照片的,应将照片贴在公证书证词页左下方,并在贴照片处加盖公证机构钢印。
6. 涉台公证书上不得加盖其他机关、团体的印章。
7. 证明对象具有可变性的涉台公证书,自公证之日起超过6个月的,不再制发公证书副本。

六、涉港澳公证实务的其他问题

1. 对香港居民为处理香港财产所立代书遗嘱的,可由遗嘱见证人发表声明,公证机构应证明见证人签字盖章属实。在出证时,将遗嘱与声明书装订在一起,如果与声明书装订在一起的遗嘱是影印件,还必须证明影印件与原件相符。
2. 当事人申办遗嘱继承公证时,公证机构应对遗嘱人在香港设立的遗嘱进行检验。对于遗嘱是否是遗嘱人本人所立,遗嘱人在立遗嘱时是否符合行为地法律,应由香港高等法院进行检定。为确认香港高等法院遗嘱检定书和遗嘱影印件的真实性,公证机构可要求香港委托公证人办理公证证明。
3. 内地居民与香港居民在港登记结婚后,需在公证机构办理夫妻关系证明时,当事人在港的配偶必须持香港婚姻登记处颁发的结婚证书,到委托的香港律师处辩别真假,由律师另行出具证明,并将双方照片贴在公证书上,加盖钢印。公证机构根据香港婚姻登记处颁发的结婚证书和委托的香港律师出具的公证书,办理夫妻关系证明。
4. 当事人办理同意其在香港有居留权的、已满16周岁未满21周岁的子女在港结婚的声明书公证书,证明当事人在声明书上签字属实的,声明人应是申请结婚人的父亲;父亲去世或为限制行为能力人的,声明人应是母亲;父母都已去世或限制行为能力的,可由申请结婚人的监护人发表声明。不办理临时去港,未达我国婚姻法规定的法定婚龄的子女在港结婚的声明书。

5. 澳门居民办理"非当地出生"公证的,应由当事人或其亲属发表在澳门出生的声明,公证机构证明声明人在声明书上的签字属实。

七、涉台公证实务的其他问题

1. 办理涉台公证事项时,要实行"优先受理、优先调查、优质服务"三优原则。注意既要坚持独立办证的原则,又要处理好与有关部门的协调和配合。对于分裂祖国、鼓吹台独等反动内容的文件或证明材料要坚决予以拒绝。

2. 对去台人员和台胞向公证机构提供的出自台湾不同部门的证明文件,作为证据采用时,需注意其证据效力和可靠程度。目前,对以下部门出具的文件,公证机构可作为认定事实的依据:(1)台湾公证机构出具的公证书。(2)台湾户政机关出具的证明与原件相符的户籍眷本影印件。(3)台湾医院出具的死亡证明、尸体检验证明书和地方法院出具的尸体检验证明书(均为原件)。另外,对其他部门出具的文书,可根据所办理的公证事项的具体情况作为参考。

第五节 涉港澳台公证的案例分析

公证机构发现虚假情况后决定不予办理公证、终止公证,从而帮助民事主体避免纠纷和损失的案例大量存在。鉴于研究需要,这里不列举此方面的案例,仅列举出具公证书的成类的案例,或者有前瞻价值的稀缺案例。又考虑到香港、澳门与大陆沟通比较便利,故仅列举程序更加复杂的涉台公证案例。

案例一:用于继承的亲属、委托公证

案情:

张某在解放前夕随国民党军队去了台湾,一直没有再婚。其留在大陆的妻子以为其已死亡,带着其儿子改了嫁。1987年两岸放开探亲后,张某叶落归根,在老家找到了"妻子"、儿子和其他亲人。其返台以后又多次回老家探亲,儿子也多次到台湾探亲。后来,张某突然病逝,没有留下遗嘱。根据台湾的规定,要继承张某在台的遗产须先由张某老家的公证机构出具用于继承的亲属公证,然后还要由继承人办理委托公证,指定台湾的律师代办继承手续。张某老家的公证机构查证后为其"妻子"和儿子出具了亲属公证书及委托公证书。

评析:

此案例介绍了台湾与大陆继承法律关于继承人规定的冲突。

首先,两岸的继承人顺序是不同的。我们这里规定的继承人只有两个顺序,第一顺序是配偶、子女、父母。而台湾规定配偶为当然继承人,另有四个顺序的继承人。① 只要被继承人有配偶,其他顺序继承人就必须和被继承人的配偶共同按照法定比例②继承遗产。

第二,对于解放前赴台的大陆居民的配偶再婚的态度不同。大陆法律认为再婚使得配偶身份解除,故不能继承遗产。而台湾规定此种情况下只要台湾一方没有再婚,那么大陆的配偶仍有权参与继承。理由是台湾不承认大陆的法律,大陆的配偶在大陆的再婚是无效的再婚。

就继承顺序而言,大陆的公证机构在出具亲属公证书时一般只需列出大陆法律规定的第一顺序继承人,根据情况可列出大陆法律规定的第二顺序继承人。其中配偶是否作为继承人的问题,如果核实台湾一方没有再婚的,要将其大陆的配偶列入亲属公证书,而不考虑其配偶是否再婚。

香港地区的继承法律包括《无遗嘱遗产条例》、《遗嘱条例》、《无争议遗嘱认证规则》、《遗嘱检验及遗产管理条例》、《非诉讼性遗嘱检验规则》、《遗嘱赡养条例》、《非婚生子女获取合法地位条例》、《领养子女条例》。澳门地区适用《葡萄牙民法典》,其中第五卷为继承法。港澳台地区与大陆的继承法律冲突涉及法定继承人范围和顺序、遗嘱的生效条件、养子女的身份、婚姻协议的有效性、遗产的处置机构等诸多方面。公证行业应加强学习,面对遗产在何地即实际上只能受当地法律约束的现实,要避免绕进冲突之中,出具错误公证书。

案例二:纳税、在校学习、学历公证

案情:

王女士的儿子从台湾北上大陆上学,为了照顾儿子,她也来到了大陆,并找到了一份工作。在儿子上学期间,她每年都要办理两个公证,一个是其个人在大陆纳税的公证,另一个是代其儿子办理在校学习证明公证。办理前一公证是为了在台湾申请减税,办理后一公证是为了儿子缓服"兵役"。后来,儿子的同学要到台湾上学,又由她介绍到公证处办理了学历等公证。

评析:

此案例介绍两岸人员往来政策的不对等。

台湾人来大陆几乎没有限制,而大陆人到台湾则局限于探亲、奔丧,那时大陆人去台湾主要是办理亲属、婚姻等人身关系公证,而台湾人办理的公证则非常广泛,民事方面以学历、纳税、婚姻等公证居多。近两年台湾对大陆放开了旅游、

---

① 四个继承顺序依次为:直系血亲卑亲属、父母、兄弟姐妹、祖父母。
② 同一顺序继承人平均继承。配偶与其他顺序继承人共同继承时,其份额不同。与第一顺序继承人继承时,平均继承;与第二顺序或第三顺序继承时,其占二分之一;与第四顺序继承时,其占三分之二。

学习和商务考察三条进入渠道，虽然只是很小的放开，却带来了极大的公证需求。在职证明、学历、纳税、财产状况、营业执照、授权书等公证数量都迅速扩张。

公证机构应认真履行核实义务，避免为假学历、假死亡（为诈骗保险等目的）、假纳税等办理公证。

前一案例介绍了继承人办理委托公证，这也是两岸人员往来政策不对等的一个缩影。台湾规定，继承人赴台奔丧或者办理继承手续，必须在被继承人死亡后一年之内。但是，奔丧的"签证"时间很短，办理继承手续又不作为"签证"理由，因此，几乎所有的继承都办理了委托公证。继承手续委托亲友的，可信度高一些；委托其他人员的，可信度就较低了。因为台湾方面不提供财产证明，大陆继承人可从官方获知的遗产通常限于老兵的退伍金，故受托人只需要隐瞒其他遗产，就可以侵吞其他遗产。公证应充分提醒继承人，司法部也应推动两岸开展遗产查询业务。

案例三：遗嘱效力确认公证

案情：

朱某的父亲是去台老兵。其父去世后不久，朱某也去世了，没有来得及办理继承其父遗产的手续。朱某因常年生病而未婚、无子女，一直依靠哥哥和侄女照顾，故其立有一份代书遗嘱，将自己的所有财产，包括自己应继承父亲的遗产份额都留给了侄女。其侄女向台湾方面要求按照叔叔的遗嘱继承台湾的爷爷留下的遗产，台湾方面则要求其侄女办理遗嘱有效公证。北京市某公证机构经多次研究，认为：台湾方面要求认定遗嘱效力合情合理，不能回绝；遗嘱的效力不能单纯依据大陆法律来判断，又不能在公证书中援引台湾法律，因此仅得证明遗嘱的设立事实、遗嘱形式符合大陆法律以及未在大陆发现影响遗嘱生效的情形三个方面。由于定式公证书无法叙述有关情况，公证机构制作了要素式公证书，并在要素式公证书不予邮寄的情况下积极沟通，促成海基会和海协会对公证书进行调查核实。后来，朱女士凭公证书取得了爷爷留下的遗产。

评析：

此案例介绍办理继承公证不得援引台湾"法律"。

涉台继承与国内继承公证的办理完全不同。国内继承公证不允许单纯出具继承人谱系公证书来适用于全部遗产，必须针对具体遗产制作继承公证书。有遗嘱的，由法定继承人确认对遗嘱有无异议。没有遗嘱的，由法定继承人表示是否参与继承。而涉台继承公证只能出具亲属公证书（实质就是继承人谱系公证书），不能针对具体遗产制作继承公证书，但可以办理放弃遗产公证。原因有二，一是大陆无法管辖不在大陆的遗产，只能适用台湾的继承法律，导致大陆无法制作继承公证书。二是因为台湾方面只对某些种类的遗产提供证明，无法查询和核实全部遗产。

本案例于 2009 年承办,是大陆办理的第一例遗嘱效力确认公证,具有前瞻性。由于两岸通婚人员数量庞大,工作、旅游、学习等往来也已放开,一个民事主体在两岸均有遗产的情况将非常多发,而其遗嘱也必然要涉及两岸的遗产,遗嘱的效力只能依据两岸的法律分别断定。公证机构制作用于对方地区的公证书时要考虑对方地区的法律限制,不宜直接证明遗嘱有效。

本案例只有使用要素式公证书,才能将所作审查全部表述清楚。如果使用定式公证书,则只能证明影印件与申请人提交的文件内容一致,无法体现对遗嘱的多方位的审查。

遗嘱中处置台湾遗产的内容与大陆法律有冲突而与台湾法律没有冲突,或者遗嘱形式上与大陆法律有冲突而与台湾法律没有冲突,是比本案例更复杂的情况。公证行业应组织人员立项研究这些复杂情况,承报司法部,而不应消极依靠旧式的请示加答复。

第六节 涉港澳台公证的问题与建议

涉港澳台公证立法可以进行广义的解释。狭义方面是指大陆所作公证立法,广义方面还包含大陆与港澳台方面进行沟通所产生的法律文件,包括海基会、海协会这样的两岸沟通专属性质的民间组织的规定,以及港澳台湾方面因沟通而作出的有关规定。关于狭义立法的建议在前面已有论述,而广义立法的推动取决于各方的有效沟通。越是乐于沟通,民事主体和各自的行政管理机构就越是受益,公证的办理也会越发简便易行。以继承遗产为例,台湾方面起初规定继承时效为 2 年,后来经沟通,又规定时效为 3 年,去台老兵的遗产继承可为 4 年。相反,在两岸关系紧张之时,台湾方面也曾要求用于探亲、探病、奔丧的亲属公证书也要办理查证,公然违反《两岸公证书使用查证协议》。

通常情况下,各方协商的事宜以联合规定方式为妥。但是,一个统一的国家无法制作地方与中央政府的联合文件,这是导致沟通不能采取直接方式、并且沟通无法上升至较高层次的根本原因。今后可以考虑规定对港澳地区免予亲属、学习、证书等简单公证事项的查证,而对台湾地区则通过海基会、海协会的磋商免予更多事项的查证。

【问题与思考】

1. 如何理解委托给公证人制度?
2. 涉台公证如何转递?

21 世纪法学系列教材书目

"21 世纪法学系列教材"是北京大学出版社继"面向 21 世纪课程教材"(即"大红皮"系列)之后,出版的又一精品法学系列教科书。本系列丛书以白色为封面底色,并冠以"未名·法律"的图标,因此也被称为"大白皮"系列教材。"大白皮"系列是法学全系列教材,目前有 15 个子系列。本系列教材延续"大红皮"图书的精良品质,皆由国内各大法学院优秀学者撰写,既有理论深度又贴合教学实践,是国内法学专业开展全系列课程教学的最佳选择。

- **法学基础理论系列**

英美法概论:法律文化与法律传统	彭 勃
法律方法论	陈金钊
法社会学	何珊君

- **法律史系列**

中国法制史	赵昆坡
中国法制史	朱苏人
中国法律思想史(第二版)	李贵连 李启成
外国法制史(第三版)	由 嵘
西方法律思想史(第二版)	徐爱国 李桂林
外国法制史	李秀清

- **民商法系列**

民法总论(第三版)	刘凯湘
债法总论	刘凯湘
物权法论	郑云瑞
英美侵权行为法学	徐爱国
商法学——原理·图解·实例(第三版)	朱羿锟
商法学	郭 瑜
保险法(第三版)	陈 欣
保险法	樊启荣
海商法教程(第二版)	郭 瑜
票据法教程(第二版)	王小能
票据法学	吕来明
物权法原理与案例研究	王连合
破产法(待出)	许德风

- **知识产权法系列**

    知识产权法学（第五版） 吴汉东
    商标法 杜 颖
    著作权法（待出） 刘春田
    专利法（待出） 郭 禾
    电子商务法 李双元 王海浪

- **宪法行政法系列**

    宪法学概论（第三版） 肖蔚云
    宪法学（第三版） 甘超英 傅思明 魏定仁
    行政法学（第二版） 罗豪才 湛中乐
    外国宪法（待出） 甘超英
    国家赔偿法学（第二版） 房绍坤 毕可志

- **刑事法系列**

    中国刑法论（第五版） 杨春洗 杨敦先 郭自力
    现代刑法学（总论） 王世洲
    外国刑法学概论 李春雷 张鸿巍
    犯罪学（第三版） 康树华 张小虎
    犯罪预防理论与实务 李春雷 靳高风
    监狱法学（第二版） 杨殿升
    刑法学各论（第二版） 刘艳红
    刑法学总论（第二版） 刘艳红
    刑事侦查学（第二版） 杨殿升
    刑事政策学 李卫红
    国际刑事实体法原论 王 新
    美国刑法（第四版） 储槐植 江 溯

- **经济法系列**

    经济法学（第六版） 杨紫烜 徐 杰
    经济法原理（第三版） 刘瑞复
    经济法概论（第七版） 刘隆亨
    企业法学通论 刘瑞复
    商事组织法 董学立
    金融法概论（第五版） 吴志攀

银行金融法学(第六版) 　　　　　　　　　　刘隆亨
证券法学(第三版) 　　　　　　　　　　　　朱锦清
金融监管学原理 　　　　　　　　丁邦开　周仲飞
会计法(第二版) 　　　　　　　　　　　　刘　燕
劳动法学(第二版) 　　　　　　　　　　　贾俊玲
房地产法(第二版) 　　　　　　　程信和　刘国臻
环境法学(第二版) 　　　　　　　　　　　金瑞林
反垄断法 　　　　　　　　　　　　　　　孟雁北

- **财税法系列**

  财政法学 　　　　　　　　　　　　　　　刘剑文
  税法学(第四版) 　　　　　　　　　　　　刘剑文
  国际税法学(第二版) 　　　　　　　　　　刘剑文
  财税法专题研究(第二版) 　　　　　　　　刘剑文
  财税法成案研究 　　　　　　　　　　刘剑文　等

- **国际法系列**

  国际法(第二版) 　　　　　　　　　　　　白桂梅
  国际经济法学(第五版) 　　　　　　　　　陈　安
  国际私法学(第二版) 　　　　　　　　　　李双元
  国际贸易法 　　　　　　　　　　　　　　冯大同
  国际贸易法 　　　　　　　　　　　　　　王贵国
  国际贸易法 　　　　　　　　　　　　　　郭　瑜
  国际贸易法原理 　　　　　　　　　　　　王　慧
  国际投资法 　　　　　　　　　　　　　　王贵国
  国际货币金融法(第二版) 　　　　　　　　王贵国
  国际经济组织法教程(第二版) 　　　　　　饶戈平

- **诉讼法系列**

  民事诉讼法学教程(第三版) 　　　　刘家兴　潘剑锋
  民事诉讼法 　　　　　　　　　　　　　　汤维建
  刑事诉讼法学(第四版) 　　　　　　　　　王国枢
  外国刑事诉讼法教程(新编本) 　　　王以真　宋英辉
  外国刑事诉讼法 　　　　　　　　　　　　宋英辉
  民事执行法学(第二版) 　　　　　　　　　谭秋桂
  仲裁法学(第二版) 　　　　　　　　　　　蔡　虹

外国刑事诉讼法	宋英辉	孙长永	朴宗根
律师法学			马宏俊
公证法学			马宏俊

- **特色课系列**

世界遗产法		刘红婴
医事法学	古津贤	强美英
法律语言学(第二版)		刘红婴
民族法学		熊文钊

- **双语系列**

普通法系合同法与侵权法导论	张新娟
Learning Anglo-American Law: A Thematic Introduction(英美法导论)(第二版)	李国利

- **专业通选课系列**

法律英语(第二版)			郭义贵
法律文书学		卓朝君	邓晓静
法律文献检索(第二版)			于丽英
英美法入门——法学资料与研究方法			杨 桢
模拟审判:原理、剧本与技巧(第二版)	廖永安	唐东楚	陈文曲

- **通选课系列**

法学通识九讲			吕忠梅
法学概论(第三版)			张云秀
法律基础教程(第三版)(待出)			夏利民
经济法理论与实务(第三版)	於向平	邱 艳	赵敏燕
人权法学			白桂梅

- **原理与案例系列**

国家赔偿法:原理与案例	沈 岿
专利法:案例、学说和原理	崔国斌

2013 年 3 月更新

教师反馈及教材、课件申请表

尊敬的老师：

  您好！感谢您一直以来对北大出版社图书的关爱。北京大学出版社以"教材优先、学术为本"为宗旨，主要为广大高等院校师生服务。为了更有针对性地为广大教师服务，满足教师的教学需要、提升教学质量，在您确认将本书作为教学用书后，请您填好以下表格并经系主任签字盖章后寄回，我们将免费向您提供相关的教材、思考练习题答案及教学课件。在您教学过程中，若有任何建议也都可以和我们联系。

书号/书名	
所需要的教材及教学课件	
您的姓名	
系	
院校	
您所主授课程的名称	
每学期学生人数	学时
您目前采用的教材	书名＿＿＿＿＿＿＿ 作者＿＿＿＿＿ 出版社＿＿＿＿＿＿＿
您的联系地址	
联系电话	
E-mail	
您对北大出版社及本书的建议：	系主任签字 盖章

我们的联系方式：

北京大学出版社法律事业部

地 址：北京市海淀区成府路205号 联系人：李铎
电 话：010-62752027 传 真：010-62556201
电子邮件：bjdxcbs1979@163.com
网 址：http://www.pup.cn
北大出版社市场营销中心网站：www.pupbook.com